大数据与商务智能系列

管理数学实验

MATLAB 在管理运筹中的应用

左秀峰　编著

電子工業出版社
Publishing House of Electronics Industry
北京 · BEIJING

内 容 简 介

本书以管理为背景，以问题为导向，以系统思维为主线，以处理管理科学问题的建模和模型分析计算为主要内容，讲述研究管理科学问题的分析方法及手段，采用 MATLAB 软件工具平台，对管理中的数理统计、预测、统筹规划、方案优选、网络优化、不确定因素的影响、决策分析及评价、智能算法等理论、方法、模型进行分析计算等实验研究，涵盖了解决管理问题的常用有效方法。本书概述了管理问题的分析思路、方法过程、实验平台工具，介绍了 MATLAB 软件基础和科学计算、绘图、数理统计等功能，重点讲解了规划论方法、图与网络方法、决策分析与评价方法、预测分析方法、智能算法计算等。

本书内容充实、篇幅紧凑，是专为管理与经济学科，以及理工科本科生和研究生学习管理科学的系统分析建模方法和数学实验而撰写的，也可供相关工程技术人员使用。它既可作为教材，也可作为自学用书，更是解决相关问题的实用指导书。

图书在版编目（CIP）数据

管理数学实验：MATLAB 在管理运筹中的应用 / 左秀峰编著. — 北京：电子工业出版社，2021. 7
ISBN 978 - 7 - 121 - 38725 - 8
Ⅰ. ①管… Ⅱ. ①左… Ⅲ. ①经济数学 - Matlab 软件 - 高等学校 - 教材 Ⅳ. ①F224. 0 - 39
中国版本图书馆 CIP 数据核字（2020）第 041182 号

责任编辑：王二华
文字编辑：张　慧
印　　刷：北京天宇星印刷厂
装　　订：北京天宇星印刷厂
出版发行：电子工业出版社
　　　　　北京市海淀区万寿路 173 信箱　邮编：100036
开　　本：787 × 1092　1/16　印张：17. 5　字数：448 千字
版　　次：2021 年 7 月第 1 版
印　　次：2025 年 7 月第 5 次印刷
定　　价：55. 00 元

凡所购买电子工业出版社图书有缺损问题，请向购买书店调换。若书店售缺，请与本社发行部联系，联系及邮购电话：(010)88254888，88258888。
质量投诉请发邮件至 zlts@ phei.com.cn，盗版侵权举报请发邮件至 dbqq@ phei.com.cn。
本书咨询联系方式：(010)88254532。

前言

Preface

本书背景

《管理数学实验——MATLAB 在管理运筹中的应用》是在 2015 年版《管理数学实验》的基础上修改完成的，消除了 2015 年版《管理数学实验》中存在的问题，适应学习规律，系统地呈现了“管理数学实验”学科的基本概念和理论方法，内容由浅入深，满足管理科学、运筹学及管理数学实验的综合需求，各章增加了复习思考题，便于教师教学和读者学习与思考，兼顾研究生和高年级本科生的教学，同时还符合企业管理人员的需要，扩展了读者对象群体。

《管理数学实验——MATLAB 在管理运筹中的应用》针对与人们的日常生活和工作密切相关的管理问题，采用系统的和数学的方法进行分析，构建体现问题内在逻辑的定性定量模型；采用有效的模型分析方法和计算技术，对问题模型进行试验分析和处理，达到认识问题、分析问题和解决问题的目的。

本书以系统分析和管理数学模型方法为依据构建了全书的章节体系，讲述了管理科学问题的系统思维方法及问题分析与建模过程；采用软件工具作为实验平台，对管理中的优选、系统决策与评价、预测、智能计算等问题进行分析、计算等实验研究，涵盖了解决管理问题的常用方法。

主要特色

《管理数学实验——MATLAB 在管理运筹中的应用》依据管理问题的需求和读者能力培养及实验的实际要求，将管理问题、分析方法、理论模型和计算平台紧密结合，具有以下特点。

（1）概念清楚，体系完整。本书从管理科学的基本概念和理论出发，阐述了管理数学实验在管理科学中的地位和作用，阐明了管理数学实验与管理问题、系统方法、模型分析、科学计算的关系。

（2）问题导向，实践性强。本书运用合适的软件工具，用程序描述了管理问题中用到的分析方法和模型，能方便快捷地得到分析计算结果。

（3）示例引导，实用性强。本书涵盖了解决管理问题的运筹规划、图与网络、决策分析与评价、预测、智能计算等主要模型和方法，由浅入深、由易到难，并含有大量的示例。

（4）程序清晰，便于移植。书中的算例和实验计算程序与方法模型密切结合，并有详细的解释，便于读者学习、掌握、使用和改进。

读者对象

本书读者对象是管理类的学生、各行各业的管理人员及工程技术人员，要求其具有一定的逻辑分析能力和一定的数学基础，可依据使用指南选择自己需要或感兴趣的内容进行阅读。

阅读本书的关键是读者有兴趣和有需求，要带着问题去寻找解决问题的方式、方法和有效的分析工具，在分析和解决问题的过程中提升自己的综合素质和实践能力，同时解决生活和工作中的问题。

使用指南

本书共7章内容，包括绪论、MATLAB基础、规划论及MATLAB计算、图与网络的优化计算、决策分析与评价、预测计算、智能优化计算。书中带有*号的内容有一定难度。

（1）“绪论”介绍管理数学实验的概念和框架，使读者对管理数学实验有一个总体的了解，内容包括管理问题、管理科学、系统思维的方法与手段。

（2）“MATLAB基础”讲解MATLAB的概念、基本运算、绘图、符号处理、数据的输入/输出及数据统计描述和分析，使初学者能快速掌握MATLAB的基本知识，并能运用MATLAB这个软件工具对管理问题的模型进行处理和实验。

（3）“规划论及MATLAB计算”讲解线性规划、非线性规划、动态规划模型的优化计算，以及MATLAB优化工具箱和GUI优化工具。本章能使读者快速掌握运筹学的基础——规划论，以及MATLAB提供的优化计算函数和图形界面优化工具，并能对管理规划问题进行分析、建模、程序设计、优化计算分析等。

（4）“图与网络的优化计算”讲解图论的基本概念、最短路径问题和统筹方法。本章能使读者掌握图论的代数表示、组合优化问题的图形表示、工程项目组织的网络分析方法，以及算法及程序，以便读者进行工作组织的分析与优化。

（5）“决策分析与评价”讲解决策的概念与类型、决策的灵敏度分析、贝叶斯决策、多准则决策、层次分析法、模糊综合评价方法、数据包络分析。该章前四节内容是决策分析的基础内容；后三节内容是多目标多因素分析、系统整体效果评价及决策支持的评价方法。

（6）“预测计算”讲解时间序列分析、回归预测模型、马尔可夫预测模型及灰色预测模型。本章能使读者了解和掌握常用的几种预测方法，并能根据所收集的样本数据进行预测分析。

（7）“智能优化计算”讲解模拟退火算法、遗传算法、蚁群算法、粒子群算法。智能优化算法是解决复杂系统模型优化的快速有效的算法，应用广泛。

初学者应首先应阅读第 1 章、第 2 章；第 3 章至第 7 章具有独立性，可根据需要来阅读不同章节。各章内容的知识联系如下图所示。

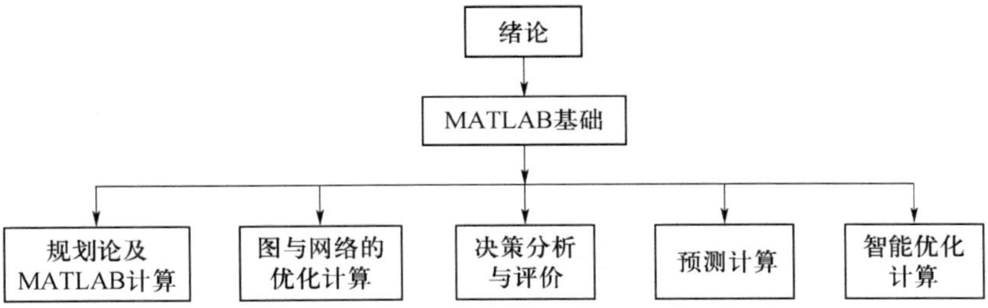

各章内容的知识联系

第 1 章是管理科学的概述，第 2 章是 MATLAB 的快速入门，第 3 章至第 7 章是管理数学实验的核心内容。

编排体例

本书以管理数学实验的概念为先导，以 MATLAB 软件为平台，以规划论及 MATLAB 计算、图与网络的优化计算、决策分析与评价、预测计算、智能优化计算等为主体内容。

本书将理论方法、示例分析、实验计算三者紧密结合，强调理论方法为实际问题服务、理论方法可实现编程计算。所以在本书的体例编排上，首先是概念、理论方法及模型的介绍，然后是针对方法模型实验计算的设计，最后是结合实际问题进行的示例分析。希望读者在理论水平、实际问题分析和模型计算方面获得同步提升，提高分析问题、处理问题、解决问题的能力。

作者致谢

本书是学校的实践教学体系建设和多年教学实践的成果，所以感谢在多年的教学实践中参与教与学互动的学生，感谢学校、学院对教学和教材出版的支持。

在管理数学实验的教学中，本书参考借鉴了大量的文献资料，在此对参考文献资料的作者表示衷心的感谢。

在本书的编辑出版过程中，得到了电子工业出版社工作人员的大力支持，对为出版本书付出辛勤劳动的相关人员表示感谢；特别感谢王二华编辑、张慧编辑，正是他们对本书质量认真负责的把关，才有了本书高质量的出版。

还要感谢本书的读者，并欢迎和感谢读者对本书存在的缺陷提出宝贵意见和建议。读者的反馈意见是本书编著者进一步完善本书内容的重要依据，希望广大读者不吝赐教。欢迎来函，E-mail：zxf200303@ bit. edu. cn。

左秀峰

2021 年 4 月于北京

目录

Contents

目录

第1章

绪　论

1.1 问题研究与描述

1.1.1 问题与模型

1. 问题

问题就是指人们在日常生活和工作中存在的各种矛盾和冲突，人们每天都要面对各种各样需要处理和解决的问题。例如，资源配置问题、救灾抢险问题、时间安排问题、生产组织问题、项目管理问题、社区管理问题等。

对问题的认识、分析和把握是解决问题至关重要的前提。通过对问题进行由浅入深、由易到难的调研，做到去粗取精、去伪存真、由此及彼、由表及里，可以准确地揭示出问题的本质和规律。人们在分析和思考问题时，往往借助图表的描述，展示问题的来龙去脉，厘清解决问题的思路和步骤，形成解决问题的方案，从而积累了分析问题和解决问题的各种理论、方法和工具。

系统科学和数学提供了认识问题、分析问题和解决问题的思维理论和有效的处理方法，模型研究是对问题描述和研究的核心活动；计算技术则提供了有效的分析、处理工具。

2. 模型与原型

模型方法是重要的系统方法，它将问题视为原型，将问题的本质抽象为模型，从而把对问题的研究转换为对模型的研究。原型就是要研究的问题对象。模型——就是问题对象的模仿品，即对问题的描述表达形式。

模型是为了解决问题而对客观事物的相关部分进行缩简、抽象、提炼出来的原型的替代物。模型集中反映了原型中人们需要认识的那部分特征。为了便于研究，人们将问题对象做必要的简化，用适当的表现形式或规则把它的主要特征描绘出来。按模型的表现形式，模型分成三类：标度模型（Scale Model），要求具有与原型相同或相似的结构，但尺度大大缩小；地图模型（Map Model），要求具有与原型相同的拓扑结构；数学模型（逻辑抽象模型），不要求它直接反映系统原型的结构，但必须与原型结构有内在联系，即与问题结构同构。原型中的问题结构可以在模型中用数学语言描述，并用数学方法分析和解决。按模型的表现方式，模型的分类如图 1－1 所示。

3. 数学模型

数学模型是对于现实世界的一个特定对象，为了一个特定目的，根据其内在规律，做出

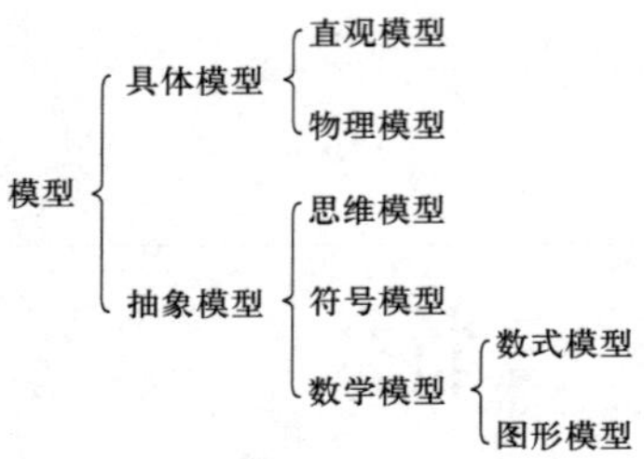

图1－1　模型的分类

一些必要的假设，运用适当的数学工具，而得到的一个数学结构。

简单地讲，数学模型就是系统的某种本质特征的数学表达（或是用数学术语对部分现实世界的描述），即用数学式子（如函数、图形、代数方程、微分方程、积分方程、差分方程等）来描述（刻画、表述、模拟）所研究的客观对象或系统在某一方面的本质属性，解释某些客观现象，演示变化规律，评估发展策略。

1.1.2　数学建模

1. 数学建模的概念

数学模型的建立既需要对现实问题进行深入细致的观察和分析，又需要灵活巧妙地利用各种知识。这种应用知识从实际问题中抽象、提炼出数学模型的过程称为数学建模。数学建模将各种知识综合应用于解决实际问题中，是培养和提高人们应用所学知识分析问题、解决问题能力的必备手段之一。

数学建模是利用数学方法解决实际问题的一种方法和实践，即通过抽象、假设、简化、引进变量等处理过程后，将实际问题用数理逻辑的方式进行表达，建立起数学模型，然后运用先进的数学方法及计算机技术进行处理。有观点认为高科技就是一种数学技术。

可以说，有了数学并需要用数学去解决实际问题，就一定要用数学的语言、方法去近似地刻画实际问题，这种刻画后的数学表述就是数学模型，其构建过程就是数学建模过程。数学模型一经提出，就要用一定的技术手段（计算、证明等）来求解并验证，其中大量的计算往往是必不可少的，高性能计算机的出现使数学建模这一方法如虎添翼，得到了飞速发展。

数学的理论与应用始终是相辅相成、共同发展的。以微积分的产生为例，它主要来源于人们对自然和人类思维的理解、认识和探索。因此，数学的发展包含了两个方面：数学理论的发展和数学应用的发展。但归根结底，数学的发展就是人类的思想方法的发展。因此数学教育，尤其是数学应用教育，必须把数学理论的思想方法和数学应用的思维方法结合起来，才能既提高学生的数学素质，又提高学生应用数学思想方法的能力。

2. 建模的一般方法

（1）机理分析方法

机理分析方法是指根据对现实对象特性的认识，分析其因果关系，找出反映内部机理的规律。利用该方法所建立的模型常有明确的物理或现实意义。机理分析方法建模的具体步骤，见图1－2。

（2）测试分析方法

测试分析方法是指将研究对象视为一个“黑箱”系统，即当研究对象的内部机理无法直接寻求时，只能通过测量系统的输入/输出数据，并以此为基础运用统计分析方法，按照事先确定的准则在某一类模型中选出一个数据拟合效果好的模型。测试分析方法也叫系统辨识。

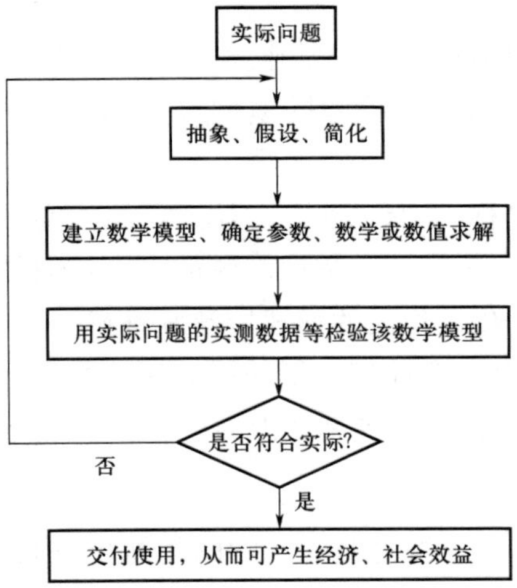

图 1－2　机理分析方法建模过程示意图

人们一般将以上两种方法结合起来使用,即用机理分析方法建立模型的结构,用测试分析方法来确定模型的参数。

在实际过程中用哪一种方法建模需要根据人们对研究对象的了解程度和建模目的来决定。

建立数学模型的方法和步骤并没有固定的模式,但一个理想的模型应能反映系统的全部重要特征,并兼具模型的可靠性和模型的使用性。

3. 建模的一般步骤

数学建模的一般步骤如图 1－3 所示。

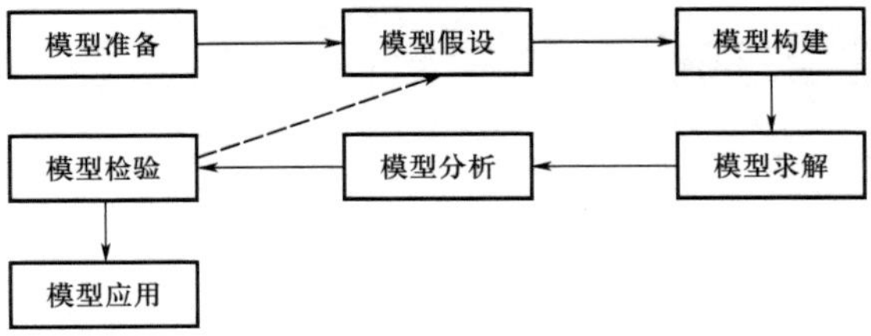

图 1－3　数学建模的一般步骤

模型准备的工作包括进行调查、收集相关资料,了解问题的背景,明确解决问题的意义,掌握问题相关的信息。模型假设是指根据问题的特征和建模的目的,对问题影响因素进行必要的简化和设定,以便凸显主要影响因素,揭示问题的本质和关键要素。模型构建是指通过观察和研究实际对象的固有特征和内在规律,抓住问题的主要矛盾,建立起反映实际问题的数量关系,在假设的基础上,用数学语言来描述问题,刻画出问题的构成部分及其相互关系等逻辑结构。模型求解是指利用获取的数据资料,对模型的所有参数做出计算或估计;模型分析是指对所建立模型的思路进行阐述,对模型所计算的结果进行分析。模型检验是指将模型计算分析结果与实际情形进行比较,以验证模型的准确性、合理性和适用性。如果模型结果与实际较吻合,则可以解释计算结果的实际含义。如果模型结果与实际吻合较差,则应重新审视建模各环节的工作,找出存在的问题,修改完善及重建模型。模型应用是指通过检验的模型对实际问题进行分析、解释和处理,并且应用的过程因问题的性质和建模的目的而异。

建立数学模型的过程(简称"建模过程"),是把复杂的实际问题简化、抽象为合理的逻辑关系的过程。建模过程是用数学语言描述问题的内在逻辑精髓,问题的内在逻辑分析贯穿问题分析的全过程。因此,数学建模的描述应清晰准确——具有科学性、逻辑性、客观性和可重复性。建模过程是一个由定性到定量的认知深化、再由定量到定性的认知升华的不断探索、不断创新、不断完善和螺旋式提高认识的过程。

4. 建模的实践性

建立数学模型的过程,是把错综复杂的实际问题简化、抽象为合理的数学结构的过程。所以,建模过程是一个描述问题、认识问题、揭示问题本质内涵的实践过程。数学建模是联系数学与实际问题的桥梁,是数学在各个领域广泛应用的媒介,是数学科学技术转化的主要途径。数学建模在科学技术发展中的重要作用越来越受到普遍重视,它已成为现代科技和管理工作者必备的重要能力之一。

建模与其说是一门技术,不如说是一门艺术。技术大致有章可循,而艺术则无法归纳成普遍适用的准则。建模主要通过实践和案例研究来学习,首先要学习、分析、评价、改进已有的模型,然后要结合实际问题,调查研究、认真思考、总结提高,将所学知识逐步内化,提高建模能力,在解决实际问题中增长才干。人们在利用数学理论和方法分析和解决问题时,需要深厚扎实的数学基础、敏锐的洞察力、丰富的想象力、准确的判断力、活跃的创新思维、对实际问题的浓厚兴趣和广博的知识面。

1.2 管理理论与方法

1.2.1 管理是什么

管理是人类各种组织活动中最普通和最重要的一种活动,它始于人类战胜困难、寻求生存和发展的群体生活中的共同劳动,是所有的人类组织解决共同劳动所面临的各种问题的一种活动,这种活动由计划、组织、指挥、协调和控制等职能要素组成。管理就是在特定的环境条件下,以人为中心,通过计划、组织、指挥、协调、控制及创新等手段,对组织所拥有的人力、物力、财力、信息等资源进行有效配置的决策、计划、组织、领导、控制,以高效地达到既定组织目标的过程。

管理可以分为行政管理、社会管理、工商企业管理、人力资源管理、情报管理及个人的生活工作等各种类型的管理。

管理就是要解决实际问题,管理活动包含管理主体、管理客体、管理的目的、管理环境或条件四个基本要素。管理主体指管理者,即为了解决实际问题而进行决策、计划、组织、领导、控制及创新等活动的主体。管理客体指管理对象,即为了解决实际问题而执行计划的操作人员,以及需要采用的技术和使用的财物等各种资源。管理的目的指为何而管理,本质是激发和释放人们固有的善意和潜能去高效地做事、创造价值。管理的意义是更有效地开展活动,改善工作,提高效率、效果和效益,实现管理的目的。管理环境或条件指在什么情况下进行管理,即解决实际问题所需的各种资源的限制。所以,管理是在特定的条件下,通过相应的手段,对系统所拥有的生物、非生物、资本、信息、能量等资源要素进行优化配置,以实现既定系统诉求的生物流、非生物流、资本流、信息流、能量流目标的过程。

管理的任务就是设计解决实际问题的方案和创造解决问题过程中的环境,使在这一环境中工作的实操人员以尽可能少的支出实现既定目标,或者以现有的资源实现目标的最优效果。管理的基本原则是“投入少,产出多”。

管理学是系统研究管理活动的基本规律和一般方法的科学。管理学是适应现代社会化大生产的需要产生的,它的目的是在现有的条件下,研究如何通过合理地组织和配置人、财、物等因素,提高生产力的水平。管理学是一门综合性的交叉学科,管理的职能包括计划、组织、指挥、协调、控制、激励、人事、调集资源、沟通、决策、创新。

1.2.2 管理问题

管理是人类的一项基本实践活动,但它不是独立的实践活动,而是贯穿于生产活动、政治活动、教育活动、文体活动等各种人类群体的活动之中,以处理各类管理问题。

管理问题多种多样、有大有小,问题的层级不同,目标构成也不同。管理问题依据社会的组织和层次分为社会公共管理(政府和协会)、工商企业管理、个人管理等。社会公共管理的基本任务包括协调社会关系、规范社会行为、解决社会问题、化解社会矛盾、促进社会公正、应对社会风险、维持社会和谐等方面。工商企业管理是对企业的生产经营活动进行计划、组织、领导、人员配备、指挥、协调和控制等一系列活动和职能的总称。每个组织都需要对其各种事务所涉及的资产、人员、设备等所有资源进行管理。个人管理是指管理个人的起居饮食、时间、健康、情绪、学习、职业、财富、人际关系、社会活动、精神面貌等。

在现代社会中,工商企业管理最为普遍。对于企业来说,管理问题分为长期全局发展的战略问题、中短期局部经营的策略问题和实施操作的战术问题。依据企业的组织职能,企业管理又可以划分为行政管理、人力资源管理、财务管理、生产管理、物控管理、营销管理、成本管理、研发管理、情报管理等。依据企业的经营策略,企业管理包括各种业务模式、业务流程、企业结构、企业制度、企业文化等系统的管理等。面对不同的领域,又存在着各行各业不同的管理问题。

《管理的 12 个问题》一书中提出了思考管理问题的基本逻辑框架,阐述了管理的 12 个问题:①我是谁?(阐述组织的使命定位);②我要到哪里去?(提出组织的愿景和目标);③我们的处事原则是什么?(确立组织的核心价值观);④我如何到哪里去?(规划组织的管理战略);⑤我应当如何工作?(进行组织的职位设计);⑥我们当如何工作?(规制组织的结构与工作流程);⑦我应当如何领导人们?(明确领导的责任与作用);⑧我如何让人们都知道要到哪里去?(进行有效的沟通);⑨我如何让人们全力以赴?(进行有效的激励);⑩我们应当测量什么?(制定组织良好运作的实施控制标准);⑪如何测量?(采用合适的测量方法进行绩效测量,并与控制标准进行比较);⑫造成偏差的原因是什么?(分析寻找实施效果与标准偏差的根本原因,遵循 PDCA 循环不断完善管理方案)。借助这一管理问题的基本逻辑框架,可以帮助管理者诊断和解决管理问题。

企业管理活动由企业的各个部门组织完成,包括总经理室、总工程师室、计划部门、研发部门、生产部门、采购部门、销售部门或整个企业等对象实体,可视为一个系统。经营计划、质量控制、产品研发、产品销售等是实现对象实体功能的活动,可采用系统的、逻辑的、数学的方法进行研究,以便做出好的决策、找出好的活动方案。

工业企业生产经营管理活动首先要做好企业内外环境的分析,要掌握国家政策、研究市场需求、做好技术经济发展预测,对企业自身所处行业市场有清醒的认识,认清竞争状况、企业能力、资金来源及其他资源条件,这样才能明确企业的使命定位、愿景和目标、核心价值观,并制定出合理的企业发展战略、经营策略与计划,做好生产技术的准备,合理投入技术文件、劳动力、劳动手段、劳动对象,设计合适的职能岗位,规制企业的结构与工作流程,进行生产组织与控制(生产控制、库存控制、质量控制、成本控制),生产出适合市场需求的产品,同时进行企业绩效测量,总结经验、吸取教训,不断完善企业管理的方方面面。

工业企业生产经营管理活动过程如图 1-4 所示。

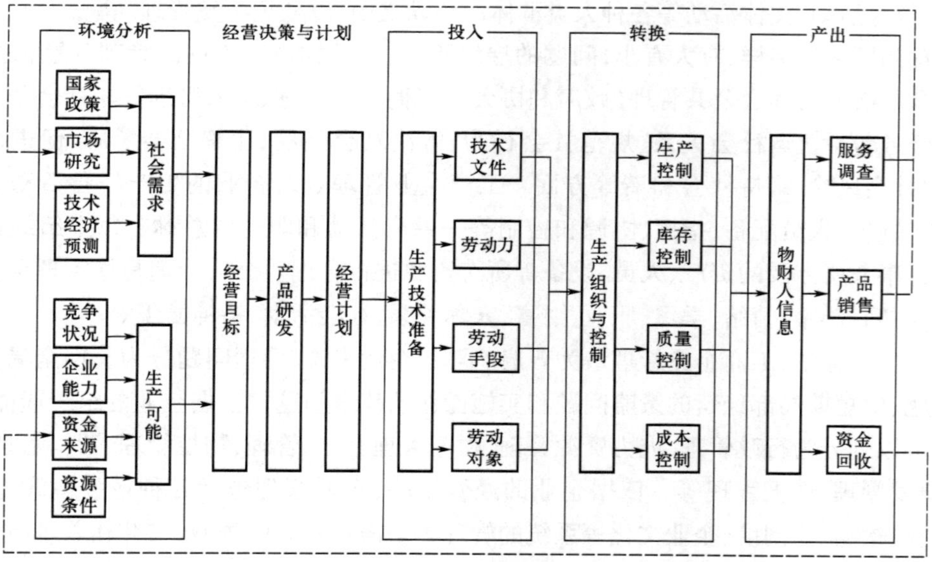

图 1-4　工业企业生产经营管理活动过程示意图

管理问题与人们的日常生活和工作有着密切的联系。对管理问题的认识、分析和把握是解决管理问题的前提。

1.2.3　管理学的发展和主要内容

人类有效地进行管理活动已有数千年历史，从管理实践到形成一套比较完整的理论经过了漫长的历史发展过程，可分成五个阶段。①早期管理实践与管理思想阶段，从有了人类集体劳动开始到公元 18 世纪。这一阶段的管理实践和管理思想在埃及、中国、希腊、罗马和意大利等国的史籍和宗教文献之中都有详细的记载。②管理理论产生的萌芽阶段，从 18 世纪到 19 世纪末，其间的工业革命使管理方面的问题越来越多地被涉及，管理学开始逐步形成。这个阶段的代表人物有亚当・斯密（1723—1790，代表作《国富论》）、大卫・李嘉图（1772—1823，代表作《政治经济学及赋税原理》）等。③古典管理理论阶段，从 20 世纪初到 20 世纪 30 年代。古典管理理论侧重从管理职能、组织方式等方面研究企业的效率问题，基本不考虑人的心理因素对行为的影响。代表人物或奠基人是科学管理之父泰罗（1856—1915，将经验工作方法转变为科学工作方法）、管理理论之父法约尔（1841—1925，将管理划分为计划、组织、指挥、协调和控制等五大职能），以及组织理论之父马克思・韦伯（1864—1920，提出了理想官僚组织体系理论）。④现代管理理论阶段，从 20 世纪 30 年代到 20 世纪 80 年代，该阶段出现了行为科学管理学派及管理理论的丛林。以研究个体行为、团体行为、组织行为为主要内容的行为科学管理学派重视研究人的心理、行为等对实现组织目标效率的影响作用。行为科学的代表人物有梅奥（1880—1949，提出人际关系理论）、马斯洛（1908—1970，提出需求层次理论）、赫茨伯格（提出双因素理论）、麦格雷戈（1906—1960，提出“X 理论 - Y 理论”）等。在行为科学管理学派得到长足发展的同时，出现了众多不同角度的管理学见解，主要的代表学派有管理过程学派、管理科学学派、社会系统学派、决策理论学派、系统理论学派、经验主义学派、经理角色学派和权变理论学派等，形成了研究方法众多、理论不统一、各有自己的用词意义和所主张的理论、概念和方法的管理理论丛林。⑤当代管理理论阶段，从 20 世纪 80 年代至今，这时的管理理论是以战略管理、流程再造、学习型组织为主的大系统管理体系。当代管理理论的特征是强调系统化，重视人的因素，重视“非正式组织”的作用，运用先进的管理理论与方法，加强信息工作，将“效率”（Efficiency）和“效果”（Effectiveness）结合起来，重视理论联系实际，强调“预见”能力，强调不断创新。

1.2.4　管理的基本特征

管理是人类社会在群体实践活动中追求效率的产物，管理的主体和客体的核心是人，管理的主要作用是协调群体活动中人与人之间的关系，利用有限的资源，获取最好的效果。所以，管理是人类社会活动的一种文化，是人类自我认知、自我控制的一种属性和能力；管理是一种主观意识和客观物质环境相结合的产物，带有主观性与客观性。管理关注的焦点是效率，提高效率的基础是认识管理活动的科学性和人性，管理的进化是人类自我认知和自我控制的不断完善的过程。

管理的基本特征包括管理的普遍性与目的性、自然与社会的双重属性及科学性与艺术性。管理的普遍性表现为管理普遍存在于人类各种群体活动之中。管理的目的性是人类有意识、有目的的协作活动，是为实现群体组织的目标而进行的。管理的自然属性是管理与生产力、社会化大生产相联系而体现出的性质，是由社会共同劳动的性质所产生的。管理的社会属性是管理与生产关系、社会制度相联系而体现出的性质，是由生产关系的性质和社会制度所决定的。由于管理活动的广泛性及人类对管理活动的客观科学性和人类认识存在有限性，所以管理是科学和艺术的统一。

首先，管理的科学性是指管理活动是有其客观规律的，有效的管理必须以科学的管理理论和方法来指导。管理活动要遵循符合客观规律的一般原则与原理办事，才能实现管理的目标。其次，管理的科学性是指管理是一门科学，它是由一系列概念、原理、原则和方法构成的科学体系，即人类在管理实践中积累了大量的成功经验和失败的教训，已经归纳、抽象、总结出反映管理活动过程中客观规律的一些具有普遍应用价值的基本管理原理、原则和方法（管理的显性知识）。只要遵循这些管理规律办事，管理活动的效率就会大大提高，组织的目标就容易实现。如果不承认管理的科学性，不按照管理的客观规律办事，违背管理原则，必然会遭到惩罚。

管理的艺术性是指在管理实践中，管理者必须因地制宜地灵活运用管理理论知识的技巧和诀窍，强调管理的实践性、灵活性和创造性，重视管理者的直觉和经验。管理对象的复杂性和管理环境的多变性，以及管理者对管理对象和管理环境认识的局限性，决定了管理活动不能教条地按照固定不变的管理模式进行。管理者应当结合所处环境，创造性地灵活运用所掌握的管理理论知识，实事求是地对具体问题进行具体分析和处理。管理的艺术性依赖管理者的人格魅力、灵感和创新。因为管理的核心活动是处理和协调人与人之间关系的社会活动，管理的主要对象是人，人具有主观能动性和感情，受到众多因素的影响，具有很大的不确定性。人的主观能动性体现在人能够积极地思考，能够自主地做出行为决定。而人的感情变化难以琢磨、难以预料，不同的人对同样的管理方式、方法可能会产生截然不同的反应和行为。管理者只有根据具体的管理目的、管理环境与管理对象，依据管理者的经验和技巧（管理的隐性知识），创造性地运用管理理论知识与技能去解决各种实际问题，才能保证管理实践的成功。

管理是科学性与艺术性辩证统一的有机整体。艺术性管理是科学性管理的突破和源泉，科学性管理是艺术性管理的依据和基础。管理活动要有科学的理论作为指导，管理艺术性的发挥只能是在科学理论指导下，对具体管理问题进行巧妙处置的创造性发挥。离开管理的科学性，艺术性就会变成单纯的经验，而不能成为真正的艺术，很难实现有效的管理。管理的艺术性是管理科学性的实践和升华，离开了管理的艺术性，科学性就会变成僵化的教条，而难以发挥其应有的作用。管理理论是对大量的管理实践活动所做的一般性的概括和抽象，具有较高的原则性和方向性。而每一项具体的管理活动都是在特定的环境和条件下展开的，具有相对的特殊性。只有创造性地灵活运用管理知识，才能将理论服务于实践。管理的科学性与艺术性相辅相成地在理论发展和有效实践中相互转化。一般来讲，基层惯例性程序化管理偏科学，高层例外性非程序管理偏艺术；技术性管理偏科学，人际性管理偏艺术；规律性管理偏科学，创新性管理偏艺术；确定性管理偏科学，变动性管理偏艺术；简单性管理偏科学，复杂性管理偏艺术。

1.2.5 管理系统思维

管理活动的共性表现为所处理的对象都是一种受控系统，受控系统的运动过程和运动阶段具有相通性，受控系统在组织和机能上具有共同性，并且在解决问题的模式和方法上具有通用性。这种系统的共性和方法的通用性说明管理活动具有科学性——系统科学和数学提供了认识问题、分析问题和解决问题的理论和有效的处理方法，计算技术则提供了有效的分析、处理工具。

系统论作为一种普遍的方法论是人类所掌握的一种高级思维模式。

系统科学将问题对象视为系统，用系统的观点和方法研究问题。系统是由相互关联、相互制约、相互作用的若干部分（元素）组成的、具有特定功能的有机整体。可见，构成系统必须具备如下条件。第一，系统必须由两个或两个以上的不同元素所组成——集合性。系统是元素多样性、差异性和共同性的统一，系统离开了元素就无法称其为系统。第二，元素与元素之间存在着一定的有机联系，从而在系统的内部和外部形成一定的结构或秩序——结构性（相关性、层次性、环境适应性）。任意一个系统又是它所从属的一个更大系统的组成部分（元素）。系统整体与元素、元素与元素、系统整体与更大的系统（环境）之间，存在相互作用和相互联系。它们之间不同的联系构成不同的表现和功能，不相关的元素无法构成系统。第三，系统是元素在一定相关作用下整合起来的——整体性。任何系统都是一个有机整体，具有整体的结构、整体的特性、整体的状态、整体的行为和整体的功能。

系统思维就是把研究对象作为系统，从系统的构成要素、组成结构及功能上认知研究对象，从系统和要素、要素和要素、系统和环境的相互联系、相互作用中综合地考察研究对象的一种思维方法。系统思维极大地简化了人们对研究对象的认知，并带来整体观。系统思维方式具有整体性、结构性、立体性、动态性、综合性等特征。系统思维方法的关键是整体、结构、要素、功能，即在分析和处理问题的过程中，始终从整体和全局出发，注意系统内部结构的合理性，对各要素的状态和关系考察周全，以使整个系统处于最佳运转状态，并发挥最好的功能作用，实现系统的目标。

用系统思维来思考企业管理包括以下几层意思。第一，把企业看作一个整体，认为企业是一个由相辅相成、相互关联的各个部分组成的有机整体。企业的各组成部分都在为企业的整体目标实现而履行各自的使命，做出应有的贡献和价值。在整体思维下，只有企业各部分相互配合，才能实现整体优化；只有局部服从全局，才能实现公司总体目标。第二，系统思维是把企业看作一个有层次的整体，为了方便企业的业务处理和运转，企业各个部分按照一定的规则组成企业的层次结构系统，不同的管理层次和单元有着不同的职能和任务。例如，高层管理者制定企业战略决策和总体实施计划，中层管理者将企业战略决策分解并转换成各个部门的具体实施计划，低层管理者则执行上级命令和相关计划，并及时反馈执行情况。各管理层次和单元只有职责清楚、任务明确、各司其职，才能充分发挥各自的功能作用，实现企业管理系统的整体功能。第三，系统思维是把企业看作一个开放的系统，即把企业放到一个更大的环境中来考虑，在考虑企业内部的资源和能力的同时，要考虑企业外部的宏观环境和特定的产业环境。通过对企业内部条件的分析可以发现企业能做什么，而通过对外部环境的分析可以知道企业可以做什么，依据这样的分析才能使企业做出正确的决策。第四，系统思维是把企业看作一个动态的整体。企业的内部条件和外部环境总是在不断地发生变化，即企业总是处于动态的不平衡之中，平衡是短暂的，不平衡是永恒的。依据变化，企业要不断调整自己的战略、策略和计划来适应这种变化。企业总是在这个系统的动态变化中不断追求自己的目标和适应能力，从而可以发展壮大及延长自身的寿命。第五，系统思维是把企业的各个组成部分的活动看作一个整体。企业要达到自己的目标，就需要完成多层次、多方面、多维度的工作，面临的问题包括战略和策略问题、营销和生产问题、生存和发展问题、竞争和可持续性的问题等。以系统思维来考虑安排这些工作，就能实现活动间的相互配合，以达到系统优化。第六，系统思维是内涵丰富的多维度、多层次思维体系。思考企业问题时，要全方位、多角度地看待企业系统内外的各层次各部分的系统关系及企业所处的产业链系统，平衡企业的眼前和长远利益，处理企业的机会和威胁，端正企业效果和效率的视角，把握企业的竞争力和可持续发展。

1.2.6 管理系统工程

伴随着生产力的巨大发展，出现了许多大型、复杂的工程技术和社会经济问题，它们都要求从整体上加以优化解决。这种对系统思维的社会需求，促使人们将问题看作系统来加以研究，因此出现了一个横跨自然科学、社会科学和工程技术，从系统的结构和功能（包括协调、控制、演化）角度研究客观世界的系统科学“学科群”。

1. 系统工程的定义

系统工程是以大规模复杂系统为研究对象的一门交叉学科——它是从系统的整体出发，按既定的目标合理规划、设计、试验、建造实施、管理和控制系统，使其达到最优的工程技术。系统工程根据总体协调的需要，综合应用自然科学和社会科学中有关的思想、理论和方法，利用电子计算机作为工具，对系统的结构、元素、信息和反馈进行分析，以达到最优规划、最优设计、最优管理和最优控制的目的。

系统工程是一门工程技术，但它与机械工程、电子工程、水利工程等工程学的某些性质不尽相同。各门工程学都有其特定的工程物质对象，以硬件为主，侧重于制造有形的产品。例如，土建工程指建造一个具体的建筑物。系统工程的对象以软件为主，侧重于制造无形的产品，即为一般工程生产提供计划、方案、决策、程序等。因此，可以说，系统工程中的工程是“传统工程的工程”“传统技术的技术”。同时，任何系统都能成为系统工程的研究对象，包括自然系统、社会经济系统、物质系统、管理系统等。

系统工程为科学研究提供了定性分析方法、辩证思维方法，以及深入剖析人与环境相互关系的方法，也在自然科学与社会科学之间架设了一座沟通的桥梁。现代数学方法及计算机技术，通过系统工程，为社会科学研究增加了极为有用的定量分析方法、模拟实验方法、建立数学模型的方法和优化方法。系统工程为从事自然科学的科学技术人员和从事社会科学的研究人员之间的相互合作开辟了广阔的道路。

2. 系统工程与传统工程技术的主要区别

系统工程与其他各门工程技术一样，都是以改造客观世界、使其符合人类需要为目的的，都要从实际条件出发，运用基础科学和技术科学的基本原理，都要考虑经济因素和经济效益。但是系统工程的对象、任务、方法及从事系统工程活动所需要的知识结构，与传统工程技术相比，既有共同之处，也有明显区别，主要区别如下。

①概念不同。传统工程技术的“工程”是指把自然科学的原理和方法应用于实践，是设计和生产出有形产品（如设备、工具、建筑物等）的技术过程，可将它看作制造“硬件”的工程；系统工程的“工程”概念，是指不仅包含“硬件”的设计与制造，而且还包含与设计和制造“硬件”紧密相关的“软件”，诸如规划、计划、方案、程序等活动过程，所以这样就扩展了传统的“工程”的含义，给系统工程的“工程”赋予了新的研究内容。

②对象不同。传统工程技术把各自特定领域内工程物质对象作为研制对象，是具体的、确定的物质对象；而系统工程则以“系统”作为研究的对象，不仅把各种工程技术的物质对象包括在内，而且把社会系统、经济系统、管理系统等非物质对象也包括在内。由此可知，系统工程的研究对象是一个普遍联系、相互影响、规模大和层次多等极其复杂的综合系统。

③任务不同。传统的工程技术的任务是用来解决某个特定专业领域中的具体技术问题，而系统工程的任务是解决系统的全盘统筹问题，即通过系统工程的活动，妥善解决系统内部各分系统、各元素之间的总体协调问题，同时涉及系统的自然环境、社会环境、经济环境的相互联系等问题。

④方法不同。传统工程技术所用的方法是在明确目标后，根据条件采用可能实现目标的技术方法，提出不同技术方案设计，试制出原型，经试验后最终达到生产和建设的目的。而系统工程在解决各种问题的过程中，采用一整套系统方法：以系统工程观念（如整体观念、价值观念、综合观念、优化观念和评价观念等），按照完整的解决问题的程序（明确问题、设置系统目标、系统方案综合、模型化、决策和实施），运用电子计算机（增强了逻辑判断能力和人工模拟能力），对系统进行定性、定量分析和计算，从而为解决复杂系统问题提供有效手段和工具。系统工程的目标是实现系统的整体优化。

⑤需要各类人员参与。从事系统工程应用的组成人员，不仅要有专业技术人员，而且还要有社会科学工作者和其他行业的人员。系统工作人员应具有强烈的系统观点，在任何时刻、任何环境下，都能坚持用系统的观点和方法来研究和处理问题。他们要有较深的专业知识和宽广的知识面，而且更应具有丰富的想象力和创造力，善于发现问题，并能及时提出较多的可行方案。善于沟通也非常重要，要让各方面的有关人员清楚地了解其工作，让他们能够相互配合与协作。同时，最好让主管人员亲自参与进来，以便掌握环境动向，了解部门之间的信息。

3. 系统工程的特点

（1）研究思路的整体化

系统工程强调研究思路的整体化，就是既把所要研究的对象看作一个系统整体，又把研究对象的生命过程看作一个整体。一方面，对于任何一个研究对象，即使它是由各个不相同的结构和功能部分所组成的，也都要把它看作一个为完成特定目标而由若干个元素有机结合成的整体来处理，并且还应把这个整体看作它所从属的更大系统的组成部分来考察、研究；另一方面，把研究对象的研制过程也作为一个整体来对待，即以系统的规划、研究、设计、制造、试验和使用作为整个过程，分析这些工作环节的组成和联系，从整体出发来掌握各个工作环节之间的信息及信息传递路线，分析它们的控制、反馈关系，从而建立系统研制全过程的模型，全面地考虑和改善整个工作过程，以实现整体最优化。

(2)应用方法的综合化

系统工程强调综合运用各个学科和各个技术领域内所获得的成就和方法，使各种方法相互配合，达到系统整体最优化。系统工程对各种方法的综合应用，并不是将这些方法进行简单的堆砌叠加，而是从系统的总目标出发，将各种相关的方法协调配合、互相渗透、互相融合及综合运用。

(3)组织管理上的科学化、现代化

系统工程研究思路的整体化要求管理上的科学化，其应用方法综合化要求管理上的现代化。由于系统工程研究的对象在规模、结构、层次、相互联系等方面高度复杂，综合应用日益广泛，这就使得那种单凭经验的管理不能适应客观需要，没有管理上的科学化和现代化，就难以实现研究思路上的整体化和应用方法的综合化，也就不能充分发挥出系统的效能。管理科学化就是要按科学规律办事，它所涉及的内容极其广泛，包括对管理、组织结构、体制和人员配备的分析，以及工作环境的布局、程序步骤的组织、工程进度的计划与控制等问题的研究。管理现代化就是指符合事物发展的客观规律，符合自己国家需要，而且经过证明是行之有效的最新管理理论、思想、组织和方法手段，它要比旧的一套方法更合理、更有效，更能促进生产力的发展和生产关系的改善。

4. 管理系统工程的概念

管理系统工程是以管理问题作为系统而进行研究的一门组织管理技术，是一门以系统科学、运筹学、计算机应用技术为主体的综合交叉性学科。其基本思想是坚持整体观念，统筹兼顾，运用有关优化分析方法，实现管理系统整体功能的提高。管理系统工程就是以管理为研究对象的系统工程。

5. 处理解决复杂问题的系统分析方法

系统分析用于解决各个专业领域中的规划、设计等问题。系统分析的主要环节过程如图1-5所示。在系统分析的过程中，通过对问题状况进行系统研究，设定系统目标；经系统设计和系统量化后，产生系统定位并形成系统方案；进行系统评价，选出待选的方案，经过决策确定系统的最终方案。

系统分析的具体步骤、内容及逻辑关系(如图1-6所示)如下。

(1)阐明问题，确定目标

问题是在一定的外部环境作用和系统内部发展的需要中产生的，它有一定的本质属性和存在范围。系统分析首先要明确问题，然后要进一步研究问题所包含的因素，以及因素间的联系和外部环境的联系，把问题的性质和范围清楚地表达出来。

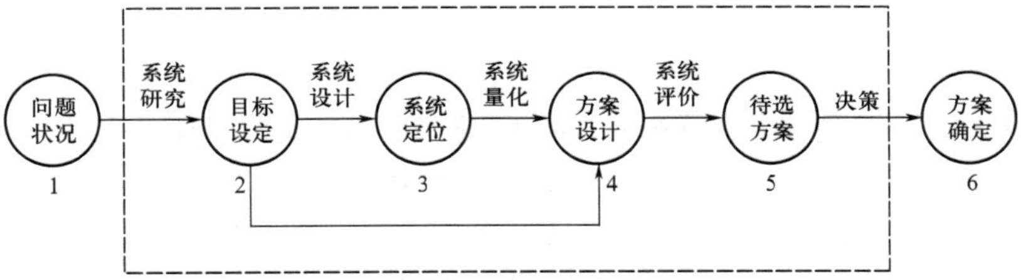

图 1－5　系统分析的过程

问题清楚了，就要明确解决问题的目的。目的可以表达成一些具体的目标或指标。系统分析是针对所要实现的具体目标展开的。由于实现系统的目的是靠多方面因素来保证的，因此目标也不会是单一的，它会包含或表现在许多方面。例如，企业经营系统的项目目标包括品种、产量、质量、成本、利润等；每一项目标又可能由更细小的目标集组成，比如利润是一个综合性目标，要增加利润，就要扩大盈利产品的销售量和降低单位产品成本，而要增加销售量，又要做好广告，布置好销售网点，安排好售前和售后服务等工作，以及采取正确的销售策略等。在多目标的情况下，要考虑各目标的协调，防止目标冲突或顾此失彼。在确定目标过程中，还要注意目标的整体性、可行性和经济性。

（2）收集数据和资料，提出备选方案

数据和资料是系统分析的基础和依据。根据所处理问题的总目标和各项分目标，集中收集需要的资料和数据，为系统分析做好准备。收集资料经常采用实地调查、查阅历史资料档案、采集数据、实验、观察、记录及引用等方式。在收集资料时要围绕问题，有针对、有选择地收集，并可以进一步归类和排序，挖掘和选择有用资料是资料收集中最重要的工作。在收集资料时，一定要注意资料的可靠性，能够说明重要目标的数据和资料必须经过反复核对和推敲。通过对数据和资料进行分析，按照目标要求，提出各种备选方案。所拟订的备选方案应具备创造性、先进性、多样性。创造性是指方案在解决问题方面应有创新，做到另辟蹊径；先进性是指方案应反映当前国内外最新科技成果，在现实基础上，大步前进；多样性是指所提方案应从多个侧面提出解决问题的思路，反映出多元化特点。

（3）建立分析模型

建立分析模型就是找出问题系统的成分及其相互关系的逻辑结构，即系统的输入/输出、系统转换、系统目标和约束等之间的关系。建立的模型能够刻画出决策方案、系统功能和目标及主要制约因素的相互关系。模型可以用图式模型、仿真模型、数学模型、实体模型等各种表达方式和方法。通过模型的建立，确认影响系统功能和目标的主要因素及其影响程度，确认这些因素的相关程度，以及确认总目标和各分目标的实现途径及其约束条件等。

（4）预测未来环境的变化，分析备选方案的效果

从开始系统分析到决策，然后再进行实践，需要经过一段时间，而系统的环境又是动态变化的，所以要对影响系统的环境因素进行预测。在预测未来环境时，利用已建立的模型对备选方案可能产生的结果进行计算和测定，考察各种指标达到的程度。一般所建立的分析

模型比较复杂,计算工作量较大,对备选方案可能产生的结果进行计算和测定工作都需要借助计算机来进行。

(5)综合分析与评价

综合分析与评价就是在上述分析的基础上,再考虑各种无法量化的定性因素,对比系统目标达到的程度。得出的综合分析与评价结果,应能推荐一个或几个可行方案,或者列出各方案的优先顺序,以供决策者参考。对于鉴定方案的可行性,系统仿真常是经济有效的方法。使用经过仿真后的可行方案就可避免实际执行时可能出现的困难。

对复杂系统的系统分析并非按照上述步骤进行一次即可完成,而是不断反馈、反思、修正及提高认识的过程。为完善修订方案中的问题,有时需要对提出的目标进行再探讨,甚至重新划定问题的范围。

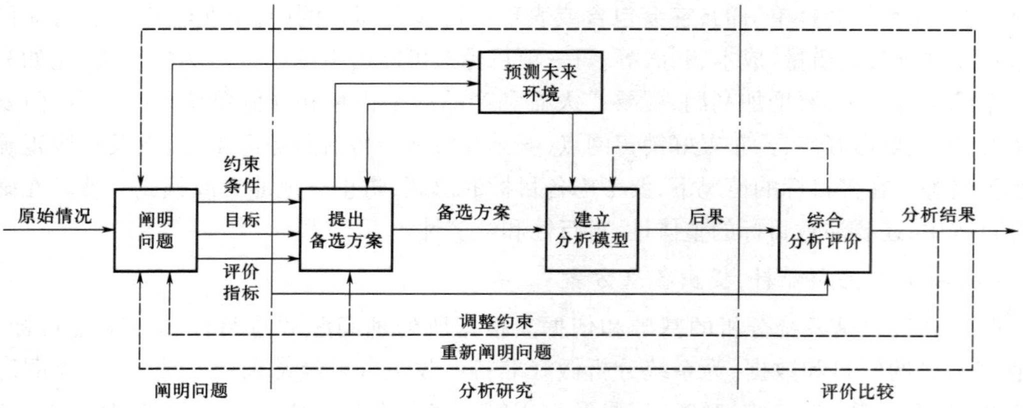

图1-6　系统分析过程的逻辑结构

1.2.7　管理科学

1. 管理科学的定义

管理科学是指以科学方法为基础的各种管理决策理论和方法的统称。管理科学的基础理论和方法主要包括运筹学、统计学、信息科学、系统科学、控制论、行为科学等。管理科学的终极目标是用符号、关系及公式来表示计划、组织、领导、控制等合乎逻辑的程序,求出最优的解决方案,以达到管理的目的。管理科学是数学、自然科学、社会科学与经济学相互渗透而发展起来的新学科,它既有自然科学的属性,也有社会科学的属性。例如,在定量分析时采用数学方法,但在定性分析时采用逻辑推理和辩证分析的方法,有时是两者的结合。但到目前为止,管理科学还无一致认可的定义,常见的主要观点有:①管理科学就是运筹学在管理中的应用;②管理科学就是系统分析;③管理科学就是系统工程在管理中的应用,即管理科学就是管理系统工程;④最宽泛的定义是“管理科学＝系统分析＋决策分析＋运筹学＋控制论＋数理统计＋计算机算法(优化算法＋搜索算法＋网络算法)”。

管理科学的内涵就是综合运用自然科学、社会科学与形式科学等学科理论与方法揭示管理问题的本质和规律的科学。

2. 管理科学的核心问题

管理科学的核心问题是提升组织运营质量和效率,同时需要解决组织中的优化问题,具体就是组织的资源最优配置和专业化分工网络优化。所以管理科学的标志是使用运筹学的优化数学模型和计算机算法。但目前管理科学中的量化方法并不能解决所有管理问题,有很多巨型组织的复杂问题还无法量化,定性方法、猜测判断甚至赌博决策有时是不得不采用的办法。

3. 管理科学的原则

(1)可行性优先于必要性原则

各种可行的方案均以资源约束和环境约束作为优化的起点,所有优化都必须考虑成本效益分析。各种可行的方案均以技术先进适用、经济和社会效益良好、实施安全可靠等作为评价的依据。

(2)定量化决策原则

管理科学强调流程,强调程序,强调化繁为简的模型,用模型思考问题,并把所有可能备选的最优和次优方案数量化,便于评估和考核,同时用各种数学工具研究各种变量的变化和随机扰动,预测可能的问题,预先准备好应对方案。管理科学力求减少决策的个人主观影响,依靠科学的决策程序和数学模型以增加决策的科学性。决策的过程就是调查研究和运用模型推理的过程。任何工作开始之前都需要先做决策,制订计划就是决策,组织、领导和控制也都离不开决策,决策贯穿管理的全过程。

(3)工具化原则

管理科学的基本工具是计算机算法,尤其是各种优化算法、搜索算法、网络算法,管理科学的所有成果都可以工具化,并嵌入计算机管理平台。管理中影响某一事务的因素错综复杂,建立模型后,计算任务极为繁重,电子计算机的出现大大提高了运算的速度,使数学模型应用于组织管理成为可能。

4. 管理科学解决问题的步骤

管理科学解决问题的步骤是完全流程化的:第一步,确认事实,提出问题,分析原因;第二步,建立数学模型,进行优化计算,得出预选方案;第三步,对预选方案进行决策分析,得出选择的解决方案;第四步,对方案进行验证和测试,并进行风险分析和敏感度分析;第五步,建立对解决方案的控制,包括监控流程,关键节点反馈机制;第六步,把解决的方案付诸实施,包括实施的步骤、次序、重点、协同等。

管理科学解决问题的关键环节是构建描述问题的数学模型,以及通过对模型求解计算得到的认知、发现及应用效果的反思。管理科学解决问题的前提是管理者具有丰富的问题领域知识和分析解决问题的能力。管理科学解决问题的基础是通过深入细致的调查研究,掌握了翔实的问题相关资料。

5. 管理科学的定性与定量方法

任何事物都是质和量的辩证统一,对事物仅进行定性分析或定量分析,都不足以反映事物的本来面目,都不能表明事物的全貌,都不可避免地带有形而上学的主观片面性。只有将定性分析与定量分析有机地结合起来,才能正确地反映和表明事物的性质与特点。

定性研究是定义问题或处理问题的途径,目的是研究问题对象的具体特征或行为,探讨其产生的原因。定性研究采用历史回顾、文献分析、访谈、观察、参与经验等方法获得处于某情境中的资料,用非量化的手段分析这些无序信息,这些信息包括历史记录,访谈记录脚本和录音、注释、反馈表、照片及视频等。分析方式以归纳为主,来探寻某个主题的"为什么",而不是"怎么办"。定性研究是确定事物本质属性的科学性研究,考察研究对象是否具有某种属性或特征,以及它们之间是否有关系等,故称定性研究。定性研究更强调意义、经验、描述等。例如,研究消费者对某产品的看法,并探讨消费者对产品的看法或行为反应的原因。

定量研究是确定事物某方面量的规定性的科学研究,就是将问题与现象用数量来表示,通过研究对象的特征,按某种标准进行量的比较来测定对象特征数值,或者求出某些量化因素间的变化规律。定量研究的目的是对事物及其运动量的属性做出回答,从量的方面分析研究事物,运用数学方法研究和考察事物之间的相互联系和相互作用,故名定量研究。

定量研究是定性研究的精细和深入,定性研究是定量研究的基础和升华。如果说定量研究解决的是"是什么"的问题,那么定性研究解决的就是"为什么"的问题。

定量分析是依据事物的内在机理或观测数据,建立数学模型,并用数学模型分析并计算出研究对象的各项指标及其数值的一种方法。定性分析则采用逻辑推理和辩证分析的方法,是以普遍承认的公理、一套演绎逻辑和大量分析对象的过去和现在的历史延续状况及最新事实的信息资料为分析基础,对分析对象的性质、特点、发展变化规律做出描述、判断和阐释的一种方法。现代定性分析方法也可以采用数学工具进行计算,而定量分析则必须建立在定性预测基础之上,二者相辅相成,只有结合起来灵活运用才能取得最佳效果。

管理科学常用的定性方法包括管理人员和专家的意见;经验丰富人员估计;市场调查;集合意见法;德尔菲法;质量分析法;扎根理论研究法等。

管理科学常用的定量方法包括统计数据的整理与分布、抽样分布、参数估计与假设检验;相关分析与回归分析、聚类分析、主成分分析;规划分析、优选法和统筹法;最优控制;决策分析;计算机仿真等。

定性和定量结合的方法有层次分析法、行为科学方法等。将定性和定量方法用于管理,就形成了定性管理和定量管理。作为管理形态的两种不同方式,定性管理与定量管理既相互区别、相互对立,各有其内在规定与内涵特点;又相互联系、相互统一、相互渗透、相互贯通。

定性管理与定量管理都是管理科学化、最优化的必要途径,二者缺一不可。定性管理是定量管理的基础、先导、拓展和升华,定量管理是定性管理的延伸、精细和深入。没有定性管理,定量管理就会失去目标、流于形式,就不是真正意义的定量管理;没有定量管理,定性管理就会变得难以捉摸,不易确定。因而,必须把定性管理与定量管理有机结合起来,使之优势互补、相得益彰。只有这样,才能建立科学的管理体系。

定性管理与定量管理的互补整合,应贯彻两条原则:一是在进一步发展、完善、优化定性管理与定量管理各自职能的基础上,根据它们的优缺点,通过横向水平优势互补和斜向交叉优势互补,既使优点锦上添花、优上加优,又使缺点得以弥补;二是根据系统功能大于各要素功能之和的系统论原理,最大限度地培植定性管理与定量管理的要素,尽可能优化管理的结构,使其成为动态开放、优势互补、价值效益最大化的系统整体。

1.2.8 WSR 系统方法论

管理有自然属性和社会属性。管理的自然属性反映了分工协作条件下的社会劳动需要科学合理地组织人、财、物等生产力要素，处理和解决劳动中物与物、人与物之间的技术联系；管理的社会属性则体现了管理活动维护的人与人之间的生产利益关系。所以，科学管理需要物理、事理和人理的融合及协调。

1. WSR 系统方法论的概念

WSR 是“物理(Wuli) - 事理(Shili) - 人理(Renli)方法论”的简称，是将物理、事理和人理三者巧妙配置、有效利用以解决问题的一种系统方法论。“物理”指涉及物质运动的客观机理，需要真实性，研究客观实在；“事理”指做事的道理，主要解决如何安排设备、材料、人员等资源和如何去做；“人理”指做人的道理，要用人文与社会科学的知识去回答“应当怎样做”和“最好怎么做”的问题。实际生活中处理任何“事”和“物”都离不开“人”去做，而判断这些事和物是否应用得当，也由“人”来完成，所以系统实践必须充分考虑“人”的因素。“人理”的作用可以反映在世界观、文化、信仰和情感等方面，特别表现在人们处理一些“事”和“物”中的利益观和价值观上。系统实践活动是物质世界、系统组织和人的动态统一。“物理”“事理”“人理”是系统实践中要综合考察的三个方面。仅重视“物理”和“事理”而忽视“人理”，则做事难免机械，缺乏变通和沟通，没有感情和激情，也难以有战略性的创新，很可能达不到系统的整体目标，甚至走错方向或提不出新的目标；一味地强调“人理”而违背“物理”和“事理”，则同样会导致失败。“懂物理、明事理、通人理”是 WSR 方法论的实践准则。表 1 - 1 简要列出了物理、事理、人理的主要内容。

表 1 - 1 “物理、事理、人理”的主要内容

	物 理	事 理	人 理
对象	客观物质世界	组织、系统	人、群体、人间关系、智慧
道理	物质世界之法则、规则的理论	管理和做事的理论	为人处事的道理，包括纪律、规范、伦理道德
焦点	是什么？功能分析	怎样做？逻辑分析	应当怎么做？人文分析
原则	诚实：追求真理	协调：追求效率	讲人性、和谐：追求成效
需要的知识	自然科学	管理科学，系统科学	人文知识，行为科学

WSR 方法论认为，现有的一些系统理论和方法分析那些物理结构、事理结构比较清楚的问题是可行的，但实践效果不尽如人意，主要原因是忽视了或不清楚“人理”而事倍功半。传统的系统分析方法适合解决结构化的问题(机械的可还原的问题)，而对现实大量存在的非结构化、病态结构的问题(如大量的社会、经济、环境和管理问题等)，靠原来的“硬”方法或“软”方法是不够的。

2. WSR 系统方法论的主要原则

运用 WSR 方法论时应遵循下列原则。

(1) 综合原则

要综合各种知识，听取各种意见，取其所长，互相弥补，以获得实际可行的预设方案和效果。

(2)参与原则

综合原则需要各方面相关人员的积极参与,全员参与或不同的人员(或小组)之间通过参与而建立良好的沟通,有助于理解相互的意图、设计合理的目标、选择可行的策略、改正不切实际的想法。例如,项目小组或总体协调小组需要各个利益相关方和用户的参加。

(3)可操作原则

选用的方法要紧密结合实际,要为实施者和用户的实践而考虑,提倡整个实践活动的可操作性,如目标、策略、方案的可操作性,文化与世界观对这些目标策略能否产生可操作的影响,以及实现的结果是否为用户所理解和所用,可用的程度有多大。

(4)迭代原则

人们的认识过程是交互的、循环的、学习的过程,从目标、策略、方案到结果的付诸实施体现了实践者的认识与决策、主观的评价、对冲突的妥协等。所以运用 WSR 的过程是一个迭代的过程。在每一个阶段对"物理""事理""人理"三个方面的侧重亦会有所不同,并不要求在一个阶段三者同时处理妥当。

3. WSR 系统方法论的工作过程

WSR 系统方法论的内容易于理解,但具体实践方法与过程则应按实践领域与考察对象而灵活变动。WSR 方法论一般工作过程可理解为以下七步:①理解和领会需求意图;②调查和分析环境状况;③制定和确认工作目标;④构造和研究策略模型;⑤评价和选择解决方案;⑥协调和理顺各种关系;⑦实现方案构想。这些步骤不是教条的、固定的,而协调关系始终贯穿整个过程,包括协调人与人的关系、部门与部门的关系,协调每一实践环节中"物理""事理"和"人理"的关系,协调意图、目标、现实、策略、方案、构想之间的关系,协调系统实践的投入、产出与成效的关系。

在理解用户意图后,实践者将会根据沟通中所了解到的意图、简单的观察和以往的经验等对考察对象形成一个主观的概念原型,包括所能想到的对考察对象的基本假设,并初步明确实践目标,以此开展调查工作。因资源(人力、物力、财力、思维能力)有限,调查不可能是漫无边际、面面俱到的,而调查分析的结果是将一个粗略的概念原型演化为详细的概念模型,目标得到了修正,形成了策略和具体方案,并提交用户选择。只有经过真正有效的沟通后,实现的构想才有可能被用户接受,并有可能启发其新的意图。

4. "物理""事理""人理"中常用的方法

"物理"的方法主要是自然科学中各种科学方法。

"事理"的方法主要包括运筹学、系统工程、管理科学、控制论和数学方法,以及各种模型和仿真技术等,还有一些定性方法及定性和定量结合的方法。

"人理"可以细分为关系、感情、习惯、知识、利益、斗争、和解、和谐、管理等。人与人之间都有相互关系,需要去深入了解,并将它们适当地表示出来;人与人之间是有感情的,也可以用各种方法去直接或间接地找出来(直接感觉,计算机测量,心理访谈,情商、权商或反商);人们在待人、处事、办事和做决策时都有一定的习惯,可以从一个人过去的习惯去判断这个人会怎样做事,也可以督促人们改变不好的习惯和建立好的习惯,使办事更合理、更聪明;人具有拥有知识和创造知识的能力,找到知识的表达,特别是把隐性知识变成更多人可以掌握的显性知识(知识图、知识网络图、知识转换、知识场)；不同的人有自己不同的利益，如何协调、争取利益(博弈；协调和妥协；和谐)；在管物、管事中协调人的管理。

WSR 的方法是从“物理”“事理”“人理”的多角度进行分析与综合的集成方法、群决策及协同方法，是内在有机联系的整体方法。

5. WSR 系统方法论应用于管理的分析

WSR 系统方法论应用于管理的分析可有多种角度的分析方法，因而可以得到许多不同的分析结果。管理要素的客体、作用、主体可以与“物”(管理对象)“事”(管理作用)和“人”(管理主体)对应起来，可以形成对管理的总体认识和分类把控。

管理的主体是人，管理者分为高层、中层、基层管理者，还可以进一步细分为各种不同的职能管理者。“人理”体现在各级管理者在管理过程中的沟通协调之中。

管理的客体是人类社会的各种组织和活动，包括企业、政府及非政府组织，组织具有不同的层级部门，构成组织的要素是人、财、物、信息、技术、社会信用等资源，其中最重要的管理对象是人，而人的资源属性是知识和能力。对于组织内外及边缘中各种资源和成果的客观认知和把握就是“物理”。

管理的作用是在一定的时间和空间中做好事前、事中、事后的预测、决策、计划、组织、指挥、协调、控制及创新等职能活动。管理的功能作用在一定的时间和空间内合理有序地展开就是“事理”。

WSR 三维结构如图 1－7 所示。

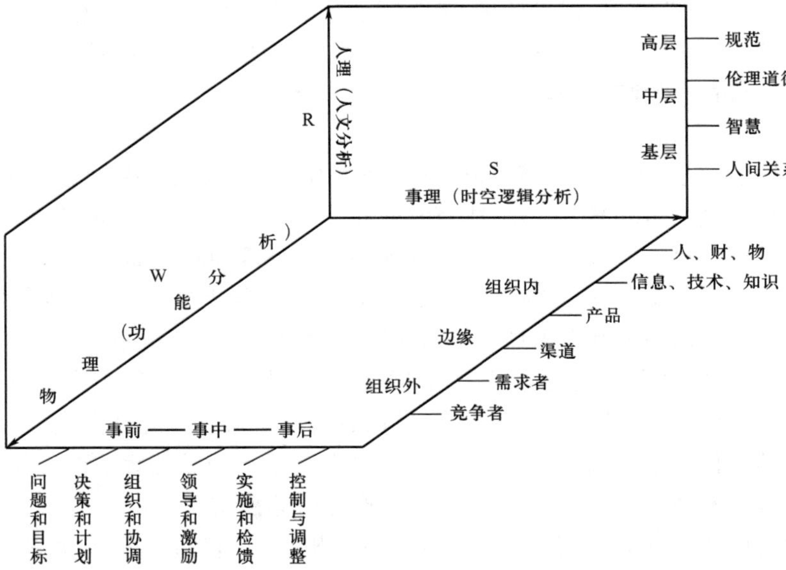

图 1－7　WSR 三维结构

按照上述分析，用 WSR 系统方法论分析管理过程，就是由高层、中层、基层的管理者协调组织内、外、边缘的各种资源，在时间空间中合理展开事前、事中、事后的职能活动。例如，企业高层管理者应该做的最重要的“事”就是要确定企业要“做什么事，如何做事；用什么人，如何用人”等战略决策和计划，中层管理者要贯彻企业战略、沟通与协同各个部门、激励与开发人力资源展开具体的计划和实施，基层管理者就是要忠诚地执行计划和实施方案，并监督和控制方案实施进展情况。

基于 WSR 系统方法论的管理核心要素是人，人的品德、知识和能力是管理者应有的基本素质，所以最广泛、最重要的管理是知识和素质的管理。

1.3 管理问题的模型研究与实验

1.3.1 管理问题数学模型类型

管理科学核心方法是用符号、关系及公式来描述管理问题，以表示计划、组织、领导、控制等合乎逻辑的程序，求出最优的问题解决方案，从而达到管理的目标。

管理问题数学模型可从不同的角度进行分类。

按研究对象的实际领域(或所属学科)分，模型类型有生产计划与控制模型、物流与交通模型、环境管控模型、生态模型、城镇规划模型、经济模型、社会模型等。

按研究采用的数学方法分，模型类型有初等数学模型(选举中的席位分配；商业中心的影响范围——布局问题)；微分方程与差分方程模型(人口增长；新产品的推销与广告；经济增长；病毒传播；捕食系统的 Volterra 方程；市场经济中的蛛网模型；差分格式的阻滞增长模型)；运筹学模型(投入产出规划；运输调度；统筹方法等)；经济博弈模型(完全信息静态、动态博弈；纳什均衡的囚徒困境；寡头竞争；讨价还价；国际竞争与最优关税；不完全信息静态、动态博弈；贝叶斯纳什博弈的暗标拍卖；股权换投资；货币政策)；数理统计模型(抽样分析；参数估计；假设检验；回归分析)；模糊数学模型(模糊相似选择；模糊聚类；模糊综合评价)；系统仿真模型(业务逻辑、系统分析、仿真)。

按管理问题的大小、层次分类，管理模型有战略模型、运营策略模型和战术模型。战略分析模型有波特竞争力分析模型、SWOT(Strength、Weakness、Opportunity、Threat)分析模型、战略地位与行动评价矩阵(Strategic Position and Action Evaluation Matrix，SPACE 矩阵)、SCP(Structure、Conduct、Performance)分析模型、战略钟、波士顿分析矩阵、价值链模型、ROS/RMS 矩阵等模型。运营策略模型有平衡计分卡(BSC)、品牌五角星、变革矩阵、现金流量折现法、现场改善、明茨伯格管理者角色模型、根本原因分析/帕累托分析、戴明循环、价值流程图等模型。战术分析模型有 7S 模型、作业成本会计法、标杆分析、业务流程再造、加里金字塔、杜邦分析法、创新圈、科特勒 4P 营销组合模型、卡拉杰克采购决策模型、精益模式/准时制管理、米尔科维奇薪酬决定模型、六西格玛、约束生产理论等模型。

按问题的目标特点分类，管理模型有预测模型、规划模型、库存模型、最短路径模型、排队模型、博弈模型、评价模型、决策模型等。

1.3.2 管理问题建模过程

1. 管理问题分析过程

面对实际问题，5W2H 方法是一个非常简单又实用的厘清问题的工具，它提供解决问题的基本思路，并有助弥补思考的疏漏，是一种发现问题、解决问题的方法。5W2H 分别是

Where(何地)、When(何时)、What(做什么)、Who(谁来做)、Why(为什么)、How(如何做)、How much(多少)。按照5W2H方法逐一提问,并逐一思考回答,发现新思路,找出解决问题的线索,然后设计构思,达到解决问题的目的。5W2H方法的思考方向及内容如表1－2所示。

表1－2　5W2H方法的思考方向及内容

项目	思考方向及内容
Where（何地）	问题发生在什么地方？问题的范围？解决问题的着力点？
When（何时）	问题发生的时间、时段、期限？解决问题的时间、时段、期限？
What（做什么）	解决问题的条件是什么？什么是解决问题的助力或阻力？什么是解决问题的挑战？
Who（谁来做）	谁与此问题最相关？谁可能解决此问题？
Why（为什么）	为何这时候出事？为何是这些当事人？为何必须在这个时间、日期才能解决问题？
How（如何做）	事情发生的经过和频率？事情随环境变化将如何变化？花多少时间能解决问题？
How much（多少）	指标是多少？成本是多少？销售是多少？

分析解决管理问题的一般过程如下。

①提出问题:阐明问题,确定目标(What)。

②问题情境分析:分析问题的影响因素,描述问题及相关要素(3W～5W)。

③寻求可行方案:从定性到定量探索和描述问题解决方案(建模)(How)。

④确定方案评估准则及方法、途径(Why)。

⑤评估各个方案:求解及解的检验、灵敏性分析等(How much)。

⑥选择最优方案:决策(How and How much)。

⑦方案实施:回到实践中(5W2H)。

⑧后评估:考察问题是否得到圆满解决(How much)。

①②为提出和形成问题阶段;②③④为定性与定量分析问题,构成决策方案阶段;⑤⑥为分析方案优劣,进行方案选择的决策阶段;⑦⑧为实践和再认识阶段。

只有提出问题,才能分析问题和解决问题。如果不熟悉问题背景,就难以提出问题。提出问题之后,才能更准确地认识问题的情境。掌握了问题情境,才能进一步梳理各要素之间的关系,提出解决方案,评估方案的优劣,并做出合理决策。将方案转化为行动,才能真正解决问题。方案实施后的总结评估,能加深和提高认知水平。实践、认识、再实践、再认识,才能不断提高分析和解决问题的能力。

2. 问题情境

问题情境就是问题发生的背景,是所有可能引发或影响问题发生因素的集合。问题情境要素构成如图1－8所示,问题情境是复杂关系和冲突的综合体。

在现实中,诸多复杂因素及其相互影响导致冲突和结果的产生。人员对现状的不满产生各种各样的问题。处理问题的要素包括以下几个:①问题相关者;②决策目标;③决策准则;④绩效评估;⑤行动方案;⑥问题环境。

问题相关者包括问题所有者、问题决策者、问题顾客、问题分析者及其他相关团体。问题所有者对问题情境某些方面具有控制权,特别是在行动方案的选择方面。所以,问题所有者通常也是问题决策者。问题顾客是问题解决方案实施后的受益者或受害者。问题分析者(也称问题解决者)分析问题、提出问题解决方案,并需要得到问题所有者的认可。所有问题相关者都可提出问题;问题所有者或问题决策者提出决策目标;问题分析者提出行动方案、决策准则、进行方案的绩效评估,供决策者参考;最后由问题决策者拍板定案。问题环境是不受决策者控制的、直接或间接影响绩效结果的条件。

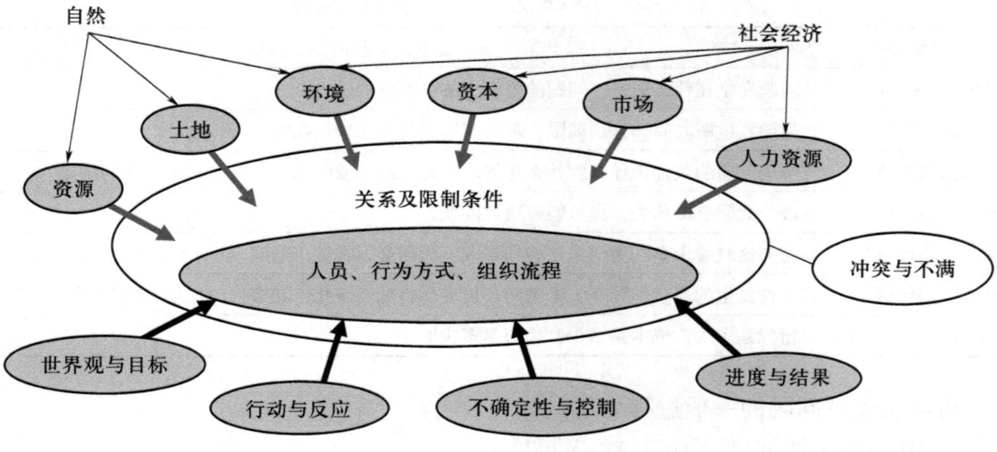

图 1-8　问题情境要素构成

发现问题是基于对现状的不满或新的需求,是人们在实际工作或生活探索中的主观能动性的体现,它来自好奇心、质疑精神、知识积累、认知冲突、知识交流等思维的灵感。当发现的问题既有意义,又有能力解决,还能够清晰地描述时,就应该提出这个问题。提出问题后,要对问题进一步进行梳理、辨别和分析,明确问题探究的目的和环境条件,这样才能提出和探寻解决方案,评估和选择合理方案,最后实施方案解决问题。

3. 问题定义及描述

探索生活和工作中存在的问题,解决矛盾和冲突,改善和满足人们的需要是管理的追求目标和职责。只有全面理解问题情境,才能更好地描述所要研究的问题。所以,不仅要识别问题本身,还要考虑问题的范围、形式,以及详细程度和深度。这些将直接影响解决方案的产生。人们在遇到问题的时候,有时还没有搞清楚“问题是什么”,就想迅速找出解决方案,而忽略了问题本身的定义和研究,最终可能导致问题不能被全部解决而延误时机。

问题定义要回答的关键问题是“要解决的问题是什么?”,其基本任务是调查研究,搞清楚问题的背景和目标是什么,确认问题的解决是否有助于目标的实现。问题定义过程由以下四步组成:①确立需求,就是确定做什么事、实现什么目标、受益(损)者是谁。②证明需求,就是要回答为什么需要一个解决方案,为此付出的努力是否符合主体的战略、使命和愿景,为利益相关者带来什么好(坏)处,能否得到利益相关者的支持,所需资源是否可得。③理解问题和它的来龙去脉,就是要明确问题产生的原因、问题的历史及现状、有什么要求和限制,以及问题解决的标准。可使用系统分析、因果图、相关图及思维导图等工具来找出问题的根本原因,厘清和展示问题的影响因素及其关系。④问题陈述,一个清晰完整的问题陈述包括什么人(团队)在什么时间什么地点做什么事、产生什么结果、需要什么激励、如何评估解决方案等。

4. 问题分析与建模

问题分析就是用系统的思想、理论和方法来分析问题。其中,核心的概念就是模型。问题分析的最重要的成果和手段就是模型。用系统理论的观点看,任何问题都可以被看作系统,问题的系统模型就是分析并找出问题的范围以作为问题系统的边界,找出系统内的组成要素及其相互关系、系统内部与外部之间的相互作用及动态演变。简单地讲,系统组成的要素结构或关系就是系统的静态模型,要素间的相互作用产生的输入/输出转换过程就是系统的动态模型。

模型的分析构建过程由粗到细,由概念模型到逻辑模型,再到数量模型,由定性分析模型到定量分析模型。有效的模型应具有简明、完整、易于操作、健壮性、适合问题情境等特性,并可提供与决策相关的信息。

建模是一个持续循环改进和重组的迭代过程、一个科学与艺术的实践过程、一种创新过程。针对特定的具体问题,既要有一定的模型知识积累,更要有想象力、洞察力、判断力、创新意识,以构建出适合问题实质的新模型。

1.3.3 管理问题的优化

管理问题的优化是管理科学的核心问题,优化的目的是为管理者提供决策的科学依据,以便正确决策和实现有效管理。运筹学应用数理逻辑形式研究和描述管理问题,利用统计学、数学模型和算法等方法,去寻找解决管理问题的最佳或近似最佳的解决方案,从而改善或优化现有系统的效率。对于组织系统而言,运筹学用于研究组织系统中人、财、物的组织管理、筹划调度等问题,做出各种经营战略和战术决定(决策)的科学手段和方法,以期获得最大效益。运筹学是管理科学的一门重要专业基础学科。

1. 运筹学发展历程

运筹思想自古有之。在中国就有田忌赛马、李冰父子修建的都江堰工程、丁渭主持的皇宫修复、敌我双方交战的“运筹帷幄之中,决胜千里之外”等案例,这些都说明了筹划安排的重要及中国人的聪明才智。

运筹学作为一门现代科学,是在第二次世界大战期间首先在英美两国发展起来的。当时迫切需要把各项稀少的资源,以有效的方式分配给各种不同的军事策划及在每一个策划内的各项活动。1937 年英国成立了世界上第一个运筹学小组,研究运用雷达准确确定敌机位置,合理控制野外火炮设备效能等项目,英国称这种研究为 Operational Research(OR)。第二次世界大战 OR 在军事领域取得的成果为战后 OR 的发展奠定了基础。战后工商业的恢复发展使人们认识到了运筹学的作用,纷纷成立了企业内部的“运筹学”小组,研究企业生产、技术、经营等决策问题,使得运筹学在 20 世纪 50 年代以后得到了广泛的应用。对于系统配置、聚散、竞争的运行机理的深入研究和应用,形成了诸如规划论、存储论、排队论、决策论等比较完备的理论,由于理论上的成熟及电子计算机的问世,又大大促进了运筹学的发展,许多国家成立了运筹学会,出版《运筹学》刊物,开展运筹学教育等。

1955 年我国将 OR 正式译作“运筹学”,20 世纪 60 年代广泛地推广优选法和统筹法,20 世纪 70 年代末以后,运筹学理论研究、教育及其应用取得了显著成果。

2. 运筹学研究对象及学科特点

运筹学是以问题为导向的,能提供分析和解决问题的思路及方法,根据问题的要求构建描述问题的量化模型,通过数学上的分析、运算寻找解决问题的优化方案,最后提出综合性的合理安排,以达到最好的效果。由于优化问题无处不在,各行各业都存在着各种需要用运筹学解决的问题,因此运筹学有着广阔的应用领域及前景。除研究经济活动和军事活动中的有关策划、管理方面的问题外,它已渗透到诸如生产、服务、搜索、人口、对抗、控制、进度安排、资源分配、厂址定位、能源、设计、可靠性等各个方面。运筹学是软科学中"较硬"的一门学科,是现代管理科学中的一种基础理论和不可缺少的方法、手段和工具。运筹学已被应用到各种管理工作中,在现代化建设中发挥着重要作用。

运筹学学科特点如下:①运筹学已被广泛应用于研究组织内的统筹协调问题,其应用不受行业、部门的限制;②运筹学具有很强的实践性,创造性地研究实际问题,能向决策者提供建设性意见,并收到实效;③运筹学从系统的观点出发,以整体最优为目标,以系统最佳的方式来协调系统各部门之间的利害冲突,寻求最佳的行动方案。所以运筹学是一门优化技术,可提供解决各类问题的优化方法。

运筹学的研究方法就是从现实问题中抽出本质要素来构造数学模型,寻求决策者的目标与解决方案的关系;探索求解的结构及求解过程;从可行方案中寻求系统的最优方案。

3. 运筹学的应用

运筹学的应用非常广泛,典型应用领域如下。

(1)市场营销

运筹学被用于广告预算和媒体的选择、竞争性定价、新产品开发、销售计划的制订等方面。

(2)生产计划与控制

运筹学在生产计划与控制方面的应用非常广泛,包括综合生产计划、主生产计划、物料需求计划及车间作业计划等各层次。主要应用于平衡需求、能力、财务及资源等计划,确定生产负荷、储存和劳动力的配合等计划,以及生产作业排程、合理下料、配料、物料管理等方面。

(3)库存管理

运筹学在库存管理方面主要应用于多种物料库存量的管理,确定某些设备的能力或容量,如工厂的库存、停车场的大小、新增发电设备容量、计算机主存储器容量、水库容量等。

(4)运输管理

运筹学在运输管理方面涉及空运、水运、公路运输、铁路运输、管道运输等运输方式和厂内厂外运输等,包括班次调度计划及人员服务时间安排等问题。

(5)财政和会计

运筹学在财政和会计方面涉及预算、贷款、成本分析、定价、投资、证券管理、现金管理等。应用较多的方面是统计分析、数学规划、决策分析。此外,还有盈亏点分析法、价值分析法等。

(6) 人事管理

运筹学在人事管理方面涉及以下内容。

①人员的获得和需求估计；②人才的开发，即进行教育和训练；③人员的合理利用及分配，主要是各种指派问题；④人才的评价；⑤薪资和津贴的确定等。

(7) 设备维修、更新和可靠度、项目选择和评价

运筹学在设备维护、更新和可靠度、项目选择和评价方面涉及的内容包括电力系统的可靠度分析、核能电厂的可靠度以及风险评估等。

(8) 工程的最佳化设计

运筹学在土木、水利、信息、电子、电机、光学、机械、环境和化工等领域皆有作业研究和规划设计等方面的应用。

(9) 城市管理

运筹学在城市管理方面的应用包括城市发展规划及各个层级的事务管理。例如，城市紧急救援系统的设计和运用，包括消防队救火站、救护车、警车等分布点的设立；城市垃圾的清扫、搬运和处理；城市供水和污水处理系统的规划等。

(10) 服务系统管理

服务领域的企业相当于一个服务系统，要调查统计顾客需求的统计规律，掌握服务系统满足顾客需求的能力与系统结构和空间布局的关系，综合优化服务系统的规划、设计和动态服务的能力。

(11) 项目管理

各种项目的实施进度管理、成本管理、质量管理、风险管理等，都会用到运筹学的理论和方法。

4. 运筹学方法内容

运筹学已经发展积累了一些经典模型，并能解决较广泛的实际问题，在很多领域中发挥着越来越重要的作用。运筹学的方法内容包括规划论（包括线性规划、非线性规划、整数规划、动态规划、组合规划）、存储论、图论与网络技术、排队论、对策论、决策论、搜索论及仿真（模拟）等分支。

(1) 规划论

规划论是运筹学的一个重要分支，无论是在理论方法上，还是在应用的深度和广度上都得到了飞速发展。其中，线性规划理论最为成熟，对运筹学的发展起到了重大的推动作用。许多实际问题都可以用线性规划来解决，行之有效的单纯形法算法加上计算机技术，使得大型复杂的实际问题的解决成为现实。非线性规划扩大了规划论的应用范围，随着数值分析和软件技术的发展，使得复杂非线性的实际问题也能够方便地解决。动态规划则可用于解决多阶段决策、工程控制、技术物理和通信中的最佳控制等问题。

(2) 存储论

存储论是研究物资最优存储及存储控制的理论。在工业生产和经济运转过程中，如果物资存储过多，则会占用大量仓储空间，增加保管费用，增加物资过时报废的风险，从而造成

经济损失;如果存储过少,则会因失去销售时机而减少利润,或者因原料短缺而造成停产。因而如何寻求恰当的采购计划和存储策略就成为存储论研究的对象。

(3)图论与网络技术

图论是一个古老的但又十分活跃的分支,它是网络技术的基础。网络技术将复杂庞大的工程系统和管理问题用图描述,可以解决很多工程设计和管理决策的最优化问题。例如,完成工程任务的时间最少、距离最短、费用最省等。

(4)排队论

排队论又叫随机服务系统理论,主要研究各种服务系统的排队队长、排队的等待时间及所提供的服务等各种参数,以便求得更好的服务。它是研究系统随机聚散现象的理论,可用于研究电话交换机的效率、飞机场跑道的容纳量、机器管理、陆空交通、水库水量的调节、生产流水线的安排、商场及银行等服务台的效率及效益等。

(5)对策论

对策论也叫博弈论,是研究冲突双方或多方制订对策的问题,所以这门学科在军事、国家外交、市场竞争、企业竞争等方面有着十分重要的应用。

(6)决策论

所谓决策就是根据客观可能性,借助一定的理论、方法和工具,科学地选择最优方案的过程。决策的依据是对各个备选方案所做出合理的评价。

(7)搜索论

搜索论主要研究在资源和探测手段受到限制的情况下,如何设计寻找某种目标的最优方案,并加以实施的理论和方法。

(8)仿真(模拟)

仿真是利用模型重现实际系统发生的本质过程,以寻求系统变化规律的一种方法。仿真的基本思想是建立一个试验模型,这个模型包含所研究系统的主要特点。通过对这个实验模型的类比、模仿现实系统及其演变运行过程,获得所要研究系统的必要信息。当所研究的实际系统造价昂贵、实验风险性大或需要很长的时间才能了解系统参数变化所引起的后果时,仿真是一种特别有效的研究手段。管理系统仿真模型就是计算机软件。仿真研究包括建立仿真模型和进行仿真实验两个主要环节。

现代运筹学面临的对象是经济、技术、社会、生态和政治等因素交织在一起的复杂系统。运筹学必须与系统分析相结合,与未来学相结合,以系统的思维方法为指导对复杂系统进行研究。运筹学将在不断的发展中产生新的思想、观点和方法。

1.3.4 管理数学实验的概念

数学模型的求解有逻辑推导得出的解析解和借助计算机数值分析的数值解。对此,数学家和其他科学技术工作者有着不同的态度。数学家追求理论上的严格证明和存在性,而工程技术人员和管理人员希望快速有效地直接求出解,为解决实际问题提供支持。

由于电子计算机的出现及其飞速的发展,使得数学以空前的广度和深度向一切领域渗透,数学建模作为用数学方法解决实际问题的第一步,越来越受到人们的重视。在计算科学高速发展的今天,快速求出数值解、找出规律,对于指导解决实际问题具有重要的现实意义,对于科学研究也已经成为重要的方法和手段。

管理数学实验就是运用管理科学的理论方法和计算技术对具体的管理问题进行内在逻辑的探索和解决方案的分析。管理数学实验就是从管理问题出发,建立描述管理问题本质特征和解决管理问题方案的数学模型,通过动手、动眼、动脑进行数值的、符号的和视觉的计算机分析,寻找管理问题的内在规律,最后解决问题。所以,管理数学实验的核心是对管理实际问题本身及解决管理问题途径的内在本质特征尝试数理逻辑的探索、发现和应用。管理数学实验就是对管理问题模型的分析、计算,揭示问题内在因素和外在因素的关系和动态表现,找出问题的解决方案、方法及途径。

管理数学实验的理论基础是管理科学、系统工程、运筹学,方法手段是数学模型、计算机软件。实验是发现问题、思考问题、分析问题、认识问题、解决问题的过程,需要实验者掌握宽广的基础理论和系统深入的专业知识,具有发现问题、分析问题和解决问题所需要的技能、智力、综合素质和能力(学习、表达、逻辑、洞察、悟性、判断、决断、创新等)。

1.3.5 管理科学的常用软件

随着计算机语言和软件的发展,进行数学实验的计算机工具也在发展变化。计算机语言从汇编语言、面向过程算法的语言向面向对象算法的语言、面向问题描述的语言发展,同时出现了一些专门的软件。目前,应用比较广泛的主要软件有 Excel、Lingo、ORS、ILOG、POEM、Matlab、Maple、Mathematica、Eviews、Stata、SPSS、R/S - Plus、SAS、Flexsim、Arena、AutoMod、Witness、Repast、Anylogic 等。其中,功能多、能力强、应用广泛而通用的是 MATLAB。所以,本书主要是以 MATLAB 为基本计算求解软件平台,介绍解决管理问题的建模、计算及系统仿真等管理数学实验内容,讲解管理科学在分析处理实际管理问题中的管理数学实验理论、方法及应用案例。

复习思考题

1. 讨论对问题和模型的认识(模型与问题的关系、分类、建模方法及过程)。
2. 讨论对管理的认识(概念、类型、要素、任务及原则、管理问题的类型)。
3. 讨论对管理学的认识(发展、特征、系统思维及管理系统工程)。
4. 讨论对管理科学的认识(概念、问题、原则、方法及步骤、WSR 系统方法)。
5. 讨论对管理问题模型的认识(类型、建模过程、任务及原则)。
6. 讨论对管理问题优化的认识(运筹学的特点、内容、应用及发展)。
7. 讨论对管理数学实验的认识(概念、理论基础、方法手段、目的)。
8. 讨论管理科学常用的软件及功能。

第2章

MATLAB基础

2.1 MATLAB语言概述

2.1.1 MATLAB 的发展及特点

MATLAB(Matrix Laboratory)语言是由美国新墨西哥大学 Clever Moler 博士于 1980 年开发的。Clever Moler 博士和同事 Wayne Cowell 等人在 20 世纪 70 年代中早期开发了 EISPACK 和 LINPACK 程序库,在此基础上于 20 世纪 70 年代后期开发了一套集命令解释和科学计算于一身的交互式软件系统,取名为 MATLAB。1984 年,MathWorks 公司成立,发布 MATLAB 1.0,支持 DOS 平台;1986 年,发布 MATLAB 2.0,支持 UNIX;1987 年,发布 MATLAB 3.0;1990 年,发布 MATLAB 3.5;1992 年,发布 MATLAB 4.0,告别 DOS;1993 年,发布 MATLAB 4.1,支持 Windows 系统;1994 年,发布 MATLAB 4.X,Simulink 和 Symbolic Math Toolbox 加入 MATLAB;1996 年,发布 MATLAB 5.0(面向对象);2000 年,发布 MATLAB 6.0(提升性能);2002 年,发布 MATLAB 6.5(JIT 引擎);2004 年,发布 MATLAB 7.0;2005 年,发布 MATLAB 7.1;2006 年 3 月,发布 MATLAB R2006a(V7.2);2006 年 9 月,发布 MATLAB R2006b(V7.3);此后,每年发布两次更新版本,最新版本为 MATLAB R2019b(V9.7)。

MATLAB 软件系统包括桌面工具和开发环境、数学函数库、MATLAB 编程语言、图形可视化、外部接口及 Simulink 等部分。MATLAB 系统的特点是它将一个优秀软件的易用性与可靠性、通用性与专业性、一般目的的应用与高深的科学技术应用有机地结合;它是一种直译式的高级语言,比其他程序设计语言容易掌握和使用;具有简洁高效性、强大的科学运算功能、丰富的绘图功能、庞大的工具箱与模块集、强大的动态系统仿真功能。MATLAB 作为线性系统的一种分析和仿真工具,是理工科学生需要的软件工具,它作为一种编程语言和可视化工具,可解决工程、科学计算和数学学科中许多问题。MATLAB 已被应用在数学、数值分析和科学计算、工业研究与开发、电子学、控制理论和物理学等工程和科学、化学、生物学,以及经济学和管理学等问题的分析计算中,并被广泛用于各个领域的教学与研究中。

2.1.2 MATLAB 的功能

1. MATLAB 语言具有强大的矩阵运算功能

MATLAB 语言是基于矩阵运算的处理工具,其中的变量都是以矩阵为基本形式,运算的表达式与矩阵理论上的表达式一致。例如,$\boldsymbol{C}=\boldsymbol{A}+\boldsymbol{B}$ 表示尺寸相同的矩阵加运算语句。一个元素的简单变量(如 $x=5$)被看作一个 1×1 的矩阵。矩阵 $\boldsymbol{A}$ 的列数等于矩阵 $\boldsymbol{B}$ 的行数,则 $\boldsymbol{A}$ 与 $\boldsymbol{B}$ 相乘得矩阵 $\boldsymbol{C}_{mn}=\boldsymbol{A}_{mk}*\boldsymbol{B}_{kn}$。

2. 广泛的符号运算功能

符号运算即用符号串表示数学解析式及推导分析,允许变量符号不赋值而参与解析推导运算。该功能用于解代数方程、微积分、复合导数、积分、二重积分、有理函数、微分方程、泰勒级数展开、寻优等,可求得解析表达式的符号解。

3. 高层与底层兼备的图形功能

MATLAB 语言提供了丰富的绘图函数与计算结果的可视化功能。具有高层两维、三维绘图的功能和底层句柄绘图功能。使用 plot 函数能方便地将计算结果可视化。

4. 图形化程序编制功能

MATLAB 语言提供了针对动态系统进行建模、仿真和分析的软件包,并用结构图进行可视化编程,只需拖动几个功能模块图标、连几条线,即可实现编程功能。

5. 丰富的 MATLAB 工具箱

MATLAB 最显著的特点之一就是它的模块化的组织架构,这使得 MATLAB 具有很强的可扩展性。MATLAB 工具箱包括主工具箱、符号数学工具箱、Simulink 仿真工具箱、控制系统工具箱、信号处理工具箱、图像处理工具箱、通信工具箱、系统辨识工具箱、神经元网络工具箱、金融工具箱、优化工具箱等。此外,MATLAB 工具箱还具有可靠的容错功能、应用灵活的兼容与接口功能、信息丰富的联机检索功能等。

2.1.3 MATLAB 操作环境

1. MATLAB 主界面

启动 MATLAB 后,出现如图 2 – 1 所示的 MATLAB 软件的主界面。与 Windows 系统上的其他软件类似,MATLAB 软件的界面友好,便于理解和使用。

MATLAB 主界面包括:①菜单栏(Main Menu);②工具栏(Tool Bar);③命令窗(Command Window);④命令历史窗(Command History);⑤工作空间浏览器(Workspace);⑥当前文件夹浏览器(Current Folder)共 6 个部分。命令窗是主要的操作窗口,通过该窗口可进行命令(或语句、表达式)的输入及除图形外的执行结果的屏幕输出。命令历史窗记录命令窗输入的内容及输入的日期、时间,窗中的所有内容可复制。通过工作空间浏览器可查看内存工作空间中所有的变量名、大小、字节数,双击相关变量名可弹出该变量编辑器并提取、编辑和保存变量的内容。当前文件夹浏览器用于展示当前子目录及包含的各种文件,便于文件资源的操作。MATLAB 主界面左下角的 Start(捷径)键提供显示 MATLAB 包含的各种组件、模块库、图形用户界面、帮助分类目录、演示算例等内容的捷径及操作环境。

在 MATLAB 主界面上可用鼠标进行各种操作。例如,在文件夹窗口管理当前目录下的所有文件和文件夹,或者改变当前目录;在工作空间窗口查询和编辑已定义变量,通过右键菜单进行编辑或绘图等相关操作;在命令历史窗单击右键,对历史命令进行编辑(剪切/复制/运行/创建 m 文件/快捷方式/profile code 等)。

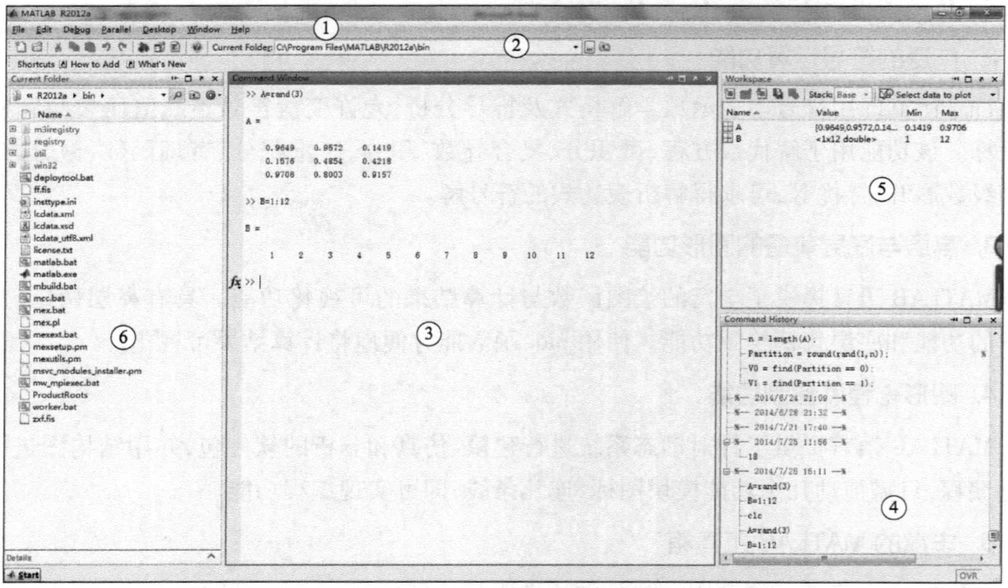

图 2-1　MATLAB 软件主界面

此外,MATLAB 还有 m 文件编辑、仿真建模、绘图、用户界面编辑及帮助等功能窗口。在 m 文件编辑窗口能够进行语句组或函数的复杂模块功能的编制,在仿真建模窗口可进行仿真模型的构建和调试,绘图窗口是将计算结果以可视化图形方式输出的窗口,用户界面编辑窗口是用于设计用户个性化的交互界面,而帮助窗口能够提供软件使用的百科全书。

2. m 文件编辑窗口

m 文件编辑窗口可由 Windows 程序菜单直接启动,也可以由 MATLAB 菜单 File→New→m - File(Ctrl + N)启动,其界面如图 2 -2 所示。

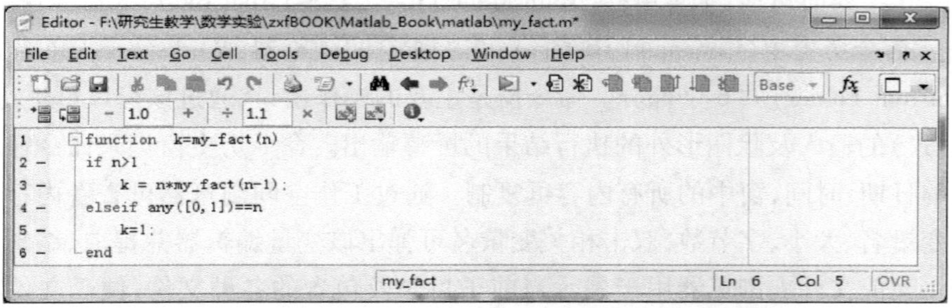

图 2 -2　m 文件编辑窗口

MATLAB 的 m 文件具有两种功能。一是 m 文件可集成命令(或语句)组,形成 MATLAB 的批处理程序文件,称为脚本文件。脚本文件可直接执行,类似主程序。脚本文件也可被其他执行的程序调用,相当于脚本文件被嵌入执行的程序中。二是 m 文件可编写用户函数,形成 MATLAB 的子程序，称为函数文件，构成分层模块控制能力。函数文件必须通过命令窗口调用或通过执行的程序调用。

脚本 m 文件被 MATLAB 命令窗用文件名直接调用时，产生的数据和结果都保存在工作空间中。函数 m 文件将程序进行抽象封装，提供参数入口和返回结果。定义好的 m 文件可被合理地灵活调用。

3. 帮助窗口

与许多软件类似，MATLAB 的帮助窗口提供了丰富的内容，是学习 MATLAB 软件和使用的百科全书，如图 2－3 所示为帮助窗口。

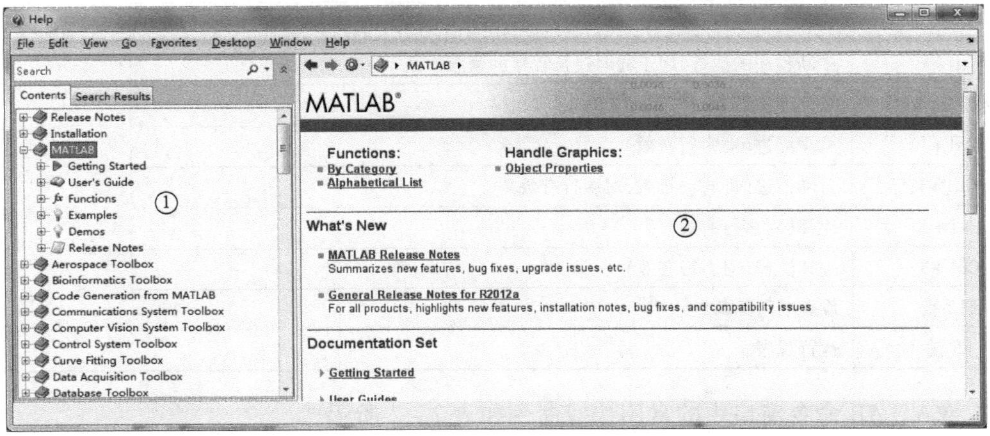

图 2－3 帮助窗口

帮助窗口由左侧的①导航器(Help Navigator)和右侧的②浏览器(Help Browser)组成。导航器含有两个"导航页"：内容分类目录(Contents)和查询结果(Search Results)。内容分类目录(Contents)是按层次设置的帮助内容目录，查询结果(Search Results)是按输入的词条在帮助文件中查出的相关内容列表。例如，查询 function 的帮助窗口见图 2－4。

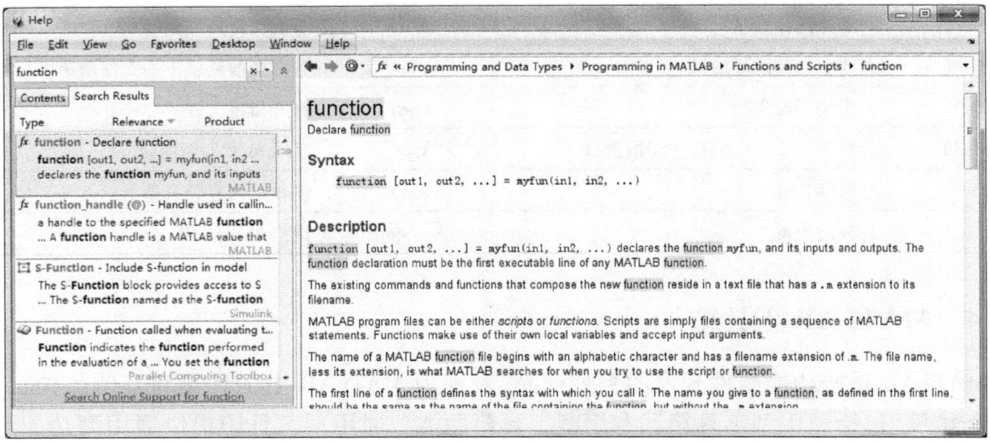

图 2－4 查询 function 帮助窗口

在 MATLAB 命令窗口中提供了 help、helpbrowser、helpwin、doc、docsearch 和 lookfor 等函数，用来查询帮助信息或启动帮助窗口。

4. MATLAB 常用快捷键和快捷命令

MATLAB 常用快捷键如表 2－1 所示。

表 2－1　MATLAB 常用快捷键

快捷键	说明	用在何处
↑	调出历史命令中的前一个命令	命令窗口(Command Window)
↓	调出历史命令中的后一个命令	
Tab	输入几个字符，按 Tab 键，则弹出包含前面字符的所有命令，方便查找	
Ctrl + C	中断程序的运行，用于耗时过长程序的紧急中断	
Tab 或 Ctrl +]	增加缩进(对多行有效)	程序编辑窗口(Editor)
Ctrl + [	减少缩进(对多行有效)	
Ctrl + I	自动缩进(即自动排版，对多行有效)	
Ctrl + R	注释(对多行有效)	
Ctrl + T	去掉注释(对多行有效)	
F12 键	设置或清除断点	
F5 键	运行程序	

在 MATLAB 命令窗口中的常用快捷命令如表 2－2 所示。

表 2－2　MATLAB 常用快捷命令

快捷命令	说明	快捷命令	说明
help	查找 MATLAB 函数的帮助	cd	返回或设置当前工作路径
lookfor	按关键词查找帮助	dir	列出指定路径的文件清单
doc	查看帮助页面	whos	列出工作空间窗口的变量清单
clc	清除命令窗口中的内容	class	查看变量类型
clear	清除内存变量	which	查找文件所在路径
clf	清空当前图形窗口	what	列出当前路径下的文件清单
cla	清空当前坐标系	open	打开指定文件
edit	新建一个空白的程序编辑窗口	type	显示 m 文件的内容
save	保存变量	more	使显示内容分页显示
load	载入变量	exit/quit	退出 MATLAB

2.1.4　MATLAB 工具箱

MATLAB 是按功能组件开发的系列产品，表现为 MATLAB 主工具箱和其他各种工具箱的不断扩展，包括通用型工具箱和专用型工具箱两类。通用型工具箱提供通用型功能组件，用于扩充 MATLAB 的数值计算功能、符号运算功能、图形建模仿真功能、文字处理功能及与硬件实时交互功能等，能够用于多种学科。例如，数学、统计与优化方面的符号数学工具箱

(Symbolic Math Toolbox)、统计学工具箱(Statistics Toolbox)、优化工具箱(Optimization Toolbox)、神经网络工具箱(Neural Network Toolbox)及并行计算工具箱(Parallel Computing Toolbox)等。专用型工具箱提供各学科领域所需的专业性很强的专门功能组件,用来扩充MATLAB 的应用范围。例如,控制系统工具箱(Control System Toolbox)、信号处理工具箱(Signal Processing Toolbox)、金融工具箱(Financial Toolbox)等。常用的 MATLAB 工具箱及其功能如表 2 - 3 所示。

表 2 -3　常用的 MATLAB 工具箱及其功能

功能组件名称	功　能
必须选择的功能组件	
MATLAB	MATLAB 主工具箱提供最基础、最核心的 MATLAB 环境,可以对各类数据(除符号类数据外)进行操作、运算和可视化
最常选用的通用性工具箱组件	
Symbolic Math Toolbox	符号数学工具箱:符号类数据的操作和计算
Extended Symbolic Math Toolbox	更丰富的符号计算函数
其他通用性工具箱组件	
Simulink	Simulink 仿真工具箱:无须编写程序,可利用方块图实现建模和仿真;主要用于研究微分和差分方程描写的非线性动态系统
Optimization Toolbox	优化工具箱:包含求函数零点、极值、规划等优化程序
Statistics Toolbox	统计工具箱:进行复杂统计分析
MATLAB Compiler	编译工具箱:把 MATLAB 的 m 文件编译成独立应用程序
MATLAB builder for Excel	与 MATLAB Compiler 配合使用,生成 Excel 插件
常用专业性工具箱组件	
Financial Toolbox	金融工具箱
Partial Differential Equation Toolbox	偏微分方程工具箱
Genetic Algorithm and Direct Search Toolbox	遗传算法函数
Database Toolbox	数据库连接和使用工具箱
Spline Toolbox	样条和插值函数工具箱
Neural Network Toolbox	神经网络工具箱
Signal Processing Toolbox	信号处理函数及模块工具箱
Fuzzy Logic Toolbox	模糊逻辑函数及模块工具箱
Image Processing Toolbox	图像处理函数及模块工具箱
其他专业性工具箱组件(举例)	
Stateflow	与 Simulink 配合使用,主要用于较大型、复杂的(离散事件)动态系统的建模、分析、仿真
System Identification Toolbox	动态系统辨识
Control System Toolbox	控制工具(解决控制问题的函数及模块)
Communication Toolbox	通信工具箱
Wavele Toolbox	小波工具箱
Parallel Computing Toolbox	并行运算

2.1.5 MATLAB 语言基础

MATLAB 语言是 MATLAB 平台人机交流的工具,只能出现在命令窗口或 m 文件编辑窗口中。MATLAB 语言在命令窗口中称为命令,在 m 文件中称为语句和程序。命令窗口中,>> 是命令行提示符,可在其后输入命令。

MATLAB 对命令或语句中符号的解释及搜索顺序是:①检查 MATLAB 内存,判断是变量或常量;②检查是否为 MATLAB 内部函数;③在当前目录中搜索是否有这样的 m 文件存在;④在 MATLAB 搜索路径的其他目录中搜索 m 文件。

MATLAB 语言与其他语言有许多类似的概念,基础内容如下。

1. MATLAB 中的变量

计算机语言中的变量对应着计算机的存储单元,用于存储数据。MATLAB 中的变量是以矩阵为基本结构形式,多维数组是矩阵的直接扩展。所以,MATLAB 变量表现为 0 ~ n 维数组的结构形式,2 维及以下数组被统一视为矩阵,如 2 ×3 矩阵,1 ×3 矩阵(行向量),3 ×1 矩阵(列向量),1 ×1 矩阵(标量),0 ×0 矩阵(空)。

MATLAB 中的变量不需要预先说明,一般是通过赋值语句自然产生。例如,$\boldsymbol{v}=18$ 表示创建了一个名为 $\boldsymbol{v}$ 的 1 ×1 矩阵,并存储了唯一的元素值 18。

MATLAB 中变量的命名规则如下:①变量名必须是不含空格的字符串;②变量名一般以字母开头,之后可以是任意字母、数字或下画线,变量名中不允许使用标点符号;③变量名区分大小写;④变量名的有效长度可由 namelengthmax( ) 函数值确定,它与 MATLAB 版本有关。目前变量名的有效长度是 63 个字符。需要注意的是,MATLAB 严格区分大小写字母,且不要用函数名或关键字作为变量名。

2. MATLAB 的关键字和特殊变量及常量

MATLAB 作为一种语言为编程保留了一些关键字,如 break、case、catch、classdef、continue、if、else、elseif、otherwise、end、for、while、function、global、parfor、persistent、return、spmd、switch、try 等。MATLAB 的一些特殊变量及常量见表 2-4。

表 2-4 MATLAB 的特殊变量及常量

特殊变量	含 义	特殊变量	含 义
ans	用于存储结果的默认变量	nargin	所用函数的输入变量数目
i 或 j	虚数单位,$i=j=\sqrt{-1}$	nargout	所用函数的输出变量数目
pi	圆周率 π(=3. 1415926…)	intmin	最小整数
NaN 或 nan	不定量,如 0/0、inf/inf 或 inf - inf 的结果	intmax	最大整数
Inf 或 inf	无穷大(∞),如 1/0	realmin	最小可用正实数 2^{-1022}
version	版本信息,如 7. 14. 0. 739(R2012a)	realmax	最大可用正实数 $(2-\varepsilon)2^{1023}$
eps	浮点运算的相对精度($\varepsilon=2^{-52}$),当和 1 相加就产生一个比 1 大的数		

3. MATLAB 的数据类型

MATLAB 提供了 15 种基础数据类型，有逻辑型、字符型、数值型、结构数组、元胞数组以及函数句柄等，如图 2-5 所示。数值型分为整型和浮点型。其中，整型又分为有符号整型和无符号整型，包括 8 位整型、16 位整型、32 位整型和 64 位整型，浮点型又分为双精度浮点型和单精度浮点型。

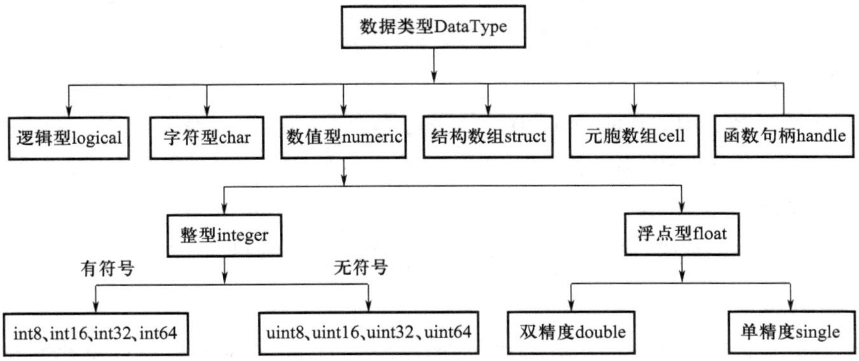

图 2-5 MATLAB 的数据类型

MATLAB 的数据类型除元胞数组外，与其他过程计算机语言类似，简述如下。

(1) 双精度与单精度数据类型

MATLAB 默认的数字为双精度类型。双精度数据类型变量遵循 IEEE 标准，包括 8 字节 64 位存储单元，11 个指数位，52 个数值位和 1 个符号位。表达的数值范围是 $(-1.7 \sim 1.7) \times 10^{308}$。double 函数可将其他类型数据表达式转换为双精度数据。数据的类型决定了变量的类型。单精度数据由 single 函数转换而来，占用 4 字节 32 位存储单元。

MATLAB 的数据可以是复数，复数的虚部用"i"和"j"表示，如 $a=2+3i$ 或 $b=3+4j$。一个复数对应 2 个存储单元，分别存储复数的实部和虚部。

(2) 整数数据类型

整数数据类型有 8 种类型函数，区别是存储单元的长度和取值的范围，如 uint8 对应8 位存储单元长度的无符号整数，所以取值的范围是 $0 \sim 255$，对应 256(2^8) 个数字；而 int8 对应 8 位存储单元长度的有符号整数，所对应的 256 个数字取值范围是 $-128 \sim 127$。

无符号整数类型：uint8 为单字节 8 位存储单元，常用于图像表示和处理；uint16 为双字节 16 位存储单元；uint32 为 4 字节 32 位存储单元；uint64 为 8 字节 64 位存储单元。

有符号整数类型：int8，8 位存储单元；int16，16 位存储单元；int32，32 位存储单元；int64，64 位存储单元。

(3) 字符数据或字符串数据类型

字符数据或字符串数据就是用单引号括起来的字符，一个字符占用一个存储单元，对应 2 字节长度。一个字符串对应一个行向量，多行字符串矩阵要求各行的长度相等。char 函数可生成字符串数组,可将数字转换成字符串。double 函数可将字符串转换成 unicode 数值。

字符串比较函数:strcmp 函数用于比较两个字符串是否完全相同;strncmp 函数用于比较两个字符串的前 n 个字符是否相同;strcmpi 函数与 strcmp 函数类似,但会忽略字母大小写的区别;strncmpi 函数与 strncmp 函数也类似,但 strncmpi 函数会忽略字母大小写的区别。

判别字符串中字符类别函数:isletter 函数用于判断字符串中的每个字符是否为文字字符;isspace 函数用于判断字符串中的字符是否属于格式字符(空格、制表符、回车和换行等);isstrprop 函数用于逐字符检测字符串中的字符是否属于指定范围(字母、字母和数字、十进制数、十六进制数等)。

字符串查找函数:strfind(str,pattern)在字符串 str 中查找 pattern 子串,返回字串出现的位置;findstr(str1,str2)查找字符串 str1 和 str2,返回较短字符串在较长字符串中的位置。

字符串替换函数:strrep(str1,str2,str3)将字符串 str1 中所有 str2 字符串用 str3 来替换。strrep 对字母的大小写敏感,只能替换 str1 中与 str2 完全一致的字串。

(4)逻辑数据类型

逻辑类型值只有真和假两个,分别用 1 和 0 表示。logical 函数可将任意类型数组转换为逻辑类型数组,其中非零元素为真,零元素为假。true 和 false 函数生产真、假数组。

可用于逻辑数据判断的函数:whos(x)显示数据 x 的数值和数据类型;islogical(x)判断 x 是否为逻辑数组; isa(x,'logical')判断 x 是否为逻辑数组;class(x)返回 x 的数据类型;cellfun('islogical',x)检查元胞数组 x 的元素是否是逻辑数据。

(5)结构体数据类型

结构体类型与 C 语言中的结构类似,在变量的下面定义各种域,域可以是各种类型的变量,所以可以定义多层结构体。结构体可以将相关的各种变量和信息集成到一起。

结构体相当于一个数据容器,把多个相关联的不同类型的数据封装在一个结构体对象中。结构体利用域而非下标来对结构元素进行寻址;结构的域由"结构名. 域名"标识,即用点号来访问域中的数据。创建结构体有两种方法:赋值语句或 struct 函数。

用赋值语句创建结构体:

```
sn. field = value
```

赋值表达式左边为"结构体名 . 域(字段)名",右边是给域赋予的值。在对结构体的域进行赋值时,该域会自动创建。借助用圆括号括起的索引,用户可轻松创建拥有相同结构的结构体数组对象。

【例 2-1】 温室数据包括温室名、容积、温度、湿度等。结构体 green_house 有三个域:name、volume、parameter。而域 parameter 又有两个子域,temperature、humidity。

可直接对域赋值产生"结构体",在命令窗口中输入赋值命令产生"结构体"示例如下:

```
>> green_house. name   = '一号房';                    % 直接给域名赋值
>> green_house. volume  = '2000 立方米';
>> green_house. parameter. temperature = [31.2   30.4   31.6   28.7   29.7   31.1   30.9   29.6];
>> green_house. parameter. humidity    = [62.1   59.5   57.7   61.5   62.0   61.9   59.2   57.5];
```

输入结构体名或域名可显示“结构体”的结构和内容,示例如下:

```
>> green_house                              % 显示结构体第一层内容
green_house =
      name: '一号房'
    volume: '2000 立方米'
 parameter: [1x1 struct]
>> green_house. name                        % 显示结构体 green_house 的域 name
ans =
      一号房
>> green_house. volume                      % 显示结构体 green_house 的域 volume
ans =
      2000 立方米
>> green_house. parameter. temperature      % 显示结构体域 parameter 的域 temperature
ans =
      31.2000   30.4000   31.6000   28.7000   29.7000   31.1000   30.9000   29.6000
```

用 struct 函数创建结构体:

```
sn = struct('field1',value1,'field2',value2,…)
```

其中,sn 为所创建的结构体对象名;field1、field2 为结构体包含的第一个和第二个域(字段)名;value1、value2 为结构体第一个和第二个域的值。

【例 2-2】 用 struct 函数创建结构体。

```
>> person = struct('name','Tom','sex','male','age',20)
person =
      name : 'Tom'
       sex : 'male'
       age : 20
```

(6)元胞(单元)数组类型

元胞数组也称单元数组,是将不同类型数据集成到一个变量名下面,用{}表示。这是 MATLAB 特有的、与其他计算机过程语言不同的数据类型。

【例 2-3】 元胞数组的创建。已知有如下四种不同类型数据:

```
>> C_str = char('北京理工大学','管理与经济学院');    % 字符数组
>> R = reshape(1:9,3,3);                          % 3×3 矩阵
>> cn = [1+2i,1-2i];                              % 复数向量
>> S_sym = sym('sin(-3*t)*exp(-t)');              % 符号对象
```

直接创建法一:“外标识元胞元素赋值法”。

```
>> A(1,1) = {C_str};A(1,2) = {R};                 % 元胞元素赋值
>> A(2,1) = {cn};  A(2,2) = {S_sym};
>> A                                              % 显示元胞数组 A
A =                                               % 屏幕显示
      [2x8 char  ]  [3x3 double]
      [1x2 double]  [1x1 sym   ]
```

直接创建法二:“编址元胞元素内涵的直接赋值法”。

```
>> B{1,1} = C_str;B{1,2} = R;B{2,1} = cn;B{2,2} = S_sym;        % 元胞元素地址赋值
>> celldisp(B)                                                   % 显示元胞数组内容
B{1,1} =                                                         % 屏幕显示
    北京理工大学
    管理与经济学院
B{2,1} =
    1.0000 + 2.0000i   1.0000 - 2.0000i
B{1,2} =
    1   4   7
    2   5   8
    3   6   9
B{2,2} =
    sin( -3 * t) * exp( -t)
```

用函数 cell 创建元胞数组，函数的语法形式如下：

```
cn = cell(m,n)
```

该语句创建一个包含 m 行 n 列的元胞数组，并将其保存在 cn 中。利用 cell 函数创建元胞数组后，可对数组中的每一个元素（元胞）进行赋值。

(7) 函数句柄类型

函数句柄是 MATLAB 的一种数据类型，提供了一种间接调用函数的方法。函数句柄给出了一个函数执行所需的所有信息：

```
handle = @ functionname
```

函数句柄使得函数的调用变得灵活和方便，既可以直接执行函数，也可以作为参数进行传递，方便实现函数间互相调用，拓宽子函数的使用范围，提高函数调用的可靠性，减少程序设计中的冗余和提高重复执行的效率。

创建函数句柄并保存变量后，就可以通过函数句柄变量来调用句柄所关联的函数。通过函数句柄调用函数时，需要指定函数的输入参数；没有输入参数的函数，在使用句柄调用时，要在句柄变量后加上空的圆括号。

函数句柄处理函数：functions 返回函数句柄的描述信息；func2str 函数将函数句柄转换为函数名称字符串；str2func 函数将字符串代表的函数转换为函数句柄。

(8) 类与对象

类与对象是除上述 15 种基本数据类型以外的所有数据，具有强大的表达和扩展功能。类与对象可以定义重载函数，还可以定义新的数据类型，根据需要还可以处理任意数据类型。类是一种定义了自己的数据结构和作用在该数据结构之上的处理过程、函数的数据类型，对象是类的实例。

例如，符号表达式是一种扩展的数据对象。变量声明 syms A B C，定义了三个符号类型对象，等同于 A = sym('A')，B = sym('B')，C = sym('C')。符号类型变量常用于公式推导。在主界面菜单栏 File→New 菜单中有对象类的编辑处理项。

4. MATLAB 的基本语句结构

MATLAB 语句出现在程序文件（.m 文件）中，或者出现在命令窗口中。

(1)赋值语句

```
V(变量) = expression(表达式)
```

表达式是一门语言中的最基本的成分,它由变量、数值、运算符及函数组成。MATLAB 表达式与自然的数理逻辑表达式非常接近。

【例 2-4】 $g = a \times b^3 \times \sin(x) \div c$,用 MATLAB 语句表示为:

```
>> g = a * b^3 * sin(x)/c
```

【例 2-5】 矩阵赋值 $\boldsymbol{A} = \begin{bmatrix} 1 & 7 & 3 \\ 2 & 8 & 6 \\ 5 & 9 & 4 \end{bmatrix}$,用 MATLAB 语句表示为:

```
>> A = [1,7,3; 2,8,6; 5,9,4];                    % 输入矩阵
```

根据运算处理的数据类型和关系,运算符包括算数运算符、关系运算符及逻辑运算符等。单值函数可直接作为表达式的成分出现在表达式中参与计算;而多值函数则首先将函数值赋给变量,再代入表达式中。

(2)语句的控制符号

MATLAB 语句的控制符号有逗号(,)、分号(;)、续行号(…)、百分号(%)和冒号(:)。

MATLAB 允许多条语句在同一行出现,语句间的分隔符用逗号或分号表示。逗号结束的语句执行结果将输出在命令窗口中,分号结束的语句执行结果将不输出在命令窗口。一行只有一条语句时,可以使用或不用分隔符。不用分隔符的效果与使用逗号的效果相同。

续行号表示语句未完,下一行继续。当一个指令或语句太长时,可用续行号续行,以实现用多行表达一个语句。

百分号是注释的控制符号,其后面的内容为标注和解释性的内容,而非语句。

冒号用于构建冒号表达式,冒号表达式有许多用途。冒号表达式如下:

```
Vstart : step : Vend
```

冒号表达式生成了以 Vstart 为初始值、以 step 为步长、以 Vend 为终止值的一组等差数列,step 的默认步长为 1。冒号表达式用于生成等差数列向量,用于选出矩阵指定行、列及元素,用于循环控制语句。

MATLAB 常用标点符号如表 2-5 所示。

表 2-5　MATLAB 常用标点符号

标点符号	名称	功能说明
	空格	数组元素或输入量之间的分隔符
,	逗号	数组元素或输入量之间的分隔符;命令或语句分隔符
.	点	小数点;结构体数组的域(字段)标识符;点运算标识符
;	分号	定义数组时,作为行间分隔符;用在命令或语句的"结尾",不显示计算结果

续表

标点符号	名称	功能说明
:	冒号	作为冒号运算符,用来生成一维数组;作为数组单下标引用时,表示将数组按列拉长为长向量;作为数组多下标引用时,表示该维上的所有元素
%	百分号	注释号,注释内容引导符,百分号后的内容为注释
%{ %}	百分花括号	注释块,百分花括号内的内容为注释
''	单引号对	字符串标记符
()	圆括号	用来访问数组元素;用来标记运算作用域;定义函数时用来标记输入变量列表
[ ]	方括号	用来定义数组;定义函数时用来标记输出变量列表
{ }	花括号	用来定义或访问元胞数组;用来标记图形对象中的特殊字符
_	下连符	作为变量、函数或文件名中的连字符;图形对象中下脚标前导符
…	续行号	由三个及以上连续的点构成,表示该行命令或语句未完,其下一行为该行的续行
@	"at"号	在函数前形成函数句柄;匿名函数前导符;在目录前形成"用户对象"类目录

【例2-6】 用不同的步距生成(0,pi)间的向量:

```
>> v1 =0:0.5:pi;            % v1 = [0       0.5000   1.0000   1.5000   2.0000   2.5000   3.0000]
>> v2 = pi: -0.5:0;         % v2 = [3.1416   2.6416   2.1416   1.6416   1.1416   0.6416   0.1416]
>> v3 =0:pi;                % v3 = [0   1   2   3]
>> v4 = [0:0.1:pi,pi];      % v4 = [0   0.1   0.2   0.3   0.4   …   3.1   3.1416],33 个元素
```

(3)输入/输出语句

由命令窗口进行输入的语句:

```
user_entry = input('prompt')
```

或

```
user_entry = input('prompt','s')
```

'prompt' 表示在命令窗口显示的提示字符信息,'s' 表示输入的内容为字符串,无 's' 时则为有效的任意表达式。

【例2-7】 输入控制:

```
>> x = input('请输入 x 的值:');
请输入 x 的值:
```

当输入任何有效的表达式后,表达式的值就会存储在变量 x 中。

由命令窗口进行输出的语句:

```
disp(expression)
```

expression 为任意有效的表达式,表达式的结果显示在命令窗口中。

【例2-8】 输出显示:

```
>> x = 1:8;
>> disp(x+1);
   2  3  4  5  6  7  8  9
```

MATLAB 中数值型数据的输出控制格式可以通过 format 命令指定,如表 2-6 所示。

表 2-6 MATLAB 中数值型数据的输出控制格式

格式	说明
format short	固定短格式,4 位小数,如 3.1416,默认格式(default)
format long	固定长格式,14 位至 15 位小数(双精度);7 位小数(单精度),如 3.141592653589793
format short e	浮点短格式,4 位小数,如 3.1416e+000
format long e	浮点长格式,14 位至 15 位小数(双精度);7 位小数(单精度),如 3.141592653589793e+000
format short g	最好的固定或浮点短格式,4 位小数,如 3.1416
format long g	最好的固定或浮点长格式,14 位至 15 位小数(双精度);7 位小数(单精度)
format short eng	科学计数法短格式,4 位小数,3 位指数,如 3.1416e+000
format long eng	科学计数法长格式,16 位有效数字,3 位指数,如 3.14159265358979e+000
format +	以 + 号显示 format bank 固定的美元和美分格式,如 3.14
format hex	十六进制格式,如 400921fb54442d18
format rat	分式格式,分子分母取尽可能小的整数,如 355/113
format compact	紧凑格式,不显示空白行,比较紧凑
format loose	宽松格式,显示空白行,比较宽松

【例 2-9】输出格式的差异:

```
>> format compact          % 紧凑格式
>> format short            % 固定短格式
>> pi
ans =                      % 紧凑
   3.1416                  % 4 位小数
>>
```

```
>> format loose            % 宽松格式
>> format long             % 固定长格式
>> pi
ans =                      % 松散
   3.141592653589793       %15 位小数
>>
```

2.2 MATLAB的基本运算

2.2.1 创建矩阵

1. MATLAB 中矩阵的表示规则

① 矩阵元素必须用[ ]括住;

② 矩阵行内元素必须用逗号或空格分隔;

③ [ ]内矩阵的行与行之间必须用分号或回车键分隔。

矩阵元素:MATLAB 数字表达式可以是整数或实数,也可以是复数。

```
>> a = [1 2 3; 4 5 6]
>> x = [2 pi/2; sqrt(3)  3 + 5i]
```

逗号或空格的作用是分隔某一行的元素;分号的作用是区分不同的行;Enter 键作用之一是输入矩阵时,按 Enter 键开始新的一行。输入矩阵时,需要注意的是严格要求所有行有相同的列。

【例 2-10】输入 $\boldsymbol{m}$ 和 $\boldsymbol{p}$：

$$\boldsymbol{m}=\begin{pmatrix}1&2&3&4\\5&6&7&8\\9&10&11&12\end{pmatrix},\boldsymbol{p}=\begin{pmatrix}1&1&1&1\\2&2&2&2\\3&3&3&3\end{pmatrix}$$

```
>>m =[1 2 3 4 ;5 6 7 8;9 10 11 12];
>>p =[1 1 1 1
      2 2 2 2
      3 3 3 3];
```

在构建矩阵时，可以引用已有矩阵作为新矩阵的一部分。如：

```
>>A=[1,7,3; 2,8,6; 5,9,4];
>>A=[[A; [4,3,2]],[8; 6; 5; 9]]
A =     1  7  3  8
        2  8  6  6
        5  9  4  5
        4  3  2  9
```

子矩阵提取的基本语句格式：

$$\boldsymbol{B}=\boldsymbol{A}(v1,v2)$$

$v1$、$v2$ 分别为矩阵第 1 维、第 2 维下标的向量。

【例 2-11】矩阵 $\boldsymbol{A}$ 的子矩阵提取：

```
>>B1=A(1:2 :end,:);              %提取A矩阵全部奇数行、所有列
>>B2=A([3,2,1],[2,4,3]);         %提取A矩阵3,2,1行、2,5,8列构成的子矩阵
>>B3=A(:,end :-1 :1);            %将A矩阵左右翻转
```

2. 创建简单的数组

$x=[a,b,c,d,e,f]$，创建包含指定元素的行向量；

x = first : last，创建从 first 开始，加 1 计数，到 last 结束的行向量；

x = first : increment : last，创建从 first 开始，加 increment 计数，到 last 结束的行向量；

x = linspace(first, last, n)，创建从 first 开始，到 last 结束，有 n 个元素的行向量；

x = logspace(first, last, n)，创建从 10^{first} 开始，到 10^{last} 结束，n 个元素为 10. ^linspace(first, last, n) 的对数分隔行向量。

数组元素的访问有以下几种形式。

① 访问一个元素：$x(i)$ 表示访问数组 x 的第 i 个元素。

② 访问一块元素：$x(b:s:e)$ 表示访问数组 x 的从第 b 个元素开始，以步长为 s 到第 e 个元素（但不超过 e），s 可以为负数，s 默认为 1。

③ 直接使用元素编址序号：$x([i\quad j\quad k\quad l])$ 表示提取数组 x 的第 i、i、k、l 个元素构成一个新的数组 $[x(i),x(j),x(k),x(l)]$。

3. 用 MATLAB 函数创建矩阵

$\boldsymbol{a}=[\,]$ ——创建空矩阵[ ]，大小为零。MATLAB 允许输入空矩阵，并且在当一项操作无结果时，返回空矩阵。

rand ——创建元素为 0 ~ 1 的随机数矩阵，**B** = rand([m,]n)创建 $m \times n$ 随机矩阵。

eye——创建单位矩阵，**C** = eye(n)。

zeros——创建全部元素都为 0 的矩阵，**D** = zeros(m,n)，当 $m=n$ 时，**D** = zeros(n)。

ones ——创建全部元素都为 1 的矩阵，**E** = ones([m,]n)，当 $m=n$ 时，**E** = ones(n)。

还有伴随矩阵(companion matrix)、稀疏矩阵(sparse matrix)、魔方矩阵(magic square matrix)等矩阵的创建，这里不逐一介绍。

4. 矩阵中元素的使用

① 使用矩阵 **A** 的第 r 行：**A**(r,:)；

② 使用矩阵 **A** 的第 j 列：**A**(:,j)；

③ 依次提取矩阵 **A** 的每一列，将 **A** 拉伸为一列向量：**A**(:)；

④ 取矩阵 **A** 的第 i1 ~ i2 行、第 j1 ~ j2 列构成新矩阵：**A**(i1:i2,j1:j2)；

⑤ 逆序提取矩阵 **A** 的第 i1 ~ i2 行，构成新矩阵：**A**(i2:-1:i1,:)；

⑥ 逆序提取矩阵 **A** 的第 j1 ~ j2 列，构成新矩阵：**A**(:,j2:-1:j1)；

⑦ 删除矩阵 **A** 的第 i1 ~ i2 行，构成新矩阵：**A**(i1:i2,:) = [ ]；

⑧ 删除矩阵 **A** 的第 j1 ~ j2 列，构成新矩阵：**A**(:,j1:j2) = [ ]；

⑨ 将矩阵 **A** 和 **B** 拼接成新矩阵：[**A**,**B**](**A**、**B** 行相同)；[**A**;**B**](**A**、**B** 列相同)。

2.2.2 矩阵运算

1. 矩阵加、减(+，-)运算

规则：相加、减的两矩阵必须有相同的行和列，对应元素相加减；允许参与运算的两矩阵之一是标量，标量与另一矩阵的所有元素分别进行加减操作。

2. 矩阵乘(*)运算

C = **AB**，**A** 矩阵的列数必须等于 **B** 矩阵的行数；标量可与任何矩阵相乘。

【例 2-12】矩阵相乘：

```
>> A = [1 2 3;4 5 6;7 8 0];   B = [1;2;3];   C = A * B
C =    14
       32
       23
```

3. 矩阵的数组运算(点运算)

数组运算指元素对元素的算术运算，与通常意义上的线性代数矩阵运算不同。

数组加减(.+、.-)(与矩阵加减等效)：

$$a.+b=a+b$$
$$a.-b=a-b$$

数组乘除(.*、./、.\)：

$a.*b$——a，b 两个数组必须有相同的行和列，相乘的结果是两数组对应元素相乘。

$$\left.\begin{aligned}a./b=b.\backslash a\\ a.\backslash b=b./a\end{aligned}\right\}\text{——给出 } a\text{、}b \text{ 对应元素之间的商。}$$

第2章

【例2-13】数组相除：

```
>>a=[1 2 3];  b=[4 5 6];  c1=a.\b;  c2=b./a
c2 =
      4.0000   2.5000   2.0000
```

数组乘方(.^)——元素对元素的幂。有两种情况：①A为矩阵，x为标量，则$A.\hat{}x$表示对矩阵A中的每一个元素求x次方；②A和x为同型矩阵，$A.\hat{}x$表示对矩阵A中的每一个元素求x中对应元素次方。

【例2-14】数组乘方的示例如下。

```
>>a=[1 2 3];  b=[4 5 6];
>>y=a.^2                                  %计算a中每个元素的二次方
y =       1.00   4.00   9.00
>>z=a.^b                                  %计算a中每个元素的对应b中元素次方
z =       1.00   32.00   729.00
```

4. 矩阵运算的常用函数

inv——矩阵求逆，inv(A)；

det——方阵行列式的值，det(A)；

eig——矩阵的特征值，[V,D]=eig(A)，V是特征向量矩阵，D是特征根矩阵；

diag ——对角向量或矩阵，由矩阵得到对角向量，由对角向量得到对角方阵；

.'或' ——矩阵转置，矩阵的转置包括转置(A.')和共轭转置(A')两种。对于实矩阵，两种转置是相同的；

sqrt ——矩阵开方，等同于0.5的数组乘方(.^0.5)。

【例2-15】逆矩阵、矩阵行列式、对角阵、开方函数计算：

```
>>A=[1 2 3;4 5 6;7 8 0];
>>B=inv(A)                                %计算矩阵A的逆矩阵
B =    -1.7778    0.8889   -0.1111
        1.5556   -0.7778    0.2222
       -0.1111    0.2222   -0.1111

>>C=det(A)                                %计算矩阵A的行列式值
C =    27

>>D=diag(A)'                              %由矩阵得到对角向量
D =    1   5   0

>>E=diag(D)                               %由对角向量得到对角矩阵
E =    1   0   0
       0   5   0
       0   0   0

>>F=A'                                    %求转置矩阵
F =    1   4   7
       2   5   8
       3   6   0
```

```
>> G = sqrt(A)   % 求矩阵的元素开方
G =     1.0000   1.4142   1.7321
        2.0000   2.2361   2.4495
        2.6458   2.8284        0
>> A = [1 +2i 2 +3i; 4 -5i 6 -7i]
A =       1.0000 +2.0000i   2.0000 +3.0000i
          4.0000 -5.0000i   6.0000 -7.0000i


>> A.'
ans =     1.0000 +2.0000i   4.0000 -5.0000i
          2.0000 +3.0000i   6.0000 -7.0000i


>> A'
ans =     1.0000 -2.0000i   4.0000 +5.0000i
          2.0000 -3.0000i   6.0000 +7.0000i
```

5. 借助 cat,repmat,reshape 等函数构建高维数组

```
>> cat(3,ones(2,3),ones(2,3) *2,ones(2,3) *3)              % 沿第 3 维串拼数组
     ans(:,:,1) =        ans(:,:,2) =        ans(:,:,3) =
       1   1   1           2   2   2           3   3   3
       1   1   1           2   2   2           3   3   3

>> reshape(1:12,2,2,3)                                       % 将原数组重塑成 2 * 2 * 3 数组
     ans(:,:,1) =        ans(:,:,2) =        ans(:,:,3) =
       1   3               5   7               9   11
       2   4               6   8              10   12

>> repmat(ones(2,3) *2,[1,1,3])              % 将原数组沿第 1 ~3 维分别重复 1 次、2 次、3 次生成新数组
     ans(:,:,1) =        ans(:,:,2) =        ans(:,:,3) =
       2   2   2           2   2   2           2   2   2
       2   2   2           2   2   2           2   2   2
```

6. 矩阵的一些特殊操作

矩阵的变维：$\boldsymbol{a}$ = [1 : 12]; $\boldsymbol{b}$ = reshape($\boldsymbol{a}$,3,4); $\boldsymbol{c}$ = zeros(3,4); $\boldsymbol{c}$(:) = $\boldsymbol{a}$(:);

矩阵的变向：rot90 表示矩阵旋转 90°；fliplr 表示左右翻转矩阵；flipud 表示上下翻转矩阵。

矩阵的抽取：diag 表示抽取主对角线；tril 表示抽取主下三角；triu 表示抽取主上三角。

维数、大小、长度和降维：ndims(**A**)返回数组 **A** 的维数；size(**A**)返回数组 **A** 各维的尺寸大小；length(**A**)返回数组 **A** 各维的最大尺寸作为其长度；squeeze(**A**)返回数组 **A** 的压缩数组。

例如，**A** = [1,7,3,1; 2,8,6,2; 5,9,4,3]；则 ndims(**A**)返回 2，size(**A**)返回 3 和 4，

length(***A***)返回4。如果***B*** = reshape(A,3,1,4),则 ndims(***B***)返回3,size(***B***)返回3、1和4,length(***B***)返回4。squeeze(***B***)与***A***相同,squeeze(***B***)则将3维数组压缩成2维数组。

7. 矩阵乘方—— *A*^*p*

设***A***为方阵,*p*为标量,则①当*p*为正整数,A^*p*表示矩阵***A***自乘*p*次;②当*p*为负整数,则***A***^*p*表示矩阵A^{-1}自乘*p*次;③当*p*为实数,***A***^*p* = ***V*** * ***D***. ^*p*/V,其中[***V***,***D***] = eig(***A***),***V***和***D***分别是***A***的特征向量矩阵和特征根矩阵。当方阵有复数特征值或负的实特征值时,非整数幂是复数阵。④***A***^0 = I(单位矩阵)。

如果***A***、***p***都是矩阵,则***A***^***p***无意义。

【例2-16】对矩阵***A*** = [1 2 3;4 5 6;7 8 0]进行计算。

```
>>[V,D] = eig(A)                                  % 计算矩阵A的特征向量和特征根
V =   -0.2998   -0.7471   -0.2763                 % 矩阵A的3个特征向量
      -0.7075    0.6582   -0.3884
      -0.6400   -0.0931    0.8791
D =   12.1229    0          0                     % 矩阵A的3个特征根
       0        -0.3884     0
       0         0         -5.7345
>>W = A^0.5                                       % W = V * D.^0.5/V,[V,D] = eig(A)
W =   0.5977 +0.7678i   0.7519 +0.0979i   0.5200 -0.4680i
      1.4102 +0.1013i   1.7741 +0.6326i   1.2271 -0.7467i
      1.2757 -1.0289i   1.6049 -1.0272i   1.1100 +1.6175i
>>W = A^3                                         % 矩阵A自乘3次
W =   279   360   306
      684   873   684
      738   900   441
```

8. 矩阵的比较运算

各种允许的比较关系及运算符有 >、>=、<、<=、==、~=。

【例2-17】矩阵的比较运算。

```
>>A = [2 7 6;9 0 5;3 0.5 6];
>>B = [8 7 0;3 2 5;4 -1 7];
>>A == B
ans =   0  1  0
        0  0  1
        0  0  0
>>A ~= B
ans =   1  0  1
        1  1  0
        1  1  1
>>'t' == 'date'
ans =   0  0  1  0
```

当MATLAB用关系运算符==对两个字符串逐个字符比较时,要求待比较的两个字符串

长度必须相等,或者其中有一个是单字符。

9. 矩阵的逻辑运算

逻辑变量:当前版本有逻辑变量。对 double 变量来说,非 0 表示逻辑 1。

逻辑运算(相应元素间的运算)符见表 2-7。

表 2-7 逻辑运算符

运算符	定 义	示 例
& 和 &&	逻辑与 & 可对标量、数组运算;先决逻辑与 && 只处理标量	A&B 或 and(A,B)
| 和 ||	逻辑或 | 可对标量、数组运算;先决逻辑或 || 只处理标量	A | B 或 or(A,B)
~	逻辑非	~A 或 not(A)
xor	逻辑异或	xor(A,B)
any	向量有非零元则为真	any(A),any(any(A))
all	向量所有元素均非零则为真	all(A),all(all(A))
find	找出非零元素的索引	i = find(A),[i,j] = find(A)
islogical	判断是否为逻辑量	islogical(A)

【例 2-18】找出矩阵 $\boldsymbol{A}$ = [1,4,7,10; 2,5,8,11; 3,6,9,12]中大于某值的元素。

```
>> A = magic(3)                          % 生成矩阵
A =    8   1   6
       3   5   7
       4   9   2

>> L = A > 5                             % 判断 A 中大于 5 的元素
L =    1   0   1
       0   0   1
       0   1   0

>> islogical(L)                          % 判断 L 是逻辑量
ans =    1

>> X = A(L)'                             % 按存储顺序取出 L 为真的对应 A 的元素值
X =    8   9   6   7

>> any(A > 7)                            % 判断各列向量是否存在大于 7 的元素
ans =    1   1   0

>> all(A  >= 3)                          % 判断各列向量元素是否全部大于等于 3
ans =    1   0   0

>> find(A > 6)'                          % 找出 A 中大于 6 的元素顺序索引
ans =    1   6   8

>> [i,j] = find(A > 6);                  % 找出 A 中大于 6 的元素行列索引
>> [i,j]
ans =    1   1
         3   2
         2   3
```

10. 数据类型转换函数

在 MATLAB 数据类型转换函数中,有一类可从其函数名判断出转换的类型。例如,int2str 函数将整数转换为字符串;num2str 函数把数值转换为字符串;mat2str 函数将矩阵转换为字符串; str2mat 函数将字符串转换为含有空格的矩阵;str2num 函数将字符串转换为数值矩阵;mat2cell 函数将矩阵转换为元胞数组;cell2mat 函数将元胞数组转换为矩阵;num2cell 函数将数值型数组转换为元胞数组;cell2struct 函数将元胞数组转换为结构数组;struct2cell 函数将结构数组转换为元胞数组。

【例 2-19】数据类型转换。

```
>> A = eye(2,4);   A_str = int2str(A)                    %将整数转换成字符串
A_str =   1  0  0  0
          0  1  0  0

>> B = rand(2,4);   B_str = num2str(B,3)                 %将3位小数精度数转换成字符串
B_str =   0.821   0.615   0.922   0.176
          0.445   0.792   0.738   0.406

>> C_str = mat2str(B,4)                                  %将4位小数精度矩阵转换成字符串
C_str = [0.8214 0.6154 0.9218 0.1763;0.4447 0.7919 0.7382 0.4057]

>> B_cel = mat2cell(B,[2],[2 2])                         %将矩阵转换成元胞数组{2×2  2×2}
B_cel = [2x2 double]   [2x2 double]

>> B_mat = cell2mat(B_cel)                               %将元胞数组{2×2  2×2}转换成矩阵
B_mat =   0.8214   0.6154   0.9218   0.1763
          0.4447   0.7919   0.7382   0.4057

>> C_fld = {'Name','Address','Age'};
>> C_rec = {'Quan Fenglian','Guangzhou',24;'Zhang Xiaoqi','Zhangjiakou',25};
>> Stru = cell2struct(C_rec,C_fld,2)                     %将元胞数组转换成第2维对应域名的结构数组
Stru =   2x1 struct array with fields:
              Name
              Address
              Age

>> struct2cell(Stru)                                     %将结构数组转换成元胞数组
ans =    'Quan Fenglian'   'Zhang Xiaoqi'
         'Guangzhou'       'Zhangjiakou'
         [         24]     [         25]
```

strcat 函数把多个串连接成长串,strvcat 函数创建字符串数组。

【例 2-20】字符串的拼接。

```
>> t1 = 'first';   t2 = 'string';   t3 = 'matrix';   t4 = 'second';
>> catf = strcat(t1,t2,t3)                               %将 t1、t2、t3 拼接成长串
catf =   firststringmatrix

>> catv = strvcat(t4,t2,t3)                              %将 t4、t2、t3 垂直拼接成字符串数组
catv =   second
         string
         matrix
```

eval(Expression)函数执行字符串 Expression 的 MATLAB 命令。

【例 2-21】eval 函数的使用示例。

```
>> Expression = ['M' num2str(5) ' = magic(5)'] ;        % Expression = 'M5 = magic(5)'
>> eval(Expression)                                      % 执行 M5 = magic(5)
M5 =    17   24    1    8   15
        23    5    7   14   16
         4    6   13   20   22
        10   12   19   21    3
        11   18   25    2    9
```

fprintf 函数把格式化数据写到文件或屏幕，sprintf 函数按格式把数字转换为串，sscanf 函数在格式控制下读串。

【例 2-22】fprintf 函数、sprintf 函数、sscanf 函数的用法如下：

```
>> fprintf('%2d %2d %2d %2d %2d\n',M5)            % 用格式控制 M5 按存储顺序输出
    17   23    4   10   11
    24    5    6   12   18
     1    7   13   19   25
     8   14   20   21    2
    15   16   22    3    9

>> B = sprintf('%3d %3d %3d %3d %3d\n',M5)        % 用格式控制 M5 按存储顺序输出到 B
B = 17   23    4   10   11
    24    5    6   12   18
     1    7   13   19   25
     8   14   20   21    2
    15   16   22    3    9

>> sprintf('Average %s score of %d individual is %5.2f points. ','english',30,82.5)
ans = Average english score of 30 individual is 82.50 points.

>> V = num2str(1:6);   C = sscanf(V,'%f',[2,3])     % 按 2 行 3 列将 V 输出到 C
C =     1   3   5
        2   4   6
```

11. 符号计算与解析结果的化简

符号计算是以符号为处理对象进行的计算，符号计算的功能包括对常用符号对象（符号变量、符号表达式、符号常量、符号矩阵、符号函数）的基本运算，代数运算和特殊运算等。符号对象是用来存储字符符号的数据对象，主要包括符号常量、变量、表达式及符号矩阵。

【例 2-23】syms 函数和 sym 函数用于定义符号对象。

```
>> syms a b c d x;                                        % 定义符号对象变量 a b c d x
>> A1 = [a b; c d];                                       % 用符号变量定义符号矩阵 A1
>> A2 = sym('a%d%d',[2 3])                                % 定义 2 行 3 列的符号矩阵 A2
A2 =    [a11,a12,a13]
        [a21,a22,a23]
>> f = a * sin(x) +5;                                     % 定义符号对象变量 f 的符号表达式
>> y = sym('2 * sin(w) * cos(w)');                        % 定义符号对象变量 y 的符号表达式
>> z = (x+3)^2 * (x^2 +3 * x +2) * (x^3 +12 * x^2 +48 * x +64);  % 定义符号对象变量 z 的符号表达式
```

定义了符号对象变量后，可以通过“+”“-”“*”“/”“^”等运算符来实现新的表达。

simple 函数可将符号表达式化简，还有 collect、expand、factor、pretty 等函数也有类似功能。

```
>> z1 = collect(z);   % 则 z1 = x^7 + 21 * x^6 + 185 * x^5 + 883 * x^4 + 2454 * x^3 + 3944 * x^2 + 3360 * x + 1152
>> z2 = expand(z);    % 则 z1 = x^7 + 21 * x^6 + 185 * x^5 + 883 * x^4 + 2454 * x^3 + 3944 * x^2 + 3360 * x + 1152
>> z3 = factor(z);    % 则 z1 = (x + 3)^2 * (x + 2) * (x + 1) * (x + 4)^3
```

12. 运算符的优先级

运算符的优先级服从数学运算符的优先级，如表 2-8 所示。

表 2-8 运算符的优先级

优先级	运算符	优先级	运算符
1	( )	7	< > == >= <= ~=
2	.' ' .^ ^	8	&
3	代数正 代数负 ~	9	|
4	.* .\ ./ * \ /	10	&&
5	+ −	11	||
6	:	注：级别 1 优先级最高，级别 11 优先级最低	

2.2.3 多项式运算

MATLAB 语言把多项式系数表达成行向量，向量元素是按多项式降幂排列的。如

$$f(x) = a_n x^n + a_{n-1} x^{n-1} + \cdots + a_1 x + a_0$$

用行向量 $\boldsymbol{p} = [a_n \ a_{n-1} \cdots \ a_1 \ a_0]$ 表示。

1. poly ——产生矩阵特征多项式或系数向量

N 阶矩阵特征多项式的系数向量一定是 ***N*** + 1 维的，并且第一个元素是 1。

【例 2-24】 求矩阵 ***A*** = [1 2 3;4 5 6;7 8 0] 的特征多项式：

```
p = poly(A)          则    p = [1.00   -6.00   -72.00   -27.00]
p1 = poly2sym(P)     则    p1 = x^3 - 6 * x^2 - 72 * x - 27
```

也可用转换函数 p2 = poly2sym(p,'y')，得数学多项式的形式

p2 = y^3 - 6 * y^2 - 72 * y - 27

2. roots ——求多项式的根

继续上述示例 p = [1.00 -6.00 -72.00 -27.00]，则计算多项式的根

r = roots(p)
r = 12.12
-5.73
-0.39

显然 r 是矩阵 ***A*** 的特征值

以特征根 r 为输入，可用 poly 返回多项式系数向量

p3 = poly(r)　　则　　p3 = 1.00　-6.00　-72.00　-27.00

3. conv ——多项式乘运算

【例 2-25】 已知 a = x^2 + 2x + 3; b = 4x^2 + 5x + 6;计算 c = (x^2 + 2x + 3)(4x^2 + 5x + 6)。

```
>> a=[1 2 3];  b=[4 5 6];  c=conv(a,b)            % c=conv([1 2 3],[4 5 6])
c =
   4   13   28   27   18

>> p=poly2sym(c,'x')
p =
   4*x^4+13*x^3+28*x^2+27*x+18
```

4. deconv ——多项式除运算

$$[d,r]=\text{deconv}(c,a)$$

其中,d 是 c 除 a 的商;r 是 c 除 a 的余数。所以,$c=\text{conv}(a,d)+r$。

【例 2-26】 $a=[1\quad 2\quad 3]$,$c=[4\quad 13\quad 28\quad 27\quad 18]$,求 c/a。

$d=\text{deconv}(c,a)$　则　$d=4\quad 5\quad 6$

5. 多项式微分

MATLAB 提供了多项式的微分函数 polyder,函数格式为:

$k=\text{polyder}(p)$:求 p 的微分;

$k=\text{polyder}(a,b)$:求多项式 a,b 乘积的微分;

$[p,q]=\text{polyder}(a,b)$:求多项式 a,b 商 a/b 的导函数,其中 p 是该导函数的分子系数,q 是该导函数的分母系数。

【例 2-27】 求 $a=[1\quad 2\quad 3\quad 4\quad 5]$的微分。

poly2str(a,'x')	则	ans $=x$^4 +2 * x^3 +3 * x^2 +4 * x +5
$b=\text{polyder}(a)$	则	$b=4\quad 6\quad 6\quad 4$
poly2str(b,'x')	则	ans =4 * x^3 +6 * x^2 +6 * x +4
$[p,q]=\text{polyder}(a,b)$	则	$p=4\quad 12\quad 18\quad 8\quad -42\quad -36\quad -14$
		$q=16\quad 48\quad 84\quad 104\quad 84\quad 48\quad 16$

2.2.4 线性方程组

MATLAB 中有两种除运算:左除(\)和右除(/)。对于方程 $\boldsymbol{Ax}=\boldsymbol{b}$,$\boldsymbol{A}$ 为 $m\times n$ 矩阵,有三种情况:①当 $m=n$ 时,此方程成为“恰定”方程;②当 $m>n$ 时,此方程成为“超定”方程;③当 $m<n$ 时,此方程成为“欠定”方程。

1. 恰定方程组 $\boldsymbol{Ax}=\boldsymbol{b}$ 的解

当 $m=n$ 和 $\boldsymbol{A}$ 为非奇异时,存在唯一解 $\boldsymbol{x}=\boldsymbol{A}^{-1}\boldsymbol{b}$。有两种求解语句:①采用求逆运算求解方程组,$\boldsymbol{x}=\text{inv}(\boldsymbol{A})*\boldsymbol{b}$;②采用左除运算求解方程组,$\boldsymbol{x}=\boldsymbol{A}\backslash\boldsymbol{b}$。

2. 超定方程组的解

当 $m>n$ 时,方程组 $\boldsymbol{Ax}=\boldsymbol{b}$ 不存在精确解。有两种最小二乘近似解法如下:①左除法:$x=\boldsymbol{A}\backslash\boldsymbol{b}$;②求逆法:做变换$(\boldsymbol{A}^1\boldsymbol{A})x=\boldsymbol{A}^1\boldsymbol{b}$,则 $x=(\boldsymbol{A}^1\boldsymbol{A})^{-1}(\boldsymbol{A}^1\boldsymbol{b})$。

【例 2-28】 $\boldsymbol{A}=[1\ 2;2\ 3;3\ 4]$;　$\boldsymbol{b}=[1;2;4]$;　求解 $\boldsymbol{Ax}=\boldsymbol{b}$。

解 1　$\boldsymbol{x}=\boldsymbol{A}\backslash\boldsymbol{b}$

$\boldsymbol{x}=[2.1667;-0.6667]$

解 2　$\boldsymbol{x}=\text{inv}(\boldsymbol{A}^1*\boldsymbol{A})*\boldsymbol{A}^1*\boldsymbol{b}$

$\boldsymbol{x}=[2.1667;-0.6667]$

第2章

3. 欠定方程组的解

当 $m<n$ 时，存在无穷多个解。MATLAB 可求出两个解：用除法求得解 x 是具有最多零元素的解；基于矩阵伪逆 pinv 函数求得具有最小长度或范数的解。

【例 2-29】$\boldsymbol{A}=[1\ 2\ 3;2\ 3\ 4]$；$\boldsymbol{b}=[1;2]$；求解 $\boldsymbol{Ax}=\boldsymbol{b}$。

解 1　$\boldsymbol{x}=\boldsymbol{A}\backslash\boldsymbol{b}$

$\boldsymbol{x}=1.00$
0
0

解 2　$\boldsymbol{x}=\text{pinv}(\boldsymbol{A})*\boldsymbol{b}$

$\boldsymbol{x}=0.83$
0.33
-0.17

2.2.5 MATLAB 语言流程控制结构

与其他语言类似，MATLAB 语言流程控制有顺序、循环、选择及函数等结构。顺序结构就是由语句的前后位置决定其执行的先后顺序；循环结构是控制语句组的重复执行，包括 for 语句和 while 语句；选择结构是依据条件来控制将执行的语句组，包括 if/elseif 条件转移语句，switch 开关语句，try…catch 试探语句；函数是层次结构、模块调用的控制机制。

1. for…end 循环控制结构

for 结构的循环控制如下，循环变量取每个值时执行一次循环体，step 默认值为 1。

```
for i = first : step : last          % for 语句
    循环体(受控语句组)
end                                  % end 语句,与 for 语句对应
```

【例 2-30】求 1+1/2+…+1/100 的和。

```
sum = 0;                             % 累加变量初值
for i = 1:100                        % for 语句,循环开始,i 为循环控制变量
    sum = sum + 1/i;                 % 受控语句组,累加计算
end                                  % end 语句,循环结束
```

结果：sum = 5.1874。

2. while … end 循环控制结构

while 结构的循环控制如下，当条件表达式为真时执行循环体。

```
while (条件表达式)                   % while 语句
    循环体(受控语句组)
end                                  % end 语句,与 while 语句对应
```

【例 2-31】求 0 到 101 之间奇数的和。

```
x = 1;   sum = 0;
while x <= 101                       % while 语句,x<101 为循环控制条件
    sum = sum + x;                   % 受控语句组
    x = x + 2;
end                                  % end 语句,循环结束
```

结果：sum = 2601

【例 2-32】用循环求解 $\sum_{i=1}^{m} i^3 > 10000$，求最小的 m 值。语句结构如下：

```
m=0;   sum=0;
while(sum  <=10000)              % while 语句,sum<10000 为循环控制条件
    m=m+1;                       % 循环语句组
    sum=sum+m^3;
end                              % end 语句,循环结束
[sum,m]                          % sum=11025,m=14
```

3. if … end 选择条件结构

选择条件结构的控制结构如下所示,格式一、格式二是格式三的特例之一。

```
格式一:
    if(条件表达式)
        受控语句组
    end

格式二:
    if(条件表达式 1)
        受控语句组 1
    else
        受控语句组 2
    end

格式三:
    if(条件表达式 1)             % if 语句
        受控语句组 1
    elseif(条件表达式 2)         % elseif 语句
        受控语句组 2
    …
    elseif(条件表达式 n)
        受控语句组 n
    else                         % else 语句
        受控语句组 n+1
    end                          % end 语句,与 if 语句对应
```

格式一的控制结构是如果条件表达式成立,则执行受控语句组,否则就不执行受控语句组,接着执行 end 语句之后的语句;格式二的控制结构是如果条件表达式 1 成立,则执行受控语句组 1,否则执行 else 之后的受控语句组 2;格式三的控制结构是当条件表达式 i(i 是 1 ~ n 的数)成立,则执行受控语句组 i,否则执行 else 之后的受控语句组 $n+1$。

【例 2-33】 在两个数值中求最大的数值。

```
a=12;   b=30;
if a<b   y=b;   else   y=a;   end
```

结果:$y=30$

4. switch…end 选择开关结构

选择开关控制结构如下:

```
switch 开关表达式                                        % switch 语句
case 情形表达式 1                                        % case 语句
    情形控制语句组 1
case {情形表达式 21,情形表达式 22,情形表达式 23,…}
    情形控制语句组 2
…
case 情形表达式 n                                        % case 语句
    情形控制语句组 n
otherwise                                                % otherwise 语句
    情形控制语句组 n+1
end                                                      % end 语句,与 switch 语句对应
```

当"开关表达式 == 某情形表达式"或"开关表达式 == 情形单元组之一的表达式",则执行相应的情形控制语句组,否则执行 otherwise 对应的情形控制语句组。

【例2-34】根据 method 的值显示不同的内容：

```
method = 'bilinear';
switch lower(method)
  case {'linear','bilinear'}
    disp('Method is linear')
  case'cubic'
    disp('Method is cubic')
  case'nearest'
    disp('Method is nearest')
  otherwise
    disp('Unknown method.')
end
```

结果：Method is linear

MATLAB 和 C 语言的区别：当开关表达式的值等于某表达式时，执行该语句后结束该结构，无须执行 break 语句；同时满足若干个条件之一，则用单元形式；默认部分用 otherwise 语句，而不是 default 语句；程序的执行结果和各个 case 顺序无关，case 语句中条件不能重复，否则列在后面的条件不能执行。

控制结构还将 break 和 continue 语句与 if 语句结合使用，并出现在循环体中。break 语句将结束所在本层循环体的执行；continue 语句将跳过该语句至所在循环体的 end 语句之间语句的执行，继续执行下一次循环。

5. try…end 试探控制结构

试探控制结构如下所示：

```
try              % 首先执行 try 语句组
        语句组 1
catch   exception
        语句组 2
end              % end 语句，与 try 语句对应
```

try 语句首先执行语句组 1，当出现错误时，则将错误信息赋给保留的 lasterr 变量，并转而执行语句组 2。exception 是出错信息捕捉对象选项。

【例2-35】try 语句示例如下：

```
A = rand(3);   B = ones(5);
try   C = [A; B];
catch err
  % 给出更多的错误信息
  if(strcmp(err.identifier,'MATLAB:catenate:dimensionMismatch'))
    msg = sprintf('%s','Dimension mismatch occured: First argument has',…
      num2str(size(A,2)),' columns while second has',num2str(size(B,2)),' columns.');
    error('MATLAB:myCode:dimensions',msg);
  % Display any other errors as usual.
  else
    rethrow(err);
  end
end
```

控制结构中的语句组可以含有内层的控制结构，表达多层的复杂控制关系。合理的结构是多层包含的结构逻辑，不可以出现交叉的矛盾结构。

2.2.6 数学函数

函数是 MATLAB 编程的主流方法。MATLAB 常用数学函数如表 2-9 所示。

表 2-9 MATLAB 常用函数

函数	名称	函数	名称	函数	名称	函数	名称
sin(x)	正弦函数	asin(x)	反正弦函数	sign(x)	符号函数	sinh	双曲正弦
cos(x)	余弦函数	acos(x)	反余弦函数	sec	正割	asec	反正割
tan(x)	正切函数	atan(x)	反正切函数	csc	余割	acsc	反余割
min(x)	最小值	max(x)	最大值	cot	余切	acot	反余切
sqrt(x)	开平方	exp(x)	以 e 为底的指数	cosh	双曲余弦	acosh	反双曲余弦
log(x)	自然对数	lg(x)	以 10 为底的对数	coth	双曲余切	acoth	反双曲余切
abs(x)	绝对值	sum(x)	元素的总和	csch	双曲余割	acsch	反双曲余割

MATLAB 基本数论函数如表 2-10 所示。

表 2-10 MATLAB 基本数论函数

函 数	功 能	函 数	功 能
floor(x)	取小于等于 x 的最大整数	ceil(x)	取大于等于 x 的最小整数
round(x)	四舍五入取整	fix(x)	删除小数取整
[n,d] = rat(x)	取 x 的近似有理分式	rem(x,y)	计算 x/y 的余数
gcd(m,n)	计算 m,n 的最大公约数	lcm(m,n)	计算 m,n 的最小公倍数
factor(n)	将 n 化为素数之积	isprime(v)	判断是否为素数

MATLAB 提供了集合运算函数，见表 2-11。集合的元素可以是数字或字符串等。

表 2-11 MATLAB 集合运算函数

运算名称	数学表达	MATLAB 函数语句	运算名称	数学表达	MATLAB 函数语句
集合并运算	$C=A\cup B$	C = union(A,B)	异或运算	$C=(A\cup B)\backslash(A\cap B)$	C = setxor(A,B)
集合交运算	$C=A\cap B$	C = intersect(A,B)	属于判断	key = $a\in B$	key = ismember(a,B)
集合差运算	$C=A\backslash B$	C = setdiff(A,B)	唯一运算		C = unique(B)
元素升序排列		C = sort(A)			

函数是 MATLAB 功能不断扩展的基本形式，并可形成各种工具箱。除 MATLAB 系统提供的各种函数外，用户还可以利用 m 文件定义自己所需要的函数。

2.2.7 MATLAB 的 m 文件及编程

MATLAB 的 m 文件具有两种功能：一是 m 文件可集成命令（或语句）组，形成 MATLAB 脚本文件，构成主程序的组合控制能力；二是 m 文件可编写用户函数，形成子程序，被称为函数文件，构成分层模块控制能力。

第2章

1. 主程序的组合控制脚本文件

将语句组保存在 m 文件中从而易于调试和控制,脚本文件是程序开始执行的主程序。

【例 2-36】脚本文件示例如下。

```
clc,  clear                                          % 清除命令窗口,清除工作空间
A = [1 4 7; 2 5 8; 3 6 9; 3 2 1; 6 5 4; 9 8 7];
disp('矩阵 A 为:');  disp(A)

X = input('请输入向量 X = :');        Total = sum(X);
disp('The total sum of the vector is:');  disp(Total)

Year = 2006:2010; Quantity = [3200 3250 3215 3223 3246];
TableYear_Number(:,1) = Year'; TableYear_Number(:,2) = Quantity';
fprintf('第%i年到第%i年招收人数的情况如下:\n',Year(1),Year(end))
disp('')                                             % 显示一空行
disp('    年份    招收人数(人)')
disp(TableYear_Number)
```

2. MATLAB 的用户函数定义与使用

MATLAB 的内部函数是有限的,有时为了研究某一个领域的专业问题,需要定义新的函数,为此而编写函数文件。函数文件是文件名后缀为 m 的文件,这类文件的第一行语句必须是以特殊字符 function 开始的函数定义语句,格式如下:

```
function[输出变量名列表] = 函数名(输入变量名列表)
```

函数值的获得必须通过具体的运算实现,并赋给输出变量。

m 文件建立方法:①在主界面中,单击菜单 File→New→m - file;②在编辑窗口中输入程序内容;③点击 File→Save 存盘,m 文件名必须与函数名一致,以便函数的调用。

MATLAB 的 m 文件可以编辑从简单到复杂的各种应用程序。

【例 2-37】定义函数 $f(x_1, x_2) = 100(x_2 - x_1^2)^2 + (1 - x_1)^2$。

建立 m 文件 fun1. m 以定义函数:

```
function   f = fun1(x)
  f = 100 * (x(2) - x(1)^2)^2 + (1 - x(1))^2;
end
```

对单值函数,可以在需要的地方直接使用。

例如,计算 $f(1,2)$,只需在 MATLAB 命令窗口表达式中键入函数。

```
>> x = [1 2];   2 * fun1(x)
ans =
     200
```

3. MATLAB 语言自定义函数的基本结构

MATLAB 语言函数的基本结构如下:

```
function [输出变量列表] = 函数名(输入变量列表)
  [有%引导的注释说明段,在函数中给出合适的帮助信息]
  输入、输出变量格式的检测,检测输入和输出变量的个数
  函数体语句组
end
```

MATLAB 语言函数默认变量及作用如下：

① nargin——函数输入变量的个数；

② nargout——函数输出变量的个数；

③ varargin——函数输入变量的元胞数组；

④ varargout——函数输出变量的元胞数组。

【例 2-38】 求解 $sum = \sum_{i=1}^{m} i^3 > k$ 的 sum 值及满足 $sum > k$ 的最小 m 值。

首先，编写 findsum 函数：

```
function[m,sum] = findsum(k)
  m = 0;   sum = 0;
  while sum <= k   m = m + 1;   sum = sum + m.^3;   end
end
```

之后，可灵活调用编写好的函数。如

$[m1, sum1] = findsum(12345)$　　则，$m1 = 15$，$sum1 = 14400$。

【例 2-39】 函数的递归调用：计算阶乘 $n!$。

首先，编写 my_fact 函数：

```
function k = my_fact(n)
  if n < 0 error('输入错误! ');
  elseif any([0,1]) == n k = 1;
  else k = n * my_fact(n - 1);   end
end
```

之后，调用编写好的函数。

$n1 = my\_fact(11)$　　则，$n1 = 39916800$。

【例 2-40】 可改变输入/输出个数的函数。用 conv( ) 函数可以计算两个多项式的乘积，用 varargin 实现任意多个多项式的乘积。

首先，编写 my_convs 函数：

```
function   [p,n] = my_convs(varargin)
  p = 1;   n = nargin;
  for i = 1: n   p = conv(p,varargin{i});   end
end
```

之后，调用编写好的函数，如：

```
p1 = [1 2 4 0 5];        p2 = [1 2];        p3 = [1 2 3];
[p,n] = my_convs(p1,p2,p3)
```

则，$p = [1 \quad 6 \quad 19 \quad 36 \quad 45 \quad 44 \quad 35 \quad 30]$，$n = 3$。

第2章

4. inline 函数和匿名函数

当函数是一个表达式时,就可用 inline 函数进行定义,函数定义格式如下。

```
fun = inline('函数表达式',自变量列表)
```

inline 函数定义了一个函数对象,fun 是函数名,如果省略自变量列表,则根据表达式自动识别自变量。inline 函数可以免去 m 文件,非常方便、灵活。

【例 2－41】 fun = inline('sin(x.^3 + y.^3)')等同于 fun = inline('sin(x.^3 + y.^3)','x','y')。

类似 inline 函数的匿名函数的函数定义格式如下。

```
fun = @(自变量列表)函数表达式
```

【例 2－42】 fun = @(x,y)sin(x.^3 + y.^3),与【例 2－41】定义的函数相同。

5. 函数的嵌套结构

一个函数的函数体内部可以包含一个或多个子函数而构成嵌套函数。嵌套函数可以是一层嵌套,也可以是多层嵌套。

6. MATLAB 程序的调试

程序的调试需要不断地实践和积累,以下是 MATLAB 程序调试的几点做法。

① 利用 clear 或 clear all 命令清除以前的运算结果,以免程序运行受以前结果的影响。

② 如果是一个函数文件,则可以将 function 所在的行注释掉,使其变为脚本文件,以便在命令窗口查看运行结果。

③ 将可能出错的语句后面的分号(;)去掉,让其返回结果。

④ 在程序的适当位置添加 pause 函数,暂停程序的运行,以便查看运行的结果。按任意键可返回运行状态。

⑤ 在程序的适当位置添加 keyboard 函数,增加程序的交互性。程序运行到 keyboard 函数时会暂停,命令窗口的命令提示符(>>)前会多出一个字母 K,此时用户可以很方便地查看和修改中间变量的取值。在“K >> ”的后面输入 return,按回车键即可结束查看,继续向下执行原程序,或者在“K >> ”的后面输入 dbquit,按回车键即可退出 K 状态。

⑥ 提供设置断点、单步执行等调试功能,还提供 profile 及 analyzer 等调试工具。

2.3 MATLAB的绘图功能

MATLAB 语言具有丰富的图形表现方法,使得数学计算结果可以方便地、多样性地实现可视化,这是其他语言所不能比拟的。MATLAB 的绘图功能通过函数表现出来。

MATLAB 不仅能绘制几乎所有的标准图形,而且其表现形式也是丰富多样的,既具有高层绘图能力,又具有底层绘图能力——句柄绘图方法。在面向对象的图形设计基础上,用户可以用其开发各个专业的专用图形。

2.3.1 MATLAB 二维绘图

1. plot 函数——最基本的二维图形函数

plot 函数自动打开一个图形窗口 Figure，用直线连接相邻两数据点来绘制图形，根据图形坐标大小自动缩扩坐标轴，将数据标尺及单位标注自动加到两个坐标轴上，可自定坐标轴，可把 x，y 轴用对数坐标表示。

如果已经存在一个图形窗口，plot 函数则清除当前图形，绘制新图形。可单窗口单曲线绘图、单窗口多曲线绘图、单窗口多曲线分图绘图，也可多窗口绘图。

利作 plot 函数可以任意设定曲线颜色、线型和标记点类型，给图形加坐标网线和给图形加注功能。

plot 函数的调用格式如下。

① plot($\boldsymbol{y}$)——默认自变量绘图格式，$\boldsymbol{y}$ 为向量，以 $\boldsymbol{y}$ 元素值为纵坐标，以相应元素下标为横坐标绘图；

② plot(x,$\boldsymbol{y}$)——基本绘图格式，以 $\boldsymbol{y}(x)$ 的函数关系做出直角坐标图，如果 $\boldsymbol{y}$ 为 $n\times m$ 的矩阵，则以 x 为自变量，绘出 m 条曲线；

③ plot($x1$,$y1$,$x2$,$y2$,…,xm,ym)——显示多条曲线绘图格式；

④ plot(x,y,'s')或 plot($x1$,$y1$,'s1',$x2$,$y2$,'s2',…,xm,ym,'sm')——开关格式，开关量字符串 $s1$、$s2$、…、sm 设定曲线线型、标记点类型和颜色等绘图方式，标记颜色时使用颜色字符串的前 1～3 个字母，如 yellow 用 yel 表示。LineSpec 的标准设定值见表 2－12。

表 2－12　LineSpec 的标准设定值

线型(LineStyle)		标记点类型(Marker)				颜色类型(Color)	
符号	类型	符号	类型	符号	类型	符号	类型
-	实线(默认值)	+	加号	V	向下三角	y	黄色
--	虚线	○	圆圈	Λ	向上三角	m	粉红
:	点线	*	星号	>	向右三角	c	亮蓝
-.	点划线	·	点	<	向左三角	r	大红
		×	叉号			g	绿色
		square	方形			b	蓝色
		diamond	菱形			w	白色
		pentagram	五角星			k	黑色
		hexagram	六角星				

(1)单窗口单曲线绘图

【例 2－43】一次绘出一条曲线。

```
y = [0,0.48,0.84,1,0.91,0.6,0.14];
plot(y,' --vb')
```

以上示例语句绘出的图形如图 2 -6 所示。

(2)单窗口多曲线绘图

【例 2 -44】 一次绘出多条曲线。

```
x = 0:pi/100:2 * pi;
y = sin(x);   y1 = sin(x + 0.25);   y2 = sin(x + 0.5);
plot(x,[y',y1',y2'])
```

以上示例语句绘出的图形如图 2 -7 所示。而如果将三条曲线分别绘出,则需用 hold on 保留已有的图形。如以下语句:

```
plot(x,y);   hold on;   plot(x,y1);   plot(x,y2);
```

绘出的图形同图 2 -7,但 3 条曲线默认的颜色相同。

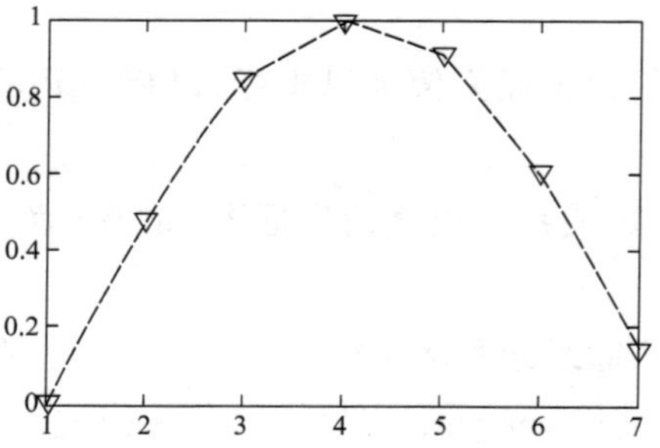

图 2 -6　单窗口单曲线绘图

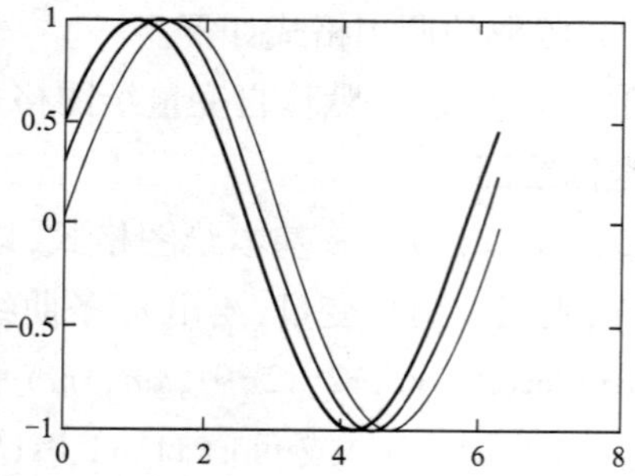

图 2 -7　单窗口多曲线绘图

(3)单窗口多曲线分图绘图

在一个窗口中绘制多曲线分图,需用子图分割函数 subplot,常用格式为:

行　列　绘图序号　　　　　left, bottom, width, height $\in[0,1]$

subplot(m,n,p)　或　subplot('position',[left bottom width height])

第一种格式是将绘图窗口划分成 m 行 n 列个绘图分区,绘图分区是按从左至右、从上至下进行排列的顺序编号,绘图序号 p 指定了将要绘图的区域;第二种格式是按位置指定了将要绘图的区域。

【例 2 -45】 分区绘制子图。

```
subplot(3,1,1);   plot(x,y)
subplot(3,1,2);   plot(x,y1)
subplot(3,1,3);   plot(x,y2)
```

以上示例语句绘出的图形如图 2 -8 所示。

```
subplot(1,3,1);   plot(x,y)
subplot(1,3,2);   plot(x,y1)
subplot(1,3,3);   plot(x,y2)
```

以上示例语句绘出的图形如图 2 -9 所示。

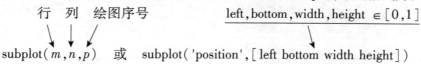

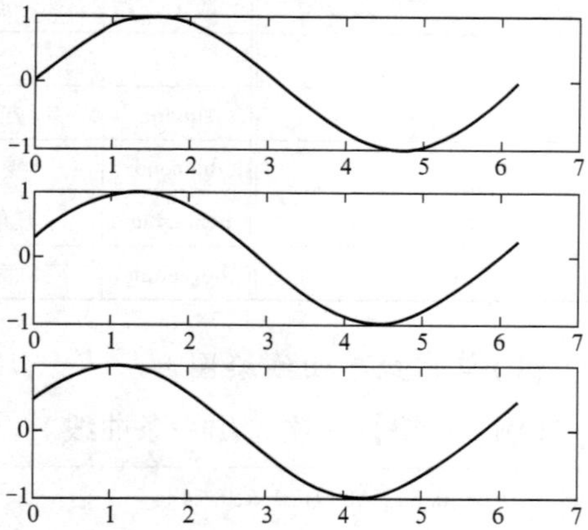

图 2 -8　单窗口多曲线分图绘图 1

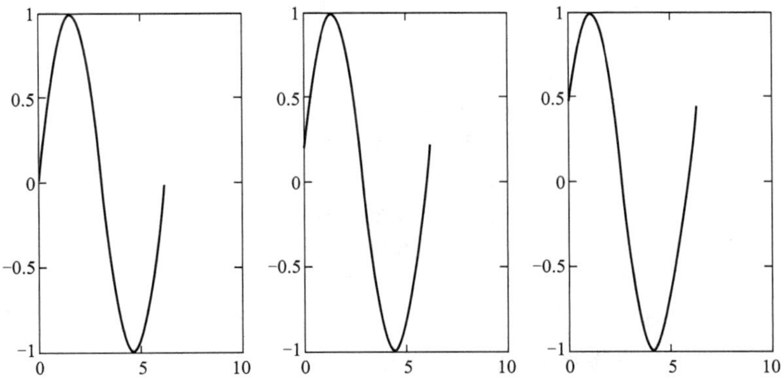

图 2-9 单窗口多曲线分图绘图 2

```
x = (pi * (0:1000)/1000)';
y1 = sin(x);          y2 = sin(10 * x);          y12 = sin(x). * sin(10 * x);
subplot(2,2,1),       plot(x,y1);                axis([0,pi, -1,1])
subplot(2,2,2),       plot(x,y2);                axis([0,pi, -1,1])
subplot('position',[0.2,0.05,0.6,0.45])
plot(x,y12,'b-',x,[y1, -y1],'r:');               axis([0,pi, -1,1])
```

以上示例语句绘出的图形如图 2-10 所示。

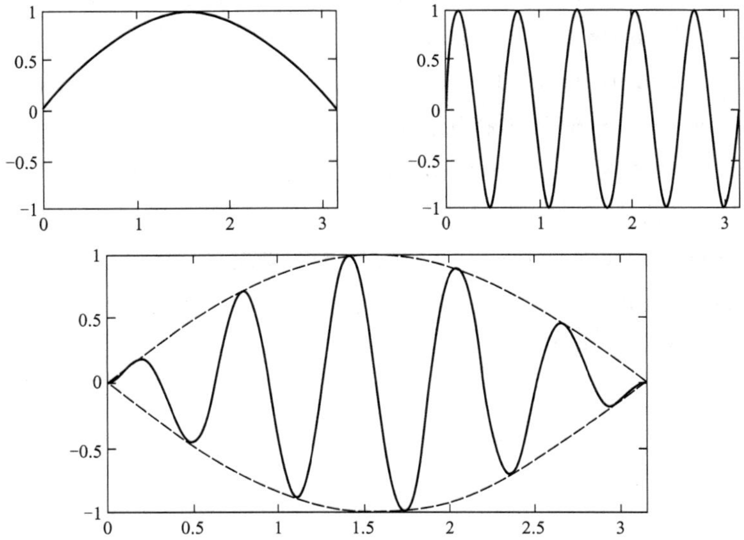

图 2-10 单窗口多曲线分图绘图 3

(4) 多窗口绘图

使用绘图函数绘图时，将在当前的绘图窗口中输出图形，当前没有打开绘图窗口时，将自动打开第一个绘图窗口。若要同时在多个窗口绘图，则需用 figure(n) 函数打开窗口 n。对于打开的多个窗口，figure(n) 指向绘图窗口 n，为图形输出做好准备。

【例2-46】分窗口绘图。

```
x=0:pi/100:2*pi;
y=sin(x);   y1=sin(x+0.25);   y2=sin(x+0.5);
plot(x,y)                              %自动出现第一个窗口
figure(2)                              %打开第二个绘图窗口
plot(x,y1)                             %在第二个窗口绘图
figure(3)                              %打开第三个绘图窗口
plot(x,y2)                             %在第三个窗口绘图
```

(5)可任意设置颜色与线型

对于输出的内容，可用线型控制符得到想要的视觉效果。

【例2-47】用线型控制曲线。

```
x=0:pi/100:2*pi;
y=sin(x);   y1=sin(x+0.25);   y2=sin(x+0.5);
plot(x,y,'r-',x,y1,'k:',x,y2,'b*')
```

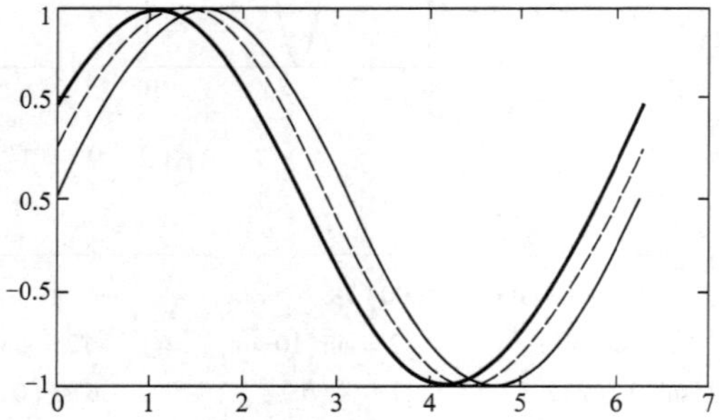

图2-11　用线型控制的曲线绘图

结果如图2-11所示。

(6)图形加注功能

将标题、坐标轴标记、网格线及文字注释加注到图形上的函数如下：

title('string','PropertyName',PropertyValue,…)——给图形加标题；

xlable('string','PropertyName',PropertyValue,…)——给 x 轴加标注；

ylable('string','PropertyName',PropertyValue,…)——给 y 轴加标注；

text(x,y,string,…)——在图形指定位置加标注；

gtext('string')——将标注加到鼠标指定的图形中的任意位置；

grid on(off)——打开(关闭)坐标网格线；

axis([xmin xmax ymin ymax])——控制坐标轴的刻度；

legend('string1','string2',…)——添加图例。

【例2-48】图形加注示例。

```
t=0:0.1:10
y1=sin(t);y2=cos(t);plot(t,y1,'r',t,y2,'b--');
xp=[1.7*pi;1.6*pi];
yp=[-0.3;0.8];
str=['sin(t)';'cos(t)'];
text(xp,yp,str);
title('正弦和余弦曲线');
legend('正弦','余弦')
xlabel('时间t'),   ylabel('正弦、余弦')
grid on
axis square
```

输出结果如图 2 - 12 所示。

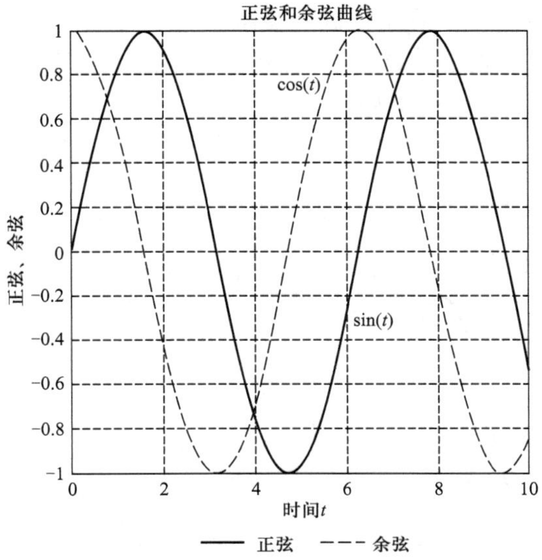

图 2 - 12　图形加注

(7) fplot 函数——绘制函数图函数

fplot 函数的调用格式:

fplot('function',limits)——绘制函数 function 在 x 区间 limits = [min max]的函数图。

fplot('fun',limits,'LineSpec')——指定线形 LineSpec 绘图。

[x,y] = fplot('fun',limits)——只返回绘图点的值,而不绘图。再用 plot(x,y)来绘图。

【例 2 -49】 以下语句输出结果见图 2 - 13。

```
fplot('[sin(x),tan(x),cos(x)]',2*pi*[-1 1 -1 1])
```

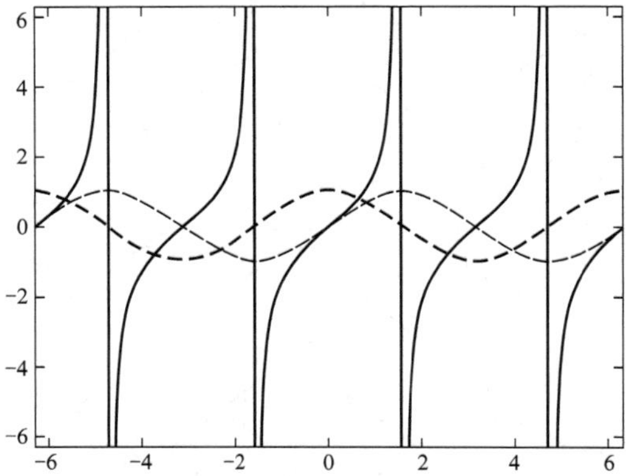

图 2 - 13　绘制函数图

(8) ezplot 函数——符号函数的简易绘图函数

ezplot 函数的调用格式:

ezplot(f)——这里 f 为包含单个符号变量 x 的符号表达式,在 x 轴的默认范围[-2 * pi,

2 * pi]内绘制 $f(x)$ 的函数图。

ezplot(f,[xmin,xmax])——在给定区间绘图。

ezplot(f,[xmin,xmax],figure(n))——在指定绘图窗口的给定区间绘图。

【例 2-50】 以下语句输出结果如图 2-14 所示。

```
ezplot('sin(x)')
ezplot('sin(t)','cos(t)',[-4*pi 4*pi],figure(2))
```

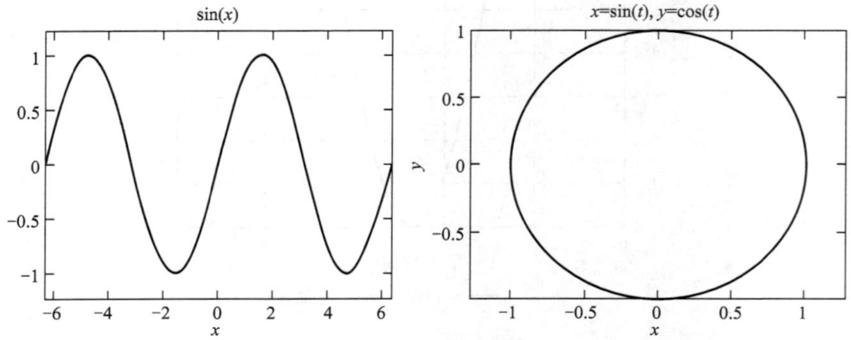

图 2-14 符号函数图

(9)隐函数绘制及应用

隐函数：$f(x,y)=0$ 隐含 $x-y$ 的函数关系。

隐函数绘制函数:ezplot(f,[min,max])。

【例 2-51】 隐函数绘制。

绘图:$\sin^2(x)+\text{con}^2(y)=1$;绘制输出结果如图 2-15 所示。

```
ezplot('sin(x)^2 + cos(y)^2 - 1')
```

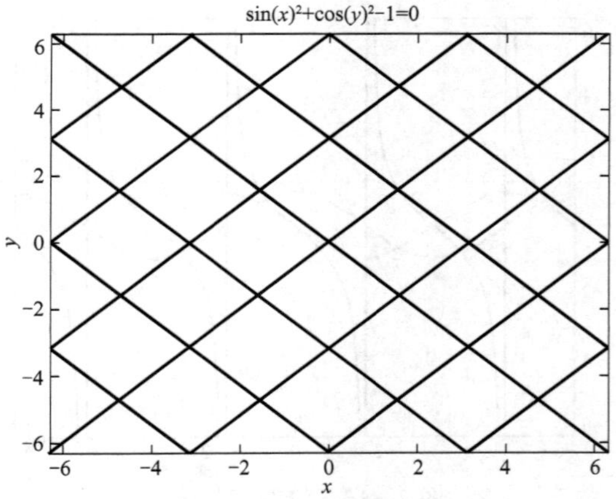

图 2-15 隐函数绘制图 1

绘图:$f(x,y)=x^2\sin(x+y^2)+5\text{con}(x^2+y)=0$;绘制的结果如图 2-16 所示。

```
ezplot('x^2 * sin(x + y^2) + 5 * cos(x^2 + y)',[-8,8])
```

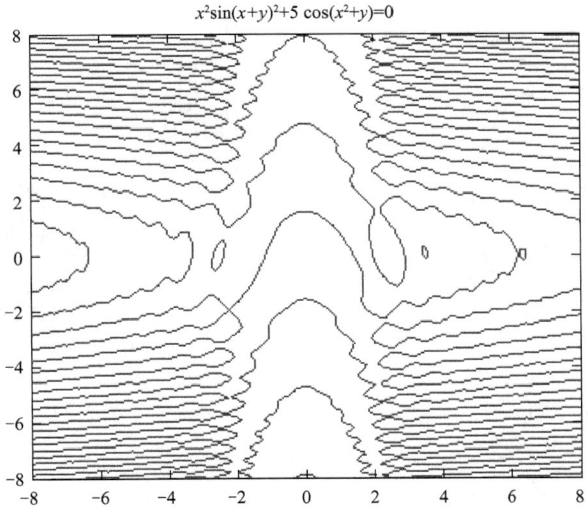

图 2-16 隐函数绘制图 2

2. 其他、特殊图形绘制函数

(1)fill 函数——绘制二维多边形并填充颜色

【例 2-52】 $\boldsymbol{x}$=[1 2 3 4 5];$\boldsymbol{y}$=[4 1 5 1 2];fill(*x*,*y*,'*r*')绘制的结果如图 2-17 所示。

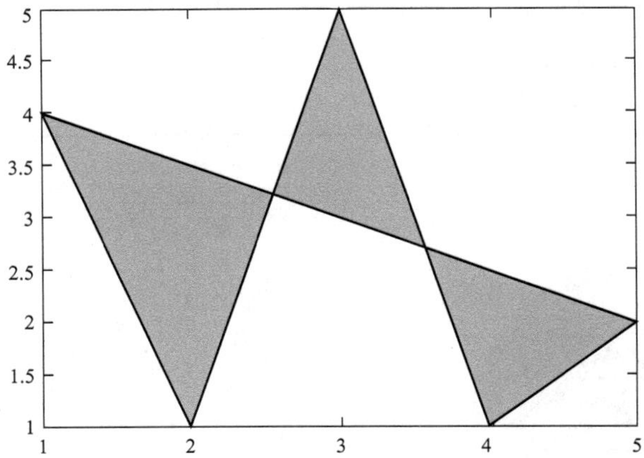

图 2-17 绘制二维多边形并填充颜色

(2)polar 函数——绘制极坐标图

【例 2-53】 绘制极坐标,绘制结果如图 2-18 所示。

```
t=0:2*pi/90:2*pi;  y=cos(4*t);  polar(t,y)
```

(3)bar 函数——绘制直方图

【例 2-54】 *t*=0:0.5:2*pi; *y*=cos(*t*); bar(*y*);绘制结果如图 2-19 所示。

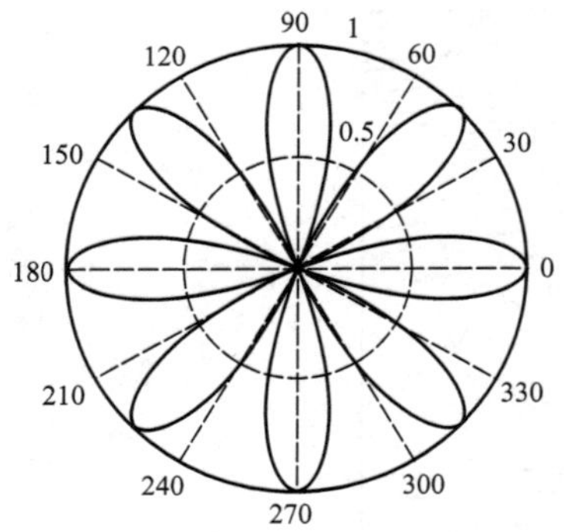

图 2－18　极坐标图

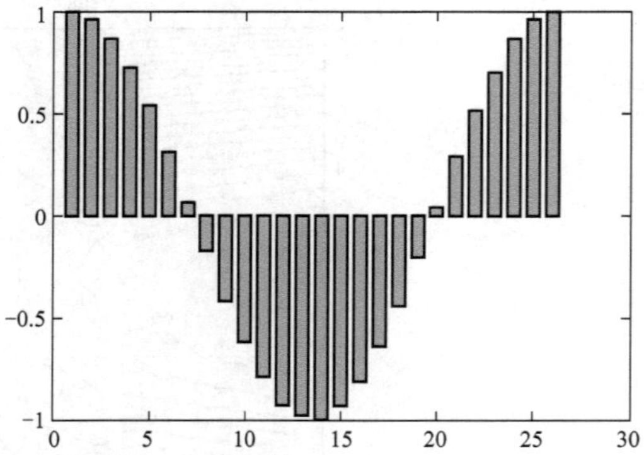

图 2－19　直方图

(4) pie 函数——饼图

【例 2－55】绘制饼图。绘制结果如图 2－20 所示。

```
x = [1,2,3,4,5,6,7];
y = [0,0,0,1,0,0,0];
pie(x,y)
```

(5) scatter 函数——离散点图

【例 2－56】绘制离散点图。绘制结果如图 2－21 所示。

```
a = rand(200,1);   b = rand(200,1);
c = rand(200,1);   scatter(a,b,100,c,'p')
```

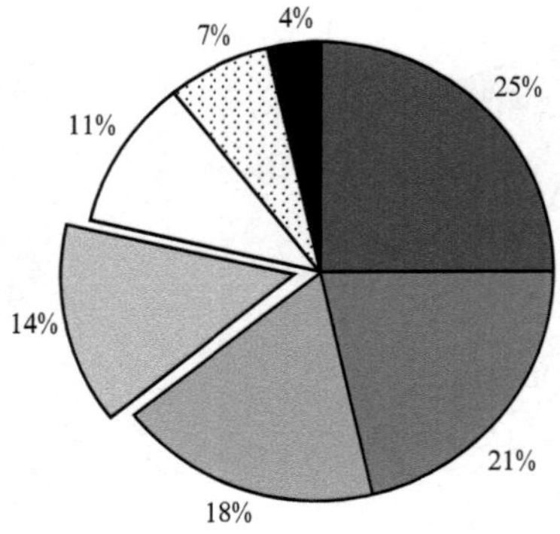

图 2－20　饼图

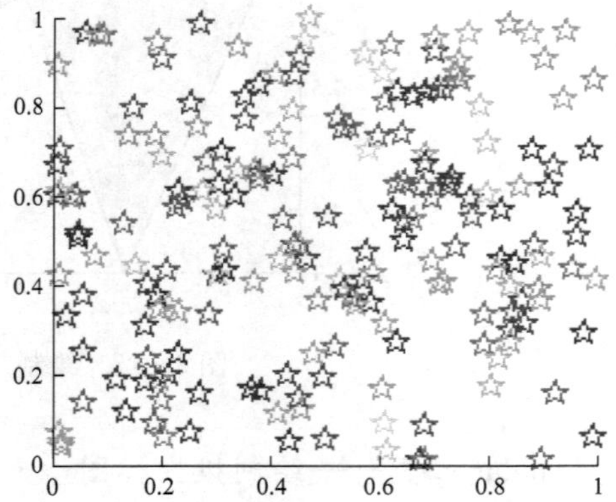

图 2－21　离散点图

(6) plotyy 函数——双纵坐标绘图

【例 2－57】绘制双纵坐标图。绘制结果如图 2－22 所示。

```
x = 0:0.01:20;
y1 = 500 * exp( -0.1 * x). * cos(x);
y2 = exp( -0.3 * x). * cos(6 * x);
[ax,h1,h2] = plotyy(x,y1,x,y2,'plot');
xlabel('x');
set(h1,'LineStyle','--');
set(h2,'LineStyle',':');
h1 = get(ax(1),'Ylabel');
h2 = get(ax(2),'Ylabel');
set(h1,'string','Left--y1');
set(h2,'string','Right..y2');
title('双纵坐标绘图');
```

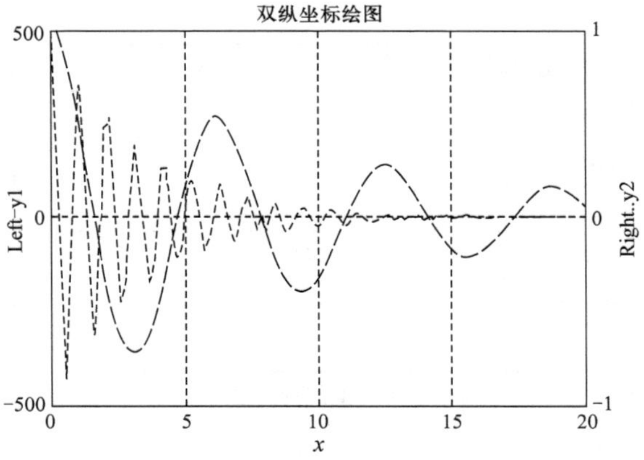

图 2-22　双纵坐标绘图

MATLAB 二维绘图函数非常容易掌握和使用，用户可根据需要通过系统帮助及其他参考资料进一步学习。应用的关键是依据处理的问题和需要，选择合适的函数。

常用的二维图形函数如表 2-13 所示。

表 2-13　常用二维图形函数

函数名	图形	函数名	图形
compass	复数向量图（罗盘图）	feather	复数向量投影图（羽毛图）
barh	水平直方图	stairs	阶梯图
scatter	离散点图	plotmatrix	散点图阵列
hist	统计直方图	histc	直方图统计
semilogx	x 轴半对数刻度曲线	semilogy	y 轴半对数刻度曲线
loglog	对数坐标图	comet	彗星曲线
errorbar	误差棒图	stem	火柴杆图
rose	统计扇形图（玫瑰）	pie	饼图
quiver	向量场图	convhull	凸壳图
plotyy	双纵坐标图	ezpolar	画符号函数极坐标曲线
area	区域图	pareto	pareto 图
contour	二维（矩阵）等高线图	contourf	填充二维等高线图

2.3.2　MATLAB 三维绘图

三维绘图的主要类型有三维线图、三维特殊图形、三维多边形、三维网线图、等高线图、伪彩色图、三维曲面图、柱面图、球面图和三维多面体并填充颜色。二维图形的所有基本特性对三维图形全都适用。三维图形函数基本上可由二维图形函数的扩展得到。

常用的三维绘图函数如表 2-14 所示。

表2-14 常用三维图形函数

函数名	图形	函数名	图形
plot3	三维线图	pie3	三维饼图
fill3	三维填充图	hist3	三维直方图
bar3	竖直三维柱状图	bar3h	水平三维柱状图
stem3	三维火柴杆图	contour3	三维等高线图
quiver3	三维向量场图(箭头)	waterfall	瀑布图
mesh	三维网格图	ezmesh	易用的三维网格绘图
meshc	带等高线的网格图	trimesh	三角网格图
surf	三维表面图	ezsurf	易用的三维彩色面绘图
surfc	带等高线的面图	trisurf	三角表面图
surfl	具有亮度的三维表面图	cylinder	圆柱面
sphere	单位球面	ellipsoid	椭球面
pcolor	伪色彩图	slice	立体切片图
hidden	设置网格图的透明度	alpha	设置图形对象的透明度

1. plot3 函数——基本的三维线图函数

① 调用格式:

plot3(**x**,**y**,**z**)—— **x**,**y**,**z** 是长度相同的向量;

plot3(**X**,**Y**,**Z**)—— **X**,**Y**,**Z** 是维数相同的矩阵;

plot3(*x*,*y*,*z*,*s*)——*s* 为开关量;

plot3(*x*1,*y*1,*z*1,'*s*1',*x*2,*y*2,*z*2,'*s*2',…)。

② 定义三维坐标轴大小:

axis([*x*min *x*max *y*min *y*max *z*min *z*max])。

③ 绘制坐标网格:

grid on(off)

④ 三维图形标注:

text(*x*,*y*,*z*,'string')

⑤ 子图和多窗口也可以用到三维图形中。

【例2-58】 以下语句绘出三维线如图2-23所示。

```
t=0:pi/50:10*pi;
plot3(t,sin(t),cos(t),'r:')
```

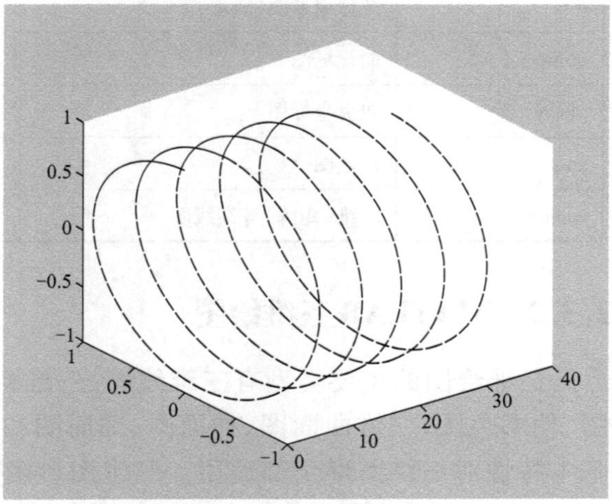

图2-23 三维线图

2. 特殊三维图形(以饼图为例)

【例2-59】 pie3([4 3 6 8 9])函数绘制结果如图2-24所示。

3. fill3 ——三维多边形函数

调用格式：

fill3(x,y,z,'s')

多边形图的绘制和填色与二维多边形完全相同。

【例 2 –60】 用随机顶点坐标画出 5 个粉色的三角形，并用蓝色的○表示顶点，以下语句绘制结果如图 2 –25 所示。

```
y1 = rand(3,5);y2 = rand(3,5);y3 = rand(3,5);
fill3(y1,y2,y3,'m');hold on;plot3(y1,y2,y3,'bo')
```

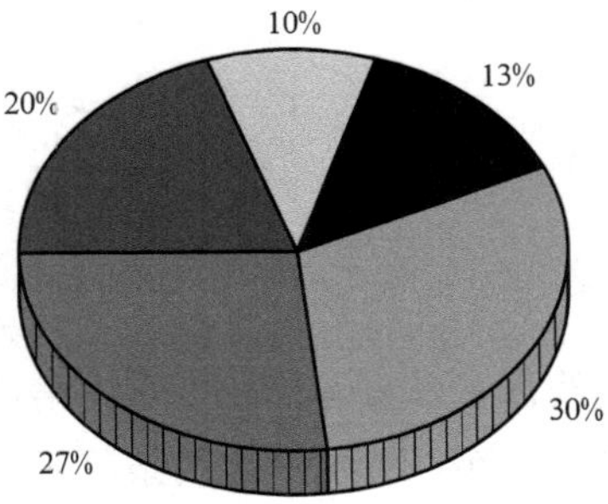

图 2 –24　三维饼图

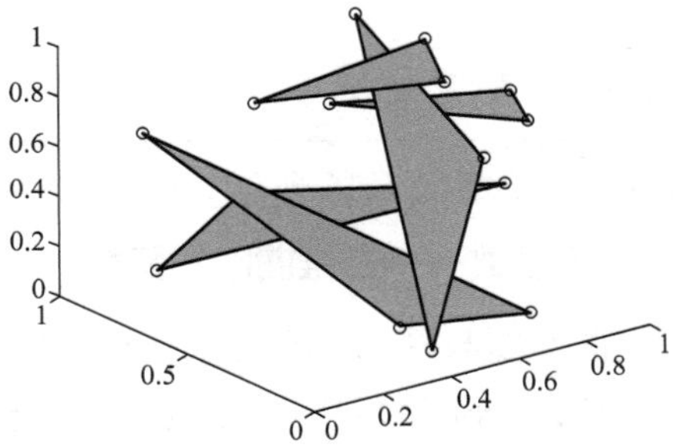

图 2 –25　三维多边形

4. 三维网线图(网格图)

三维网线绘图函数 mesh 调用格式：

① mesh($\boldsymbol{Z}$)——$\boldsymbol{Z}$ 为 $n \times m$ 的矩阵，元素的下标对应(x,y)坐标；

② mesh($\boldsymbol{x}$,$\boldsymbol{y}$,$\boldsymbol{Z}$)或 mesh($\boldsymbol{X}$,$\boldsymbol{Y}$,$\boldsymbol{Z}$)——$\boldsymbol{x}$ 为 n 维向量，$\boldsymbol{y}$ 为 m 维向量，$\boldsymbol{X}$、$\boldsymbol{Y}$、$\boldsymbol{Z}$ 分别为 $m \times n$ 的矩阵，对应三维空间的坐标位置，$\boldsymbol{X}$ 是 m 行 $\boldsymbol{x}$ 向量组成的矩阵，$\boldsymbol{Y}$ 是 n 列 $\boldsymbol{y}$ 向量组成的矩阵。

三维网线图制图要领如下。

① 生成坐标矩阵：[$\boldsymbol{X}$,$\boldsymbol{Y}$] = meshgrid($\boldsymbol{x}$,$\boldsymbol{y}$)，meshgrid 是网线坐标值计算函数；

② 表达式点计算：$z = f(x,y)$，根据(x,y)坐标计算高度 z，如 $\boldsymbol{Z} = \boldsymbol{X}.\hat{}2 + \boldsymbol{Y}.\hat{}2$。

三维网线图的默认视角为：方位角 37.5°，俯角 30°。

【例 2 –61】 绘制 $z = x^2 + y^2$ 的三维网线图形。

$\boldsymbol{x}$ = –5 : 5; $\boldsymbol{y}$ = $\boldsymbol{x}$;

[$\boldsymbol{X}$,$\boldsymbol{Y}$] = meshgrid($\boldsymbol{x}$,$\boldsymbol{y}$)

坐标矩阵（指向 [$\boldsymbol{X}$,$\boldsymbol{Y}$]）　　坐标向量（指向 ($\boldsymbol{x}$,$\boldsymbol{y}$)）

$\boldsymbol{Z}$ = $\underline{\boldsymbol{X}.\hat{}2 + \boldsymbol{Y}.\hat{}2}$

纵坐标矩阵（指向 $\boldsymbol{Z}$）　　函数式（指向 $\boldsymbol{X}.\hat{}2 + \boldsymbol{Y}.\hat{}2$）

$$\boldsymbol{X} = \left\{\begin{matrix} -5 & -4 & -3 & -2 & -1 & 0 & 1 & 2 & 3 & 4 & 5 \\ -5 & -4 & -3 & -2 & -1 & 0 & 1 & 2 & 3 & 4 & 5 \\ \cdots & & & & \cdots & & & & & & \\ -5 & -4 & -3 & -2 & -1 & 0 & 1 & 2 & 3 & 4 & 5 \end{matrix}\right\}$$

$$Y=\left\{\begin{matrix}-5 & -5 & \cdots & 5\\ -4 & -4 & \cdots & 4\\ \cdots & & \cdots & \\ 4 & 4 & \cdots & 4\\ 5 & 5 & \cdots & 5\end{matrix}\right\},\quad Z=\left\{\begin{matrix}50 & 41 & \cdots & 50\\ 41 & 32 & \cdots & 41\\ \cdots & & \cdots & \\ 41 & 32 & \cdots & 41\\ 50 & 41 & \cdots & 50\end{matrix}\right\}$$

最后用 mesh($\boldsymbol{X},\boldsymbol{Y},\boldsymbol{Z}$) 函数绘图，绘制 $z=x^2+y^2$ 的三维网线图形程序如下：

```
x = -5:5; y = x;
[X,Y] = meshgrid(x,y);
Z = X.^2 + Y.^2;
mesh(X,Y,Z)
```

输出结果如图 2－26 所示。

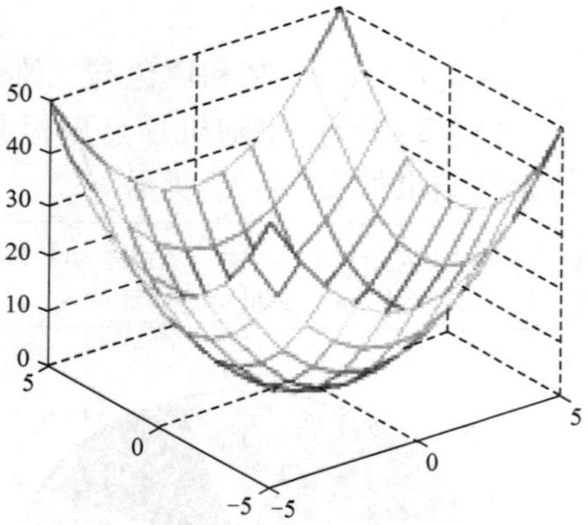

图 2－26　三维网线图

5. surf 函数——三维曲面图函数

三维曲面图与网线图看起来一样，两者的区别是：网线图的线条有颜色，网线格中的空挡处无颜色；曲面图的网线是黑色的，网线格中的空挡处有颜色。网线图的线条颜色或曲面图的格中空挡颜色是随着 z 值不同依据 colormap［见本节 6.（1）部分］整体变化。surf 函数的调用格式与 mesh 函数相同，如将图 2－26 改用 surf(X,Y,Z) 函数的绘制结果如图 2－27 所示。为展示图形，先介绍一个常用于三维图形测试的二元函数 peaks。

① 绘制三维曲面图：[X,Y,Z] = peaks(30); surf(X,Y,Z) 绘制的图形如图 2－28 所示。

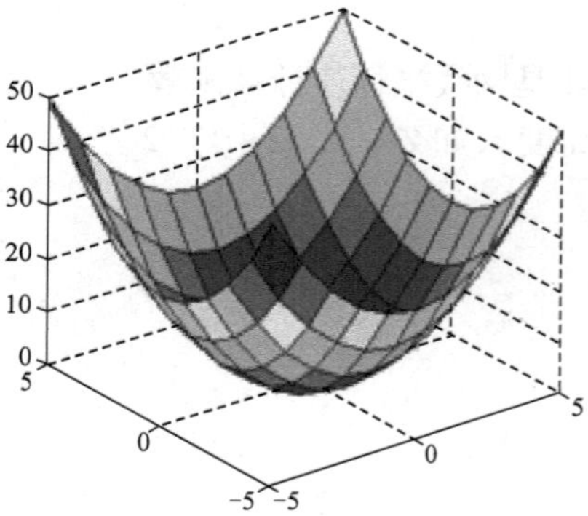

图 2－27　三维曲面图 1

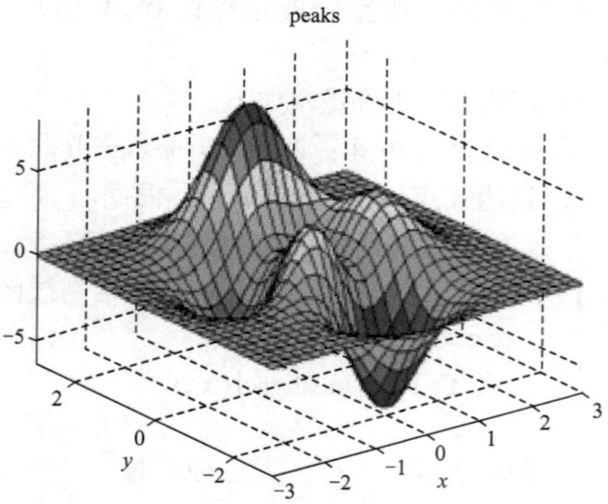

图 2－28　三维曲面图 2

② 绘制带等高线的曲面图：surfc(X,Y,Z)——三维曲面及其等高线。

【例 2－62】 [X,Y,Z] = peaks(30); surfc(X,Y,Z) 的输出如图 2－29 所示。

③ 绘制被光照射带阴影的曲面图：surfl(X,Y,Z)。

【例 2－63】 [X,Y,Z] = peaks(30); surfl(X,Y,Z) 的输出如图 2－30 所示。

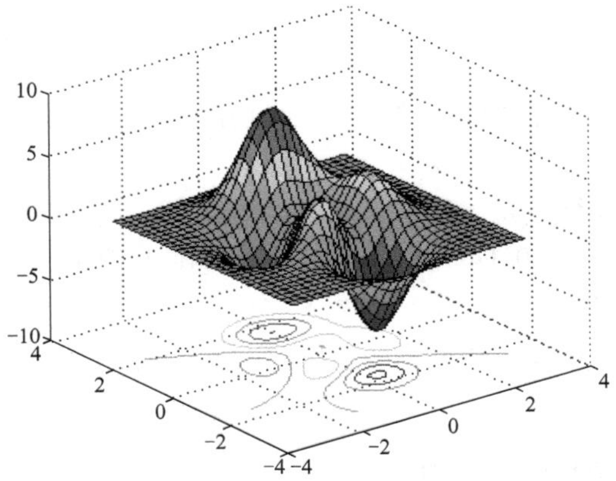

图 2－29　带等高线的曲面图

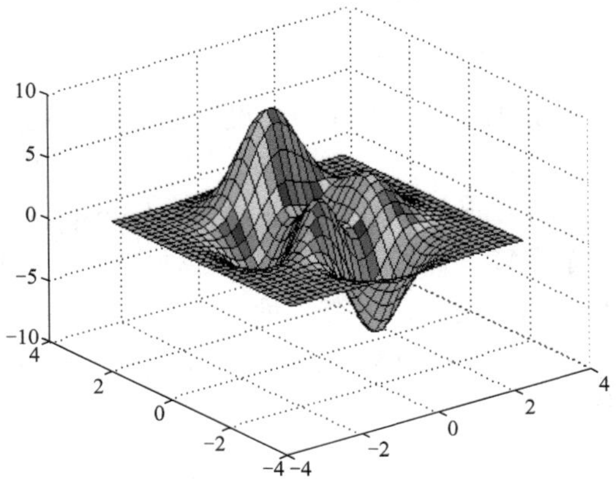

图 2－30　带阴影的曲面图

④ 绘制三维柱面图：cylinder(*r*,*n*)是单位高度三维柱面坐标函数，计算半径为 *r*、圆周等分 *n* 份、高度为 1 的三维柱面坐标。变化半径 *r*，可得到三维锥面坐标值。用[X,Y,Z] = cylinder(*r*,*n*)；surf(X,Y,Z)绘制三维柱面图。

【例 2－64】 绘制三维陀螺锥面。绘制结果如图 2－31 所示。

```
t1 =0:0.1:0.9;
t2 =1:0.1:2;
r =[t1,2 - t2];
[x,y,z] = cylinder(r,30);
surf(x,y,z);
grid on
```

⑤ 绘制三维球面图：sphere(*n*)是三维球面坐标函数，计算半径为 1、经纬等分数为 *n*(默认为 20)份的球面坐标。用[X,Y,Z] = sphere(*n*)；surf(X,Y,Z)绘制三维球面图。

【例 2－65】 [*x*,*y*,*z*] = sphere(30)；surf(*x*,*y*,*z*)的结果如图 2－32 所示。

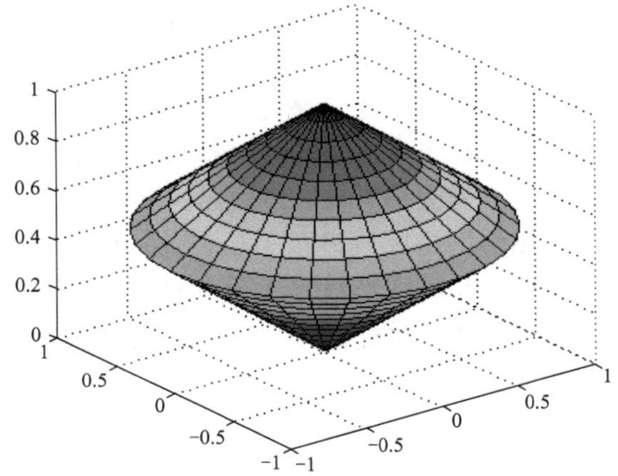

图 2－31　三维陀螺锥面

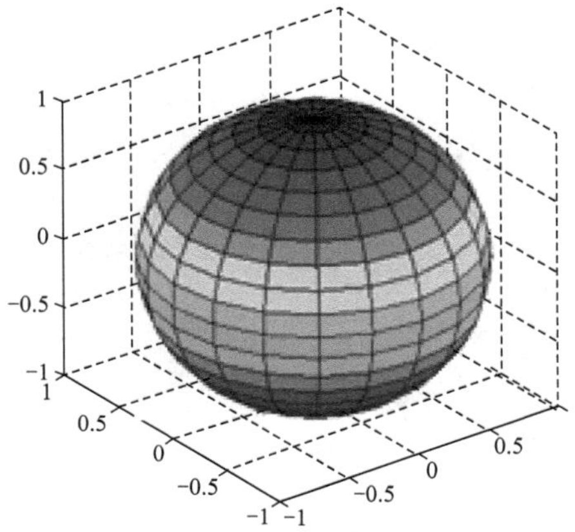

图 2－32　三维球面图

6. 三维曲面图修饰方法

(1)图形颜色

MATLAB 有极好的三维图形颜色表现功能,其颜色数据又构成了一维新的数据集合,可称为四维图形。

图形颜色是通过色图函数 colormap(MAP)进行设定,MAP 为 $m\times 3$ 维红、绿、蓝三颜色矩阵 MAP = [R,G,B],每行三维向量元素 r、g、b 在[0 1]区间连续取值,理论上图形颜色 MAP 的种类可达无穷多种。

图形颜色 MAP 可根据需要任意生成,也可用 MATLAB 配备的色图(Color maps)函数,见表 2-15。

表 2-15 MATLAB 配备的色图函数

色图名	含义	色图名	含义
hsv	两端为红色的饱和色图	jet	蓝色为头、红色为尾的饱和色图
colorcube	增强立方多彩色图	bone	蓝色调灰度渐进色图
copper	线性变化纯铜色图	flag	红-白-兰-黑交错色图
hot	黑到红、黄、白浓淡变化的热色图	cool	青蓝到品红浓淡变化的冷色图
spring	品红到黄浓淡变化的春色图	summer	绿黄浓淡变化的夏色图
autumn	红到橙、黄浓淡变化的秋色图	winter	蓝绿浓淡变化的冬色图
gray	灰度浓淡变化色图	prism	光谱色图
pink	粉红浓淡变化色图	lines	绘线色图
vga	16 色图	white	全白色图

colormap(MAP)设置 MAP 为当前颜色映像矩阵;colormap('default')恢复当前颜色映像矩阵为默认值;cmap = colormap 获取当前颜色映像矩阵。

(2)图形渲染模式

三维曲面图的图形渲染有三种模式,shading faceted、shading flat 和 shading interp。shading faceted 模式是将三维曲面的每个网格区域显示为单色,将网格区域边界显示为黑色线条,这是图形渲染的默认模式;shading flat 模式与 shading faceted 模式的区别是去掉网格区域边界的黑色线条,将图形网格区域显示为单色;shading interp 模式是将图形显示为颜色整体改变的过渡模式,根据网格区域周边的色值差补过渡的值确定颜色。

【例 2-66】 [X,Y,Z] = peaks(30); surf(X,Y,Z); shading flat 的输出结果如图 2-33 所示。

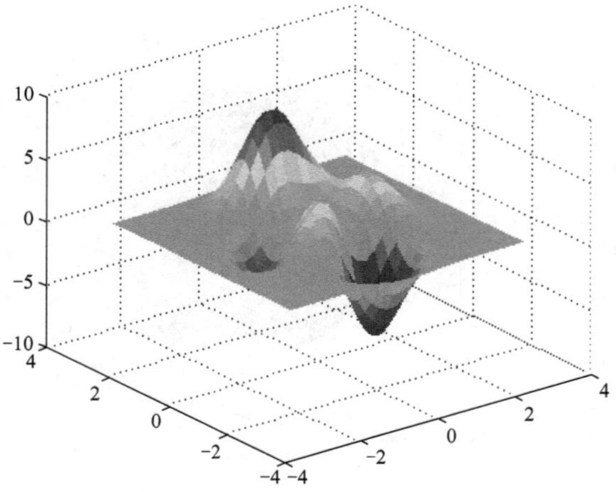

图 2-33 无边线网格模式

[X,Y,Z] = peaks(30); surf(X,Y,Z); shading interp 的输出结果如图 2-34 所示。

(3)图形裁剪修饰

【例 2-67】 p = peaks; p(30:40,20:30) = nan * p(30:40,20: 30); surf(p)的输出结果如图 2-35 所示。

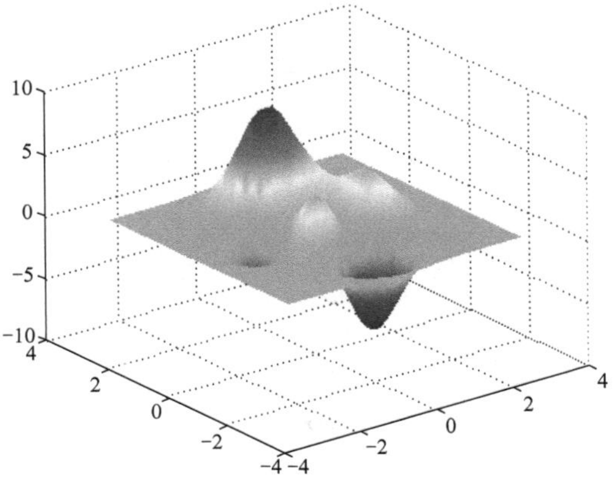

图 2-34 颜色整体过渡模式

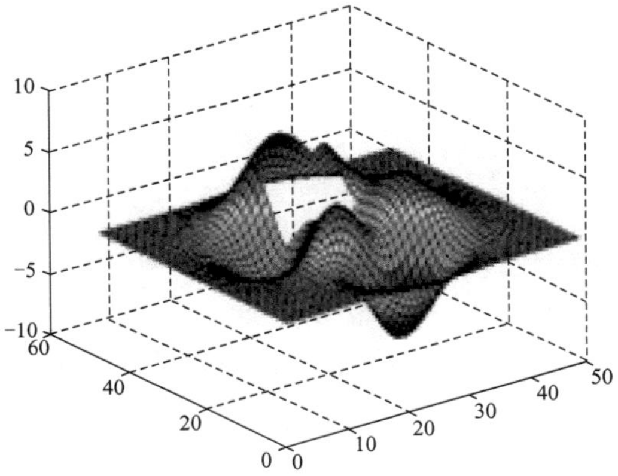

图 2-35 三维曲面图裁剪修饰

(4)图形视角修饰

图形视角是指观察物体时的方位角和仰角。方位角为视线在(x,y)平面的投影与 y 轴的负半轴的夹角;仰角为视线在(x,y)平面的投影与视线的夹角。

图形视角可用 view 函数来调整。view 函数的常用语法形式为:

view(az,el)

其中,az 为当前视角的方位角;el 为当前视角的仰角。[az,el] = view 返回当期视角的方位角和仰角,默认值为:az = -37.5;el = 30。

【例 2-68】不同视角的波峰图形。输出结果如图 2-36 所示。

```
z = peaks(36);
subplot(2,2,1);mesh(z);
subplot(2,2,2);mesh(z);view(-15,60);
subplot(2,2,3);mesh(z);view(-90,0);
subplot(2,2,4);mesh(z);view(-7,-10);
```

(5)透明度调整

MATLAB 图形可利用 alpha 函数调整透明度。函数调用格式如下:

alpha(alpha_data)

alpha_data 是介于 0 和 1 之间的数,alpha_data = 0 表示完全透明,alpha_data = 1 表示完全不透明,alpha_data 的值越接近于 0,透明度越高。

图形透明度也可以通过图形对象的"FaceAlpha"属性调整透明度。调用格式为:

set(h,'FaceAlpha',value)

h 为图形对象句柄,value 是"FaceAlpha"属性的属性值,由用户随意指定 value ∈ [0,1]。

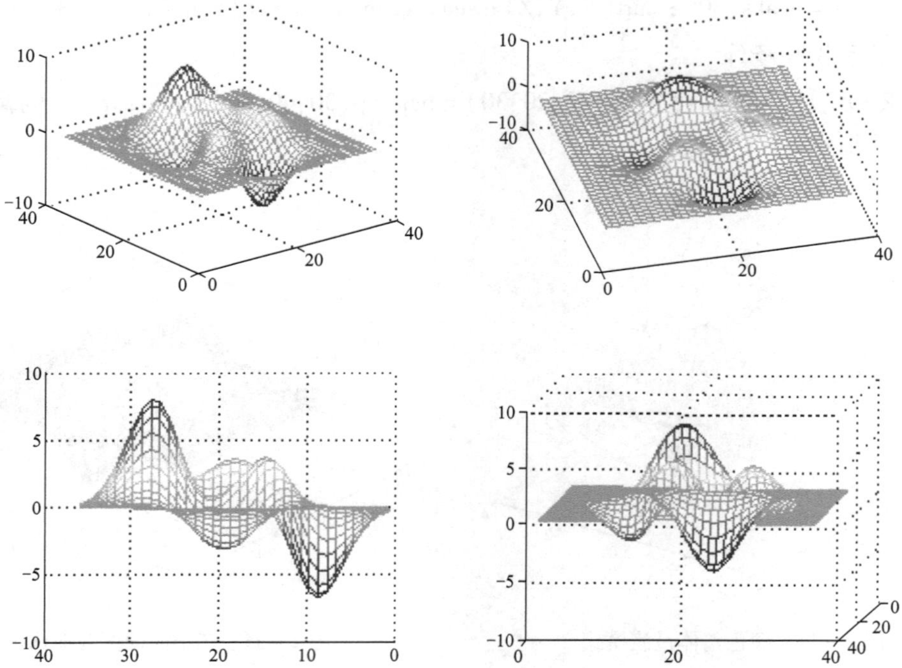

图 2-36　图形视角修饰

2.4 MATLAB的符号处理

2.4.1　符号对象和表达式操作

符号对象定义和表达式操作的基本函数如表 2-16 所示。

表 2-16　符号对象定义和表达式操作的基本函数

函数名	函数功能	函数名	函数功能
sym	定义基本符号对象,定义符号表达式	collect	合并同类项
syms	定义基本符号对象,定义符号变量	expand	函数展开
pretty	习惯方式显示	factor	进行因式或因子分解
latex	符号表达式的 LaTex 表示	horner	转换成嵌套形式
findsym	确认表达式中符号变量	numden	提取公因式
subexpr	运用符号变量置换子表达式	simple	找出最简短符号表达式
subs	通用置换指令	simplify	恒等式简化

1. 符号对象的生成和使用

【例 2-69】符号对象由 sym 函数生成。

```
a = sym([2/6,pi/7,sqrt(4),pi + sqrt(4)]);              % 则 a = [1/3,pi/7,2,5788918689699468 * 2^(-50)]
b = sym('[2/6,pi/7,sqrt(4),pi + sqrt(4)]');            % 则 b = [2/6,pi/7,sqrt(4),pi + sqrt(4)]
y = sym('a * sin(x) * cos(x)');                        % 则 y = a * sin(x) * cos(x)
```

2. 符号表达式中变量的确定

符号表达式中往往会有多个符号变量，在求解微积分、解方程等数学问题中要有明确的自变量。自变量通常为小写字母，一般为 x、y、z、t 等。MATLAB 优先选择 x 为自变量，如果不存在 x，则按字母与 x 接近的顺序确定自变量，小写字母 i 和 j 不作为自变量。

【例 2-70】找出符号变量。

```
syms a x y z t
findsym(a * x * t + i * y - j * z,5);                  % 则 ans = x,y,z,t,a
```

3. 符号表达式的操作

【例 2-71】用 syms 定义符号，用 simple 验证：$\sin\varphi_1\cos\varphi_2 - \cos\varphi_1\sin\varphi_2 = \sin(\varphi_1 - \varphi_2)$。

```
syms fai1 fai2
c = simple(sin(fai1) * cos(fai2) - cos(fai1) * sin(fai2));    % 则 c = sin(fai1 - fai2)
```

【例 2-72】简化 $f = \sqrt[3]{\dfrac{1}{x^3} + \dfrac{6}{x^2} + \dfrac{12}{x} + 8}$。

```
syms x
f = (1/x^3 + 6/x^2 + 12/x + 8)^(1/3);
g1 = simple(f)                                         % 即 g1 = (2 * x + 1)/x
g2 = simple(g1)                                        % 即 g2 = 1/x + 2
```

4. 符号表达式中子表达式置换函数

将复杂表达式中所含的多个相同子表达式用一个符号代替，使表达更为简洁。

【例 2-73】对符号矩阵 $\boldsymbol{A} = \begin{bmatrix} a & b \\ c & d \end{bmatrix}$ 进行特征向量分解：

```
syms a b c d W
[V,D] = eig([a b;c d]);
[RVD,W] = subexpr([V;D],W)
```

得到：

```
RVD = [(a/2 - W/2 - d/2)/c,(a/2 + W/2 - d/2)/c ]
      [          1          ,          1          ]
      [   a/2 - W/2 + d/2   ,          0          ]
      [          0          ,   a/2 + W/2 + d/2   ]
W = (a^2 - 2 * a * d + b^2 + 4 * b * c)^(1/2)
```

5. 通用置换函数

【例 2-74】变量替换函数 subs(s,old,new)的示例。

```
syms a x;
f = a * sin(x) +5;
f1 = subs(f,'sin(x)',sym('y'))              % 则% f1 = a * y +5
f2 = subs(f,{a,x},{2,sym(pi/3)})            % 则% f2 =3^(1/2) +5
f3 = subs(f,{a,x},{2,pi/3})                 % 则% f3 =   6.7321
f4 = subs(subs(f,a,2),x,0:pi/6:pi)          % 则% f4 =5.000  6.000  6.7321  7.000  6.7321  6.000  5.000
f5 = subs(f,{a,x},{0:6,0:pi/6:pi})          % 则% f5 =5.000  5.500  6.7321  8.000  8.4641  7.500  5.000
```

2.4.2 符号微积分

符号微积分的基本函数见表2－17。

表2－17　符号微积分的基本函数

函数名	函数功能
limit(f,x,x0)	求 $x \to x0$ 时 f 的极限
diff(f,x)或 diff(f,x,n)	求 f 对 x 的导数或求 f 对 x 的 n 阶导数
int(f,x)或 int(f,x,a,b)	计算 f 对 x 的积分或在 $[a,b]$ 上的定积分,x 可省略
jacobian	Jacobian 矩阵
symsum(s,v)或 symsum(s,v,a,b)	符号序列求和 $v=a:b$,默认时 $v=0:(k-1)$
taylor	Taylor 级数

1. 符号的极限求解

【例2－75】求解两种极限 $\lim\limits_{t\to 0}\dfrac{\sin kt}{kt}$ 和 $\lim\limits_{x\to\infty}\left(1-\dfrac{1}{x}\right)^{kx}$。

```
syms t x k
s = sin(k * t)/(k * t);
f = (1 -1/x)^(k * x);
Lsk = limit(s,0)                            % 则 Lsk =1
Ls1 = subs(Lsk,k,1)                         % 则 Ls1 =1
Lf = limit(f,x,inf)                         % 则 Lf = exp( -k)
Lf1 = vpa(subs(Lf,k,sym('-1')),30)          % 则 Lf1 =2.71828182845904523536028747135
```

【例2－76】求解极限 $\lim\limits_{x\to\infty}\left(x\left(1+\dfrac{a}{x}\right)^{x}\sin\dfrac{b}{x}\right)$。

```
syms x a b;
f = x * (1 + a/x)^x * sin(b/x);
L = limit(f,x,inf)                          % 则得到 L = exp(a) * b
```

【例2－77】求解单边极限 $\lim\limits_{x\to 0^+}\left(\dfrac{e^{x^3}-1}{1-\cos\sqrt{x-\sin x}}\right)$。

```
syms x;
f = (exp(x^3) -1)/(1 - cos(sqrt(x - sin(x))));
L = limit(f,x,0,'right')                    % 则得到 L =12
```

【例2－78】求解二元函数极限 $\lim\limits_{\substack{x\to 1/\sqrt{y}\\ y\to\infty}}\left(e^{-1/(x^2+y^2)}\dfrac{\sin^2 x}{x^2}\left(1+\dfrac{1}{y^2}\right)^{x+a^2y^2}\right)$。

```
syms x  y  a;
f = exp( -1/(x^2 + y^2)) * sin(x)^2/x^2 * (1 + 1/y^2)^(x + a^2 * y^2);
L = limit(limit(f,x,1/sqrt(y)),y,inf)          % 则得到  L = exp(a^2)
```

2. 符号微分和 jacobian 矩阵

【例 2 -79】求$\frac{\mathrm{d}}{\mathrm{d}x}[t\cos x,\ln x]$、$\frac{\mathrm{d}^2}{\mathrm{d}t^2}[t\cos x,t^3]$和$\frac{\mathrm{d}^2}{\mathrm{d}x\mathrm{d}t}[t\cos x,\ln x]$。

```
syms a t x;
f = [t * cos(x),log(x)];   g = [t * cos(x),t^3];
df = diff(f)                        % 则   df     = [ -t * sin(x),  1/x ]
dgdt2 = diff(g,t,2)                 % 则   dgdt2  = [          0 ,  6 * t]
dfdxdt = diff(diff(f,x),t)          % 则   dfdxdt = [   -sin(x) ,     0 ]
```

【例 2 -80】求$f=\begin{bmatrix} f_1\\ f_2\\ f_3\end{bmatrix}=\begin{bmatrix} x_1e^{x_2}\\ x_1x_2\\ \cos(x_1)\sin(x_2)\end{bmatrix}$的 jacobian 矩阵：$J=\begin{bmatrix}\frac{\partial f_1}{\partial x_1} & \frac{\partial f_1}{\partial x_2}\\ \frac{\partial f_2}{\partial x_1} & \frac{\partial f_2}{\partial x_2}\\ \frac{\partial f_3}{\partial x_1} & \frac{\partial f_3}{\partial x_2}\end{bmatrix}$。

```
syms x1 x2;
f = [x1 * exp(x2); x1 * x2;cos(x1) * sin(x2)];
v = [x1 x2];
fjac = jacobian(f,v)
```

得到：

```
fjac =
[            exp(x2),            x1 * exp(x2)]
[                 x2,                      x1 ]
[ -sin(x1) * sin(x2),    cos(x1) * cos(x2)  ]
```

3. 符号积分

【例 2 -81】求$\int\begin{bmatrix} ae^x & bx^2\\ 1/x & \cos x\end{bmatrix}\mathrm{d}x$。

```
syms a b x;
f = [a * exp(x),b * x^2;1/x,cos(x)];
intf = int(f)
```

得到：

```
intf = [a * exp(x),1/3 * b * x^3 ]
       [    log(x),       sin(x) ]
```

【例 2 -82】求定积分$\int_0^x\frac{1}{1+t}\mathrm{d}t$。

```
F1 = int('1/(1 + t)','t',0,'x')          % 则     F1 = log(1 + x)
```

第2章

4. 符号序列求和

【例2-83】求 $\sum_{t=0}^{t-1}[t^8 \quad k]$，$\sum_{k=1}^{\infty}\left[\frac{1}{(2k-1)(3k-1)} \quad \frac{(-1)^k}{k}\right]$。

```
syms k t;
f1 = [t^8,k];
f2 = [1/(2*k-1)/(3*k-1),(-1)^k/k];
s1 = simple(symsum(f1))        % 则 s1 = [1/9*t^9-1/2*t^8+2/3*t^7-7/15*t^5+2/9*t^3-1/30*t,    k*t]
s2 = simple(symsum(f2,1,inf))  % 则 s2 = [          1/6*pi*3^(1/2)-1/2*log(27/16),  -log(2)]
```

2.5 MATLAB数据的输入/输出

在处理实际问题中，数据的输入/输出对程序设计和效率具有重要的作用和影响。MATLAB 数据的输入/输出有多种途径和方法，包括简单的数据文件和数据库文件。

2.5.1 数据文件的输入/输出

这里数据文件分为三种，文本文件、MATLAB 的二进制格式 mat 文件、Excel 文件。数据文件的输入/输出函数分为高级和低级两类。高级函数一次性地完成文件的输入/输出操作，低级函数则每次完成一部分文件的输入/输出操作。表2-18列出了数据文件常用输入/输出函数，主要有 load、importdata、dlmread、textread、xlsread 和 save、dlmwrite、xlswrite 等。

表2-18 数据文件的常用输入/输出函数

输入函数		输出函数	
函数名	函数功能	函数名	函数功能
load	将文件数据载入内存工作空间	save	将工作空间中的变量写入文件
importdata	从文件读取数据		
dlmread	从文本文件读取数据	dlmwrite	按指定格式将数据写入文件
textread	从文本文件或字符串中读取数据		
xlsread	从 Excel 文件中读取数据	xlswrite	将内存中的变量写入 Excel 文件

1. 读取和写入文本文件

以下介绍3个读取或写入纯文本文件函数。

(1) dlmread 函数格式

M = dlmread(fname)——将文本文件 fname 中的数据读取到内存变量 M 中。

M = dlmread(fname,delimiter)——以 delimiter 为分隔符，将文本文件 fname 中的数据读取到变量 M 中。

M = dlmread(fname,delimiter,R,C)——以 delimiter 为分隔符，将文件 fname 中以[R,C]作为左上角范围的数据读取到变量 M 中。注意，第1行、第1列对应的[R,C]=[0,0]。

M = dlmread(fname,delimiter,range)——以 delimiter 为分隔符，将文本文件 fname 中 range

范围内的数据读取到变量 M 中。例如,range = [R1,C1,R2,C2]或 'A1…B6' 表示了从左上角到右下角的表格范围,[R1,C1,R2,C2]以表格线为位置标准,'A1…B6' 以格为位置标准。

(2) dlmwrite 函数格式

dlmwrite(fname,M)——以默认分隔符将变量 M 中的数据写入文本文件 fname 中。

dlmwrite(fname,M,'D')——以 D 为分隔符,将 M 中的数据写入文本文件 fname 中。

dlmwrite(fname,M,'D',R,C)——以 D 为分隔符,将 M 中的数据写入以[R,C]作为左上角开始行和列的 fname 文件中。

dlmwrite(fname,M,'attrib1',value1,'attrib2',value2,…)——在特定的属性参数控制下,将变量 M 中的数据写入文本文件 fname 中。dlmwrite 函数的参数名与参数值如表 2-19 所示。

表 2-19　dlmwrite 函数的参数名与参数值

参数名	参数值	说明
delimiter	单个字符,如 ',',' ','\t' 等	设定数据间分隔符
newline	'pc'	设定换行符为 '\r\n'
	'unix'	设定换行符为 '\n'
roffset	通常为非负整数	M 矩阵的左上角在目标文件中所加的行数
coffset	通常为非负整数	M 矩阵的左上角在目标文件中所加的列数
precision	以% 号引导的精度控制符,如 '%10.5f'	和 C 语言类似的精度控制符,用来指定有效位数

dlmwrite(fname,M,'-append')——将 M 中的数据追加写入文本文件 fname 中。

dlmwrite(fname,M,'-append',attribute-value list)——在特定的属性参数控制下,将变量 M 中的数据追加写入文本文件 fname 中。

(3) textread 函数格式

M = textread(fname)——将文本文件 fname 中的数据读取到内存变量 M 中。

[A,B,C,…] = textread(fname,format)——按照 format 格式,将文本文件 fname 中的数据读取到内存变量 A,B,C,…中。textread 函数控制格式 format 的字符串要素如表 2-20 所示。

表 2-20　textread 函数控制格式 format 的字符串要素

格式字符串	说　明	输出
普通字符串	忽略与该字符串相同的内容。例如,xi%f 表示忽略字符串 xi,读取其后的数	无
%d	读取 1 个无符号整数。例如,%5d 指定读取的无符号整数的宽度为 5	双精度数组
%u	读取 1 个整数。例如,%5u 指定读取的整数的宽度为 5	双精度数组
%f	读取 1 个实数。例如,%5.2f 指定实数宽度为 5(包括小数点)、2 位小数	双精度数组
%s	读取 1 个可包含分隔符的字符串。例如,%8s 表示读取长度为 8 的字符串	字符串元胞数组
%q	读取一个双引号里的字符串,不包括引号	字符串元胞数组
%c	读取多个字符,包括空格符。例如,%6c 表示读取 6 个字符	字符数组
%[…]	读取包含方括号中字符的最长字符串	字符串元胞数组
%[^…]	读取不包含方括号中字符的非空最长字符串	字符串元胞数组
%*…	忽略与 * 号后字符相匹配的内容。例如,%*f 表示忽略实数	无
%w…	指定读取内容的宽度。例如,%w.pf 指定实数宽度为 w,精度为 p	

[A,B,C,…] = textread(fname,format,N)——按照 format 格式,将文件 fname 中的数据读取到变量 A,B,C,…中;N 为使用 format 格式的次数,当 N<0 或默认时将输入全部数据。

[…] = textread(…,param,value,…)——在特定的参数 param 及其值 value 的控制下,进行文本文件数据的输入。textread 函数控制参数 param 及其 value 值如表 2-21 所示。

表 2-21 textread 函数控制参数 param 及其 value 值

参数名	参数值		说 明
bufsize	正整数		设置最大字符串长度,默认值为 4095,单位是 byte
commentstyle	MATLAB		忽略%后的内容
	Shell		忽略#后的内容
	c		忽略/*和*/之间的内容
	c++		忽略//后的内容
delimiter	一个或多个字符		元素之间的分隔符。默认没有分隔符
emptyvalue	一个双精度数		设置在读取有分隔符的文件时在空白单元填入的值。默认值为 0
endofline	单个字符或 '\r\n'		设置行尾字符。默认从文件中自动识别
expchars	指数标记字符		设置科学计数法中标记指数部分的字符。默认值为 eEdD
headerlines	正整数		设置从文件开头算起需要忽略的行数
whitespace	' '	空格	把字符向量作为空格。默认值为 '\b\t'
	\b	后退	
	\n	换行	
	\r	回车	
	\t	Tab 键	

2. 读取和写入 mat 文件

读取或写入 mat 文件的 MATLAB 函数也可以处理文本文件。

读写 mat 格式文件的输入/输出比较简单灵活,写入本文件也比较容易,需要注意的是从文本文件读取数据到内存变量的对应关系和控制。

(1)importdata 函数格式

importdata(fname)——将文件 fname 中的数据作为整体输入工作空间中。

A = importdata(fname)——将文件 fname 中的数据读取到内存变量 A 中。

A = importdata(fname,delimiter)——以 delimiter 为文本分隔符,将文件 fname 中的数据读取到变量 A 中。

A = importdata(fname,delimiter,nheaderline)——以 delimiter 为文本分隔符,将文件 fname 中从 nheaderline+1 行开始的数据读取到变量 A 中。

[Adelimiter] = importdata(fname,…)——将文件 fname 中的数据读取到变量 A 中,同时得到文本分隔符 delimiter。

[Adelimiter nheaderline] = importdata(fname,…)——将文件 fname 中的数据读取到变量 A 中,同时得到文本分隔符 delimiter 和表头的行数 nheaderline。

(2)load 函数格式

S = load(fname)——将文件 fname 中的数据读取到内存变量 S 中。

S = load(fname,vars)——将文件 fname 中 vars 变量的值读取到结构变量 S 中。

S = load(fname,'-mat',vars)——将 mat 文件 fname 中 vars 变量的值读取到结构变量 S 中。

M = load(fname,'-ascii')——将文本文件 fname 中的数据读取到变量 M 中。要求文件 fname 中各行数据具有相同的列数。

load(fname,…)——将文件 fname 中的数据读取到工作空间中。

load fname…——以命令格式将文件 fname 中的数据读取到工作空间中。

(3)save 函数格式

save(fname)——将工作空间中的全部变量存入 mat 文件 fname 中。

save(fname,variables)——将部分变量 variables 存入 mat 文件 fname 中。

save(fname,'-struct',structName,fields)——将结构变量 structName 的域 fields 存入 mat 文件 fname 中,如果省略 fields 则存储全部域名和域值。

save(fname,…,'-append')——将内存变量追加存入 mat 文件 fname 中。

save(fname,…,format)——将内存变量以格式 format ∈ {'-mat','-ascii'…} 存入 mat 文件 fname 中。

savefname ——以命令格式将工作空间中的全部变量存入 mat 文件 fname 中。

3. 读取和写入 Excel 文件

读取 Excel 文件的函数是 xlsread,写入 Excel 文件的函数是 xlswrite。

(1)xlsread 函数调用格式

[num,txt,raw] = xlsread(fname,sheet,range)

其中,num 是读取的数值型数据;txt 是读取的文本数据;raw 是未经处理的元胞数组;fname 是要读取的目标文件名;sheet 是工作表序号或名称;range 是读取的单元格区域。

(2)xlswrite 函数格式

[status,message] = xlswrite(fname,M,sheet,range)

其中,status 是写操作成功与否的状态变量;message 是写操作产生的警告或错误信息;fname 是写入的目标文件名;M 是被写入文件的数据矩阵;sheet 是写入的工作表序号或名称;range 是写入的单元格区域。

数据文件的输入/输出比较简单,在本书后面的示例中将会出现,在此不讨论具体内容。

2.5.2 MATLAB 与数据库的输入/输出

在处理实际问题时,数据库具有重要的作用。与零散的文本文件、mat 文件及 Excel 文件不同,数据库是经过周密设计的、便于管理的、相关信息的统一整体。采用数据库可以构建处理问题时需要的相关数据的一体化解决方案。

1. MATLAB 与数据源的连接

在 Windows 环境下,MATLAB 与数据库的连接是通过 ODBC 实现的。通过“控制面板”→

"管理工具"→"数据源(ODBC)"→"添加"→"创建数据源名称和选择数据库文件"。

MATLAB 在使用数据库方面有以下特点。

① 数据类型自保持。在所有的数据导入和导出的过程中,保持数据类型。数据被保存在 MATLAB 的元胞数组或结构数组中,元胞数组或结构数组支持混合数据类型。

② 可动态输入数据。

③ 统一的运行环境,均在 MATLAB 命令窗执行查询语句等。

④ 对单个数据库可以使用多个指针。在单个任务中可以同时存取多个数据库。

⑤ 可以用单个或多个读取数据指令检索数据。

⑥ 支持 ODBC/JDBC 连接的数据库接口。MATLAB 与数据库的连接,必须使用 ODBC/JDBC,它是作为 MATLAB 的一部分被自动安装和提供的。

【例 2-84】 用 m 文件实现 MATLAB 与 DB2、Informix、Access、SQL Server、Oracle、Sybase SQL Server 等常用 DBMS 的连接。建立 DB_OpCl. m 文件如下。

```
connect = database('datasourcename','username','password')    % 建立数据库连接
ping(connect);                                                 % 获取 ODBC 信息
cursorl = exec(connect,'select c from db');                    % 取得 ODBC 指针,db 为表名,c 为字段
cursorl = fetch(cursorl);                                      % 从指针中取得数据
A = cursorl.data;                                              % 将数据赋给 A
rowl = rows(cursorl);                                          % 获取行数
mean = sum([A{:}])/rowl;                                       % 运算均值
cc = cell(1,1);                                                % 定义元胞数组
cc = {mean};
insert(connect,'db','c',cc);                                   % 将结果插入数据库
close(cursorl);                                                % 关闭指针
close(connect);                                                % 关闭数据库
```

2. 基于结构数组的 MATLAB 数据库开发设计

结构数组(struct)是一种可将不同类型数据组合在一起的 MATLAB 数据类型。结构数组与元胞数组(cell)的不同之处在于,结构数组以指针方式传递数据,其作用相当于数据库中的记录。结构数组可以动态扩充数据和字段,数据类型非常灵活,可以是单个数据元素,也可以是向量、数组、矩阵,甚至还可以嵌套其他结构数组,而且不同字段之间的数据类型不需要相同,这些都为用结构数组创建数据库提供了可能。结构数组以指针操作符". "来连接变量和字段名(也称域名),在结构数组中可以直接添加或删除记录和字段,其方法分别为:

Database. colname = colvalue;

Database = rmfield(Database,'colname');

其中,colname 为列(字段)名,colvalue 为该列(字段)下的一个记录值。

【例 2-85】 下面是为处理数据库而准备的结构数组示例。

```
DB1.sale.code  = [1:8];
DB1.sale.price = [10.5,2.3,19.5,25.5,40.8,128.0,1.2,6.6];
DB1.sale.in    = [100,240,760,58,121,93,12,698];
DB1.sale.out   = [30,50,580,28,46,35,2,186];
DB1.inf.code   = DB1.sale.code;
DB1.inf.city   = {'武汉','长沙','郑州','湛江','西安','成都','上海','北京'}
```

该结构数组对应一个名为 DB1 的商品销售数据库，其中包含 sale 和 inf 两个数据表，分别用于存储商品信息和销售情况数据。sale 表中含 code、price、in 和 out 四个字段，inf 表中含 code、city 两个字段。DB1 共有 8 个记录。

3. 关于 MATLAB 数据库的函数

在 MATLAB 中，建立和处理数据库要使用许多函数，下面简要介绍几个主要的函数。

（1）database 函数——数据库连接

在程序中，用 database 函数将数据库连接到 MATLAB。database 函数的语法格式如下。

```
conn = database('datasourcename','username','password')
```

其中，conn 为数据库的连接对象；datasourcename 为数据源名；username 和 password 是被连接数据库的用户名和密码，默认为空。一个程序可以连接多个数据库。

（2）exec 函数——建立并打开游标

exec 函数用于执行一个有效的 SQL 查询并打开一个游标，语法格式如下。

```
curs = exec(conn,'sqlquery')
```

其中，sqlquery 是 SQL 语句；conn 为已建立的数据库连接对象；curs 是执行语句后得到的数据库游标，此时游标对象 curs 还没有引入数据。一个程序可以同时建立多个数据库游标。

（3）fetch 函数——读取数据库到 MATLAB

fetch 函数用于将数据库的数据读取到 MATLAB 中，语法格式如下。

```
curs = fetch(curs,Rowlimit)    或    curs = fetch(curs)
```

其中，Rowlimit 为每次读取数据的最大行数，默认为全部读取。执行该函数后，数据被读取到 curs. Data 中。若要将读入的数据赋给其他变量 D，则执行赋值语句：D = curs. Data。

从数据库中读取数据到 MATLAB 有四种数据类型，分别为元胞类型（cellarray）、数据集型（dataset）、数字型（numeric）、结构型（structure），默认为元胞类型。在链接数据库之前，可以用 setdbprefs 函数设置数据类型。如果能用数值型数据时最好采用 numeric 型的数据，这样就可以大幅提高读取速度。用 setdbprefs 函数设置数据库返回值为数值型如下：

```
setdbprefs('datareturnformat','numric');
```

（4）logintimeout 函数——连接允许的时间

logintimeout 函数用于设置或获取建立数据库连接所允许的时间，语法格式如下。

```
timeout = logintimeout('driver',time)    或    timeout = logintimeout(time)
timeout = logintimeout('driver')    或    timeout = logintimeout
```

（5）attr 函数——获取数据集的列属性

attr 函数用于获得被引入的数据集的列属性，语法格式如下。

```
attributes = attr(curs,colnum)    或    attributes = attr(curs)
```

前者得到指定列的属性信息，后者得到全部列的属性信息。

（6）get 函数——获取数据库对象的属性

get 函数可获取数据连接或游标对象的属性值，语法格式如下。

```
v = get(object)    或    v = get(object,'property')
```

前者得到对象的全部属性值，后者得到对象的指定属性值。

(7)insert 函数——插入数据库记录

insert 函数将变量的值输出到外部数据库,形成新的记录。语法格式如下。

insert(conn,tabname,colnames,exdata)

或

fastinsert(conn,tabname,colnames,exdata)

其中,conn 为数据库连接对象;tabname 为数据库表名;colnames 为列(字段)名;exdata 为变量,可以是矩阵、结构数组,也可以是元胞数组。

(8)update 函数——更新数据库记录

update 函数用数组的值更新数据库中已存在的记录中的数据,语法格式如下。

update(conn,tabname,colname,exdata,'whereclause')

其中,'whereclause' 为记录更新的条件。

(9)set 函数——设置数据库对象的属性

set 函数可设置数据连接或游标对象的属性值,语法格式如下。

set(object,'property',value)

(10)close 函数——关闭数据库

当数据库使用完时,要及时用 close 函数关闭数据库相关对象,语法格式如下。

close(object)

其中,object 是数据库连接对象、游标对象或数据库结果集合对象。

4. 数据库实例

【例2-86】本数据库实例针对一个名为 example 的 ACCESS 数据库中的表进行操作。数据库含有表 Sale_t 和 User_t。其中,Sale_t 的表结构为,Month(主键)——字符型字段;sale——数字型字段。User_t 的表结构为 user_id(主键)——数字型字段;user_name——字符型字段;age——数字型字段。

将 id=1005,name='Hooker',age=25 的用户输入数据库中,程序如下。

```
timeouA = logintimeout(5)                                          %设置数据库连接时间
connection = database('example','','')                             %建立连接
ping(connection);                                                  %显示 ODBC 信息
sqlquery = 'SELECT ALL user_id,user_name,age FROM User_t'          %SQL 查询语句,User_t 为表名
cursorl = exec(connection,sqlquery);                               %取得 ODBC 指针
cursorl = fetch(cursorl);                                          %从指针中取得数据
dataA = cursorl.data                                               %将数据赋值给 dataA,可观察数据内容
cc = cell(1,3);                                                    %定义元胞数组,用于存储一条记录
cc(1,1) = {1005},  cc(1,2) = {'Hooker'},  cc(1,3) = {25};          %构建元胞数组记录内容
fields = {'user_id','user_name','age'};                            %设置要输入数据的纪录的域
insert(connection,'user_t',fields,cc);                             %将结果插入数据库
close(cursorl);                                                    %关闭指针
close(connection);                                                 %关闭数据库
```

将前面设计的数据库结构数组输入数据库中。在数据库 example 中创建 sale 和 inf 两个数据表,并分别存入 8 个商品信息和销售情况记录,DBexample 程序如下。

```
% 创建两个表的 8 个记录的结构数组
DB1.sale.code  = [1:8];
DB1.sale.price = [10.5,2.3,19.5,25.5,40.8,128.0,1.2,6.6];
DB1.sale.in    = [100,240,760,58,121,93,12,698];
DB1.sale.out   = [30,50,580,28,46,35,2,186];
DB1.inf.code   = DB1.sale.code;
DB1.inf.city   = {'武汉','长沙','郑州','湛江','西安','成都','上海','北京'};

% 连接数据库
timeouA = logintimeout(5)                                        % 设置数据库连接时间
connection = database('example','','')                          % 建立连接
ping(connection);                                                % 显示 ODBC 信息
% 创建数据库表
sqlquery = 'CREAT TABLE  sale(code int,price float,in int,out int)'  % SQL 创建 sale 表语句
cursorl = exec(connection,sqlquery);                             % 创建 sale 表,获取 ODBC 指针
insert(connection,'sale',{'code','price','in','out'},DB1.sale);  % 将 sale 表值插入数据库
close(cursorl);                                                  % 关闭指针 cursorl
sqlquery = 'CREAT TABLE  inf(code int,city string)'              % SQL 创建 inf 表语句
cursor2 = exec(connection,sqlquery);                             % 创建 inf 表,获取 ODBC 指针
insert(connection,'inf',{'code','city'},DB1.inf);                % 将 inf 表值插入数据库
close(cursor2);                                                  % 关闭指针 cursor2
close(connection);                                               % 关闭数据库
```

2.6 MATLAB数据统计描述和分析

MATLAB 的统计工具箱提供了基本的统计处理函数,包括随机变量数据样本的基本统计量计算函数、常用概率分布函数等。本节简单介绍数据统计描述和分析。

2.6.1 常见概率分布函数

统计工具箱对每一种随机分布都提供了五类函数,其命令字符分别为概率密度——pdf;概率分布——cdf;逆概率分布——inv;均值与方差——stat;随机数生成——rnd。

1. 连续型分布函数

常用连续型分布函数及说明如表 2-22 所示。

表 2-22　常用连续分布函数及说明

函数名	函数调用	函数说明
均匀分布 unif	p = unifpdf(x,a,b)	均匀分布密度函数:a 为最小值、b 为最大值;默认 a=0、b=1
	P = unifcdf(x,a,b)	均匀分布函数:a 为最小值、b 为最大值;默认 a=0、b=1
	x = unifinv(P,a,b)	逆均匀分布函数:a 为最小值、b 为最大值;默认 a=0、b=1
	[m,v] = unifstat(a,b)	均值 m 与方差 v 值函数:a 为最小值、b 为最大值
	M = unifrnd(a,b,m,n)	均匀分布随机数 m×n 矩阵 M 生成函数:a 为最小值、b 为最大值

续表

函数名	函数调用	函数说明
正态分布 norm	p = normpdf(x,μ,σ)	正态分布密度函数:μ 为均值、σ 为标准差;默认 μ = 0、σ = 1
	P = normcdf(x,μ,σ)	正态分布函数:μ 为均值、σ 为标准差;默认 μ = 0,σ = 1
	x = norminv(P,μ,σ)	逆正态分布函数:μ 为均值、σ 为标准差;默认 μ = 0,σ = 1
	[m,v] = normstat(μ,σ)	均值 m 与方差 v 值函数:μ 为均值、σ 为标准差
	M = normrnd(μ,σ,m,n)	正态分布随机数 m × n 矩阵 M 生成函数:μ 为均值、σ 为标准差
指数分布 exp	p = exppdf(x,λ) P = expcdf(x,λ)	指数分布密度函数、分布函数:λ 为均值和标准差
	x = expinv(P,λ)	逆指数分布函数:λ 为均值和标准差

常用连续型分布函数还有 F 分布(F *)、t 分布(t *)、Beta 分布(beta *)、Gamma 分布(gam *)、对数正态分布(logn *)、Weibull 分布(wbl *)、卡方分布(chi2 *)等。

【例 2-87】 画出正态分布 N(0,1) 和 N(0,2^2) 的概率密度函数图形,MATLAB 语句如下。

```
x = -6:0.01:6;
y = normpdf(x);
z = normpdf(x,0,2);
plot(x,y,x,z)
```

结果如图 2-37 所示。

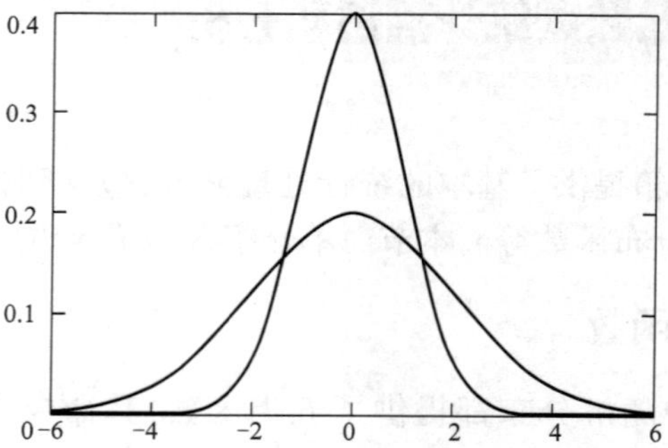

图 2-37 N(0,1) 和 N(0,2^2) 的概率密度函数图形

计算标准正态分布的概率 $P\{-1<X<1\}$ 的语句为 P = normcdf(1) - normcdf(-1),结果为:P = 0.6827。

语句 $\boldsymbol{M}$ = normrnd([1 2 3;4 5 6],0.1,2,3) 的结果为 2 × 3 的正态分布随机数矩阵

$$\boldsymbol{M}=\begin{bmatrix}1.0538 & 1.7741 & 3.0319\\ 4.1834 & 5.0862 & 5.8692\end{bmatrix}$$

矩阵 $\boldsymbol{M}$ 各数是服从 N(1,0.1^2),N(2,0.1^2),N(3,0.1^2),N(4,0.1^2),N(5,0.1^2),N(6,0.1^2) 的随机数。

【例 2-88】 计算累积分布函数的应用见以下程序段。

```
v =4;                                                    %卡方分布的自由度为4
P =0.9;                                                  %P 值为0.9
x_P = chi2inv(P,v);                                      %根据 P 值反查临界值
x =0:0.1:15;
yd_c = chi2pdf(x,v);                                     %获得相应的分布密度值
plot(x,yd_c,'b')                                         %绘制分布函数
hold on
xxf =0:0.1:x_P;
yyf = chi2pdf(xxf,v);
fill([xxf,x_P],[yyf,0],'g')                              %以绿色填充
text(x_P*1.01,0.01,num2str(x_P))                         %标注临界值
text(10,0.16,['\fontsize{16} x~{\chi}^2''(4)'])          %标注分布名
text(1.5,0.08,'\fontname{隶书}\fontsize{12}置信水平0.9')  %标注 P 值
hold off
```

以上程序段运行结果如图 2-38 所示。

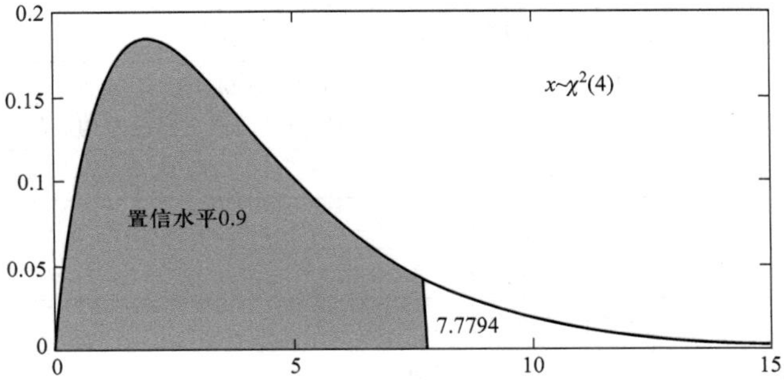

图 2-38　卡方分布图

2. 离散型分布函数

常用离散型分布函数及说明如表 2-23 所示。

表 2-23　常用离散分布函数及说明

函数名	函数形式	函数说明
二项分布 bino	y = binopdf(x,n,p)	二项分布密度函数:x 为事件发生 x 次;n 为试验总次数;p 为每次试验事件发生的概率
	Y = binocdf(x,n,p)	二项分布函数
	x = binoinv(Y,n,p)	逆二项分布函数
	[m,v] = binostat(n,p)	均值 m 与方差 v 值函数
	M = binornd(n,p,m,n)	二项分布随机数 m×n 矩阵 M 生成函数
泊松分布 poiss	p = poisspdf(x,λ)	泊松分布密度函数:λ 为单位时间事件发生率
	P = poisscdf(x,λ)	泊松分布函数:λ 为单位时间事件发生率
	x = poissinv(P,λ)	逆泊松分布函数:λ 为单位时间事件发生率
	[m,v] = poissstat(λ)	均值 m 与方差 v 值函数:λ 为单位时间事件发生率
	M = normrnd(λ,m,n)	泊松分布随机数 m×n 矩阵 M 生成函数:λ 为单位时间事件发生率

常用离散型分布函数还有几何分布 Geometric(geo *)、超几何分布 Hypergeometric(hyge *)、负二项分布 Negative binomial(nbin *)、均匀分布(unid *)等。

2.6.2 样本基本统计量

1. 样本基本统计量的计算函数

以随机变量样本 x 为例，随机变量样本统计量计算函数及说明如表 2－24 所示。

表 2－24 随机变量样本统计量计算函数及说明

统计量	函数	计算说明
平均值	v = mean(x)	若 x 为向量，则 v 返回向量的样本均值； 若 x 为矩阵，则 v 为由 x 的列向量的样本均值构成的行向量
方差	v = var(x)	若 x 为向量，则 v 返回向量的样本方差(置前因子为 1/(N－1)的方差)； 若 x 为矩阵，则 v 为 x 由的列向量的样本方差构成的行向量
	v = var(x,1)	返回向量(矩阵)x 的简单方差(置前因子为 1/N 的方差)
	v = var(x,w)	返回向量(矩阵)x 的以 w 为权重的方差
标准差	v = std(x)	若 x 为向量，则 v 返回向量的样本标准差； 若 x 为矩阵，则 v 为由 x 的列向量的样本标准差构成的行向量
中位数	v = median(x)	v 返回 x 的中位数
分位值	v = prctile(x)	v 返回 x 的分位值
偏度	v = skewness(x)	v 返回 x 的偏度
峰度	v = kurtosis(x)	v 返回 x 的峰度
范围	v = range(x)	v 返回 x 的最大/最小差值
协方差	v = cov(x)	v 返回 x 的协方差，协方差矩阵的对角线元素是 x 各列的方差
相关系数	v = corrcoef(X,Y)	v 返回列向量 X、Y 的相关系数，等同于 corrcoef([X,Y])
	v = corrcoef(x)	v 返回矩阵 x 列向量的相关系数矩阵

2. 频数直方图的描绘函数

频数直方图的描绘函数及说明见表 2－25。

表 2－25 频数直方图的描绘函数及说明

描绘量	函数	计算说明
区间频数	[N,X] = hist(data,k)	此命令将区间[min(data),max(data)]分为 k 个小区间(默认为 10)，返回数组 data 落在每一个小区间的频数 N 和每一个小区间的中点 X
频数直方图	hist(data,k)	参数 data,k 同上，输出描绘数组 data 的频数直方图
正整数的频率表	table = tabulate(x)	x 为正整数构成的向量，返回 3 列：第 1 列中包含 x 的值；第 2 列为这些值的个数；第 3 列为这些值的频率
经验累积分布函数	cdfplot(x)	绘制样本 x(向量)的累积分布函数图形
	h = cdfplot(x)	h 表示累积分布曲线的句柄
	[h,stats] = cdfplot(x)	stats 返回样本的最大/最小值、均值、中位数及标准差等特征
拟合直线	he = lsline	最小二乘拟合直线，h 为直线的句柄

【例 2－89】频数直方图举例。

```
x = unidrnd(12,1,12)                % 正整数的随机数样本
[N,y] = hist(x,6)                   % 6 个区间的频数
t1 = tabulate(x)                    % 正整数的频率表
[h,stats] = cdfplot(x)              % 样本的累积分布,h 为曲线句柄,stats 为样本的特征
```

以上语句的输出结果如下,句柄 h 对应图 2－39。

```
x =9   7   5   2   8   4   1   10   3   6   9   5
N =2   2   2   2   1   3
y  =1.7500   3.2500   4.7500   6.2500   7.7500   9.2500
t1 =
     1.0000   1.0000   8.3333
     2.0000   1.0000   8.3333
     3.0000   1.0000   8.3333
     4.0000   1.0000   8.3333
     5.0000   2.0000   16.6667
     6.0000   1.0000   8.3333
     7.0000   1.0000   8.3333
     8.0000   1.0000   8.3333
     9.0000   2.0000   16.6667
     10.0000   1.0000   8.3333

h =174.0081
stats =
       min: 1
      max: 10
     mean: 5.7500
   median: 5.5000
       std: 2.9271
```

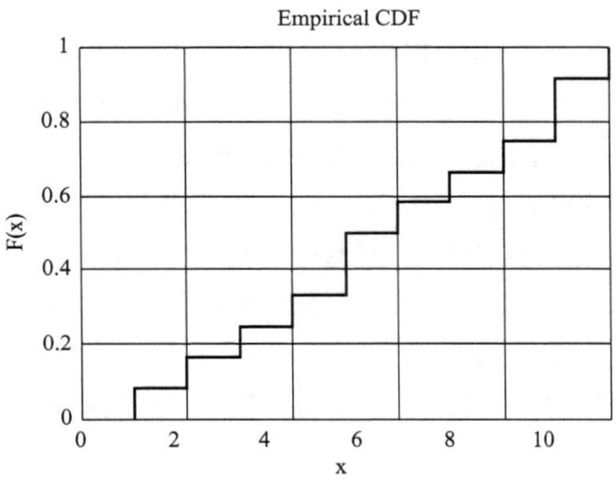

图 2－39　样本累积分布图

2.6.3　参数估计与假设检验

1. 参数估计

依据样本数据 x,进行样本总体分布参数的估计有两种处理办法:①取容量充分大的样本($n>50$),按中心极限定理,它近似地服从正态分布;②使用 MATLAB 工具箱中进行某种理论分布的参数估计,参数估计函数及说明如表 2－26 所示。

表 2－26　参数估计函数及说明

估计总体	函数	参数说明
正态分布	$[\mu,\sigma,\mu_c,\sigma_c]$ = normfit(x,α)	在显著性水平 α 下估计数据 x 的参数(α 的默认值为 0.05),返回值 μ 是 x 均值的点估计,σ 是标准差的点估计,μ_c 是均值的区间估计,σ_c是标准差的区间估计
指数分布	$[\mu,\mu_c]$ = expfit(x,α)	在显著性水平 α 下,求指数分布的数据 x 的均值的点 μ 估计及其区间 μ_c估计

续表

估计总体	函数	参数说明
泊松分布	$[\lambda,\lambda_c]$ = poissfit(x,α)	在显著性水平α下,求泊松分布的数据x的参数的点λ估计及其区间λ_c估计
威布尔分布	$[p,p_c]$ = weibfit(x,α)	在显著性水平α下,求威布尔分布的数据x的参数的点p估计及其区间p_c估计

2. 假设检验

在样本总体服从正态分布的情况下,可用以下函数进行假设检验。

(1)z 检验

总体方差σ^2已知时,总体均值的检验使用z检验,z检验函数为

$$[h,sig,ci] = \text{ztest}(x,m,\sigma,\alpha,tail)$$

ztest 函数检验数据x的关于均值的某一假设是否成立,其中σ为已知方差,α为显著性水平,tail值决定进行什么样的假设检验:①tail = 0,检验假设"x的均值等于m";②tail = 1,检验假设"x的均值大于m";③tail = −1,检验假设"x的均值小于m"。tail的默认值为0,α的默认值为0.05。返回值h为布尔值,h = 1表示可以拒绝假设,h = 0表示不可以拒绝假设,sig为假设成立的概率,ci为均值的1 − α置信区间。

【例2 −90】 MATLAB统计工具箱中的数据文件gas.mat中提供了美国1993年1月和2月的汽油平均价格(price1,price2分别是1、2月份的油价,单位为美分),它是容量为20的双样本。假设1月油价的标准差是1加仑4分币(σ = 4),试检验1月油价的均值是否等于115。

```
m = 115 ;                                  % 假设 m = 115
load gas                                   % 取出数据 price1,price2
[h,sig,ci] = ztest(price1,115,4)           %  z 检验
[h,stats] = cdfplot(x)                     % 样本的累积分布,h 为曲线句柄,stats 为样本的特征
h = 0,sig = 0.8668,ci = [113.3970    116.9030]   % 返回值
```

检验结果:①布尔变量h = 0,表示不拒绝零假设,说明提出的假设均值115是合理的;②sig = 0.8668,远超过0.5,不能拒绝零假设;③ 95%的置信区间为[113.4,116.9],它完全包括115,且精度很高。

(2)t 检验

总体方差σ^2未知时,总体均值的检验使用t检验。

$$[h,sig,ci] = \text{ttest}(x,m,\alpha,tail)$$

ttest 函数检验数据x的关于均值的某一假设是否成立,其中α为显著性水平,tail值决定进行什么样的假设检验:①tail = 0,检验假设"x的均值等于m";②tail = 1,检验假设"x的均值大于m";③tail = −1,检验假设"x的均值小于m"。tail的默认值为0,α的默认值为0.05。返回值h为布尔值,h = 1表示可以拒绝假设,h = 0表示不可以拒绝假设,sig为假设成立的概率,ci为均值的1 − α置信区间。

【例2 −91】 检验【例2 −90】中2月份油价Price2的均值是否等于115。

解　假设m = 115,price2为2月份的油价,不知其方差,故用以下函数检验。

[h,sig,ci] = ttest(price2,115)

返回 h = 1,sig = 4.9517e - 004,ci = [116.8 120.2]。检验结果:①布尔变量 h = 1,表示拒绝零假设,说明提出的假设油价均值 115 是不合理的;② 95% 的置信区间为[116.8,120.2],它不包括 115,故不能接受假设;③ sig 值为 4.9517e - 004,远小于 0.5,不能接受零假设。

(3) t 检验 2

对于两总体均值的假设检验,可使用 t 检验 2。

[h,sig,ci] = ttest2(x,y,α,tail)

ttest2 函数检验数据 x、y 的关于均值的某一假设是否成立,其中 α 为显著性水平,tail 值决定进行什么样的假设检验:①tail = 0,检验假设"x 的均值等于 y 的均值";②tail = 1,检验假设"x 的均值大于 y 的均值";③tail = -1,检验假设"x 的均值小于 y 的均值"。tail 的默认值为 0,α 的默认值为 0.05。返回值 h 为布尔值:$h = 1$ 表示可以拒绝假设,$h = 0$ 表示不可以拒绝假设。sig 为假设成立的概率,ci 为与 x 与 y 均值差的 1 - α 置信区间。

【例 2-92】 检验【例 2-90】中 1 月份油价 Price1 与 2 月份的油价 Price2 均值是否相同。

解:检验函数[h, sig, ci] = ttest2 (price1, price2)。返回:h = 1, sig = 0.0083, ci = [-5.8, -0.9]。检验结果:①布尔变量 $h = 1$,表示拒绝零假设,说明提出的假设"油价均值相同"是不合理的;② 95% 的置信区间为[-5.8, -0.9],说明 1 月份油价比 2 月份油价低 1 美分至 6 美分;③ sig 值为 0.0083,远小于 0.5,不能接受"油价均值相同"的假设。

(4) 非参数检验:总体分布的检验

MATLAB 工具箱提供了两个对总体分布进行检验的函数。

① h = normplot(x)。normplot 函数显示数据 x 的正态概率图。如果数据来自正态分布,则图形显示出直线性形态,而其他概率分布函数显示出曲线形态。

② h = weibplot(x)。weibplot 函数显示数据 x 的 Weibull 概率图。如果数据来自 Weibull 分布,则图形将显示出直线性形态,而其他概率分布函数将显示出曲线形态。

【例 2-93】 一道工序用自动化车床连续加工某种零件,由于刀具损坏等原因会造成故障。故障是完全随机的,并假定生产任意一个零件时出现故障的机会均相同。工作人员可通过检查零件来确定工序是否出现故障,现积累了 100 次故障纪录,故障出现时该刀具完成的零件数如下:

459	362	624	542	509	584	433	748	815	505	612	452	434	982	640	742
565	706	593	680	926	653	164	487	734	608	428	1153	593	844	527	552
513	781	474	388	824	538	862	659	775	859	755	49	697	515	628	954
771	609	402	960	885	610	292	837	473	677	358	638	699	634	555	570
84	416	606	1062	484	120	447	654	564	339	280	246	687	539	790	581
621	724	531	512	577	496	468	499	544	645	764	558	378	765	666	763
217	715	310	851												

试观察该刀具出现故障时完成的零件数属于哪种分布。

解:①数据输入;②制作频数直方图——hist(x,10);③分布的正态性检验——normplot(x);④参数估计:[muhat, sigmahat, muci, sigmaci] = normfit(x),估计出该刀具的均值

第2章

muhat = 594，方差 sigmahat = 204，均值的 0.95 置信区间 muci = [553.4962,634.5038]，方差的 0.95 置信区间 sigmaci = [179.2276,237.1329]；⑤假设检验：已知刀具的寿命服从正态分布，现在方差未知的情况下，检验其均值 m 是否等于 594。计算 [h,sig,ci] = ttest(x,594)，结果：$h=0$，sig = 1，ci = [553.4962,634.5038]。布尔变量 $h=0$，表示不拒绝零假设，说明提出的假设寿命均值 594 是合理的。sig = 1，远超过 0.5，不能拒绝零假设。95% 的置信区间为[553.5,634.5]，它完全包括 594，且精度很高。

复习思考题

1. 讨论对 MATLAB 的认识(特点、功能、工具环境、数据类型、语句结构)。
2. 讨论对 MATLAB 科学计算的认识(矩阵计算、多项式、线性方程组)。
3. 讨论对 m 文件及编程的认识(命令及语句、流程控制、脚本及函数)。
4. 讨论 MATLAB 对绘图的支持(二维绘图、三维绘图)。
5. 讨论对 MATLAB 符号处理的认识(符号及表达式的操作、符号微积分处理)。
6. 讨论 MATLAB 对数据输入/输出的支持(数据文件及数据库的输入/输出)。
7. 讨论 MATLAB 对数理统计的支持(概率分布函数、样本统计量、参数估计与检验)。

第3章

规划论及MATLAB计算

规划论是运筹学的一个分支,研究对现有资源进行统一分配、合理安排、合理调度和最优设计的方法,以取得最好的经济效益。规划论包括线性规划、非线性规划、整数规划、动态规划、组合规划、多目标规划等,在经济管理、工程设计和过程控制等方面有广泛应用。

3.1 线性规划

3.1.1 线性规划模型

1. 引例

【例3-1】某工厂在计划期内要安排甲、乙两种产品的生产,已知生产单位产品所需的资源A、B、C的消耗以及资源的计划期供给量,如表3-1所示。

表3-1 某工厂生产的环境参数

项　　目	甲　产　品	乙　产　品	资源的计划期供给量
资源A	2	3	180
资源B	3	2	210
资源C	1	5	250
单位产品获利	60	60	

问题:工厂应分别生产多少单位甲、乙产品才能获利最多?

解:设甲、乙产品的产量分别为 x_1、x_2,工厂获利为 z,则问题的解决方案可表示为 $x=(x_1,x_2)$,不同的取值可表示不同的方案。本例中问题解决方案追求的目标是工厂获利最多,所以评价方案的优劣程度就要看方案带来的利润多少。找出方案 x 与获利 z 的关系,以及追求的方向max,即问题的目标函数为 $\max z=60x_1+80x_2$。

从目标函数可以看出,方案 x 值越大,对应的目标利润值 z 越好。但由于方案 x 消耗的资源受到资源供给的限制,x 不可能无限大。找出方案 x 与消耗资源的关系,即可表达出方案 x 受到的资源条件的制约。即问题的约束条件为

$$资源A=2x_1+3x_2\leqslant 180,资源B=3x_1+2x_2\leqslant 210,资源C=x_1+5x_2\leqslant 250$$

根据方案 x 的含义,不可能为负数。综上所述,描述本例问题分析的数学模型为

目标函数　　$\max z=60x_1+60x_2$

约束条件　　s. t.　$2x_1+3x_2\leqslant 180$

$$3x_1+2x_2\leqslant 210 \quad (3-1)$$
$$x_1+5x_2\leqslant 250$$
$$x_1,x_2\geqslant 0$$

为解决此生产规划问题而建立的模型呈现的关系都是线性的，所以该模型被称为线性规划模型。从此例可看出建立数学模型的基本过程：①搞清要解决的问题目标和条件；②设置决策变量 x 来描述解决问题的方案；③给出目标函数 $z(x)$，确定目标函数的优化方向，即优化是对目标函数取最大值还是最小值；④描述约束条件和非负约束。

2. 线性规划模型的一般形式

由【例 3－1】可以引出有 n 个决策变量、m 个约束条件的线性规划模型的一般形式：

目标函数 $\max(\min)z=c_1x_1+c_2x_2+\cdots+c_nx_n$

约束条件
$$\text{s.t.}\ \begin{cases} a_{11}x_1+a_{12}x_2+\cdots+a_{1n}x_n\leqslant(=,\geqslant)b_1\\ a_{21}x_1+a_{22}x_2+\cdots+a_{2n}x_n\leqslant(=,\geqslant)b_2\\ \cdots\cdots\\ a_{m1}x_1+a_{m2}x_2+\cdots+a_{mn}x_n\leqslant(=,\geqslant)b_m\\ x_1,x_2,\cdots,x_n\geqslant 0\end{cases} \quad (3-2)$$

令 $\boldsymbol{x}=(x_1,x_2,\cdots,x_n)^{\tau}$ 为 n 个决策变量列向量；$\boldsymbol{c}=(c_1,c_2,\cdots,c_n)$ 为目标函数的系数行向量，也称价值系数向量；$\boldsymbol{b}=(b_1,b_2,\cdots,b_m)^{\tau}$ 为资源约束列向量；$\boldsymbol{A}=\begin{bmatrix}a_{11} & a_{12} & \cdots & a_{1n}\\ a_{21} & a_{22} & \cdots & a_{2n}\\ \cdots & \cdots & \cdots & \cdots\\ a_{m1} & a_{m2} & \cdots & a_{mn}\end{bmatrix}$ 为单位产品的资源消耗系数矩阵，描述了决策变量与资源量之间的技术参数。则线性规划一般数学模型的矩阵形式如下。

目标函数 $\max(\text{或}\ \min)z=\boldsymbol{cx}$

约束条件
$$\text{s.t.}\quad \boldsymbol{Ax}\leqslant(=,\geqslant)\boldsymbol{b} \quad (3-3)$$
$$\boldsymbol{x}\geqslant 0$$

3. 线性规划模型的标准形式

根据具体的问题，线性规划模型的目标函数可能是求最大的，也可能是求最小的；约束条件的关系可能是小于等于，也可能是大于等于，或者是等于的关系。为了得到一个确定的求解模型的方法步骤，以便编程计算，特设定线性规划的标准形式如下。

目标函数 $\min z=\boldsymbol{cx}$ 目标函数最小化

约束条件 $\boldsymbol{Ax}=\boldsymbol{b}$ 约束条件为等式，并且 $b\geqslant 0$ (3－4)

$\boldsymbol{x}\geqslant 0$ 决策变量非负

根据问题构建的一般线性规划模型向标准形式的转化是非常容易的。求最大的目标函数加上一个负号就变成了求最小的目标函数；不等式约束加上一个非负的松弛变量（或减去一个非负的剩余变量）就变成了等式约束；当约束常量 b 为负值时，将等式约束方程两端乘 -1 即可；变量无非负限制时，可用两个非负变量之差来替代。

4. 线性规划模型的图解法

线性规划模型的求解已有成熟的算法和计算机软件（见下一节内容），在此用图解法对

【例 3－1】模型求解，以引进线性规划的术语和理论。首先，画出三个约束条件的边界线，即三个约束条件取等式的直线。如图 3－1 所示，决策变量满足不等式一侧与非负一侧形成的区域称为模型的可行域，可行域中的任何一点都满足约束条件，称为可行解（可行方案）。

可行域中有无穷多可行解，为了找到使目标函数达到最大的解，令目标函数 $z=1500$，由 $1500=60x_1+60x_2$ 可得到在可行域中的等值线，等值线上的点构成了等价方案集。同理，可得到 $z=3000$ 的等值线。可见随着目标函数等值线向上移动，目标函数值越来越大，直到达到可行域的边界，这时目标函数等值线与可行域相交的点（解）集合称为最优解（方案）集合，目标函数值称为最优值，见图 3－2。本示例最优解集中只有一个点（方案），该点是可行域边界线①与②的交点，求解①与②方程组得到 $x=(54,24)$。

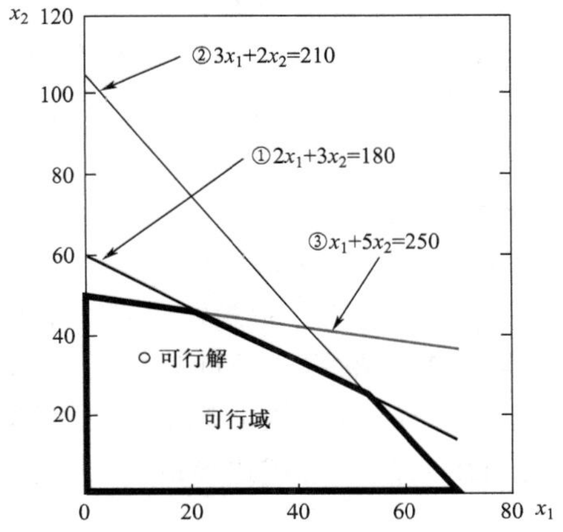

图 3－1　【例 3－1】中模型的可行域

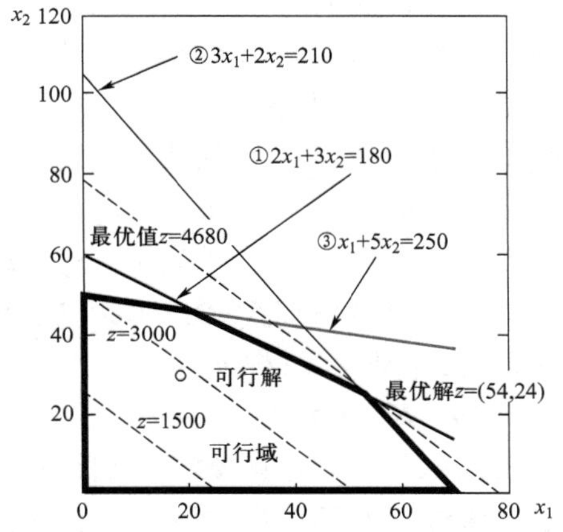

图 3－2　【例 3－1】的图解展示

5. 线性规划问题解的概念

通过以上的图解展示可知，由于线性规划模型的线性关系，可行域的边界是线性的，可行域一定是凸集（凸集中任意两点之间连线上的点必定在这个集合中，见图 3－3），凸集边界线的交点称为顶点（极点）；目标函数的等值线是线性的，目标函数最优值的等值线必定与可行域的边界相交，相交部分至少包含一个可行域的顶点。所以，如果线性规划的最优解存在，必定在某一个顶点（极点）达到。

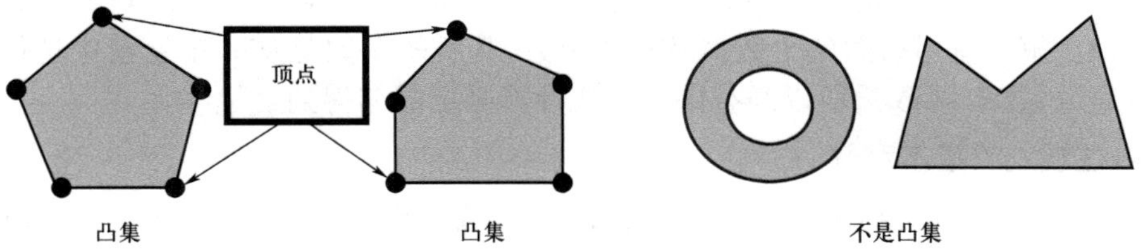

图 3－3　凸集的图示

线性规划问题解的情况有以下 4 种：①唯一解：目标函数等值线与约束边界只有一个交点，如【例 3－1】解的情况；②无穷多最优解：目标函数等值线与约束边界平行，如果【例 3－1】中目标函数改为 $z=50x_1+75x_2$，则目标函数等值线的斜率与第 1 个约束边界直线的斜率相等，目标函数最优值等值线必定与第 1 个约束边界线相交，相交的线段包含无穷多最优解；③无界解：当可行域不封闭时就会出现无界解，这种情况只是理论上的可能情况，而实践如果真的出现则说明建模时约束条件考虑不全;④无可行解:可行域为空集。当约束条件比较苛刻时,会出现这种情况,要想解决问题,只能放松条件要求。

图解法适合解决简单的问题,复杂一些的模型用单纯形法求解,其实质是一种代数方法。代数方法的几何意义如下:满足一个等式约束的解形成约束直线(或平面),满足一个不等式约束的解形成约束半平面(或半空间),满足一组不等式约束的解形成约束半平面(半空间)的交集:凸多边形(或凸多面体),可行域边界线的交点称为基解,基解如果可行(即在可行域中)则被称为基可行解,基可行解一定是可行域的顶点(极点),目标函数值等于一组常数的解对应目标函数的一组平行等值线(或面)。

6. 线性规划的代数解*

对于线性规划的标准形模型,一般约束条件的个数 m 小于变量的个数 $n, k=n-m$。为了进行代数求解,将决策向量 $\boldsymbol{x}$ 分为 $\boldsymbol{x}_B$ 和 $\boldsymbol{x}_N$ 两部分,$\boldsymbol{x}_B$ 有 m 个变量,$\boldsymbol{x}_N$ 有 k 个变量。同样地将 $\boldsymbol{C}$ 和 $\boldsymbol{A}$ 分成与 $\boldsymbol{x}_B$ 和 $\boldsymbol{x}_N$ 对应的两部分。即 $\boldsymbol{x}^{\mathrm{T}}=[\boldsymbol{x}_B{}^{\mathrm{T}},\boldsymbol{x}_N{}^{\mathrm{T}}]$,$\boldsymbol{c}=[\boldsymbol{c}_B,\ \boldsymbol{c}_N]$,$\boldsymbol{A}=\boldsymbol{A}_{\mathrm{mn}}=[\boldsymbol{B}_{\mathrm{mm}},\boldsymbol{N}_{\mathrm{mk}}]=[\boldsymbol{B},\boldsymbol{N}]$,则线性规划模型变形为

$$\begin{aligned}&\text{目标函数} \quad \min z=[\boldsymbol{c}_B,\boldsymbol{c}_N][\boldsymbol{x}_B{}^{\mathrm{T}},\boldsymbol{x}_N{}^{\mathrm{T}}]^{\mathrm{T}}=\boldsymbol{c}_B\boldsymbol{x}_B+\boldsymbol{c}_N\boldsymbol{x}_N\\&\text{约束条件} \quad [\boldsymbol{B},\boldsymbol{N}][\boldsymbol{x}_B{}^{\mathrm{T}},\boldsymbol{x}_N{}^{\mathrm{T}}]^{\mathrm{T}}=\boldsymbol{b},\boldsymbol{x}\geqslant\boldsymbol{0}\ \text{即}\ \boldsymbol{B}\boldsymbol{x}_B+\boldsymbol{N}\boldsymbol{x}_N=\boldsymbol{b},\boldsymbol{x}\geqslant\boldsymbol{0}\end{aligned} \tag{3-5}$$

当方阵 $\boldsymbol{B}$ 的行列式 $|\boldsymbol{B}|\neq 0$ 时,称 $\boldsymbol{B}$ 为一个基矩阵(简称基),$\boldsymbol{N}$ 为非基矩阵;称 $\boldsymbol{x}_B$ 为基变量,$\boldsymbol{x}_N$ 为非基变量;称 $\boldsymbol{c}_B$ 为基变量系数,$\boldsymbol{c}_N$ 为非基变量系数。由约束条件方程组可求得 $\boldsymbol{x}_B=\boldsymbol{B}^{-1}\boldsymbol{b}-\boldsymbol{B}^{-1}\boldsymbol{N}\boldsymbol{x}_N$,令 $\boldsymbol{x}_N=\boldsymbol{0}$,则可求得基变量的解 $\boldsymbol{x}_B=\boldsymbol{B}^{-1}\boldsymbol{b}$,得到线性规划的一个基解 $\boldsymbol{x}^{\mathrm{T}}=[\boldsymbol{x}_B{}^{\mathrm{T}}\ \boldsymbol{x}_N{}^{\mathrm{T}}]$。当基解 $\boldsymbol{x}\geqslant\boldsymbol{0}$,则称其为基可行解,基可行解对应可行域边界的一个交点或顶点。将 $\boldsymbol{x}_B=\boldsymbol{B}^{-1}\boldsymbol{b}-\boldsymbol{B}^{-1}\boldsymbol{N}\boldsymbol{x}_N$ 代入上述模型,可得

$$\begin{aligned}&\text{目标函数} \quad \min z=\boldsymbol{c}_B(\boldsymbol{B}^{-1}\boldsymbol{b}-\boldsymbol{B}^{-1}\boldsymbol{N}\boldsymbol{x}_N)+\boldsymbol{c}_N\boldsymbol{x}_N\\&\qquad\qquad\qquad =\boldsymbol{c}_B\boldsymbol{B}^{-1}\boldsymbol{b}+(\boldsymbol{c}_N-\boldsymbol{c}_B\boldsymbol{B}^{-1}\boldsymbol{N})\boldsymbol{x}_N\\&\text{约束条件} \quad \text{s.t.}\quad \boldsymbol{x}_B+\boldsymbol{B}^{-1}\boldsymbol{N}\boldsymbol{x}_N=\boldsymbol{B}^{-1}\boldsymbol{b},\boldsymbol{x}\geqslant 0\\&\qquad\qquad\qquad (\boldsymbol{x}_B=\boldsymbol{B}^{-1}\boldsymbol{b}-\boldsymbol{B}^{-1}\boldsymbol{N}\boldsymbol{x}_N\geqslant 0)\end{aligned} \tag{3-6}$$

当模型(3-6)目标函数中非基变量 x_N 的系数 $\boldsymbol{\sigma}=(\boldsymbol{c}_N-\boldsymbol{c}_B\boldsymbol{B}^{-1}\boldsymbol{N})\leqslant(\geqslant)0$ 时,可得到最优解。否则,由当前的基可行解变换到另一个更好的基可行解(如,增加某非基变量 x_i 的值将改善目标函数值。为保证基变量非负,x_i 增加的最大值就是随其增加使基变量变小过程中最小值的基变量 $x_j=0$,此时变换 x_j 为非基变量、x_i 为基变量,对应的基矩阵 $\boldsymbol{B}$ 随之调整),直到找到最优解。基可行解的个数≤基解的个数,基解的个数是从 n 个变量中选取 m 个变量的所有组合数(有限数),所以经有限次迭代计算必定能够得到最优解。

7. 线性规划的基本定理

总结上述内容,可得到线性规划的基本定理:①线性规划问题的所有可行解构成的集合(可行域)为凸集 $\boldsymbol{R}=\{\boldsymbol{x}|\boldsymbol{A}\boldsymbol{x}\leqslant\boldsymbol{b},\boldsymbol{x}\geqslant 0\}$(包括无界域),它有有限个顶点;②线性规划问题的每个基可行解对应可行域凸集 $\boldsymbol{R}$ 的一个顶点;③若线性规划问题有最优解,则必定在某顶点处得到;④线性规划通过求基可行解的代数方法(如单纯形法),能在可行域的顶点集合中进行有限次的迭代计算而获得最优解(点)。

线性规划的内容还包括灵敏度分析和对偶理论(扫描二维码查看相关内容)。

8. 线性规划可解决的问题及模型扩展

线性规划可以解决许多实际问题,如人力资源分配问题、生产计划问题、套裁下料问题、

配料问题、投资问题、运输问题等(扫描二维码查看相关问题 1)。当实际问题要求决策变量只能取整数时,称为整数规划;当决策变量只能取 0 或 1 时,称为 0 - 1 整数规划;当部分决策变量取整数时,称为混合规划。

3.1.2　MATLAB 的线性规划求解计算

MATLAB 软件提供了求解线性规划和整数线性规划的函数。

(1)一般的线性规划模型函数

MATLAB 软件是针对以下线性规划模型的形式进行求解计算的。

$$
\begin{aligned}
&\min\ z = \boldsymbol{cx} \\
&\text{s. t.}\quad \boldsymbol{Ax} \leqslant \boldsymbol{b} \\
&\qquad \boldsymbol{A}^{(\mathrm{eq})}\boldsymbol{x} = \boldsymbol{b}^{(\mathrm{eq})} \\
&\qquad \boldsymbol{vlb} \leqslant \boldsymbol{x} \leqslant \boldsymbol{vub}
\end{aligned} \tag{3-7}
$$

式中,$\boldsymbol{x} = (x_1, x_2, \cdots, x_n)^{\mathrm{T}}$,$\boldsymbol{c} = (c_1, c_2, \cdots, c_n)$,$\boldsymbol{b} = (b_1, b_2, \cdots, b_m)^{\mathrm{T}}$,$\boldsymbol{b}^{(\mathrm{eq})} = (b_1^{(\mathrm{eq})}, b_2^{(\mathrm{eq})}, \cdots, b_k^{(\mathrm{eq})})^{\mathrm{T}}$,

$\boldsymbol{A} = \begin{pmatrix} a_{11} & a_{12} & \cdots & a_{1n} \\ a_{21} & a_{22} & \cdots & a_{2n} \\ \vdots & \vdots & \cdots & \vdots \\ a_{m1} & a_{m2} & \cdots & a_{mn} \end{pmatrix}$,$\boldsymbol{A}^{(\mathrm{eq})} = \begin{pmatrix} a_{11}^{(\mathrm{eq})} & \cdots & a_{1n}^{(\mathrm{eq})} \\ \vdots & \ddots & \vdots \\ a_{k1}^{(\mathrm{eq})} & \cdots & a_{kn}^{(\mathrm{eq})} \end{pmatrix}$。其中,决策变量有 n 个;目标函数求最小;约束条件分三部分,第 1 部分是 m 个不等式约束的统一形式,第 2 部分是 k 个等式约束,第 3 部分是决策变量上下界约束。求解线性规划的指令或函数调用语句如下:

```
x = linprog(c,A,b)                                % 只有不等式约束
x = linprog(c,A,b,Aeq,beq)                        % 只有不等式约束和等式约束
x = linprog(c,A,b,Aeq,beq,vlb,vub)                % 增加了上下界约束
x = linprog(c,A,b,Aeq,beq,vlb,vub,x0)             % 增加了计算搜索初始点 x0
x = linprog(c,A,b,Aeq,beq,vlb,vub,x0,options)     % 增加了参数选项 options
```

其中,$x0$ 表示初始点,options 为参数选项,详见 3.2 节。调用函数时注意,输入变量是按位置确定的,模型中缺失的内容可用空矩阵表示。若不存在不等式约束 $\boldsymbol{Ax} \leqslant \boldsymbol{b}$,则令 $\boldsymbol{A} = [\ ]$,$\boldsymbol{b} = [\ ]$;若没有等式约束 $\boldsymbol{A}^{(\mathrm{eq})}\boldsymbol{x} = \boldsymbol{b}^{(\mathrm{eq})}$,则令 $\boldsymbol{A}^{(\mathrm{eq})} = [\ ]$,$\boldsymbol{b}^{(\mathrm{eq})} = [\ ]$;后部没有的参数可以不出现。

(2)线性规划函数输出的扩展

求解线性规划模型的输出扩展函数调用语句如下:

```
[x,fval] = linprog(…)
[x,fval,exitflag] = linprog(…)
[x,fval,exitflag,output] = linprog(…)
[x,fval,exitflag,output,lambda] = linprog(…)
```

返回最优解 x 及 x 处的目标函数值 fval。其他输出项的含义见表 3 - 7。

(3)0 - 1 整数线性规划

$$
\begin{aligned}
&\min\ z = \boldsymbol{cx} \\
&\text{s. t.}\quad x_i \in \{0,1\},\ i = 1 \sim n
\end{aligned}
\quad \text{或} \quad
\begin{aligned}
&\text{s. t.}\quad \boldsymbol{Ax} \leqslant \boldsymbol{b} \\
&\qquad x_i \in \{0,1\},\ i = 1 \sim n
\end{aligned}
\quad \text{或} \quad
\begin{aligned}
&\text{s. t.}\quad \boldsymbol{Ax} \leqslant \boldsymbol{b} \\
&\qquad \boldsymbol{A}^{(\mathrm{eq})}\boldsymbol{x} = \boldsymbol{b}^{(\mathrm{eq})} \\
&\qquad x_i \in \{0,1\},\ i = 1 \sim n
\end{aligned} \tag{3-8}
$$

求解 0－1 整数规划模型的函数调用语句如下：

```
x = bintprog(c)                              % 无约束的 0-1 整数规划
x = bintprog(c,A,b)                          % 仅有不等式约束的 0-1 整数规划
x = bintprog(c,A,b,Aeq,beq)                  % 有不等式和等式约束的 0-1 整数规划
x = bintprog(c,A,b,Aeq,beq,x0)               % 增加了计算搜索初始点 x0
x = bintprog(c,A,b,Aeq,beq,x0,options)       % 增加了参数选项 options
[x,fval] = bintprog(…)
[x,fval,exitflag] = bintprog(…)
[x,fval,exitflag,output] = bintprog(…)
```

除变量 x 元素取值为 0 或 1 外，函数中的各种符号含义与一般的线性规划函数相同。

(4)线性整数规划或混合规划

线性整数规划或混合规划模型的求解函数与一般的线性规划函数的差别是多了一个表示整数约束的参数 intcon，调用语句如下：

```
x = intlinprog(c,intcon,A,b)
x = intlinprog(c,intcon,A,b,Aeq,beq)
x = intlinprog(c,intcon,A,b,Aeq,beq,vlb,vub)
x = intlinprog(c,intcon,A,b,Aeq,beq,vlb,vub,x0)
x = intlinprog(c,intcon,A,b,Aeq,beq,vlb,vub,x0,options)
[x,fval] = intlinprog(…)
[x,fval,exitflag] = intlinprog(…)
[x,fval,exitflag,output] = intlinprog(…)
```

其中，整数约束参数 intcon 为整数变量的下标向量，不是整数变量的下标时不出现。

3.1.3 线性规划应用案例

【例 3－2】 某木材公司经营的木材贮存在仓库中，最大贮存量为 30×10^4 立方米。由于木材价格随季节变化，该公司于每季初购进木材，一部分当季出售，另一部分先贮存后出售。每季度的贮存费为 $a+bu$，其中 $a=90$ 元/立方米，$b=100$ 元/立方米，u 为贮存的季数。由于木材久贮易损，因此当年所有库存木材应于秋末前售完。各季木材单价及销量如表 3－2所示。为获全年最大利润，该公司各季应分别购销多少木材？

表 3－2 各季木材单价及销量

季　节	购进价(元/立方米)	售出价(元/立方米)	最大销量($\times10^4$ 立方米)
冬	6200	6420	15
春	6500	6660	21
夏	6960	7040	30
秋	6800	6880	24

解：设第 i 季购买第 j 季销售的木材量为 $x_{ij}\times10^4$ 立方米，则第 i 季购买第 j 季销售单位木材量的利润(元/立方米)见表 3－3。

表 3-3　各季购销木材单位利润　　(单位:元/立方米)

季　节	冬	春	夏	秋
冬	220	460-190=270	840-290=550	680-390=290
春	—	160	540-190=350	380-290=90
夏	—	—	80	-80-190=-270
秋	—	—	—	80
最大销量($\times 10^4$ 立方米)	15	21	30	24
最大贮存量($\times 10^4$ 立方米)	30	30	30	30

则问题求解的数学模型如下：

$$\max z = 220x_{11} + 270x_{12} + 550x_{13} + 290x_{14} + 160x_{22} + 350x_{23} + 90x_{24} + 80x_{33} - 270x_{34} + 80x_{44} \tag{3-9}$$

$$\text{s. t.}\begin{cases} x_{12} + x_{13} + x_{14} \leqslant 30 \\ x_{13} + x_{14} + x_{23} + x_{24} \leqslant 30 \\ x_{14} + x_{24} + x_{34} \leqslant 30 \\ x_{11} = 15 \\ x_{12} + x_{22} = 21 \\ x_{13} + x_{23} + x_{33} = 30 \\ x_{14} + x_{24} + x_{34} + x_{44} = 24 \\ x_{ij} \geqslant 0, i = 1\sim 4, j = 1\sim 4 \end{cases}$$

令 $\boldsymbol{x} = (x_{11}, x_{12}, x_{13}, x_{14}, x_{22}, x_{23}, x_{24}, x_{33}, x_{34}, x_{44})$，编写求解的 m 文件 LinProg1. m 如下：

```
% LinProg1. m
c = [220 270 550 290 160 350 90 80 -270 80];
A = [0 1 1 1 0 0 0 0 0 0; 0 0 1 1 0 1 1 0 0 0; 0 0 0 1 0 0 1 0 1 0];
b = [30; 30; 30];
Aeq = [1 0 0 0 0 0 0 0 0 0; 0 1 0 0 1 0 0 0 0 0; 0 0 1 0 0 1 0 1 0 0; 0 0 0 1 0 0 1 0 1 1];
beq = [15; 21; 30; 24];    vlb = [0;0;0;0;0;0;0;0;0;0];    vub = [];
[x,fval] = linprog( -c,A,b,Aeq,beq,vlb,vub);   ['x = ',int2str(x'),'    fval = ',num2str( -fval)]
```

优化结果如下：

```
x = 15   0   30   0   21   0   0   0   0   24    fval = 25080
```

最优方案：冬季购 45×10^4 立方米，当季销 15×10^4 立方米，夏季销 30×10^4 立方米；春季购销 21×10^4 立方米；秋季购销 24×10^4 立方米。

【例 3-3】 某企业在 A1 地有一个工厂，其产品生产能力为 30 千箱，为了扩大生产，计划在 A2、A3、A4、A5 地中选择几个地方建厂。已知在 A2、A3、A4、A5 地建厂的固定成本分别为 1800 万元、3000 万元、3800 万元、5000 万元。另外，A2、A3、A4、A5 建成后各地产量、销地 B1、B2、B3 三地需求量及单位运价如表 3-4 所示。

表 3-4 各地产量、销地及单位运价表

产地	运价(元)			产量(千箱)
	销地 B1	销地 B2	销地 B3	
A1	80	40	30	270
A2	50	20	30	90
A3	40	30	40	180
A4	90	70	50	270
A5	90	40	20	360
销量	300	200	200	

要在满足销量的前提下,使得其总的固定成本和总的运输费用之和最小,应该在哪几个地方建厂?

解:设 x_{ij} 为从 A_i 运往 B_j 的运输量(单位:千箱),$y_k \in \{0,1\}$,当 A_k 被选中建厂时 $y_k=1$;当 A_k 没被选中时 $y_k=0$,$k=2,3,4,5$。

问题可以表示成整数规划模型:

$$
\begin{aligned}
\min z = {} & 80x_{11}+40x_{12}+30x_{13}+50x_{21}+20x_{22}+30x_{23}+40x_{31}+30x_{32}+40x_{33}+90x_{41} \\
& +70x_{42}+50x_{43}+90x_{51}+40x_{52}+20x_{53}+18000y_2+30000y_3+38000y_4+50000y_5 \\
\text{s. t.} \quad & x_{11}+x_{12}+x_{13}\leqslant 270 \quad (A_1\text{厂的产量限制}) \\
& x_{21}+x_{22}+x_{23}\leqslant 90y_2 \quad (A_2\text{厂的产量限制}) \\
& x_{31}+x_{32}+x_{33}\leqslant 180y_3 \quad (A_3\text{厂的产量限制}) \\
& x_{41}+x_{42}+x_{43}\leqslant 270y_4 \quad (A_4\text{厂的产量限制}) \\
& x_{51}+x_{52}+x_{53}\leqslant 360y_5 \quad (A_5\text{厂的产量限制}) \\
& x_{11}+x_{21}+x_{31}+x_{41}+x_{51}=300 \quad (B_1\text{销地的限制}) \\
& x_{12}+x_{22}+x_{32}+x_{42}+x_{52}=200 \quad (B_2\text{销地的限制}) \\
& x_{13}+x_{23}+x_{33}+x_{43}+x_{53}=200 \quad (B_3\text{销地的限制}) \\
& x_{ij}\geqslant 0 \text{ 且为整数}, i=1,2,3,4,5;\ j=1,2,3。 \\
& y_k \text{ 为 } 0-1 \text{ 变量}, k=2,3,4,5。
\end{aligned} \tag{3-10}
$$

令 $\boldsymbol{x}=(x_{11},x_{12},x_{13},x_{21},x_{22},x_{23},x_{31},x_{32},x_{33},x_{41},x_{42},x_{43},x_{51},x_{52},x_{53},y_2,y_3,y_4,y_5)$,编写求解的 m 文件 intLinProg1. m 如下:

```
% intLinProg1. m
c = [80 40 30 50 20 30 40 30 40 90 70 50 90 40 20 18000 30000 38000 50000];
A = zeros(5,19);  A(1,1:3) = 1;  A(2,4:6) = 1;  A(3,7:9) = 1;  A(4,10:12) = 1;  A(5,13:15) = 1;
   A(2,16) = -90;  A(3,17) = -180;  A(4,18) = -270;  A(5,19) = -360;  b = [270; 0; 0; 0; 0];
Aeq = zeros(3,19);  Aeq(1,1:3:15) = 1;  Aeq(2,2:3:15) = 1;  Aeq(3,3:3:15) = 1;
beq = [300; 200; 200];                intcon = [1; 19];
vlb = zeros(19,1);  xub = 500 * ones(15,1);  vub = [ xub;1;1;1;1];
[x,fval] = intlinprog(c,intcon,A,b,Aeq,beq,vlb,vub);  ['x = ',int2str(x'),'  fval = ',num2str(fval)]
```

优化结果如下:

```
x = 210  40  0  90  0  0  0  0  0  0  0  0  0  160  200  1  0  0  1  fval = 101300
```

3.2 最优化问题与MATLAB优化工具箱

3.2.1 最优化问题描述

最优化是从整体出发,实现系统最优运行的根本保证,是处理问题的关键环节。在系统最优化的过程中,以定性分析为指导,把系统目标、约束条件以数学形式进行描述,建立数学模型并求解的方法叫最优化方法,应用最优化方法所建立的模型叫最优化模型。

线性规划模型是最优化问题的一种简单的情况描述,当目标函数或约束条件中存在非线性关系时,就是非线性规划模型。最优化问题的一般提法是选择一组参数(变量),在满足一系列有关限制条件(约束)的前提下,使设计指标(目标)达到最优值。因此,最优化问题通常可以表示为数学规划形式的问题。

$$\begin{cases}\text{opt.} & f(\boldsymbol{x};\boldsymbol{\xi};\boldsymbol{c})\\ \text{s. t.} & \boldsymbol{g}(\boldsymbol{x};\boldsymbol{\xi};\boldsymbol{d})\leqslant(\text{或}=,\text{或}\geqslant)0\end{cases}$$

其中,f 是实值目标函数;$\boldsymbol{g}$ 为一系列约束函数;opt. 表示对函数优化,一般取最大(max)或最小(min);s. t. 是 subject to 的缩写,表示问题的解要满足后面的等式或不等式组;$\boldsymbol{x}$ 为决策变量;$\boldsymbol{\xi}$ 为随机因素向量;$\boldsymbol{c}$,$\boldsymbol{d}$ 为问题的确定型参数向量。模型表示在限定的约束条件下求目标函数的最优解。

这类模型常记成下列简单形式:

$$\begin{cases}\text{opt.} & f(\boldsymbol{x})\\ \text{s. t.} & \boldsymbol{x}\in\boldsymbol{S}\end{cases}$$

其中,opt. 与 s. t. 的含义同上;$\boldsymbol{x}$ 为决策向量,即 $\boldsymbol{x}=(x_1,x_2,\cdots,x_n)$;$\boldsymbol{S}$ 是约束集合或可行解集合,$\boldsymbol{S}=\{\boldsymbol{x}\mid\boldsymbol{g}(\boldsymbol{x};\ \boldsymbol{\xi};\ \boldsymbol{d})\leqslant(=,\geqslant)0\}$(简称可行集)。

数学规划模型按其函数特征及变量性质可细分为不同的规划模型,常见的有:①线性规划,指各函数均为线性函数,变量均是确定型的问题;②非线性规划,指模型中含有非线性函数,变量均为确定型的问题;③多目标规划,若目标函数是向量值函数,则上两类规划为多个目标函数的问题;④整数规划,指决策变量的取值范围是整数(或离散值)的问题;⑤动态规划,指求解多阶段决策过程的问题;⑥随机规划,当问题存在随机因素时,求解过程有其特殊的要求,此时构成随机规划模型。

3.2.2 MATLAB 优化工具箱介绍

最优化工具箱是用于解决最优化问题的函数集合,对于各种实际的最优化问题,可以选择对应的优化函数。最优化工具箱的查阅方式有两种:①在命令窗口中输入 help optima;②选择 help 菜单 help 项,打开帮助,找到 Optimization Toolbox(最优化工具箱)。最优化工具箱的使用方式也有两种:①直接在命令窗口或程序文件中调用函数;②使用 GUI 优化工具。

1. MATLAB 求解优化问题的主要函数

MATLAB 求解优化问题的主要函数见表 3-5。

表 3-5 MATLAB 求解优化问题的主要函数

类　型	模　型	基本函数
一元函数极小	$\min F(x)$ s. t. $x_{\min} < x < x_{\max}$	fminbnd('F',$x_{\min}$,$x_{\max}$)
无约束极小	$\min \boldsymbol{F}(\boldsymbol{x})$	fminunc('F',x_0) fminsearch('F',x_0)
线性规划	$\min \boldsymbol{cx}$ s. t. $\boldsymbol{A}x \leqslant b$	linprog(c,A,b)
二次规划	$\min \boldsymbol{x}^{\mathrm{T}}\boldsymbol{Hx}/2 + \boldsymbol{cx}$ s. t. $\boldsymbol{Ax} \leqslant \boldsymbol{b}$	quadprog(H,c,A,b)
约束极小 （非线性规划）	$\min F(\boldsymbol{x})$ s. t. $\boldsymbol{C}(\boldsymbol{x}) \leqslant 0$	fmincon('FG',x_0)
目标达到问题	$\min \boldsymbol{r}$ s. t. $\boldsymbol{F}(\boldsymbol{x}) - \boldsymbol{wr} \leqslant \mathbf{goal}$	fgoalattain('F',x,goal,w)
极小极大问题	$\min_{\boldsymbol{x}} \max \{F(\boldsymbol{x})\}$ $\{\boldsymbol{F}_i(\boldsymbol{x})\}$ s. t. $\boldsymbol{C}(\boldsymbol{x}) \leqslant 0$	fminimax('FG',x_0)

2. 优化函数的输入变量

使用优化函数或优化工具箱中其他优化函数时，输入变量见表 3-6。

表 3-6 优化函数输入变量说明

变　量	描　述	调用函数
$\boldsymbol{c}$	线性规划和整数规划的目标函数 $\boldsymbol{cx}$ 或二次规划的目标函数 $\boldsymbol{x}^{\mathrm{T}}\boldsymbol{Hx}+\boldsymbol{cx}$ 中线性项的系数向量	linprog，bintprog，quadprog
fun	非线性优化的目标函数 fun 必须为行命令对象或 m 文件、嵌入函数或 MEX 文件的名称	fminbnd，fminsearch，fminunc，fmincon，lsqcurvefit，lsqnonlin，fgoalattain，fminimax
$\boldsymbol{H}$	二次规划目标函数 $\boldsymbol{x}^{\mathrm{T}}\boldsymbol{Hx}+\boldsymbol{Ax}$ 中二次项的系数矩阵	quadprog
$\boldsymbol{A}$，$\boldsymbol{b}$	$\boldsymbol{A}$ 矩阵和 $\boldsymbol{b}$ 向量分别为线性不等式约束 $\boldsymbol{Ax} \leqslant \boldsymbol{b}$ 中的系数矩阵和右端向量	linprog，quadprog，fgoalattain，fmincon，fminimax
$\boldsymbol{A}^{(\mathrm{eq})}$，$\boldsymbol{b}^{(\mathrm{eq})}$	$\boldsymbol{A}^{(\mathrm{eq})}$ 矩阵和 $\boldsymbol{b}^{(\mathrm{eq})}$ 向量分别为线性等式约束 $\boldsymbol{A}^{(\mathrm{eq})}\boldsymbol{x}=\boldsymbol{b}^{(\mathrm{eq})}$ 中的系数矩阵和右端向量	linprog，quadprog，fgoalattain，fmincon，fminimax
vlb，**vub**	$\boldsymbol{x}$ 的下限和上限向量：$\mathbf{vlb} \leqslant \boldsymbol{x} \leqslant \mathbf{vub}$	linprog，quadprog，fgoalattain，fmincon，fminimax，lsqcurvefit，lsqnonlin
x_0	迭代初始点坐标	除 fminbnd 外的所有优化函数
x_1，x_2	函数最小化的区间	fminbnd
options	优化选项参数结构，定义用于优化函数的参数	所有优化函数

3. 优化函数的输出变量

优化函数的输出变量见表 3-7。

表 3-7 优化函数输出变量说明

变　量	描　述	调用函数
$\boldsymbol{x}$	由优化函数求得的值。若 exitflag > 0，则 $\boldsymbol{x}$ 为解；否则，$\boldsymbol{x}$ 不是最终解，它只是迭代结束时优化过程的值	所有优化函数
fval	解 $\boldsymbol{x}$ 处的目标函数值	所有优化函数

续表

变　量	描　　述	调用函数
exitflag	描述计算结束的状态： ● exitflag >0：表示函数收敛于解 ***x*** 处 ● exitflag =0：已达到函数评价或迭代的最大次数 ● exitflag <0：表示函数不收敛，不同数值表明不同的原因	所有优化函数
output	描述优化输出结果的结构信息： ● Iterations：迭代次数 ● Algorithm：所采用的算法 ● FuncCount：函数评价次数	所有优化函数
lambda	描述 lambda 结构信息： ● lower：下界约束对应的 Lagrange 乘子向量 ● upper：上界约束对应的 Lagrange 乘子向量 ● ineqlin：线性不等式约束对应的 Lagrange 乘子向量 ● eqlin：线性等式约束对应的 Lagrange 乘子向量 ● ineqnonlin：非线性不等式约束对应的 Lagrange 乘子向量 ● eqnonlin：非线性等式约束对应的 Lagrange 乘子向量	linprog，quadprog，fgoalattain，fmincon，fminimax，lsqcurvefit，lsqnonlin

4. 控制参数 options 的设置

options 中常用的几个参数的名称、含义、取值如下。

① Display：显示水平。取值为“off”时，不显示输出；取值为“iter”时，显示每次迭代的信息；取值为“final”时，显示最终结果。默认值为“final”。

② MaxFunEvals：允许进行函数评价的最大次数，取值为正整数。

③ MaxIter：允许进行迭代的最大次数，取值为正整数。

控制参数 options 可以通过函数 optimset 创建或修改。命令的格式如下。

① options = optimset(“optimfun”)：创建一个含有所有参数名，并与优化函数 optimfun 相关的默认值的选项结构 options。

② options = optimset(“param1”，value1，“param2”，value2，…)：创建一个名称为 options 的优化选项参数，其中指定的参数具有指定值，所有未指定的参数取默认值。

③ options = optimset(oldops，“param1”，value1，“param2”，value2，…)：创建名称为 oldops 的参数的副本，用指定的参数值修改 oldops 中相应的参数。

例如：opts = optimset(“Display”，“iter”，“TolFun”，1e－8)创建一个称为 opts 的优化选项结构，其中显示参数设为“iter”，TolFun 参数设为 1e－8。

3.3　MATLAB的非线性最优化问题

3.3.1　用 MATLAB 求解无约束优化问题

1. 一元函数无约束优化问题：　$\min f(x), x_{min} < x < x_{max}$

求解一元函数无约束优化问题的 MATLAB 函数如下：

① x = fminbnd(fun，xmin，xmax)；

② x = fminbnd(fun，xmin，xmax，options)；

③ [x，fval] = fminbnd(…)；

④ [x,fval,exitflag] = fminbnd(…);

⑤ [x,fval,exitflag,output] = fminbnd(…)。

其中,输入输出变量的含义见表3-6和表3-7。函数fminbnd的算法基于黄金分割法和二次插值法,它要求目标函数必须是连续函数,并可能只给出局部最优解。

【例3-4】 求$f=2e^{-x}\sin(x)$在$0<x<8$中的最小值与最大值。

求解程序和计算结果如下(见图3-4):

```
fun = inline('2 * exp( - x). * sin(x)');
fplot(fun,[0,8]);
[xmin,ymin] = fminbnd(fun,0,8);
fun1 = inline(' - 2 * exp( - x). * sin(x)');
[xmax,ymax] = fminbnd(fun1,0,8);
ymax = - ymax;
fprintf('o: [ xmin = %f,ymin = %f]',[xmin,ymin]),
fprintf(' * : [ xmax = %f,ymax = %f]',[ xmax,ymax]),
plot(xmin,ymin,'o',xmax,ymax,'p');
xlabel('x'),ylabel('f')
```

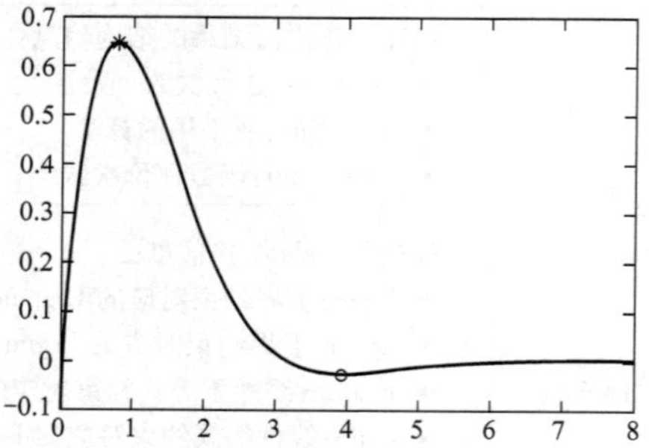

图3-4 $2e^{-x}\sin(x)$ 在$0<x<8$区间的极值

```
o : [ xmin =3.926974,ymin = -0.027864]
* : [ xmax =0.785408,ymax =0.644794]
```

2. 多元函数无约束优化问题:min $f(\boldsymbol{x})$

求解多元函数无约束优化问题的MATLAB函数如下:

① x = fminunc(f,X0) 或 x = fminsearch(f,X0);

② x = fminunc(f,X0,options) 或 x = fminsearch(f,X0,options);

③ [x,fval] = fminunc(…) 或[x,fval] = fminsearch(…);

④ [x,fval,exitflag] = fminunc(…) 或[x,fval,exitflag] = fminsearch;

⑤ [x,fval,exitflag,output] = fminunc(…) 或[x,fval,exitflag,output] = fminsearch(…)。

其中,输入输出变量的含义见表3-6和表3-7。

函数fminsearch是用单纯形法寻优。fminunc的算法设置说明如下:①fminunc为无约束优化提供了大型优化和中型优化算法,由options中的参数LargeScale控制:LargeScale = 'on'(默认)使用大型算法,LargeScale = 'off' 使用中型算法;②fminunc为中型优化算法的搜索提供了4种算法,由options中的参数HessUpdate控制:HessUpdate = 'bfgs'(默认)为拟牛顿法的BFGS公式,HessUpdate = 'dfp' 为拟牛顿法的DFP公式,HessUpdate = 'steepdesc' 为最速下降法;③fminunc为中型优化算法的步长一维搜索提供了两种算法,由options中参数LineSearchType控制:LineSearchType = 'quadcubic'(默认)为混合的二次和三次多项式插值,LineSearchType = 'cubicpoly' 为三次多项式插值。使用fminunc和fminsearch可能会得到局部最优解。

【例3-5】 min $f(\boldsymbol{x})=(3x_1^2+2x_1x_2+x_2^2)\exp(x_1)$,编写函数计算的m文件myfun3_5.m:

```
function f = myfun3_5(x)
f = (3 * x(1)^2 +2 * x(1) * x(2) + x(2)^2) * exp(x(1));                    % Cost function
```

准备初值，调用函数计算：

```
x0 = [1,1];   [x,fval] = fminunc(@myfun3_5,x0)
```

得到的结果如下：

```
x = 1.0e-003 * [ 0.1093    -0.4278]   fval = 1.2534e-007
```

【例 3-6】用 fminsearch 函数求解 $\min f(\boldsymbol{x}) = 100(x_2 - x_1^2)^2 + (1 - x_1)^2$

构建函数，调用函数计算：

```
f = '100*(x(2)-x(1)^2)^2+(1-x(1))^2';   [x,fval,exitflag,output] = fminsearch(f,[-1.2 2])
```

得到运行结果：

```
x = 1.0000    1.0000    fval = 1.9151e-010    exitflag = 1
output =    iterations : 108
            funcCount: 202
            algorithm : 'Nelder-Mead simplex direct search'
```

3.3.2 非线性无约束优化案例分析

1. 存储策略优化

【例 3-7】某批发商为零售商供应某种产品，根据历史资料可设定：①每年的需求量（需求率）为 $d(D)$；②货物采购可随时完成（无限供货率）；③不允许缺货；④单位货物每年的存储费为 c_1；⑤每次的订货费为 c_3；⑥当存储量为 0 时立即得到补充，补充量同时到位。以上参数 D、c_1、c_3都是常量。问：当 $D = 156000$ 盒/年、$c_1 = 6$ 元/（盒年）、$c_3 = 25$ 元/次、$c = 50$ 元/盒时，每次补充量 Q 为多少可使每年的存储总费用 TC 最少？

解：解决本例问题需要完成两个步骤。

（1）构建存储总费用与订购批量之间的函数关系

依据本例的设定，存储量的变化状态如图 3-5 所示。

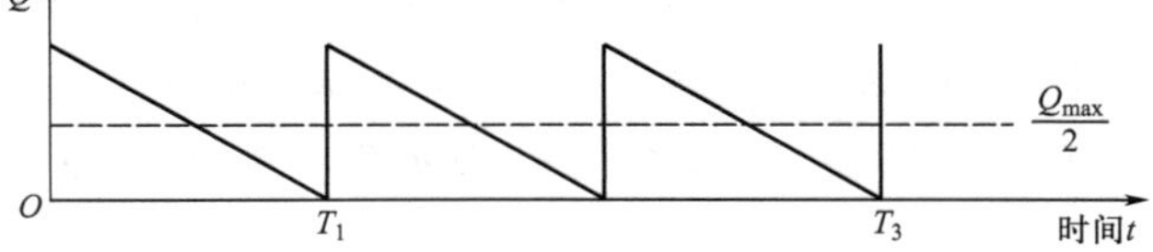

图 3-5　存储量变化状态示意图

年存储总费用 TC = 年存储费用 + 年订货费用 = 平均年存储量 × c_1 + 订货费 × c_3，得到

$$\mathrm{TC}(Q) = c_1\frac{Q}{2} + c_3\frac{D}{Q} \tag{3-11}$$

（2）优化计算

编程 EMMexample_3_7（扫描二维码查看程序 1），计算得到 $Q_{opt} = 1140$，TC = 6841。变化参数 c_1、c_3、D 得到图 3-6 至图 3-8 所示的结果，可见 c_1 越大，

最优 Q 值越小；c_3 越大，最优 Q 值越大；D 越大，最优 Q 值越大。

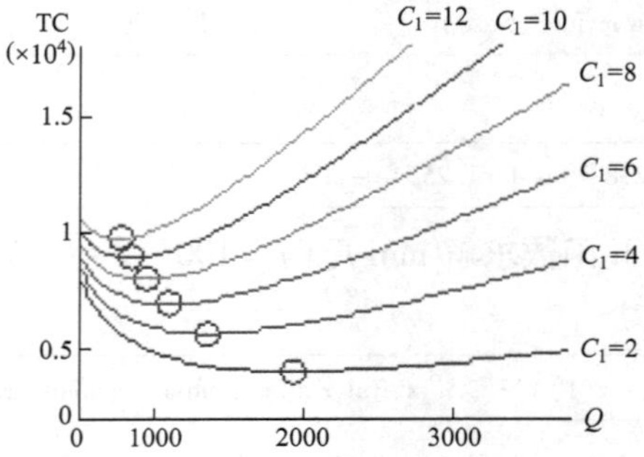

图 3-6　不同 c_1 的 TC-Q 变化曲线

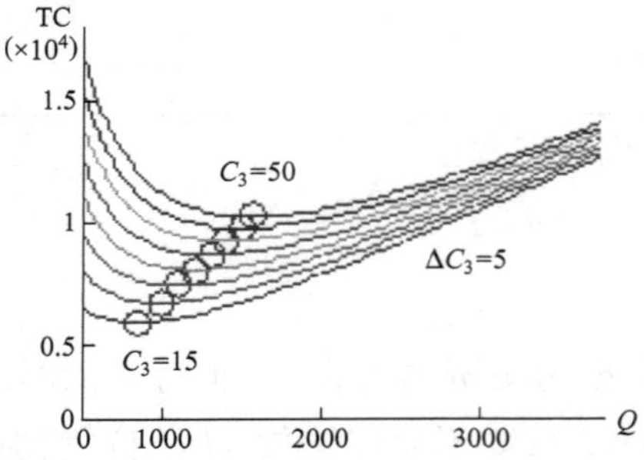

图 3-7　不同 c_3 的 TC-Q 变化曲线

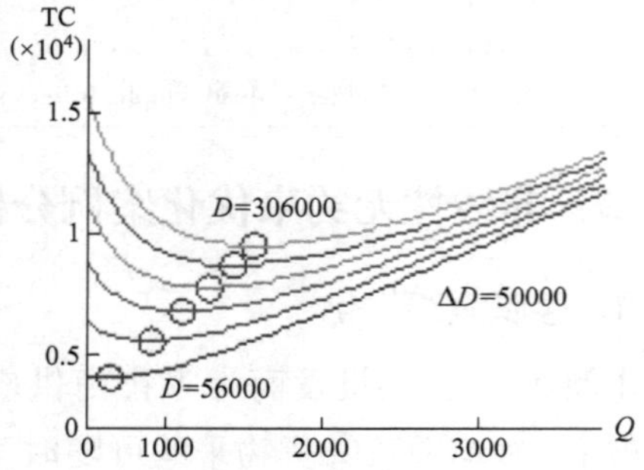

图 3-8　不同 D 的 TC-Q 变化曲线

【例 3-8】在【例 3-7】的基础上，考虑价格有折扣的情况，即单位货物的单价 c 可变，购买量越大价格越低。由于价格有折扣，需要考虑购买货物的成本，采购批量与总费用的关系为

$$\mathrm{TC}(Q)=c_1\frac{Q}{2}+c_3\frac{D}{Q}+c(Q)D \tag{3-12}$$

式中，c 是 Q 的分段函数，甚至 c_1 与 c 成正比，所以 TC 是 Q 的分段函数。

设 $c_1=c\cdot 0.2$，$c_3=200$，$D=300$。当 $Q<50$ 时，$c=500$；当 $50\leqslant Q<100$ 时，$c=480$；当 $100\leqslant Q$ 时，$c=470$。编程 EMMexample_3_8（扫描二维码查看程序 2），计算得到 $Q_{\mathrm{opt}}=50$，$\mathrm{TC}=147600$。变化参数 c_3、D 得到图 3-9、图 3-10 所示的结果。

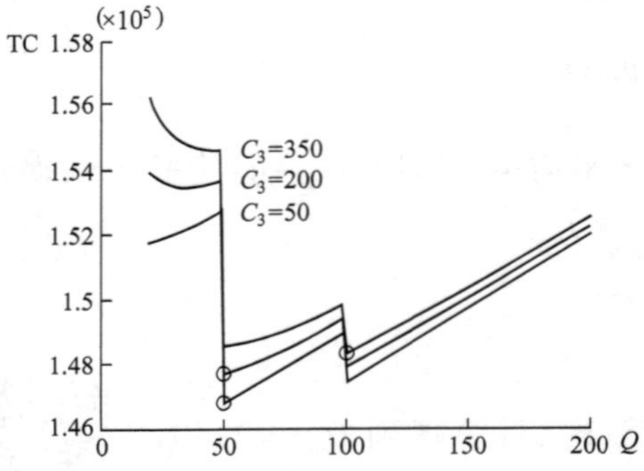

图 3-9　不同 c_3 的 TC-Q 分段变化曲线

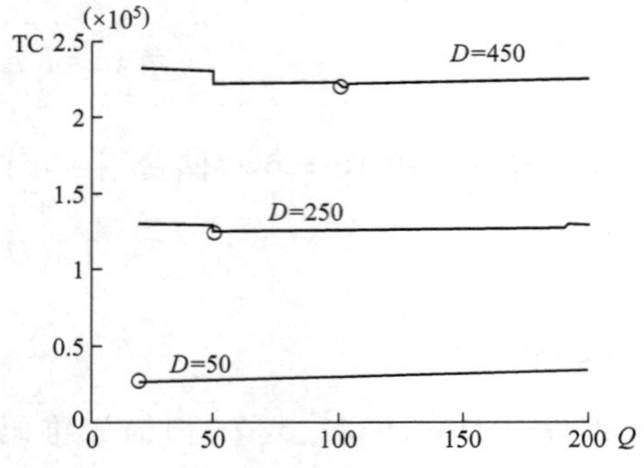

图 3-10　不同 D 的 TC-Q 分段变化曲线

2. 生产企业产销量的优化

【例 3-9】 某厂生产的一种产品有甲、乙两个牌号，讨论在产销平衡的情况下如何确定各自的产量，使总利润最大。所谓产销平衡指工厂的产量等于市场上的销量。

(1) 符号说明

$z(x_1,x_2)$表示总利润；p_1,q_1,x_1分别表示甲的价格、成本、销量；p_2,q_2,x_2分别表示乙的价格、成本、销量；$a_{ij},b_i,\lambda_i,c_i(i,j=1,2)$是待定系数。

(2) 基本假设

①价格与销量呈线性关系。利润既取决于销量和价格，也依赖产量和成本。按照市场规律，甲的价格p_1会随其销量x_1的增长而降低，同时乙的销量x_2的增长也会使甲的价格有轻微的下降，可以简单地假设价格与销量呈线性关系：

即 $p_1=b_1-a_{11}x_1-a_{12}x_2,b_1,a_{11},a_{12}>0$，且 $a_{11}>a_{12}$； (3-13)

同理，$p_2=b_2-a_{21}x_1-a_{22}x_2,b_2,a_{21},a_{22}>0$，且 $a_{22}>a_{21}$。 (3-14)

②成本与产量成负指数关系。甲的成本随其产量的增长而降低，且有一个渐进值，可以假设为负指数关系，即

$$q_1=r_1\mathrm{e}^{-\lambda_1x_1}+c_1,\quad r_1,\lambda_1,c_1>0 \tag{3-15}$$

$$q_2=r_2\mathrm{e}^{-\lambda_2x_2}+c_2,\quad r_2,\lambda_2,c_2>0 \tag{3-16}$$

(3) 建立模型

总利润：$z(x_1,x_2)=(p_1-q_1)x_1+(p_2-q_2)x_2$ (3-17)

根据大量的统计数据，求出系数 $b_1=100,a_{11}=1,a_{12}=0.1,b_2=280,a_{21}=0.2,a_{22}=2,r_1=30,\lambda_1=0.015,c_1=20,r_2=100,\lambda_2=0.02,c_2=30$，则问题转化为无约束优化问题。

求甲、乙两个牌号的产量 x_1、x_2，使总利润 z 最大。

为找到问题的一个初始值，先忽略成本，并令 $a_{12}=0,a_{21}=0$，则

$$z_1=(b_1-a_{11}x_1)x_1+(b_2-a_{22}x_2)x_2$$

将其解 $x_1=b_1/(2a_{11})=50,x_2=b_2/(2a_{22})=70$ 作为原问题的初始值 $x_0=[50,70]$。

(4) 模型求解

① 建立函数的 m 文件 my_fun3_9.m：

```
function f = my_fun3_9(x)
b1 = 100;  a11 = 1;    a12 = 0.1;  r1 = 30;    Lamda1 = 0.015;  c1 = 20;
b2 = 280;  a21 = 0.2;  a22 = 2;    r2 = 100;   Lamda2 = 0.02;   c2 = 30;
p1 = b1 - a11 * x(1) - a12 * x(2);        p2 = b2 - a21 * x(1) - a22 * x(2);
q1 = r1 * exp( - Lamda1 * x(1)) + c1;     q2 = r2 * exp( - Lamda2 * x(2)) + c2;
y1 = (p1 - q1) * x(1);        % y1 = ((100 - x(1) - 0.1 * x(2)) - (30 * exp( - 0.015 * x(1)) + 20)) * x(1);
y2 = (p2 - q2) * x(2);        % y2 = ((280 - 0.2 * x(1) - 2 * x(2)) - (100 * exp( - 0.02 * x(2)) + 30)) * x(2);
f = - y1 - y2;
end
```

② 准备初始值，调用函数计算：

初始值 $x_0=[50,70]$，调用函数 fminunc，计算如下。

```
x0 = [50,70];   x = fminunc('my_fun3_9',x0),   z = -my_fun3_9(x)
```

③ 计算结果：

```
x = [23.9025,62.4977],   z = 6.4135e+003
```

即甲的产量为23.9025，乙的产量为62.4977，最大利润为6413.5。

3.3.3 用MATLAB求解非线性规划问题

1. 二次规划问题

二次规划的标准型为

$$\min z = \frac{1}{2}\boldsymbol{x}^{\mathrm{T}}H\boldsymbol{x} + \boldsymbol{c}^{\mathrm{T}}\boldsymbol{x} \tag{3-18}$$

$$\text{s. t.} \begin{cases} \boldsymbol{Ax} \leqslant \boldsymbol{b} \\ \boldsymbol{A}^{(\mathrm{eq})}\boldsymbol{x} = \boldsymbol{b}^{(\mathrm{eq})} \\ \mathbf{vlb} \leqslant \boldsymbol{x} \leqslant \mathbf{vub} \end{cases}$$

式中，$\boldsymbol{c} = (c_1, c_2, \cdots, c_n)$，$\boldsymbol{x} = (x_1, x_2, \cdots, x_n)^{\mathrm{T}}$，$\mathbf{vlb} = (\mathrm{vlb}_1, \mathrm{vlb}_2, \cdots, \mathrm{vlb}_n)^{\mathrm{T}}$，

$$\boldsymbol{H} = \begin{pmatrix} h_{11} & h_{12} & \cdots & h_{1n} \\ h_{21} & h_{22} & \cdots & h_{2n} \\ \vdots & \vdots & \cdots & \vdots \\ h_{n1} & h_{n2} & \cdots & h_{nn} \end{pmatrix}, \boldsymbol{A} = \begin{pmatrix} a_{11} & a_{12} & \cdots & a_{1n} \\ a_{21} & a_{22} & \cdots & a_{2n} \\ \vdots & \vdots & \cdots & \vdots \\ a_{m1} & a_{m2} & \cdots & a_{mn} \end{pmatrix}, \boldsymbol{A}^{(\mathrm{eq})} = \begin{pmatrix} a^{(\mathrm{eq})}{}_{11} & a^{(\mathrm{eq})}{}_{12} & \cdots & a^{(\mathrm{eq})}{}_{1n} \\ a^{(\mathrm{eq})}{}_{21} & a^{(\mathrm{eq})}{}_{22} & \cdots & a^{(\mathrm{eq})}{}_{2n} \\ \vdots & \vdots & \cdots & \vdots \\ a^{(\mathrm{eq})}{}_{k1} & a^{(\mathrm{eq})}{}_{k2} & \cdots & a^{(\mathrm{eq})}{}_{kn} \end{pmatrix},$$

$\boldsymbol{b} = (b_1, b_2, \cdots, b_m)^{\mathrm{T}}$，$\boldsymbol{b}^{(\mathrm{eq})} = (b^{(\mathrm{eq})}{}_1, b^{(\mathrm{eq})}{}_2, \cdots, b^{(\mathrm{eq})}{}_k)^{\mathrm{T}}$，$\mathbf{vub} = (\mathrm{vub}_1, \mathrm{vub}_2, \cdots, \mathrm{vub}_n)^{\mathrm{T}}$

用MATLAB求解二次规划问题的函数格式如下：

① x = quadprog(H,c,A,b)；

② x = quadprog(H,c,A,b,Aeq,beq)；

③ x = quadprog(H,c,A,b,Aeq,beq,vlb,vub)；

④ x = quadprog(H,c,A,b,Aeq,beq,vlb,vub,x0)；

⑤ x = quadprog(H,c,A,b,Aeq,beq,vlb,vub,x0,options)；

⑥ [x,fval] = quaprog(…)；

⑦ [x,fval,exitflag] = quaprog(…)；

⑧ [x,fval,exitflag,output] = quaprog(…)。

【例3-10】求解二次规划：

$$\begin{aligned} \min f(x_1, x_2) &= -2x_1 - 6x_2 + x_1{}^2 - 2x_1x_2 + 2x_2{}^2 \\ \text{s. t. } & x_1 + x_2 \leqslant 2 \\ & -x_1 + 2x_2 \leqslant 2 \\ & x_1 \geqslant 0, x_2 \geqslant 0 \end{aligned} \tag{3-19}$$

写成矩阵形式：

$$\min z = (x_1, x_2)\begin{pmatrix} 1 & -1 \\ -1 & 2 \end{pmatrix}\begin{pmatrix} x_1 \\ x_2 \end{pmatrix} + (-2 \quad -6)\begin{pmatrix} x_1 \\ x_2 \end{pmatrix}$$

$$\text{s. t.} \begin{cases} \begin{pmatrix} 1 & 1 \\ -1 & 2 \end{pmatrix}\begin{pmatrix} x_1 \\ x_2 \end{pmatrix} \leqslant \begin{pmatrix} 2 \\ 2 \end{pmatrix} \\ \begin{pmatrix} x_1 \\ x_2 \end{pmatrix} \geqslant \begin{pmatrix} 0 \\ 0 \end{pmatrix} \end{cases} \tag{3-20}$$

输入命令或编写描述文件：

```
H = [1 -1; -1 2];   c = [ -2 ; -6];   A = [1 1; -1 2];   b = [2;2];
Aeq = [ ];          beq = [ ];        vlb = [0;0];       vub = [ ];
[x,z] = quadprog(H,c,A,b,Aeq,beq,vlb,vub)
```

得到结果：

```
x = [0.6667   1.3333],   z = -8.2222
```

2. 一般非线性规划

MATLAB 中提供了求解有约束的多维非线性规划问题的函数 fmincon，它的标准最优化问题模型为

$$
\begin{aligned}
\min \quad & f(\boldsymbol{x}) \\
\text{s. t.} \quad & \boldsymbol{A}\boldsymbol{x} \leqslant \boldsymbol{b} \\
& \boldsymbol{A}^{(\mathrm{eq})}\boldsymbol{x} = \boldsymbol{b}^{(\mathrm{eq})} \\
& \boldsymbol{C}(\boldsymbol{x}) \leqslant 0 \\
& \boldsymbol{C}^{(\mathrm{eq})}(\boldsymbol{x}) = 0 \\
& \mathbf{vlb} \leqslant \boldsymbol{x} \leqslant \mathbf{vub}
\end{aligned}
\tag{3-21}
$$

其中，$\boldsymbol{x}$，$\mathbf{vlb}$，$\mathbf{vub}$ 为 n 维列向量，$\boldsymbol{b}$ 为 m 维列向量，$\boldsymbol{b}^{(\mathrm{eq})}$ 为 k 维列向量，$\boldsymbol{A}$ 为 $m\times n$ 维矩阵，$\boldsymbol{A}^{(\mathrm{eq})}$ 为 $k\times n$ 维矩阵，说明该最优化问题的维数为 n，含有 m 个线性不等式和 k 个线性等式约束。$\boldsymbol{C}(\boldsymbol{x})$ 和 $\boldsymbol{C}^{(\mathrm{eq})}(\boldsymbol{x})$ 分别为返回向量 $\boldsymbol{x}$ 的非线性不等式和等式约束函数向量。

用 MATLAB 求解上述问题，基本步骤包括以下三步。

① 首先建立目标函数 $f(\boldsymbol{x})$ 的 m 文件 objFun. m：

```
function f = objFun(x);
f = f(x);
```

② 若约束条件中有非线性约束 $\boldsymbol{C}(\boldsymbol{x})\leqslant 0$ 或 $\boldsymbol{C}^{(\mathrm{eq})}(\boldsymbol{x})=0$，则建立 m 文件 nonlcon. m. 来定义非线性不等式和等式约束函数 $\boldsymbol{C}(\boldsymbol{x})$ 与 $\boldsymbol{C}^{(\mathrm{eq})}(\boldsymbol{x})$：

```
function [C,Ceq] = nonlcon(x)
C = C(x);   Ceq = Ceq(x);
```

③ 建立主程序脚本文件。非线性规划求解函数是 fmincon，函数的几种格式如下：

(a) x = fmincon('objFun',x0,A,b)

(b) x = fmincon('objFun',x0,A,b,Aeq,beq)

(c) x = fmincon('objFun',x0,A,b,Aeq,beq,vlb,vub)

(d) x = fmincon('objFun',x0,A,b,Aeq,beq,vlb,vub,'nonlcon')

(e) x = fmincon('objFun',x0,A,b,Aeq,beq,vlb,vub,'nonlcon',options)

(f) [x,fval] = fmincon(…)

(g) [x,fval,exitflag] = fmincon(…)

(h) [x,fval,exitflag,output] = fmincon(…)

(i) [x,fval,exitflag,output,lamda,grad,hessian] = fmincon(…)

其中，'objFun' 为目标函数的 . m 文件名；x0 为迭代解的初值；A 为线性约束的系数矩阵；b 为线性约束向量；Aeq，beq 为线性等式约束的系数矩阵和向量；vlb，vub 为变量的上下界；

'nonlcon' 为非线性约束函数的 . m 文件名；options 为参数选项。输出项[x，…，output]的含义见表 3 -7。

若目标函数$f(\boldsymbol{x})$一阶可微，则该函数具有梯度向量，如果此时 options 参数的 GradObj 设置为 'on'，objFun 必须有第二个输出变量来返回函数的梯度向量$\boldsymbol{g}$。若目标函数$f(\boldsymbol{x})$二阶可微，即f具有 Hessian 矩阵，如果此时 options 参数的 Hessian 设置为 'user - supplied'，则 objFun 必须有第三个输出变量来返回函数的 Hessian 矩阵。

非线性约束函数 nonlcon 包括不等式约束 $\boldsymbol{C}(\boldsymbol{x})\leqslant 0$ 和等式约束 $\boldsymbol{C}^{(\mathrm{eq})}(\boldsymbol{x})=0$。如果约束函数存在梯度向量，而此时 options 参数的 GradConstr 设置为 'on'，则 nonlcon 必须有第三个、第四个输出变量来返回不等式约束函数 $\boldsymbol{C}(\boldsymbol{x})$和等式约束函数 $\boldsymbol{C}^{(\mathrm{eq})}(\boldsymbol{x})$的梯度 **GC** 和 $\mathbf{GC}^{(\mathrm{eq})}$。

fmincon 函数提供了大型规模优化算法和中型规模优化算法。fmincon 函数选择大型算法时（options 参数 LargeScale 设置为 'on'），须将 options 参数 GradObj 设置为 'on'。fmincon 函数的大型算法采用了 subspace trust region 优化算法。这种算法是把目标函数在点 x 的邻域泰勒展开，其展开的邻域就是 trust region。fmincon 函数的中型算法使用的是序列二次规划法。在每一步迭代中求解二次规划子问题，并用 BFGS 法更新拉格朗日 Hessian 矩阵。fmincon 函数可能会给出局部最优解，这与初始值 x0 的选取有关。

fmincon 中提供的优化算法有有效集算法、内点算法和基于牛顿映射的置信域算法，默认的算法为基于牛顿映射的置信域算法。如果希望函数采用有效集算法进行搜索迭代，可以通过 optimset 命令设置如下：options = optimset('Algorithm'，'active - set')。如果采用默认的置信域算法，则优化问题需要满足下列条件：①在目标函数中必须给出其梯度向量的解析形式；②控制参数 'GradObj' 的值必须为 on；③边界约束或者线性等式约束必具其一，但非两者均具备。如果上述三个条件不能同时满足，则 fmincon 函数的默认算法为有效集算法，有效集算法不是大型规模的优化算法。

函数 fmincon 中有较多参数需要设置，其中有些针对的是可能用到的所有算法，有些是针对某些特定算法的参数，参见 MATLAB 的 Help。

【例 3 -11】 求解非线性规划：

$$
\begin{aligned}
\min f(\boldsymbol{x}) &= \mathrm{e}^{x_1}(4x_1^2+2x_2^2+4x_1x_2+2x_2+1)\\
\text{s. t. } & g_1(\boldsymbol{x})=25-x_1^2-x_2^2\geqslant 0\\
& g_2(\boldsymbol{x})=-x_1^2+x_2^2+7\leqslant 0\\
& 0\leqslant x_1\leqslant 5,0\leqslant x_2\leqslant 10
\end{aligned}
\tag{3-22}
$$

先建立目标函数的 m 文件 my_objFun. m：

```
function   f = my_objFun(x);
f = exp(x(1)) * (4 * x(1)^2 + 2 * x(2)^2 + 4 * x(1) * x(2) + 2 * x(2) + 1);
```

再建立 m 文件 my_con. m 来定义非线性约束：

```
function [C,Ceq] = my_con(x)
C = [x(1)^2 + x(2)^2 - 25; - x(1)^2 + x(2)^2 + 7];   Ceq = [];
```

建立主程序脚本文件 main_fmincon. m：

```
x0 = [3;2.5];   vlb = [0 0];   vub = [5 10];
[x,fval,exitflag,output] = fmincon('my_objFun',x0,[],[],[],[],vlb,vub,'my_con')
```

得到结果：

```
x = [2.6458,0]
fval = 408.7269
exitflag = 1
output =
        iterations: 7
        funcCount: 25
          stepsize: 0
        algorithm: 'interior - point'
          ...
```

3.3.4 非线性规划案例分析

1. 商品最优存储问题

【例 3－12】为节约成本、减少开支，某公司希望尽量减少商品库存空间，同时强调库存商品能够满足客户的需求。假设公司销售甲、乙两种商品，各种符号所表示的意义如表 3－8 所示。

表 3－8　各种符号所表示的意义

x_i	第 i 种商品的存储量
a_i	第 i 种商品的价格，$a_1=9$，$a_2=4$
b_i	第 i 种商品的供给率，$b_1=3$，$b_2=5$
h_i	第 i 种商品的每单位存储费用，$h_1=0.5$，$h_2=0.2$
t_i	第 i 种商品的每单位存储空间，$t_1=2$，$t_2=4$
T	最大存储空间 $T=24$

根据历史数据，商品 i 的成本可以表示为

$$c_i=\left(\frac{a_ib_i}{x_i}+\frac{h_ix_i}{2}\right) \tag{3-23}$$

问题的目标函数为两种商品的总成本：

$$f(x_1,x_2)=c_1+c_2=\left(\frac{a_1b_1}{x_1}+\frac{h_1x_1}{2}\right)+\left(\frac{a_2b_2}{x_2}+\frac{h_2x_2}{2}\right) \tag{3-24}$$

第 i 种商品的存储空间为

$$T_i=t_ix_i \tag{3-25}$$

两种商品所占有的总的存储空间最大值为 T，表达成约束的形式：

$$t_1x_1+t_2x_2\leqslant T \tag{3-26}$$

建立非线性规划模型：

$$\begin{aligned}\min\ & f(x_1,x_2)=\left(\frac{a_1b_1}{x_1}+\frac{h_1x_1}{2}\right)+\left(\frac{a_2b_2}{x_2}+\frac{h_2x_2}{2}\right)\\ \text{s.t.}\ & t_1x_1+t_2x_2\leqslant T\\ & x_1,x_2\geqslant 0\end{aligned} \tag{3-27}$$

代入参数后，模型为

$$\min\ f(x_1,x_2)=\left(\frac{27}{x_1}+\frac{0.5x_1}{2}\right)+\left(\frac{20}{x_2}+\frac{0.2x_2}{2}\right)$$
$$\text{s.t.}\quad 2x_1+4x_2\leqslant 24 \qquad (3-28)$$
$$x_1,x_2\geqslant 0$$

用 MATLAB 求解，先定义最优化问题的目标函数 con3_12_objFun. m 如下：

```
function f = con3_12_objFun(x)
f = 27/x(1) + 0.25 * x(1) + 20/x(2) + 0.10 * x(2);
```

建立求解该最优化问题的主程序脚本文件 main_con3_12：

```
x0 = [3;3];   A = [2 4];   b = [24];   vlb = [0;0];   vub = [];
[x,fval] = fmincon('con3_12_objFun',x0,A,b,[],[],vlb,vub)
```

运行结果：

```
x = [ 5.0968,3.4516]
fval = 12.7112
```

上面的方法采用有限差分的形式来近似梯度信息，如果希望直接提供目标函数和约束函数的梯度，则可在 con1_objFungrad. m 和 con_confungrad. m 中增加函数的梯度计算：

```
function [f,G] = con_objFungrad(x)
f = 27/x(1) + 0.25 * x(1) + 20/x(2) + 0.10 * x(2);          % 目标函数
if nargout > 1
  G = [ -27/x(1)^2 + 0.25; -20/x(2)^2 + 0.1];              % 目标函数的梯度
end
```

由于在目标函数和约束函数中均已定义其梯度的解析形式，故在求解最优化问题的文件中需要将 GradObj 和 GradConstr 设置为 'on'，代码如下：

```
x0 = [3;3];   A = [2 4];   b = [24];   vlb = [0;0];   vub = [];
options = optimset('algorithm','interior-point','GradObj','on','GradConstr','on');
[x,fval] = fmincon('con_objfungrad',x0,[],[],[],[],vlb,vub,[],options)
```

运行结果：

```
x = [ 5.0968,3.4516 ]
fval = 12.7112
```

用户提供了目标函数和约束函数的梯度信息，使函数评价的次数明显降低。

2. 供应与选址

【例 3-13】 某建筑公司有 6 个工地将要开工，每个工地的位置及水泥日用量见表 3-9。供应物料需建两个日储量各为 20 吨的料场，问：建在何处能使物料运输工作量(t. km)最少？

表 3-9　工地位置(a_1,a_2)及水泥日用量 d

	1	2	3	4	5	6
a_1(km)	1.25	8.75	0.5	5.75	3	7.25
a_2(km)	1.25	0.75	4.75	5	6.5	7.25
d(t)	3	5	4	7	6	11

(1)建模分析

为便于分析,假设从料场到工地之间均有直线道路相连。记工地的位置为(a_{i1},a_{i2}),水泥日用量为 d_i;料场位置设为(y_{j1},y_{j2}),日储量为$e_j=20$;从料场 $j(j=1,2)$ 向工地 $i(i=1,2,\cdots,6)$ 的运送量为 x_{ij}。则建立非线性规划数学模型如下:

$$\min \quad f = \sum_{j=1}^{2}\sum_{i=1}^{6} x_{ij}\sqrt{(y_{j1}-a_{i1})^2+(y_{j2}-a_{i2})^2} \tag{3-29}$$

$$\text{s. t.} \quad \begin{cases} \sum_{i=1}^{6} x_{ij} \leqslant e_j, & j=1,2 \\ \sum_{j=1}^{2} x_{ij} = d_i, & i=1,2,\cdots,6 \\ x_{ij} \geqslant 0, & i=1,2,\cdots,6, \quad j=1,2 \end{cases}$$

(2)编程计算

编写目标函数 m 文件 con3_13_objFun.m:

```
function f = con3_13_objFun(x)
  a = [ 1.25   8.75   0.5   5.75   3   7.25
        1.25   0.75   4.75   5   6.5   7.25 ];   % 6 个工地位置坐标
  f = 0;
  for i = 1:6     s(i) = sqrt((x(13) - a(1,i))^2 + (x(14) - a(2,i))^2);           f = s(i) * x(i) + f;   end
  for i = 7:12    s(i) = sqrt((x(15) - a(1,i-6))^2 + (x(16) - a(2,i-6))^2);   f = s(i) * x(i) + f;   end
end
```

建立主程序脚本文件 main_con3_13.m:

```
x0 = [3 5 4 7 1 0 0 0 0 0 5 11 5.6348 4.8687 7.2479 7.7499];
A = [1 1 1 1 1 1 0 0 0 0 0 0 0 0 0 0;   0 0 0 0 0 0 1 1 1 1 1 1 0 0 0 0];
e = [20;20];
Aeq = [1 0 0 0 0 0 1 0 0 0 0 0 0 0 0 0;   0 1 0 0 0 0 0 1 0 0 0 0 0 0 0 0
       0 0 1 0 0 0 0 0 1 0 0 0 0 0 0 0;   0 0 0 1 0 0 0 0 0 1 0 0 0 0 0 0
       0 0 0 0 1 0 0 0 0 0 1 0 0 0 0 0;   0 0 0 0 0 1 0 0 0 0 0 1 0 0 0 0];
d = [3 5 4 7 6 11];
vlb = [zeros(12,1); -inf; -inf; -inf; -inf];   vub = [];
[x,fval,exitflag] = fmincon('con3_13_objFun',x0,A,e,Aeq,d,vlb,vub)
```

运行程序,得到计算结果:

```
x = [ 3   5   4   7   1   0   0   0   0   0   5   11   5.6946   4.9267   7.25   7.25 ]
fval = 89.3118
```

两个料场供应6个工地的物料量及位置坐标优化结果见表3－10,最小工作量为89.3。

表3－10　两个料场供应工地的物料量及位置坐标

工　地	1	2	3	4	5	6	坐　标
料场A	3	5	4	7	1	0	(5.6946,4.9267)
料场B	0	0	0	0	5	11	(7.25,7.25)

3.4 动态规划

动态规划(Dynamic Programming)是运筹学的一个分支,是求解多阶段决策问题的最优化方法,主要用于求解以时间、空间为依据划分阶段的动态过程优化问题。动态规划可以将复杂问题按某种规则分解成一系列子问题,子问题相对简单,易于求解。动态规划可以将线性规划、非线性规划转化为动态规划进行求解。

动态规划已在经济管理、生产调度、工程技术和最优控制等方面得到了广泛的应用。例如,最短路径、库存管理、资源分配、设备更新、排序、装载等问题用动态规划方法比用其他方法求解更为方便。

3.4.1 动态规划数学模型构建

1. 动态规划的引例

【例3－14】商品定价问题:某公司要确定一种新产品在5年内的价格,并拟订在5,6,7,8元这4种单价中选择。根据预测,5年内不同价格下产品的每年盈利额(万元)如表3－11所示。如果需要调整价格,各相邻年度的价格调整(增减)不得超过1元。问:产品在未来5年每年定价各为多少,可使5年的总盈利额最大?

表3－11　5年的价格与利润关系的预测

价格(元)	各年盈利额(万元)				
	1	2	3	4	5
5	90	20	40	50	80
6	70	50	80	60	40
7	60	50	90	70	30
8	80	70	60	60	40

问题分析:如果按照一般最优化问题构建模型,可以判断应构建整数非线性规划模型,模型容易构建,但求解非常困难。该问题是一个典型的组合优化问题,只要将所有可能的组合方案计算一遍,就能找出最优组合方案,但随着变量的数目和变量取值的数目增加,组合方案数呈爆炸式增长,难以及时有效地解决问题。所以,根据问题的特点,可以将复杂的本阶段问题分解成多个阶段的简单问题进行求解,动态规划就是提高求解效率的一种方法。

求解过程:首先将决策分成5个阶段,分别对应5年。动态规划一般采用逆序求解法,即从最后的阶段开始计算，本例为第 5 阶段，本阶段有 4 种可能的价格情况或状态，分别对应的盈利额就是表 3－11 中的最后一列。在第 5 阶段决策盈利额的基础上，进行第 4 阶段到第 5 阶段的最优决策。第 4 阶段同样有 4 种可能的价格，每一个价格与后一个阶段的价格组合受到第 4 阶段价格的限制。例如，第 4 阶段价格为 5 元时只能与第 5 阶段的价格 5 元或 6 元组合，对应的盈利额是 130 万元或 90 万元。所以，在第 4 阶段价格为 5 元的状态下，第 5 阶段最优价格决策应选 5 元，对应的最优效益是 130 万元。同理，可得到第 4 阶段价格为 6 元、7 元、8 元时第 5 阶段的最优价格选择及盈利额，见表 3－12 中的第 4 列；依据第 4 阶段的结果，可以计算出第 3 阶段到最后阶段在不同价格状态下的最优价格选择及盈利额，直到计算出第 1 阶段到最后阶段的最优结果，如表 3－12 所示，未来 5 年产品定价为 8 元、8 元、7 元、6 元、5 元可使未来 5 年的总盈利额最大。

表 3－12　5 年价格最优选择的计算

价格(元)	盈利额(万元)				
	1	2	3	4	5
5	[370] 90	[240] 20	[180] 40	[130] 50	[80] 80
6	[350] 70	[280] 50	[220] 80	[140] 60	[40] 40
7	[360] 60	[280] 50	[230] 90	[110] 70	[30] 30
8	[380] 80	[300] 70	[170] 60	[100] 60	[40] 40

由上例可见，将复杂问题分解成多阶段的简单问题进行逆序递推计算，可以大大减少计算工作量，并得到从任意阶段的某种状态到最后阶段的最优决策序列的丰富结果，这种计算方法便是动态规划方法。

2. 动态规划的基本概念

(1) 阶段和阶段变量

根据决策问题的性质，可将决策过程（按空间位置、时间进程、工序等）恰当划分为若干相联系的阶段，总决策是各阶段的序列决策之和。一个阶段需要做出一个决策的子问题，用以描述阶段的变量叫阶段变量，一般用 k 表示。

(2) 状态、状态变量和可能状态集

系统某阶段开始时所处的自然状况或客观条件称为状态，是决策的依据或出发点。反映状态变化的量叫状态变量，用于表示决策过程当前的特征量。阶段 k 的初始状态记作 s_k，终止状态或下一阶段的初始状态记作 s_{k+1}。可能状态集用大写字母 S_k 表示，$s_k \in S_k$。

(3) 决策、决策变量和允许决策集合

在某状态下做出的下一步行动方案选择或决定称为决策，表示决策方案的变量称为决策变量，记为 x_k。决策变量的取值范围与决策依据的状态有关，决策变量 x_k 的允许决策集用 $U_k(s_k)$ 表示，$x_k \in U_k(s_k)$。因此，决策变量可以描述为状态变量的函数，$x_k = x_k(s_k)$。

(4) 状态转移方程

系统在阶段 k 的开始状态 s_k，经过决策 $x_k(s_k)$ 的行动方案使系统状态转移到 s_{k+1}，并成为下一阶段进行决策的依据。这种系统由阶段 k 的状态 s_k 经决策 x_k 的驱动转移到 $(k+1)$ 阶段的状态 s_{k+1} 的规律可被描述成状态转移方程：

$$s_{k+1}=T_k(s_k,x_k(s_k))$$

(5)多阶段决策过程

动态规划的决策过程如图 3-11 所示，n 个阶段的决策在每个阶段的状态 s_k 下做出决策 x_k，每个阶段的状态 s_k 和决策 x_k 又决定了下一个阶段的状态 $s_{k+1}=T_k(s_k,x_k(s_k))$。

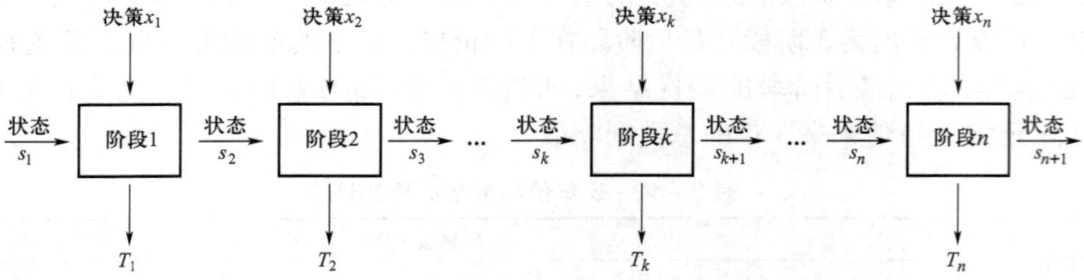

图 3-11　动态规划的决策过程示意图

从第 k 阶段到最后第 n 阶段的决策过程称为后部 $k-n$ 子过程，当 $k=1$ 时称为全过程。

(6)策略和允许策略集合

各阶段的决策序列称为策略，从第 k 阶段开始到最后第 n 阶段的决策序列称为 k 部子策略 $p_{k,n}(s_k)=p_k(s_k)\in P_k(s_k)$，$p_1(s_1)$ 称为全过程策略。允许策略集 $P_1(s_1)$ 中具有最优效果的策略称为最优策略。

(7)指标函数

用来衡量决策或策略效果的某种数量指标关系称为指标函数，它分为阶段指标函数和过程指标函数。从状态 s_k 出发，由决策 x_k 所产生的第 k 阶段效益称为第 k 阶段指标，这种关系称为阶段指标函数，记为 $r_k(s_k,x_k)$。从状态 s_k 出发，选择决策 $x_k,x_{k+1},\cdots,x_n$ 所产生的过程（效益）指标的关系，称为 k 子过程的过程指标函数，记为 $R_{k,n}(s_k,x_k,x_{k+1},\cdots,x_n)=R_{k,n}(s_k,p_{k,n})=R_k(s_k)$。

动态规划要求过程指标函数具有可分离性，称指标具有可加性，即

$$R_{k,n}(s_k,x_k,x_{k+1},\cdots,x_n)=r_k(s_k,x_k)+R_{k+1}(s_{k+1},x_{k+1},\cdots,x_n)$$

或称指标具有可乘性，即

$$R_{k,n}(s_k,x_k,x_{k+1},\cdots,x_n)=r_k(s_k,x_k)\times R_{k+1}(s_{k+1},x_{k+1},\cdots,x_n)$$

(8)求解的基本方程

动态规划的多阶段决策问题的数学模型呈以下形式：

$$f=\underset{x_1\sim x_n}{\mathrm{opt}}\,R(s_1,x_1,s_2,x_2,\cdots,s_n,x_n)=\underset{p_{1,n}}{\mathrm{opt}}\quad R(s_1,p_{1,n})$$

$$\text{s. t.}\begin{cases}s_{k+1}=T_k(s_k,x_k)\\ s_k\in S_k\\ x_k\in U_k\\ k=1,2,\cdots,n\end{cases}\tag{3-30}$$

其中,"opt"表示最优化,视具体情况取 max 或 min。

作为整个过程的最优策略具有以下性质:不管在此最优策略上的某个状态之前的状态和决策如何,对该状态来说,以后的所有决策必定构成最优子策略,即最优策略的任意子策略都是最优的。据此,动态规划的求解过程是按阶段逆序求解一系列 $k-n$ 子过程问题($k=n\sim1$),当 $k=1$ 时得到全过程问题的解。

设 $f_k(s_k)$ 表示 $k-n$ 子过程指标函数 $R_{k,n}(s_k,p_{k,n})$ 在 s_k 状态下的最优值,即

$$f_k(s_k)=\underset{p_k\in P_k(s_k)}{\text{opt}}\{R_k(s_k,p_k(s_k))\},k=n,n-1,\cdots,2,1 \tag{3-31}$$

称 $f_k(s_k)$ 为 $k-n$ 子过程的最优指标函数,相应的子策略 p_k 称为状态 s_k 下的最优子策略。

对于可加性指标函数,上式可以写为

$$\begin{aligned}f_k(s_k)&=\underset{p_{k,n}}{\text{opt}}\{R_k(s_k,p_k(s_k))\}\\&=\underset{x_k,p_{k+1,n}}{\text{opt}}\{r_k(s_k,x_k)+R_{k+1}(s_{k+1},p_{k+1,n}(s_{k+1}))\}\\&=\underset{x_k}{\text{opt}}\{r_k(s_k,x_k)+\underset{p_{k+1,n}}{\text{opt}}\{R_{k+1}(s_{k+1},p_{k+1,n}(s_{k+1}))\}\}\\&=\underset{x_k}{\text{opt}}\{r_k(s_k,x_k)+f_{k+1}(s_{k+1})\},k=n,n-1,\cdots,2,1\end{aligned} \tag{3-32}$$

对于可乘性指标函数,上式中的加号改为乘号,得

$$f_k(s_k)=\underset{x_k}{\text{opt}}\{r_k(s_k,x_k)\times f_{k+1}(s_{k+1})\},k=n,n-1,\cdots,2,1 \tag{3-33}$$

上式称为动态规划最优计算的递推方程,是动态规划的基本方程。

终端条件:为了使以上递推方程有递推的起点,须设定最优指标的终端条件,对于可加性指标,终端条件为 $f_{n+1}(s_{n+1})=0$;对于可乘性指标,终端条件为 $f_{n+1}(s_{n+1})=1$。

3. 动态规划数学模型构建的步骤

① 设定阶段变量:$k=1,2,\cdots,n,n+1$($n+1$ 阶段为设定边界条件而增加)。

② 设定第 k 阶段的状态变量为 s_k,状态集合为 S_k。

③ 设定第 k 阶段的决策变量为 x_k,允许决策集合为 $U_k(s_k)$。

④ 建立状态转移方程: $s_{k+1}=T(s_k,x_k)$。

⑤ 设定阶段效益(指标函数):$r_k=r_k(s_k,x_k)$。

⑥ 设定过程指标函数:$R_{k,n}(s_k,x_k,x_{k+1},\cdots,x_n)=\sum r_i(s_i,x_i)$(或 $\prod r_i(s_i,x_i)$)。

⑦ 第 k 阶段的最优指标函数 $f_k=f_k(s_k)$。

则动态规划的基本方程为

$$f_k(s_k)=\underset{x_k\in D_k(s_k)}{\text{opt}}\{r_k(s_k,x_k\}+f_{k+1}(s_{k+1})\},k=n,n-1,\cdots,2,1$$

$$f_{n+1}=0 \quad (\text{边界条件})$$

或

$$f_k(s_k)=\underset{x_k\in D_k(s_k)}{\text{opt}}\{r_k(s_k,x_k\}\times f_{k+1}(s_{k+1})\},k=n,n-1,\cdots,2,1$$

$$f_{n+1}=1 \quad (\text{边界条件})$$

3.4.2 动态规划 MATLAB 程序分析

根据上述动态规划的数学模型,设定过程效益指标最大为标准型,编制动态规划逆序算法递归计算函数 zxf_dynprog(扫描二维码查看程序 3)。动态规划函数调用格式如下:

[p_opt,fval] = zxf_dynprog(S,DecisFun,SubObjfun,TransFun,Objfun)

其中,输出变量 p_opt 是最优策略信息矩阵,行对应阶段,列对应阶段变量、阶段状态、阶段最优决策、阶段指标值。输出变量 fval 是最优策略对应的全过程指标函数值。输入变量 S 是各个阶段的可能状态矩阵(状态 $m\times$阶段 n 矩阵),每列代表一个阶段所有可能的状态。输入变量 DecisFun(k,s)是定义的由阶段 k、状态 s 确定的允许决策(集合)向量函数。输入变量 TransFun(k,s,x)是定义的状态转移函数 $s_{k+1}=T(s_k,x_k)$,s 是阶段状态,x 是相应的决策变量。输入变量 SubObjfun(k,s,x)是定义的与阶段 k、状态 s、决策 x 对应的阶段效益指标函数 r。输入变量 Objfun(r,f)是定义的第 k 阶段至最后阶段过程指标函数 $R_{k,n}$,当 $R_{k,n}=$ Objfun(v,f) = v + f 时可省略。

处理具体问题时,通过分析建模,需要编制定义 4 个函数:①DecisFun(k,s)定义阶段 k、状态 s 时的允许决策集合;②SubObjfun(k,s,x)定义阶段 k、状态 s、决策 x 的阶段效益指标函数;③TransFun(k,s,x)定义状态转移方程;④Objfun(v,f)定义动态规划过程指标函数计算的基本方程。具体问题的定义和调用可见以下示例。

3.4.3 动态规划案例分析

下面进行动态规划的几个案例分析。

1. 资源分配

【例 3-15】 某公司新购置了某种设备 6 台,欲分配给下属的 4 个企业,已知各企业获得这种设备后年创利润如表 3-13 所示,单位为千万元。问:如何分配这些设备能使公司全年创造的利润最大?最大利润是多少?

表 3-13 各企业获得设备后年创利润表 (单位:千万元)

设备数量	甲企业创利	乙企业创利	丙企业创利	丁企业创利
0	0	0	0	0
1	4	2	3	4
2	6	4	5	5
3	7	6	7	6
4	7	8	8	6
5	7	9	8	6
6	7	10	8	6

(1) 问题分析

这是一个资源分配的动态规划问题,一般描述:设有某种资源(如设备、资金等)m 个单位,欲将资源分配给 n 个企业(或部门)。已知分配给第 k 个企业(或部门)x_k个单位资源后,可创利润为 $r(x_k)$,是 x_k的不减函数。

动态规划一般将 n 个企业(或部门)定义为 n 个阶段;第 k 阶段的决策是分配给第 k 企业(或部门)的资源数量,用x_k表示,称为决策变量;待分配的资源是分配的前提条件,定义状态变量 s_k,表示分配完第 $1,2,\cdots,k-1$ 个企业(或部门)之后剩余的可供第 k 个及之后企业(或部门)分配的资源数量;企业(或部门)利润 $r(x_k)$为阶段指标,最优值函数$f(s_k)$表示把资源 s_k分配给第 $k,k+1,\cdots,n$ 个企业(或部门)能获得的最大利润。

(2) 建模分析

设 4 个企业对应 4 个阶段,设定阶段变量:$k=1,2,\cdots,n,n=4$;

第 k 阶段的状态变量 s_k为可分配给第 k 个企业至最后一个企业的设备数量;

第 k 阶段的决策变量 x_k为分配给第 k 个企业的设备数量,x_k的值不能超过可分配的设备数量,允许决策集合为 $U_k(s_k)=\{0,1,\cdots,s_k | k<n\}$,$U_n(s_n)=\{s_n\}$,定义 DecisFun$(k,s)$:

```
function   U = zxf_DecisFun1(k,s)
if k == 4  U = s;                       % 最后阶段可分配的设备应全部分配给第 n 个企业
else       U = 0:s;                     % 1 - (n - 1) 阶段分配的设备可以为 0,1,…,s
end;  end
```

建立状态转移方程: $s_{k+1}=s_k-x_k,k=1,2,3,4$。定义 TransFun$(k,s,x)$:

```
function sk1 = zxf_TransFun1(k,sk,x)
sk1 = sk - x;   end
```

企业新增设备产生的利润为阶段指标函数:$r_k=r_k(s_k,x_k)$,定义 SubObjfun(k,s,x):

```
function r = zxf_SubObjFun1(k,s,x)
v = [4  2  3  4;6  4  5  5;7  6  7  6;7  8  8  6;7  9  8  6;7  10  8  6];
if x > s || x == 0   r = 0;
else                 r = v(x,k);
end;  end
```

累加的利润为过程指标函数:$R_{k,n}(s_k,x_k,\cdots,x_n)=\sum r_i(s_i,x_i)$,可省略或定义 ObjFun:

```
function y = zxf_ObjCumulative(r,f)
y = r + f;   end
```

(3)计算求解

动态规划的决策依据是状态,第 k 阶段状态集合为 S_k:$S_1=\{6\}$;$S_2=S_3=S_4=\{0,1,\cdots,6\}$。

建立计算主程序脚本文件 main_dynprog1. m:

```
S1 = [6;nan * ones(6,1)];          % 第 1 阶段的状态(集合)向量
S2 = [0:6]' ;                      % 第 2 ~4 阶段的状态(集合)向量
S = [S1,S2,S2,S2];                 % 4 个阶段的状态(集合)向量构成状态矩阵
[p,f] = zxf_dynprog(S,'zxf_DecisFun1','zxf_SubObjFun1','zxf_TransFun1','zxf_ObjCumulative')
```

得到结果：

```
p=1  6  1  4
  2  5  1  2
  3  4  3  7
  4  1  1  4
f=17
```

设备分配最大获利为 17 千万元，对应的分配方案：甲企业分配 1 台设备，获利为 4 千万元；乙企业分配 1 台设备，获利为 2 千万元；丙企业分配 3 台设备，获利为 7 千万元；丁企业分配 1 台设备，获利为 4 千万元。

2. 电子设备可靠性

【例 3-16】 某电子设备由 5 类元件 1,2,3,4,5 串联组成，其可靠性分别为 0.9,0.85,0.75,0.87,0.66。为提高电子设备系统的可靠性，同类元件可并联多个。现允许设备使用元件的总数为 15 个，求使设备可靠性最大的元件安排方案。

(1) 问题分析

这也是一个资源分配的动态规划问题。将 5 类元件定义为 5 个阶段；第 k 阶段确定第 k 类元件并联的个数，用 x_k 表示，称为决策变量；可配置的元件数量为 15 个，定义状态变量 s_k，表示可供第 k 及之后元件种类设计的元件数量；第 k 类元件的可靠性为 v_k，则 x 个 k 类元件并联的可靠性 $r(x)=(1-(1-v_k)^x)$ 为阶段指标函数；组件串联的可靠性为组件可靠性之积，即过程指标函数为各阶段指标函数之积，最优过程函数 $f(s_k)$ 表示 s_k 个元件组成第 $k\sim5$ 类类内并联、类间串联的最大可靠性。

(2) 建模分析

设 5 类元件对应 5 个阶段，设阶段变量：$k=1,2,\cdots,n,n=5$；

第 k 阶段的状态变量 s_k 为可安排给第 $k\sim n$ 阶段的元件数量；

第 k 阶段的决策变量 x_k 为第 k 类元件并联的个数，允许决策集合为 $U_k(s_k)=\{1,2,\cdots,s_k-(n-k)\mid k<n\}$，$U_n(s_n)=\{s_n\}$，定义 DecisFun$(k,s)$：

```
function    U = my2_DecisFun(k,s)
if k == 5   U = s;
else        U = 1:s-(n-k);
end;  end
```

建立状态转移方程：$s_{k+1}=s_k-x_k,k=1,2,3,4$。定义 TransFun$(k,s,x)$：

```
function sk1 = my2_TransFun(k,sk,x)
sk1 = sk - x;   end
```

设定阶段效益（指标函数）：$r_k=1-(1-v_k)^x$，定义 SubObjfun(k,s,x)：

```
function    r = my2_SubObjFun(k,s,x)
v = [0.9,0.85,0.75,0.87,0.96];
r = 1 - (1 - v(k)).^x;   end
```

设定过程指标函数：$R_{k,n}(s_k,x_k,\cdots,x_n)=\prod r_i(s_i,x_i)$ 为阶段效益累乘函数，定义 ObjFun：

```
function y = my2_ObjFun(r,f)
y = r * f;   end
```

(3)计算求解

该问题第 k 阶段的状态集合为 S_k：$S_1=\{15\}$，$S_2=\{1,2,\cdots,14\}$，$S_3=\{1,2,\cdots,13\}$，$S_4=\{1,2,\cdots,12\}$，$S_5=\{1,2,\cdots,11\}$。建立计算主程序脚本文件 main. m：

```
n =5;   m =15;   s = nan * ones(m,n);   s(1,1) =m;
for k =2:n   s(1:m -k +1,k) = [1:m -k +1]';   end
[p,f] = zxf_dynprog(s,'my2_DecisFun','my2_SubObjFun','my2_TransFun','my2_ObjFun')
```

得到结果：

```
p =1.0000   15.0000   3.0000   0.9990
   2.0000   12.0000   3.0000   0.9966
   3.0000   9.0000    4.0000   0.9961
   4.0000   5.0000    3.0000   0.9978
   5.0000   2.0000    2.0000   0.9984
f =0.9880
```

所以，设计 1,2,3,4 和 5 号元件分别并联 3,3,4,3,2 个，系统获最大可靠性，为 0.988。

3. 咨询项目选择

【例3－17】某咨询公司有46 个工作日可以去处理4 种类型的咨询项目，每种类型咨询项目中待处理的客户数量、处理每个客户所需的工作日数以及所获得的利润如表3－14 所示。

表3－14 咨询项目明细表

咨询项目类型	待处理客户数 c_k	处理每个客户所需工作日数 d_k	处理每个客户所获利润 v_k
1	4	1	2
2	4	3	8
3	4	4	11
4	4	7	20

该咨询公司应如何选择客户，才能在这 46 个工作日中获利最大？

(1)建模分析

咨询项目选择属于背包问题，即根据背包的装载能力如何进行装载，使得装载的物品价值最大。咨询项目选择的依据是公司计划的总时间及处理项目需要的时间和价值。

本咨询项目选择按项目类型划分为 4 个阶段，$k=1,2,\cdots,n$，$n=4$。

分配给第 k 种咨询项目至第 n 种咨询项目的总工作日数为第 k 阶段的状态 s_k。

处理第 k 类项目的数量为第 k 阶段的决策 x_k，允许决策集合为

$$U_k(s_k)=\{x_k \mid 0\leqslant x_k\leqslant \min([s_k/d_k],c_k)\}$$

d_k为处理每个 k 类项目所需要的工作日数，c_k为待处理 k 类客户数。

定义允许决策集合函数 DecisFun(k,s)：

```
function  U = my3_DecisFun(k,s)
c =4;  d = [1,3,4,7];  n =4;
if k == n  U = min(fix(s/d(k)),c);
else       U =0 : min(fix(s/d(k)),c);
end;  end
```

建立状态转移方程：$s_{k+1}=s_k-d_k x_k, k=1,2,3,4$。定义 TransFun(k,s,x)：

```
function sk1 = my3_TransFun(k,sk,x)
  d = [1,3,4,7];  sk1 = sk - d(k) * x;  end
```

阶段效益(指标函数)：$r_k=v_k * x_k$，定义 SubObjfun(k,s,x)：

```
function  r = my3_SubObjFun(k,s,x)
  v = [2,8,11,20];  r = v(k) * x;  end
```

过程指标函数：$R_{k,n}(s_k,x_k,\cdots,x_n)=\sum r_i(s_i,x_i)$为阶段效益累加函数，可省略。

(2)计算求解

该问题第 k 阶段的状态集合为 S_k：$S_1=\{46\}$；$S_2=S_3=S_4=\{0,1,\cdots,46\}$。建立计算主程序脚本文件 main. m：

```
n =4;  m =46;  s = nan * ones(m+1,n);  s(1,1) = m;
s(1 : m+1,2) = [0 : m]';  s(1 : m+1,3) = [0 : m]';  s(1 : m+1,4) = [0 : m]';
[p,f] = zxf_dynprog(s,'my3_DecisFun','my3_SubObjFun','my3_TransFun')
```

得到结果：

```
p =1  46  0  0
   2  46  2  16
   3  40  3  33
   4  28  4  80
f = 129
```

咨询项目最优选择方案：不做第 1 类项目；第 2 类项目做两项，获利 16；第 3 类项目做 3 项，获利 33；第 4 类项目做 4 项，获利 80。总计最大获利为 129。

4. 生产与储存

【例 3 - 18】 某公司生产电器设备，客户采取预订方式购买，所以该公司可根据订单核算未来几个月的需求量。为确保需求，该公司为新的一年前 4 个月制订一项生产计划，这 4 个月的需求量分别为 20 台，36 台，16 台，30 台。最大生产能力为每月 60 台。生产成本随着生产数量而变化。一次调试费为 6000，除调试费用外，每月生产的前 20 台每台成本为 2000，中间 20 台每台成本为 1600，后 20 台每台成本为 1200。

每台设备在仓库中每个月的储存费为 200，仓库的最大储存能力为 30 台，另外，已知在 1 月 1 日时仓库里存有 10 台设备，要求在 4 月 30 日仓库的库存量为 0。试问该公司应如何制订生产计划，使得 4 个月的生产成本和储存总费用最少？

(1)建模分析

生产与储存问题的动态规划建模思路：按时间划分阶段，每阶段周期的生产量是决策变量,期初的库存量是状态变量。

本案例按月份来划分阶段,$k=1,2,\cdots,n,n=4$。已知第 k 阶段需求量 $d_k(k=1,2,3,4)$;

设第 k 阶段期初库存量为状态变量 $s_k,k=1,2,\cdots,n,s_k\leqslant\min\left(\sum_{i=k}^{n}d_k,30\right)$;

设第 k 阶段的生产量为决策变量 $x_k,k=1,2,\cdots,n$;允许决策为 $x_k\leqslant$ 生产能力 $=4,x_k\leqslant\sum_{i=k}^{n}d_i-s_k,x_k\geqslant d_k-s_k,k=1,2,3,4$。故有

$$\max(0,d_k-s_k)\leqslant x_k\leqslant\min\left[\left(\sum_{i=k}^{4}d_i\right)-s_k,4\right]$$

定义允许决策集合函数 DecisFun(k,s):

```
function  U = my4_DecisFun(k,s)
a = 60;  d = [20,36,16,30];  n = 4;
xmin = max(0,d(k) - s);
xmax = 0;  for i = k:n  xmax = xmax + d(i);  end
xmax = min(xmax - s,a);
U = xmin : xmax;  end
```

状态转移方程:$s_{k+1}=s_k+x_k-d_k,k=1,2,3,4$。定义 TransFun$(k,s,x)$:

```
function sk1 = my4_TransFun(k,sk,x)
d = [20,36,16,30];  sk1 = sk + x - d(k);  end
```

阶段效益(指标函数):$r_k=c_k\cdot x_k+200(s_k+x_k-d_k)$,定义 SubObjfun$(k,s,x)$:

```
function  r = my4_SubObjFun(k,sk,xk)
  d = [20,36,16,30];
  if  xk == 0           r = 0;
  elseif  xk  <= 20     r = 6000 + 2000 * xk;
  elseif  xk  <= 40     r = 6000 + 2000 * 20 + 1600 * xk;
  elseif  xk  <= 60     r = 6000 + 2000 * 20 + 1600 * 20 + 1200 * xk;
  end
  r = - r - 200 * (sk + xk - d(k));              % 负数表示费用,最少费用,就是负数的最大
end
```

过程指标函数:$R_{k,n}(s_k,x_k,\cdots,x_n)=\sum r_i(s_i,x_i)$ 为阶段效益累加函数,可省略。

(2) 计算求解

该问题第 k 阶段的状态集合为 S_k:$S_1=\{10\}$;$S_2=S_3=S_4=\{0,1,\cdots,30\}$。建立计算主程序脚本文件 main. m:

```
m = 30;  s1 = [10; nan * ones(m,1)];  s2 = [0:m]';  s = [s1,s2,s2,s2];
[p,f] = zxf_dynprog(s,'my4_DecisFun','my4_SubObjFun','my4_TransFun')
```

得到结果:

```
p = 1   10   12   - 30400
    2    2   60   - 155200
    3   26    0   - 2000
    4   10   20   - 46000
f = - 233600
```

所以,1 ~ 4 月的产量分别为 12 台、60 台、0 台、20 台,优化的总成本为 233600。

3.5 GUI优化工具

3.5.1 GUI 优化工具概述

GUI 优化工具以图形用户界面提供了优化函数调用的方式，用户可在 GUI 优化工具的图形用户界面上确定调用的函数、输入相应的数据、选择计算参数、执行并查看结果。

1. GUI 优化工具的启动

启动 GUI Optimization Tool 有以下两种方法：①在命令行输入 optimtool；②在 MATLAB 主界面单击左下角的“Start”按钮，然后依次选“Toolboxes→Optimization→ Optimization Tool (optimtool)。

GUI 优化工具的启动界面见图 3－12。

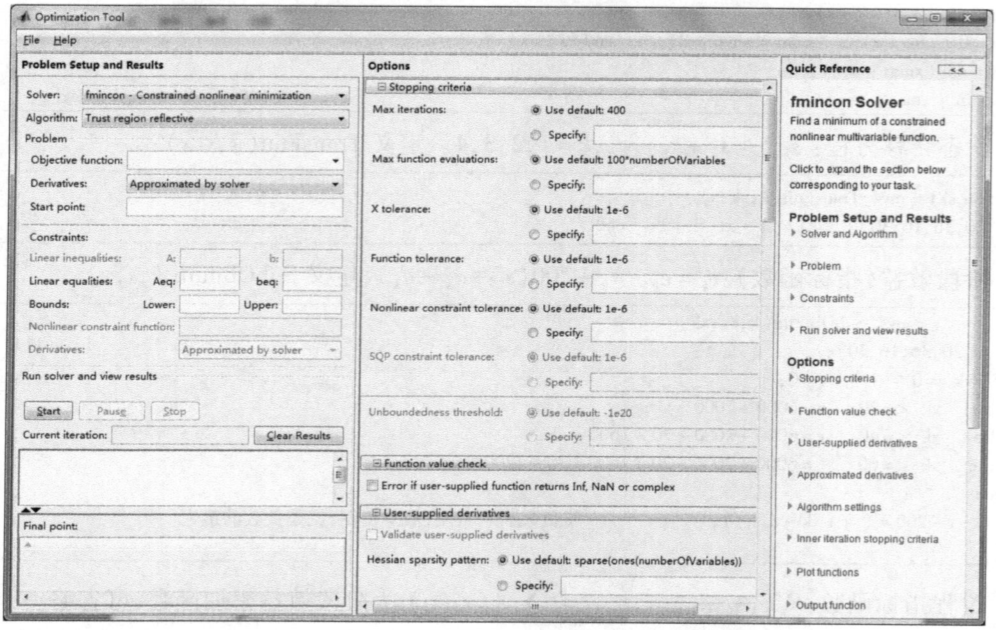

图 3－12　GUI 优化工具的启动界面

GUI 优化工具的界面主要分为三个部分：左边为优化问题的描述及计算结果显示（Problem Setup and Results）；中间为优化选项的设置（Options）；右边为帮助（Quick Reference）。

为了使界面简洁，可以单击右上角的“ << ”按钮将帮助隐藏起来。

2. GUI 优化工具使用步骤

GUI 优化工具的基本使用步骤如下。

① 选择求解器 solver 和优化算法。求解器 solver 包括线性规划 linprog、整数规划 bintprog、无约束一维极值问题 fminbnd、无约束多维极值问题 fminunc 和 fminsearch、约束优化问题 fmincon、二次规划 quadprog、智能优化算法 ga 和 simulannealbnd 等。各个求解器具有各自的算法，用户选完求解器后需要选择希望的算法。

② 选定目标函数/设定目标函数的相关参数。不同的求解器具有不同的设置项，如目标函数、目标函数的参数、计算起始点等。

③ 设定约束条件函数的相关参数。

④ 设置优化选项。GUI 优化工具的优化选项包括 9 大类：Stopping criteria—停止准则、Function value check—函数值检查、User - supplied derivatives—用户自定义微分（或梯度）函数、Approximated derivatives—自适应微分（或梯度）函数、Algorithm settings—算法设置、Inner iteration stopping criteria—内迭代停止准则、Plot functions—用户自定义绘图函数、Output functions—用户自定义输出函数、Display to command window—输出到命令行窗口。不同的求解器含有不同的设置选项。

⑤ 单击“Start”按钮，运行求解。

⑥ 查看求解器的状态和求解结果。

⑦ 将目标函数、选项和结果导入/导出。

3.5.2 GUI 优化工具应用示例

1. 线性规划（linprog）

【例 3－19】求解线性规划

$$\min f=-4x_1-x_2$$
$$\text{s. t.}\begin{cases}-x_1+2x_2\leqslant 4\\2x_1+3x_2\leqslant 12\\x_1-x_2\leqslant 3\\x_1,x_2\geqslant 0\end{cases}$$

的 GUI 优化工具界面，见图 3－13。

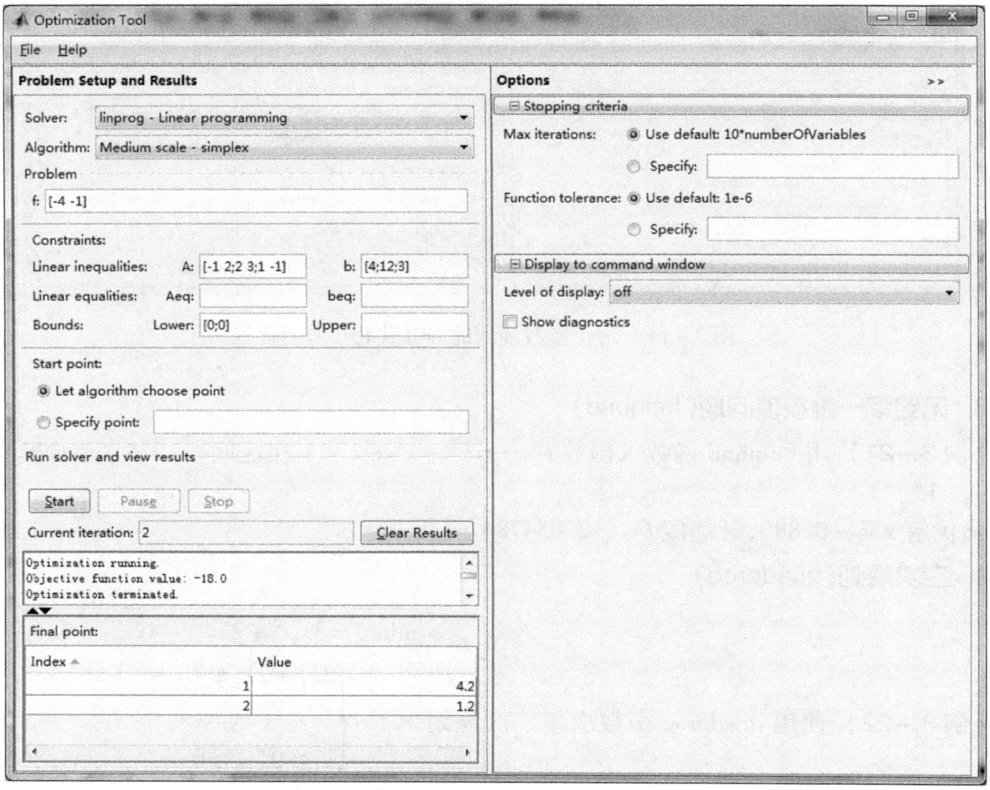

图 3－13 求解线性规划的 GUI 优化工具界面

最优解是 $x=(4.2,1.2)$，最优值为 $f=-18$。

2. 0－1 整数规划(bintprog)

【例 3－20】求解整数规划 $\begin{array}{l} \min\ f=x_1+2x_2+3x_3+x_4+x_5 \\ \text{s.t.} \begin{cases} 2x_1+3x_2+5x_3+4x_4+7x_5 \geqslant 8 \\ x_1+x_2+4x_3+2x_4+2x_5 \geqslant 5 \\ x_1,x_2,x_3,x_4,x_5=0 \text{ 或 } 1 \end{cases} \end{array}$ 的 GUI 优化工具界面，见图 3－14。最优解 $x=(1,0,0,1,1)$，最优值 $f=3$。

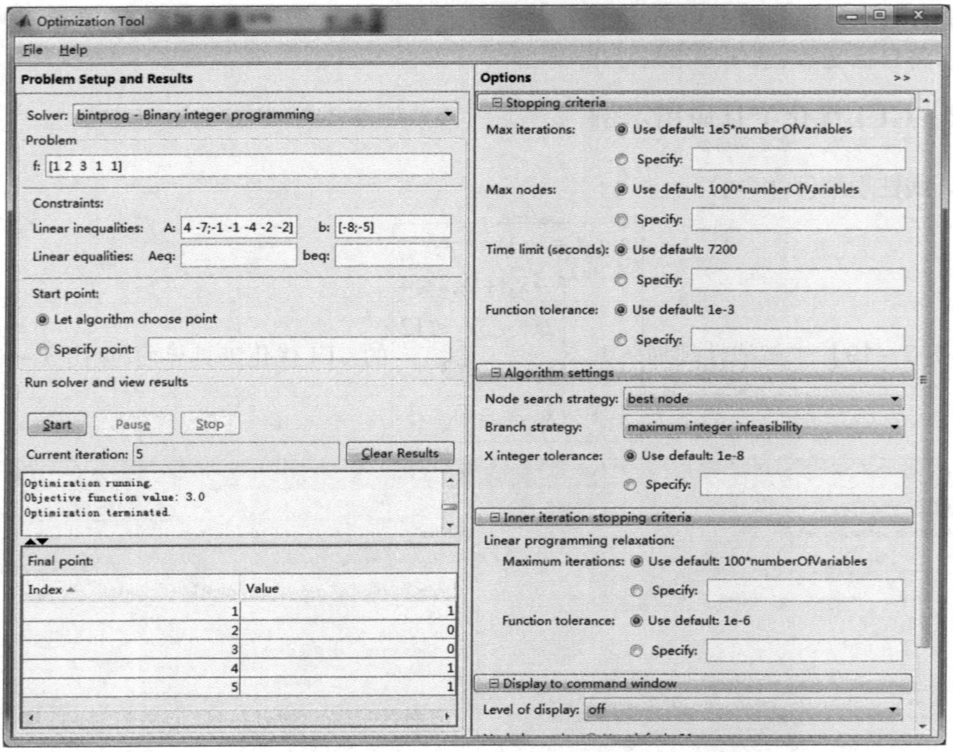

图 3－14　0－1 整数规划的 GUI 优化工具界面

3. 无约束一维极值问题(fminbnd)

【例 3－21】用 fminbnd 函数求函数 $f(x)=x^4-x^2+x-1$ 在区间 $[-2,1]$ 上的极小值，见图 3－15。

最优解 $x=-0.885$，最优值 $f=-2.054784$。

4. 二次规划(quadprog)

【例 3－22】使用 quadprog 函数求解二次规划 $\begin{array}{l} \min\ f=3x_1^{\ 2}+2x_2^{\ 2}-4x_1x_2+3x_1-4x_2 \\ \text{s.t.} \begin{cases} 2x_1+2x_2 \leqslant 4 \\ -x_1+2x_2 \leqslant 4 \\ x_1 \geqslant 0, x_2 \geqslant 0 \end{cases} \end{array}$，见图 3－16。

最优解 $x=(0.5,1.5)$，最优值 $f=-2.25$。

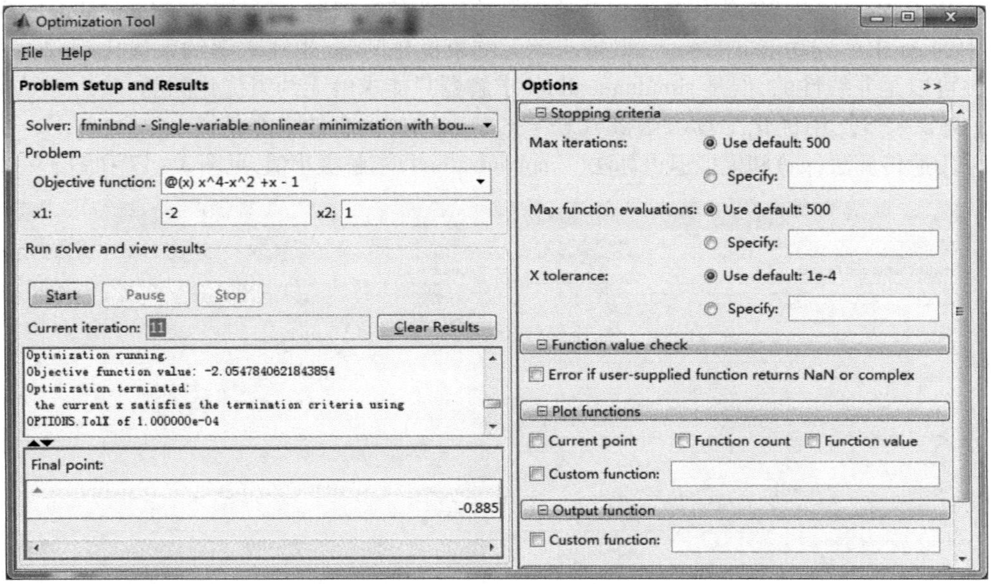

图 3－15　无约束一维极值问题的 GUI 优化工具界面

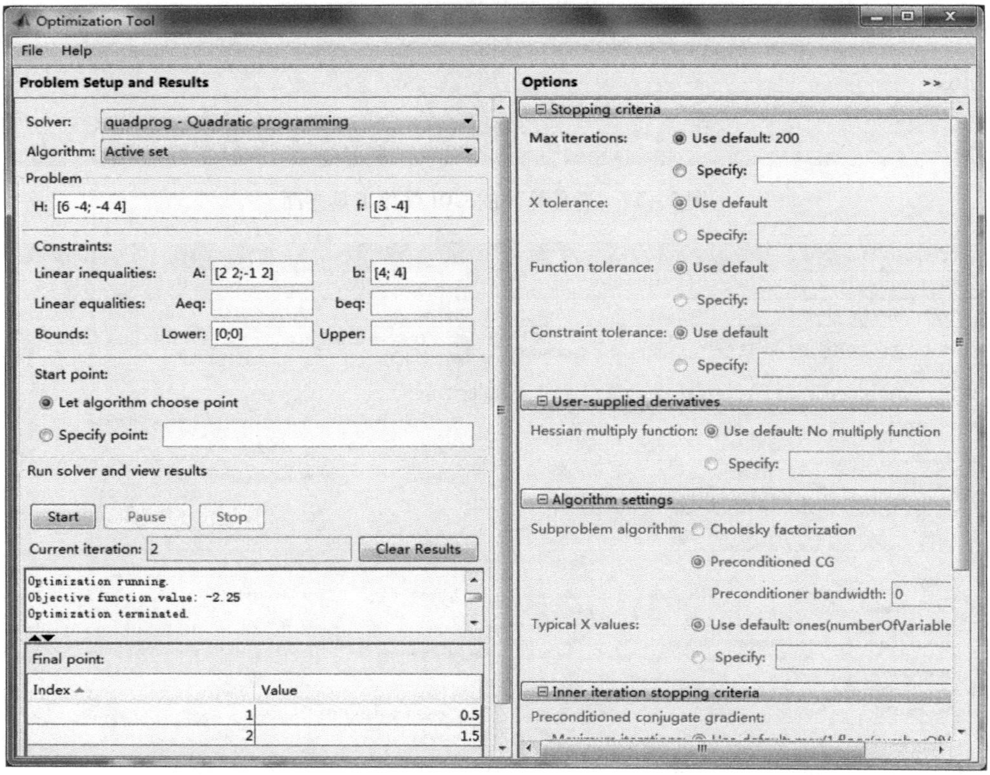

图 3－16　二次规划的 GUI 优化工具界面

5. 智能优化算法——遗传算法(ga)与模拟退火算法(simulannealbnd)

优化工具箱中的智能优化算法包括遗传算法(ga)和模拟退火算法(simulannealbnd),MATLAB 中的 ga 求解器功能非常强大,既能求解无约束优化问题,也能求解约束优化问题,而且约束条件可以是非线性的,但是 simulannealbnd 求解器只能求解无约束优化问题。

【例 3-23】 用优化工具求函数 $f(x)=x^4-3x^3+x^2-2$ 的极小值。

采用遗传算法(ga)和模拟退火算法(simulannealbnd)求解极小值,见图 3-17 和图 3-18。

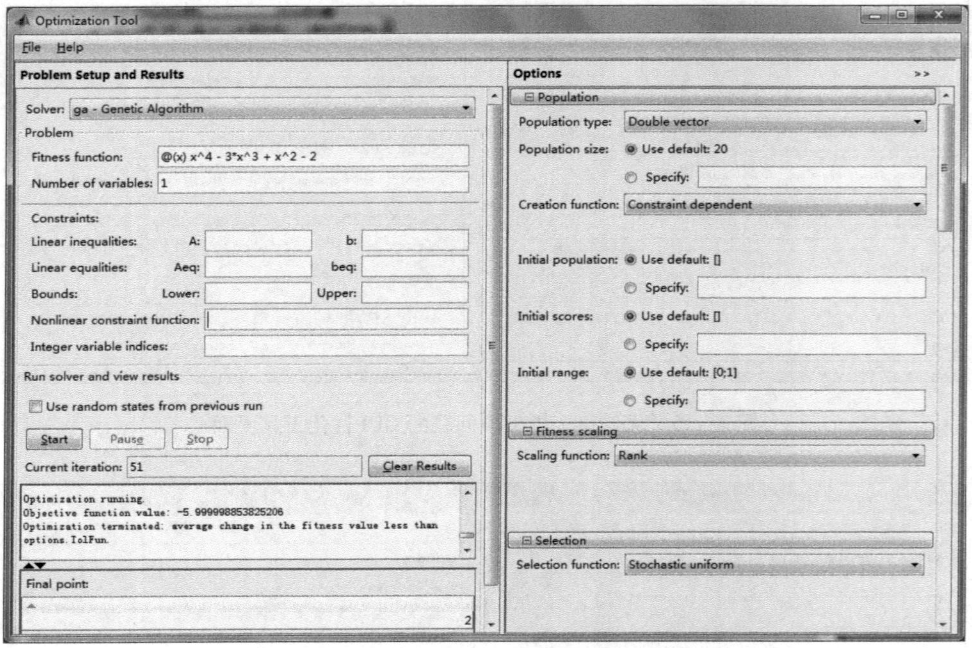

图 3-17 遗传算法的 GUI 优化工具界面

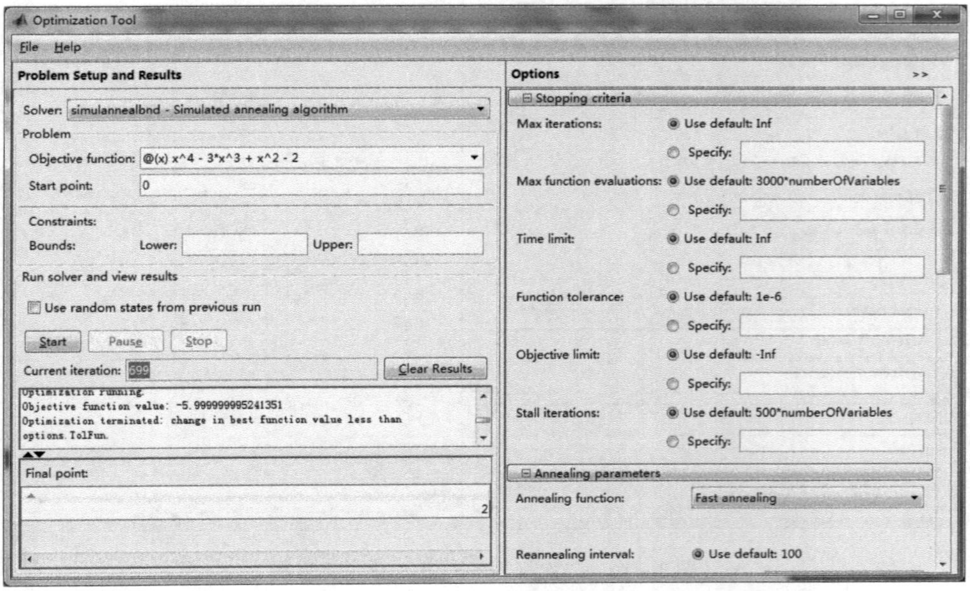

图 3-18 模拟退火算法的 GUI 优化工具界面

最优解 $x=2$，最优值 $f=-6$。
智能优化计算详见第 7 章。

复习思考题

1. 讨论线性规划模型（模型、解的概念及基本定理）。
2. 讨论线性规划可以解决的问题（扫描二维码查看相关问题 2）。
3. 讨论 MATLAB 线性规划模型求解计算（函数及参数）。
4. 讨论 MATLAB 优化工具箱的内容（函数类型及参数）。
5. 讨论非线性优化问题模型和 MATLAB 求解函数。
6. 讨论非线性规划模型、应用及调用 MATLAB 函数求解计算。
7. 讨论非线性规划可以解决的问题（扫描二维码查看相关问题 3）。
8. 讨论动态规划问题和模型构建。
9. 讨论处理动态规划问题的技巧和 MATLAB 求解计算。
10. 讨论动态规划可以解决的问题（扫描二维码查看相关问题 4）。
11. 讨论 MATLAB 提供的 GUI 优化工具和优化计算。
12. 提出工作中的若干规划问题，讨论问题方案的符号描述，构建方案优化模型，并求解。

第4章

图与网络的优化计算

4.1 图与网络的概念

运筹学中的图论是由点和连线(边)表示的图形来表达研究对象的逻辑关系。图是网络分析的基础,根据具体研究的对象(如道路网、电力网、通信网及抽象网等),赋予图中的点和边具体含义及参数。例如,点可代表时空的节点,边可以表示节点间的关系,边的参数表示时空距离、流量、费用等。图论方法可用来研究各类网络的结构和优化问题。

1. 图与网络的基本概念

图论中的图不是几何图形,而是由点与线构成的抽象图形,它可以很好地描述、刻画研究对象(点)及其之间的特定关系(连线)。一般情况下,图中点的相对位置、连线长短对于反映对象之间的关系不太重要。

【例4-1】 在某一人群中,对相互认识的关系可以用图4-1来表示。

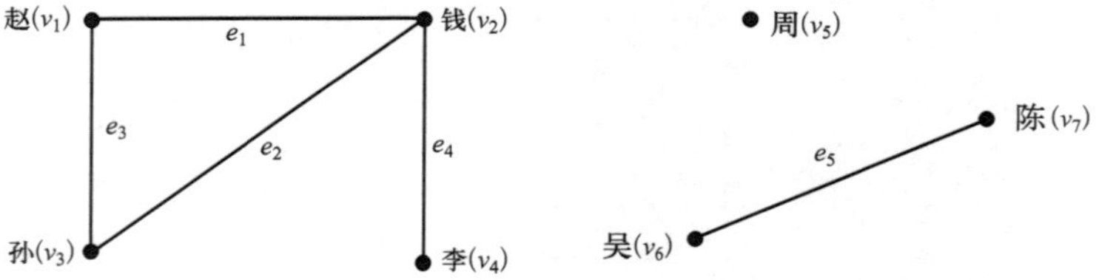

图4-1　赵、钱、孙、李、周、吴、陈之间相互认识的关系

相互认识的关系是一种对称关系,而认识的关系就是非对称关系,非对称关系要用带有方向的箭线来表示。

图论中的图有两类:无向图和有向图。由点和边构成的图叫无向图(简称图),记为 $G=(V,E)$,其中 V 是图 G 的点集合,E 是图 G 的边集合;由点和弧(带箭头的边)构成的图叫有向图,记为 $D=(V,A)$,其中 V 为图 D 的点集,A 为图 D 的弧集。无向图是一种特殊的有向图,无向图的边等价于两条反向的弧。

若边 e 可表示为 $e=[v_i,v_j]$,则称 v_i 和 v_j 是边 e 的端点,称边 e 为点 v_i 或 v_j 的关联边。若点 v_i、v_j 与同一边关联,则称点 v_i 和 v_j 相邻;若边 e_m 和 e_n 具有公共的端点,则称边 e_m 和 e_n 相邻。如果边 e 的两个端点相重,则称该边为环(如图4-2中的 e_1)。如果两个点之间的边多于一条,则称为多重边(如图4-2中的 e_4、e_5)。无环、无多重边的图称为简单图。

图中,与某一个点 v_i 相关联的边的数目称为点 v_i 的次(也称为度),记作 $d(v_i)$。次为奇数的点称为奇点,次为偶数的点称为偶点,次为0的点称为孤立点。图的次等于各点的次之和。对于有向图,点的出边数称为该点的出度,点的入边数称为该点的入度。

图中一些点和边的交替序列 $\mu=\{v_0,e_1,v_1,e_2,v_2,\cdots,e_k,v_k\}$ 对任意 v_{t-1} 和 $v_t(2\leqslant t\leqslant k)$ 均相邻,称 μ 为从 v_0 到 v_k 的链(路)。如果链中各边 $e_1,e_2,\cdots,e_k$ 互不相同,则称为简单链。如果链中所有的点 $v_0,v_1,\cdots,v_k$ 都不相同,则称为初等链(路)。如果 v_0 与 v_k 重合,则称为闭链(回路),如果边不重合,则称为简单闭链(圈)。链表示联结性,路表示可达性。

如图 4－2 所示,$\mu_1=\{v_5,e_8,v_3,e_3,v_1,e_2,v_2,e_4,v_3,e_7,v_4\}$ 是一条链,因点 v_3 重复出现,故不能称为路,但称 μ_1 为简单链。$\mu_2=\{v_4,e_7,v_3,e_3,v_1,e_2,v_2,e_6,v_4\}$ 是一条回路并且是简单回路。

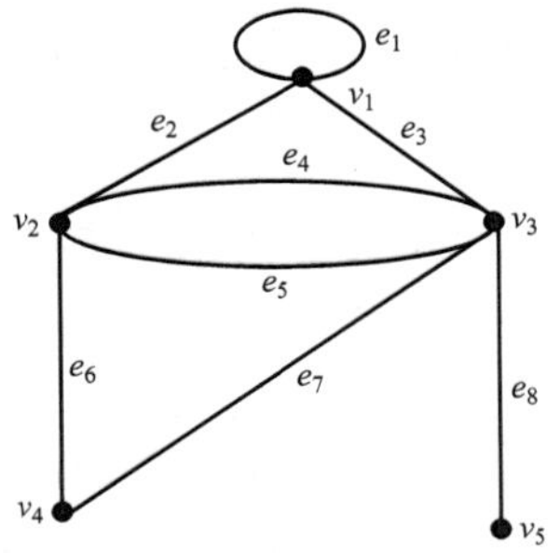

图 4－2　环、多重边示意图

在一个图中,若任意两点之间至少存在一条链,称这样的图为连通图,否则称为不连通图。

图 $G_1=\{V_1,E_1\}$ 和图 $G_2=\{V_2,E_2\}$,如果 $V_1\subseteq V_2$ 和 $E_1\subseteq E_2$,则称 G_1 是 G_2 的一个子图。若有 $V_1=V_2$ 和 $E_1\subseteq E_2$,则称 G_1 是 G_2 的一个支撑子图。支撑子图是子图,子图不一定是支撑子图。图 4－3 为图 4－2 的子图(a)和支撑子图(b)。

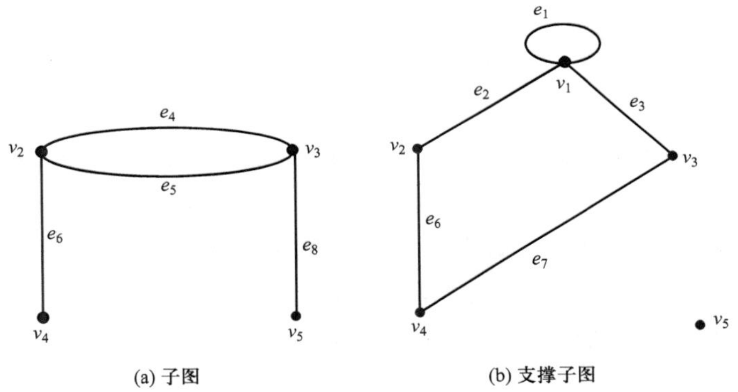

图 4－3　图 4－2 的子图和支撑子图

图示的逻辑关系可以用代数方式的关联矩阵或邻接矩阵来表达。

2. 关联矩阵和邻接矩阵

关联矩阵用于表示图中点和线的关联关系,邻接矩阵用于表示图中点之间的相邻关系。

对无向图 G,用关联矩阵 $\boldsymbol{M}=(m_{ij})_{V\times E}$ 表示,其中 $m_{ij}=\begin{cases}1, & v_i \text{ 与 } e_j \text{ 相关联}\\ 0, & v_i \text{ 与 } e_j \text{ 不关联}\end{cases}$

图 4－4 的关联矩阵如下:

$$\boldsymbol{M}=\begin{array}{c} \begin{matrix} e_1 & e_2 & \cdots & e_5 & \end{matrix} \\ \begin{pmatrix} 1 & 1 & 0 & 0 & 0 \\ 1 & 0 & 1 & 1 & 0 \\ 0 & 1 & 1 & 0 & 1 \\ 0 & 0 & 0 & 1 & 1 \end{pmatrix} \begin{matrix} v_1 \\ v_2 \\ v_3 \\ v_4 \end{matrix} \end{array}$$

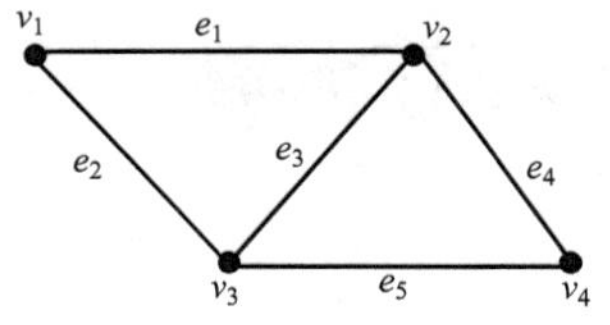

图 4－4　关联矩阵示意图

对有向图 D,其关联矩阵 $\boldsymbol{M}=(m_{ij})_{V\times E}$,其中 $m_{ij}=\begin{cases}1, & v_i \text{ 是 } e_j \text{ 的起点}\\ -1, & v_i \text{ 是 } e_j \text{ 的终点}\\ 0, & v_i \text{ 与 } e_j \text{ 不关联}\end{cases}$

对无向图 G,其邻接矩阵 $\boldsymbol{A}=(a_{ij})_{V\times V}$,其中 $a_{ij}=\begin{cases}1, & v_i \text{ 与 } v_j \text{ 相邻}\\ 0, & v_i \text{ 与 } v_j \text{ 不相邻}\end{cases}$

图 4－5 不考虑权值的邻接矩阵如下:

$$\boldsymbol{A}=\begin{array}{c} \begin{matrix} v_1 & v_2 & & \cdots & & & v_7 \end{matrix} \\ \begin{pmatrix} 0&0&0&0&0&1&1\\ 0&0&1&0&0&0&1\\ 0&1&0&1&1&0&1\\ 0&0&1&0&1&0&0\\ 0&0&1&1&0&1&1\\ 1&0&0&0&1&0&1\\ 1&1&1&0&1&1&0 \end{pmatrix} \begin{matrix} v_1\\ v_2\\ v_3\\ v_4\\ v_5\\ v_6\\ v_7 \end{matrix} \end{array}$$

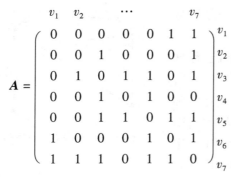

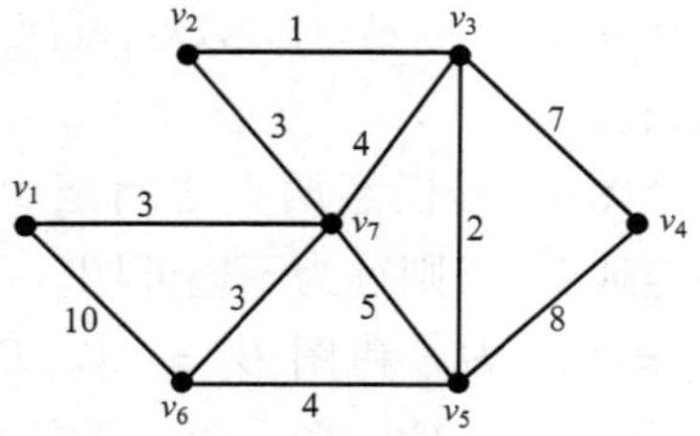

图 4－5 邻接矩阵示意图

对有向图 D,其邻接矩阵 $\boldsymbol{A}=(a_{ij})_{V\times V}$,其中 $a_{ij}=\begin{cases}1, & \text{当}(v_i,v_j)\in E\\ 0, & \text{当}(v_i,v_j)\notin E\end{cases}$

对赋权图 G,其邻接(权)矩阵 $\boldsymbol{A}=(a_{ij})_{V\times V}$,其中 $a_{ij}=\begin{cases}w_{ij}, & \text{当}(v_i,v_j)\in E, w_{ij}\text{为权值}\\ 0, & \text{当 } i=j\\ \infty, & \text{当}(v_i,v_j)\notin E\end{cases}$

所谓赋权图 $G=[V,E]$ 是指,研究对象点之间关系的某种属性用权数表示,如距离、费用、流量等,这个权数与边 $e_k\in E$ 相关联,表示为边的权数 $w_{ij}(e_k)\geqslant 0$,如图 4－5 中边旁边的数。图 4－5 考虑权值的邻接(权)矩阵如下:

$$\boldsymbol{A}=\boldsymbol{W}=(w_{ij})\begin{array}{c} \begin{matrix} v_1 & v_2 & & \cdots & & & v_7 \end{matrix} \\ \begin{pmatrix} 0&\infty&\infty&\infty&\infty&10&3\\ \infty&0&1&\infty&\infty&\infty&3\\ \infty&1&0&7&2&\infty&4\\ \infty&\infty&7&0&8&\infty&\infty\\ \infty&\infty&2&8&0&4&5\\ 10&\infty&\infty&\infty&4&0&3\\ 3&3&4&\infty&5&3&0 \end{pmatrix} \begin{matrix} v_1\\ v_2\\ v_3\\ v_4\\ v_5\\ v_6\\ v_7 \end{matrix} \end{array}$$

4.2 最短路径问题

在现实生活和工作中会经常遇到最短路径问题,例如寻找两点之间总长度最短或者费用最少的路径。在运输、物流、设施选址及人员调度问题中,最短路径是很常见的问题。解决最短路径问题的方法有很多,例如迪杰斯特拉算法(Dijkstra)、弗洛伊德算法(Floyd)等。

4.2.1 最短路径算法及计算程序

1. 固定起点最短路径的 Dijkstra 算法

最短路径问题指对一个赋权有向图 D 中指定的两点 v_s 和 v_t,找到一条从 v_s 到 v_t 的最短路径,使得这条路径上所有弧的权数的总和最小,这条路径称为从 v_s 到 v_t 的最短路径,这条路径上所有弧的权数的总和称为从 v_s 到 v_t 的距离。

Dijkstra 算法是计算从某个源点到其余各顶点的最短路径,是按照路径长度递增的次序产生最短路径的算法。

设赋权有向图的表述为 $G=[V,E,W]$,其中顶点集 $V=\{v_1,v_2,\cdots,v_n\}$,即顶点的个数 $|V|=n$。$W=[w_{ij}]$ 为 G 的邻接(权)矩阵,w_{ij} 为边 (v_i,v_j) 的权,需要满足非负条件。求 G 中 v_s 到其他各顶点的最短路径。用 $d(v_j)$ 表示从 v_s 到 v_j 的只允许经过已选出顶点的最短路径的权值,用 $p(v_j)$ 表示从 v_s 到 v_j 的最短路径尽头的前一个顶点。相应的算法步骤如下:

① 初始化,$\forall j\in\{1,2,\cdots,n\}$,令 $d(v_j)=w_{sj}, p(v_j)=s$;给 v_s 点标号 $L_s=(d(v_s),p(v_s))=(0,V_s)$,标号点集合 $S=\{v_s\}$,S 的补集 $V_s=V\setminus S=\{v_1,\cdots,v_{s-1},v_{s+1},\cdots,v_n\}$ 是未标号点集合;

② 在 V_s 中找出顶点 v_k,使得 $d(v_k)=\min\limits_{v_j\in V_s}\{d(v_j)\}$,给 v_k 点标号 $L_k=(d(v_k),p(v_k))$,置标号点集合 $S=S\cup\{v_k\}$,未标号点集合 $V_s=V\setminus S$。若 $V_s=\varnothing$,则结束,否则转③;

③对 $\forall v_j\in V_s, \forall v_k\in S$,修正: $d(v_j)=\min\begin{Bmatrix}d(v_j)\\ d(v_k)+w_{kj}\end{Bmatrix}$, $p(v_j)=\begin{cases}k, & 当\ d(v_j)>d(v_k)+w_{kj}\\ p(v_j), & 其他\end{cases}$,

转②。

经过 $n-1$ 次迭代之后,所有顶点都被标号,$d(v_j)(j=1,2,\cdots,n)$ 的终值就给出了从顶点 v_s 到其余各顶点 $v_j(j=2,3,\cdots,n)$ 的最短路径的长度,反向追踪 $p(v_j)$ 即可得到最短路径。

2. 任意两顶点之间最短路径的 Floyd 算法

Floyd 算法是一种用于寻找给定的加权图中任意两顶点之间最短路径的算法。它通过图的权值矩阵求出每两点间的最短路径矩阵。从图的赋权邻接矩阵 $\boldsymbol{W}=[w(i,j)]_{n\times n}$ 开始,递归地进行 n 次更新,即由矩阵 $\boldsymbol{D}^{(0)}=\boldsymbol{W}$,按迭代公式计算出矩阵 $\boldsymbol{D}^{(1)}$、$\boldsymbol{D}^{(2)}$、…、$\boldsymbol{D}^{(k)}$、…、$\boldsymbol{D}^{(n-1)}$、$\boldsymbol{D}^{(n)}$。矩阵 $\boldsymbol{D}^{(n)}$ 的第 i 行、第 j 列元素便是 i 点到 j 点的最短路径长度 d_{ij},称 $\boldsymbol{D}^{(n)}$ 为图的距离矩阵。同时用路径矩阵 $\boldsymbol{R}$ 来记录 i,j 两点间的中间点 r_{ij},r_{ij} 的功能类似 Dijkstra 算法的 $p(v_j)$,据此可推得任意两点间的最短路径。

(1) Floyd 算法原理——求最短距离矩阵的方法

① 把赋权邻接矩阵 $\boldsymbol{W}$ 作为距离矩阵的初值,即 $\boldsymbol{D}^{(0)}=(d_{ij}^{(0)})_{n\times n}=\boldsymbol{W}$;

② $\boldsymbol{D}^{(1)}=(d_{ij}^{(1)})_{n\times n}$,其中 $d_{ij}^{(1)}=\min\{d_{ij}^{(0)},d_{i1}^{(0)}+d_{1j}^{(0)}\}$,$d_{ij}^{(1)}$ 是从 v_i 到 v_j 的只允许以 v_1 作为中间点的路径中最短路径的长度;

③ $\boldsymbol{D}^{(2)}=(d_{ij}^{(2)})_{n\times n}$,其中 $d_{ij}^{(2)}=\min\{d_{ij}^{(1)},d_{i2}^{(1)}+d_{2j}^{(1)}\}$,$d_{ij}^{(2)}$ 是从 v_i 到 v_j 的只允许以 v_1、v_2

作为中间点的路径中最短路径的长度；

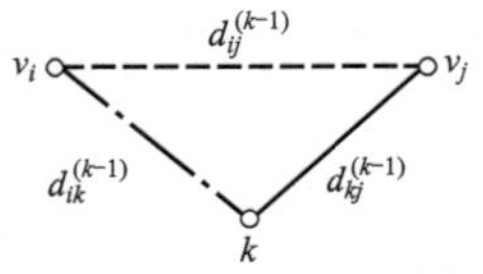

图 4－6　求 $d_{ij}^{(k)}$ 示意图

④ $\boldsymbol{D}^{(k)}=(d_{ij}^{(k)})_{n\times n}$，其中 $d_{ij}^{(k)}=\min\{d_{ij}^{(k-1)},d_{ik}^{(k-1)}+d_{kj}^{(k-1)}\}$，$d_{ij}^{(k)}$ 是从 v_i 到 v_j 的只允许以 v_1、v_2、…、v_k 作为中间点的路径中最短路径的长度，如图 4－6 所示；当 $k=n$ 时，$d_{ij}^{(n)}$ 是从 v_i 到 v_j 的允许以 v_1、v_2、…、v_n 作为中间点的路径中最短路径的长度，即 $d_{ij}^{(n)}$ 是从 v_i 到 v_j 中间可插入任何顶点的路径中最短路径的长度，因此 $\boldsymbol{D}^{(n)}$ 是最短距离矩阵。

(2) Floyd 算法原理——求最短路径矩阵的方法

在建立最短距离矩阵的同时可建立最短路径矩阵 $\boldsymbol{R}=(r_{ij})_{n\times n}$，$r_{ij}$ 的含义是从 v_i 到 v_j 的最短路径要经过的点的标识，一般用点的标号表示。求 $\boldsymbol{R}$ 的算法如下。

① $\boldsymbol{R}^{(0)}=(r_{ij}^{(0)})_{n\times n}$，$r_{ij}^{(0)}=j$。

② 在迭代计算 $\boldsymbol{D}^{(k)}$ 时，可同时计算 $\boldsymbol{R}^{(k)}$

$$\boldsymbol{R}^{(k)}=(r_{ij}^{(k)})_{n\times n},r_{ij}^{(k)}=\begin{cases}k, & \text{当 } d_{ij}^{(k-1)}>d_{ik}^{(k-1)}+d_{kj}^{(k-1)}\\ r_{ij}^{(k-1)}, & \text{其他}\end{cases},k=1,2,\cdots,n$$

即当 v_k 是任何两点间的最短路径要经过的点时，v_k 被记录在 $R^{(k)}$ 中，依次求得 $\boldsymbol{D}^{(k)}$ 的同时求得 $\boldsymbol{R}^{(k)}$。可由 $\boldsymbol{R}^{(n)}$ 查找出任何两点之间的最短路径。

(3) Floyd 算法原理——查找最短路径的方法

当 $r_{ij}^{(n)}=p_1$ 时，p_1 是从 v_i 到 v_j 的最短路径经过的中间点。然后用同样的方法分头依次查找其他中间点，直到再找不出其他中间点为止：

① 由点 p_1 向点 v_i 追溯，得 $r_{ip_1}^{(n)}=p_2,r_{ip_2}^{(n)}=p_3,\cdots,r_{ip_{k-1}}^{(n)}=p_k=r_{ip_k}^{(n)}$；

② 由点 p_1 向点 v_j 追溯，得 $r_{p_1j}^{(n)}=q_1,r_{q_1j}^{(n)}=q_2,\cdots,r_{q_{m-1}j}^{(n)}=q_m,r_{q_mj}^{(n)}=j$。

则由点 v_i 到 v_j 的最短路径为 $i,p_k,\cdots,p_1,q_1,\cdots,q_m,j$，如图 4－7 所示。

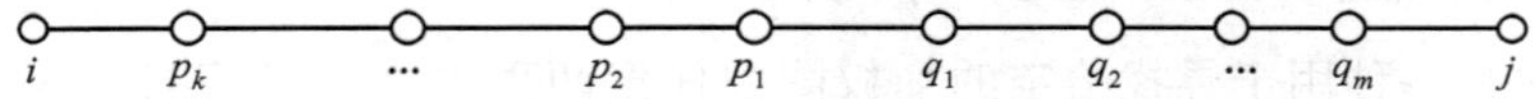

图 4－7　最短路径示意图

(4) Floyd 算法步骤——求任意两点间的最短路径

设：距离矩阵 $\boldsymbol{D}=(d_{ij})_{n\times n}$，$d(i,j)=d_{ij}$ 代表 i 到 j 的距离。路径矩阵 $\boldsymbol{R}=(r_{ij})_{n\times n}$，$r(i,j)=r_{ij}$ 代表 i 到 j 之间的插入点。算法的输入为赋权邻接矩阵 $\boldsymbol{W}=(w_{ij})_{n\times n}$，$w(i,j)=w_{ij}$ 是 (i,j) 边的权值。则求任意两点间最短距离矩阵 $\boldsymbol{D}$ 和路径矩阵 $\boldsymbol{R}$ 的 Floyd 算法如下。

① 初始化：令 $k=1$，对 $\forall i,j\in V$，设置 $d(i,j)=w(i,j)$，$r(i,j)=j$；

② 更新 $d(i,j)$，$r(i,j)$：

$$\text{对 }\forall i,j\in V,\text{有 } d(i,j)=\begin{cases}d(i,j), & \text{当 } d(i,j)\leqslant d(i,k)+d(k,j)\\ d(i,k)+d(k,j), & \text{其他}\end{cases}$$

$$对\ \forall\, i,j \in V, 有\ r(i,j)=\begin{cases} r(i,j), & 当\ d(i,j)\leqslant d(i,k)+d(k,j) \\ k, & 其他 \end{cases}$$

③ 当 $k=|V|=n$ 时，计算结束；否则令 $k=k+1$，转②。

3. 最短路径算法程序

(1) Dijkstra 算法 MATLAB 程序

根据赋权邻接矩阵 $\boldsymbol{W}$、起始点 startP 和终止点 endP，用 Dijkstra 算法求最短距离、最短路径的节点向量、最短距离向量和最短路径的父节点向量。编写 Dijkstra 算法 MATLAB 函数 zxf_Dijkstra（扫描二维码查看程序 4），调用格式如下：

[min_distance, min_Path, min_Distance, min_Parent] =

zxf_Dijkstra($\boldsymbol{W}$, startP, endP)

其中，输入参数：$\boldsymbol{W}$ 为赋权图的邻接矩阵，startP 为所求最短路径的起始点（可省略，默认值是 1），endP 为所求最短路径的终止点（可省略，默认值是 n）；输出参数：min_distance 为起始点至终止点的最短距离，min_Path 为起始点至终止点最短路径的节点向量，min_Distance 为起始点到终止点各点的最短距离向量，min_Parent 为各最短路径终止点的父节点向量。

调用函数 zxfDijkstra 时，输入参数个数为 1～3；输出参数个数为 2～4。

(2) Floyd 算法 MATLAB 程序

编写 Floyd 算法函数 my_floydDR（扫描二维码查看程序 5），调用格式如下：

[$\boldsymbol{D}$, $\boldsymbol{R}$] = my_floydDR($\boldsymbol{W}$)

其中，输入赋权邻接矩阵 $\boldsymbol{W}$，输出最短距离矩阵 $\boldsymbol{D}$ 和路径矩阵 $\boldsymbol{R}$。

根据 Floyd 算法得出的 $\boldsymbol{D}$ 和 $\boldsymbol{R}$ 及起始点 startP 和终止点 endP，编写求最短路径和距离的 MATLAB 函数 my_minPathDR（扫描二维码查看程序 6），调用格式如下：

[min_Path, min_distance] = my_minPathDR($\boldsymbol{D}$, $\boldsymbol{R}$, startP, endP)

其中，输入参数：$\boldsymbol{D}$ 为由 Floyd 算法求出的最短距离矩阵，$\boldsymbol{R}$ 为由 Floyd 算法求出的最短路径矩阵，startP 为所求最短路径的起始点，endP 为所求最短路径的终止点；输出参数：min_Path 为最短路径节点向量，min_distance 为最短距离，min_Distance 为起始点到终止点各点的最短距离向量。

◎多重等价最短路径的 MATLAB 程序

以上程序算法可求得任意两点间的最短路径和距离，但存在的问题是，当存在多条最短路径时，只能给出一种结果。为了能求出多条等价最短路径，采用 Dijkstra 算法编写函数 zxf_multiPath_Dijkstra（扫描二维码查看程序 7），调用格式如下：

[min_distance, min_Path, min_Distance, min_Parent] =

zxf_multiPath_Dijkstra($\boldsymbol{W}$, startP, endP)

其中，输入输出参数同 zxf_Dijkstra 函数。

采用 Floyd 算法求出多条等价最短路径的函数调用格式如下。

[$\boldsymbol{D}$, $\boldsymbol{R}$] = zxf_floydDR($\boldsymbol{W}$)　（扫描二维码查看程序 8）

$$[\text{min\_Path}, \text{min\_distance}] = \text{zxf\_minPathDR}(\boldsymbol{D}, \boldsymbol{R}, \text{startP}, \text{endP})$$

（扫描二维码查看程序 9）

其中，输入输出参数同 my_floydDR、my_minPathDR 函数。

4.2.2 最短路径示例

1. 最短距离问题

【例 4-2】 一位居住在城市 v_1 的居民计划游览附近的若干城市，假设这些城市的关系网络可以用图 4-8 来表示。首先要估算居民到各城市的距离和最少花费，然后确定行程。下面利用 Dijkstra 算法来求解 v_1 到各顶点的最短距离。

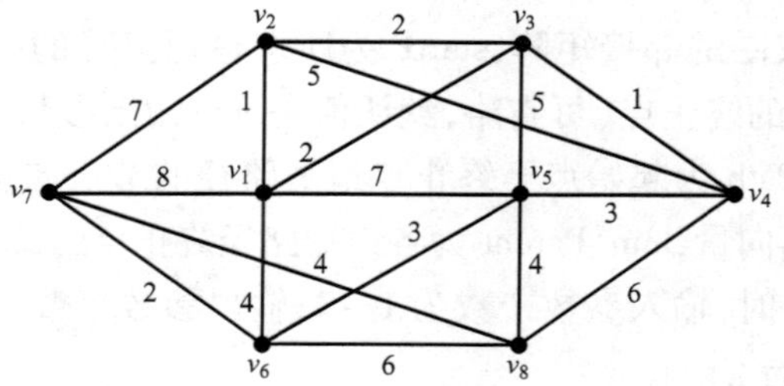

图 4-8 居民居住城市及附近城市关系网络图

图 4-8 的带权邻接矩阵为

$$\boldsymbol{W} = \begin{bmatrix} 0 & 1 & 2 & \infty & 7 & 4 & 8 & \infty \\ 1 & 0 & 2 & 5 & \infty & \infty & 7 & \infty \\ 2 & 2 & 0 & 1 & 5 & \infty & \infty & \infty \\ \infty & 5 & 1 & 0 & 3 & \infty & \infty & 6 \\ 7 & \infty & 5 & 3 & 0 & 3 & \infty & 4 \\ 4 & \infty & \infty & \infty & 3 & 0 & 2 & 6 \\ 8 & 7 & \infty & \infty & \infty & 2 & 0 & 4 \\ \infty & \infty & \infty & 6 & 4 & 6 & 4 & 0 \end{bmatrix}$$

相应的权值 w_{ij} 是 $\boldsymbol{W}$ 的第 i 行、第 j 列的元素。由于 G 是无向图，所以 $\boldsymbol{W}$ 为对称阵。

建立主程序脚本文件，调用 Dijkstra 算法程序求解：

```
W = [0    1    2    Inf  7    4    8    Inf;
     1    0    2    5    Inf  Inf  7    Inf;
     2    2    0    1    5    Inf  Inf  Inf;
     Inf  5    1    0    3    Inf  Inf  6;
     7    Inf  5    3    0    3    Inf  4;
     4    Inf  Inf  Inf  3    0    2    6;
     8    7    Inf  Inf  Inf  2    0    4;
     Inf  Inf  Inf  6    4    6    4    0];

[min_distance,min_Path,min_Distance,min_Prepoint] = zxf_Dijkstra(W,1)
```

得到结果：

```
min_distance   =  9
min_Path       =  1  3  4  8
min_Distance   =  0  1  2  3  6  4  6  9
min_Prepoint   =  1  1  1  3  4  1  6  4
```

进行反向追踪，得到如图 4－9 所示的直观结果，其中括号中的数字表示 v_1 到该点的最短路径长度。

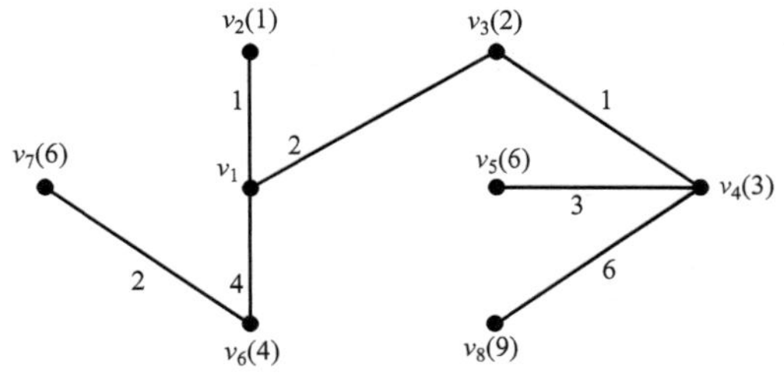

图 4－9　居民居住城市到附近城市的最短路径及长度

2. 电信光缆最短线路

【例 4－3】 图 4－10 是甲、乙两地间的交通图，电信公司准备在甲、乙两地沿路架设一条光缆线，问：如何架设可使光缆线路最短？

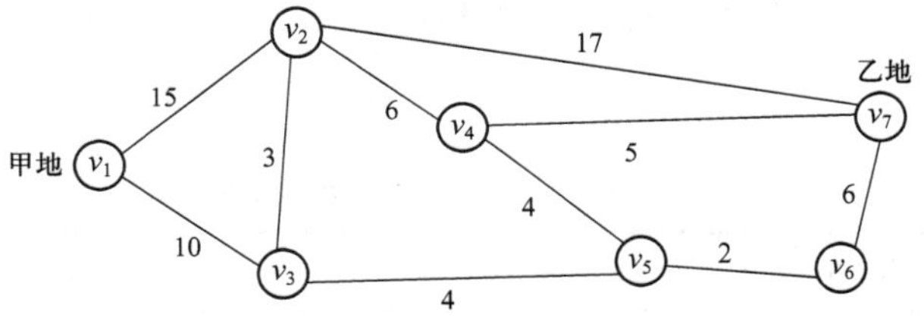

图 4－10　甲、乙两地间的交通图

图 4－10 的赋权邻接矩阵：

$$
\boldsymbol{W}=\begin{pmatrix}
0 & 15 & 10 & \text{inf} & \text{inf} & \text{inf} & \text{inf}\\
15 & 0 & 3 & 6 & \text{inf} & \text{inf} & 17\\
10 & 3 & 0 & \text{inf} & 4 & \text{inf} & \text{inf}\\
\text{inf} & 6 & \text{inf} & 0 & 4 & \text{inf} & 5\\
\text{inf} & \text{inf} & 4 & 4 & 0 & 2 & \text{inf}\\
\text{inf} & \text{inf} & \text{inf} & \text{inf} & 2 & \text{inf} & 6\\
\text{inf} & 17 & \text{inf} & 5 & \text{inf} & 6 & 0
\end{pmatrix}
$$

建立主程序脚本文件，调用 Dijkstra 算法程序求解：

```
W=[0   15  10  Inf Inf Inf Inf ;
   15  0   3   6   Inf Inf 17;
   10  3   0   Inf 4   Inf Inf;
   Inf 6   Inf 0   4   Inf 5 ;
   Inf Inf 4   4   0   2   Inf;
   Inf Inf Inf Inf 2   0   6;
   Inf 17  Inf Inf Inf 6   0];

[min_distance,min_Path,min_Distance,min_Prepoint]=zxf_multiPath_Dijkstra(W,1,7)
```

得到结果：

```
min_distance   =  22
min_Path       =  1   3   5   6   7
min_Distances  =  0   13  10  18  14  16  22
min_Parent     =  1   3   1   5   3   5   6
```

3. 设备更新

【例4-4】对于某台设备的使用，公司在每年年初要决定是购买新设备还是继续使用旧设备。购置新设备需要支付购置费，但新设备的维修费低；而继续使用旧设备可省去购置费，但维修费高。现在要制订一个5年的设备更新计划，使得5年内购置费和维修费的总费用最低。预计这种设备每年年初的价格及设备所需要的维修费如表4-1所示。

表4-1 设备每年年初的价格表 （单位：千元）

年份	第1年	第2年	第3年	第4年	第5年
年初价格	11	11	12	12	13

已知使用不同时间(年)的设备所需要的维修费如表4-2所示。

表4-2 设备所需要的维修费表 （单位：千元）

使用年数	0~1年	1~2年	2~3年	3~4年	4~5年
每年维修费用	5	6	8	11	18

可以把使得总费用最少的设备更新计划问题，化为最短路径问题。用点 v_i 表示“第 i 年年初”的时间点，$i=1\sim6$，加设了 v_6 点可以理解为第5年年底，从 v_i 到 v_{i+1}，…，v_6 各画一条弧线，弧(v_i,v_j)表示在第 i 年年初购进的设备一直使用到第 j 年年初，即第 $j-1$ 年年底。此最短路径问题如图4-11所示。

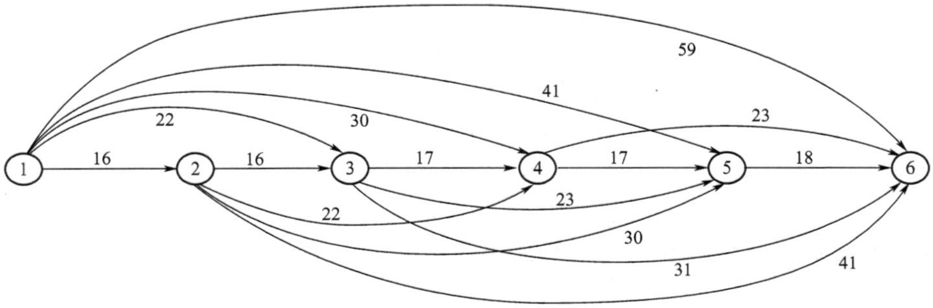

图 4－11　设备更新最短路径示意图

图 4－11 的赋权邻接矩阵为

$$
\boldsymbol{W}=\begin{pmatrix}
0 & 16 & 22 & 30 & 41 & 59 \\
\text{inf} & 0 & 16 & 22 & 30 & 41 \\
\text{inf} & \text{inf} & 0 & 17 & 23 & 31 \\
\text{inf} & \text{inf} & \text{inf} & 0 & 17 & 23 \\
\text{inf} & \text{inf} & \text{inf} & \text{inf} & 0 & 18 \\
\text{inf} & \text{inf} & \text{inf} & \text{inf} & \text{inf} & 0
\end{pmatrix}
$$

建立主程序脚本文件，调用 Dijkstra 算法程序求解：

```
W = [0    16   22   30   41    59
     Inf  0    16   22   30    41
     Inf  Inf  0    17   23    31
     Inf  Inf  Inf  0    17    23
     Inf  Inf  Inf  Inf  0     18
     Inf  Inf  Inf  Inf  Inf    0 ];

[min_distance,min_Path] = zxf_multiPath_Dijkstra(W,1,6)
```

得到结果：

```
min_distance   =   53
min_Path       =   1   3   6
                   1   4   6
```

有两个最优等价方案：第一年购买新设备使用 2 年或 3 年，之后更新设备使用到第 5 年年底，总费用最少为 53 千元。

4. 公交车线路设计

【例 4－5】 如图 4－12 所示，图中的顶点为城市，边代表两个城市间的连通关系，边上的权为距离。现要在每一对可达的城市间设计一条公共汽车线路，要求线路的长度在所有可能的方案里是最短的。

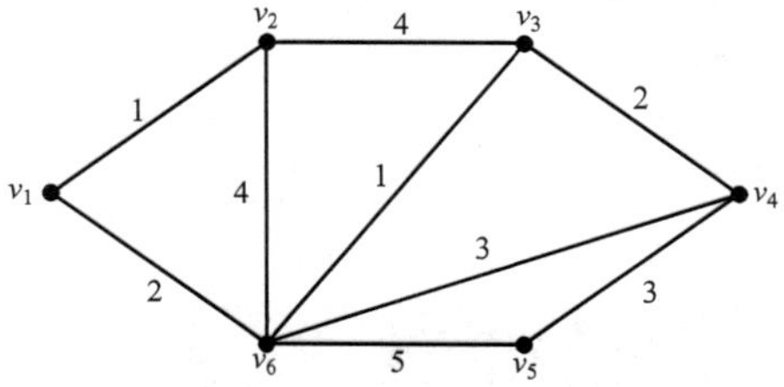

图 4－12　城市群连通关系图

图 4-12 的赋权邻接矩阵为 $\boldsymbol{W}=\begin{pmatrix} 0 & 1 & \text{inf} & \text{inf} & \text{inf} & 2 \\ 1 & 0 & 4 & \text{inf} & \text{inf} & 4 \\ \text{inf} & 4 & 0 & 2 & \text{inf} & 1 \\ \text{inf} & \text{inf} & 2 & 0 & 3 & 3 \\ \text{inf} & \text{inf} & \text{inf} & 3 & 0 & 5 \\ 2 & 4 & 1 & 3 & 5 & 0 \end{pmatrix}$

建立主程序脚本文件，调用 Floyd 算法程序求解：

```
W = [0    1    Inf  Inf  Inf   2
     1    0    4    Inf  Inf   4
     Inf  4    0    2    Inf   1
     Inf  Inf  2    0    3     3
     Inf  Inf  Inf  3    0     5
     2    4    1    3    5     0];
[D,R] = zxf_floydDR(W);
for startP = 1:5
  for endP = startP + 1:6
    [min_path,min_distance] = zxf_minPathDR(D,R,startP,endP)
  end
end
```

得到结果：

```
min_path = 1  2                 min_distance = 1
min_path = 1  6  3              min_distance = 3
min_path = 1  6  4  4
           1  6  3  4           min_distance = 5
min_path = 1  6  5              min_distance = 7
min_path = 1  6                 min_distance = 2
min_path = 2  3  3  3
           2  1  6  3           min_distance = 4
min_path = 2  3  3  4  4
           2  1  6  4  4
           2  1  6  3  4        min_distance = 6
min_path = 2  1  6  5           min_distance = 8
min_path = 2  1  6              min_distance = 3
min_path = 3  4                 min_distance = 2
min_path = 3  4  5              min_distance = 5
min_path = 3  6                 min_distance = 1
min_path = 4  5                 min_distance = 3
min_path = 4  6  6
           4  3  6              min_distance = 3
min_path = 5  6                 min_distance = 5
```

4.3 统筹方法

管理者常常面临各种各样的项目管理问题，特别是一些复杂、大型的工程项目。这些工程项目涉及众多部门和单位的大量独立的工作和活动，如何编制计划、安排进度并进行有效的资源控制是管理的重要内容。统筹方法是解决这些问题的强有力的工具。

统筹方法是在 20 世纪 50 年代末发展起来的。1956 年美国杜邦公司为了协调企业中不同业务部门的系统规划，应用网络方法制订了第一套网络计划，提出了关键路线方法（Critical Path Method，CPM）。1958 年美国海军武装部在研制“北极星”导弹计划时，对于“北极星”导弹项目中的很多工作或活动都是第一次尝试。根据其完成工作和活动的时间无经验数据可循的特点，提出了计划评审法（Program Evaluation and Review Technique，PERT）。由于 CPM 与 PERT 既有相同的目标与应用，又有很多相同的术语，因此这两个方法合并为一种方法，在国外称为 PERT/CPM。我国在 20 世纪 60 年代开始应用这种方法，根据它统筹安排的特点，称之为统筹方法，也称网络计划方法或计划协调技术。

统筹方法的主要特点如下。①系统性。用系统的观点看待和处理项目问题，视其为有机的整体，能够全面而明确地反映项目中各项工作之间的相互依赖、相互制约的关系。②协调性。能够分清主次及轻重缓急，便于抓住主要矛盾，协调好项目中各项工作之间的关系，达到整体最优状态。③动态性。揭示项目进程的动态过程，反映各项工作机动的时间，利于资源的动态合理分配。④可计算性。有利于计算机技术的使用，便于网络计划的调整与控制。

统筹方法可以应用在各种不同的项目计划上，特别适用于生产技术复杂、工作项目繁多且联系紧密的一些跨部门的工作计划，如新产品的研制开发，工厂、大楼、高速公路等大型工程项目的建设，大型复杂设备的维修，以及新系统的设计与安装等计划。

统筹方法是一种科学的组织管理方法，在实际工作中取得了良好效果，被广泛地应用到各个领域或部门。网络方法的主要步骤是：①绘制工程（项目）计划网络图；②计算时间参数；③确定关键路线及进度安排；④确定网络资源配置及优化。

4.3.1　统筹方法的计划网络图

1. 工程（项目）计划网络图

（1）网络图的名词概念及符号

工程（项目）网络图是对一项工程（项目）的所有活动及其之间逻辑依赖关系的图示描述，并从左到右来表示项目的时间顺序。用专业术语来定义，工程（项目）网络图就是描述一项工程各工序、事项及线路的关系和组成的有向图。工程（项目）是指一项复杂的工作任务，一项工程（项目）由一些工序（或作业）组成；工序表示在完成某项工程的过程中，相对独立的作业活动；事项表示工序的开工或完工的节点，即相邻工序的交接点。

网络图中的工序用箭线“→”表示；事项用一个圈“○”表示。网络图示例如图 4－13 所示。工序 I 的开始事项⑤称为箭尾事项，工序的结束事项⑧称为箭头事项，箭头事项⑧、箭尾事项⑤称为 I 工序的相关事项；与 I 工序相邻的前置工序 E、D、G 称为 I 工序的紧前工序，与 I 工序相邻的后置工序 L 称为 I 工序的紧后工序；网络的开始事项①称为始点事项，网络的终结事项⑨称为终点事项。

从始点到终点的一条路径称为路，从始点到终点所需时间最长的路称为关键路线。

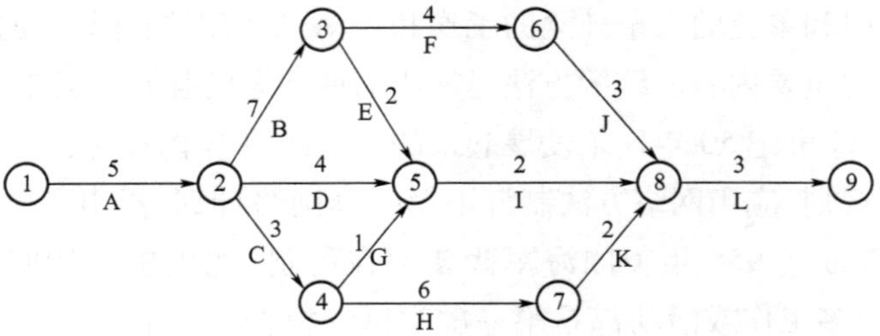

图 4－13　网络图示例

（2）绘制网络图的规则

绘制网络图需要遵守以下规则：①必须按工序的先后顺序从左向右绘制网络图，不允许出现无头线或双头箭线，不应有“缺口”和“回路”；②必须正确表达各工序之间的相互制约和相互依赖关系［如图 4－14（1）所示］，不允许条件陈述，工序活动只有在所有紧前工序的前导活动已经完成后才能开始（如图 4－13 中 I 工序的紧前工序 E、D、G 全都完成后，I 工序才能开工）；③每个工序活动都有唯一的识别码，即每一道工序与其相关的箭头箭尾事项必须逐一对应，并且箭头事项的编号大于箭尾事项的编号，对相关事项只能表示一个工序。可用虚工序（用虚箭线表示）解决平行工序的表示［如图 4－14（2）所示］，较长时间段的前后工序可采用分段平行作业处理［如图 4－14（3）所示］；④只允许出现一个始点（开始）事项和一个终点（结束）事项；⑤较大或较复杂网络图可依据不同管理层级的需要进行简化与合并。

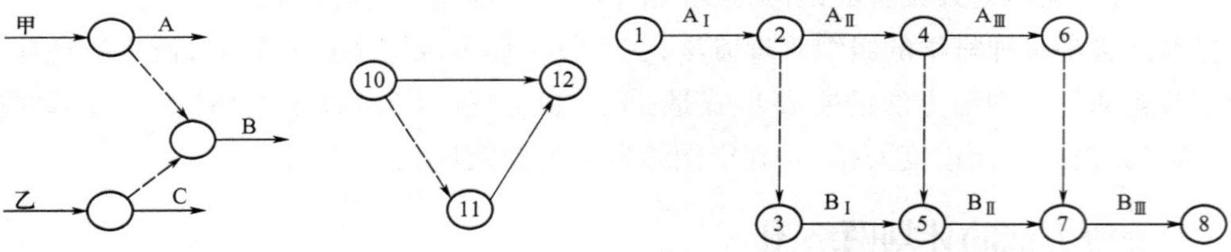

(1)　　(2)　　(3)

图 4－14　网络图绘制规则图示

2. 计划网络图示例

统筹方法的第一步工作就是绘制计划网络图，也就是将工序（或称为活动、作业，指任何消耗时间或资源的行动）进度表转换为统筹方法的网络图。

【例 4－6】 某公司研制新产品项目的工序与所需时间，以及它们之间的相互关系如表 4－3所示，其新产品研制项目计划网络图如图 4－15 所示。

表 4－3　新产品研制项目各项工序清单　（单位：天）

工序代号	紧前工序	作业时间	工序代号	紧前工序	作业时间
A	—	16	F	D、E	26
B	—	17	G	E	32
C	—	25	H	D	19
D	A	22	I	G	35
E	A、B	19	J	C、E	22

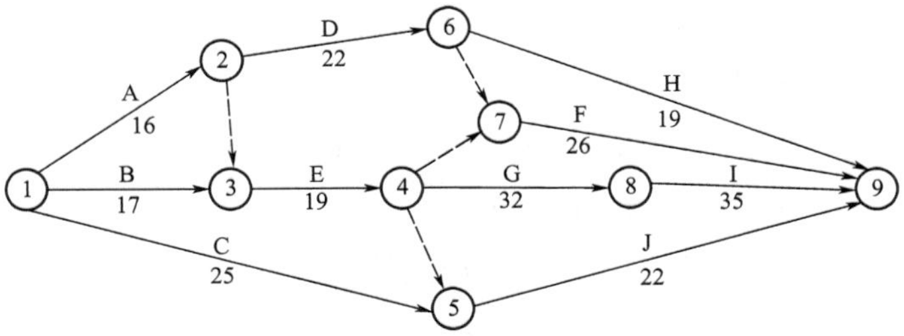

图 4－15　新产品研制项目计划网络图

4.3.2　关键路线统筹方法(CPM)

在绘制出工程网络图后，当网络工序时间为确定性参数时，可以用关键路线方法(Critical Path Method,CPM)求出以下内容：①完成此工程项目所需的最短时间；②每个工序活动最早可能的开始时间与结束时间；③工程项目的关键路线及其相应的关键工序；④非关键工序在不影响工程的完成时间的前提下，其开始时间与结束时间可以推迟多久。

1. 网络时间参数的计算

网络时间参数的计算基础是工序的作业时间，简称工序时间 $t(i,j)$。工序时间依据工序作业的内容和资源配置而定。计算的时间参数包括事项时间、工序完成时间及工程完工时间。事项点是工序开始或结束的点，是工程项目管理的关键节点。事项时间指相关工序开始或结束的时间，计算出事项时间，就能方便地计算出工序及工程的时间。

(1) 事项最早时间 te(j)

事项最早时间是事项点之前的所有工序完成作业的最早时间，即可以开始事项点之后的工序作业活动的最早时间点。计划网络图有 n 个事项点，事项最早时间的计算是从始点(编号 1)到终点(编号 n)，te(i)为(i,j)工序开始事项的最早时间，始点的 te(1)＝0，则 j 事项最早时间 te(j)的计算公式如下：

$$\mathrm{te}(j) = \max_{i \in Vt(j)} \{\mathrm{te}(i) + t(i,j)\}, j = 2,3,\cdots,n \tag{4-1}$$

式中，$Vt(j)$是以 j 事项为结束事项的所有工序的开始事项点的集合。

(2) 工程最早完工时间 Tf

工程最早完工时间是终点事项的最早时间：Tf＝te(n)。

(3) 事项最迟时间 tl(i)

事项最迟时间是指不影响工程计划完工时间 SD 的最迟开始或结束的时间，终点 tl(n)＝SD，一般设 SD＝Tf，tl(j)为(i,j)工序结束事项的最迟时间，则 i 事项最迟时间 tl(i)的计算公式如下：

$$\mathrm{tl}(i) = \min_{j \in Vh(i)} \{tl(j) - t(i,j)\}, i = n-1,\cdots,2,1 \tag{4-2}$$

式中，$Vh(i)$是以 i 事项为开始事项的所有工序的结束事项点的集合。

(4) 工序的最早可能开工时间 tes(i,j)

工序的最早可能开工时间是工序开始事项的最早时间：tes(i,j)＝te(i)。

(5) 工序的最迟必须开工时间 tls(i,j)

工序的最迟必须开工时间是不影响工程计划的最迟开工的时间。

$$tls(i,j) = tl(j) - t(i,j) \tag{4-3}$$

(6) 工序的最早可能完工时间 tef(i,j)

$$tef(i,j) = tes(i,j) + t(i,j) = te(i) + t(i,j) \tag{4-4}$$

(7) 工序的最迟必须完工时间 tlf(i,j)

工序的最迟必须完工时间是不影响工程计划的最迟完工的时间。

$$tlf(i,j) = tls(i,j) + t(i,j) = tl(j) \tag{4-5}$$

(8) 事项松弛时间 SE(i)

事项松弛时间就是事项最早时间与最迟时间的差。

$$SE(i) = tl(i) - te(i) \tag{4-6}$$

(9) 工序总时差 $R(i,j)$

工序总时差是指在不影响工程计划完工时间的情况下，工序作业时间可以推迟的时间长度。

$$R(i,j) = tls(i,j) - tes(i,j) = tlf(i,j) - tef(i,j) \tag{4-7}$$

(10) 工序单时差 $r(i,j)$

工序单时差也称自由时差，是指在不影响其紧后工序最早开始时间的情况下，工序开始时间可以推迟的时间长度。

$$r(i,j) = te(j) - tef(i,j) = (te(j) - te(i)) - t(i,j) \tag{4-8}$$

2. 关键路线

工程网络图中所需时间最长的路线称为关键路线。关键路线上各事项的松弛时间和各工序总时差都等于终点事项的松弛时间（一般为零）。关键路线上的工序称为关键工序，关键工序的工序总时差为零。

3. 网络时间与关键路线的 MATLAB 程序

编写网络时间与关键路线的计算函数如下（扫描二维码查看程序 10），调用格式如下：

[T_Event, T_Activity, KeyRoute, ProjectTime] = ProcessNetworkDiagram_CPM(AMatrix)

ProcessNetworkDiagram_CPM 函数用于计算网络时间参数，包括各事项时间和工序时间，并找出关键线路。该函数的输入参数是有向网络图的赋权邻接矩阵 AMatrix；输出参数有事项矩阵 T_Event（包括事项的编号、最早最迟时间、松弛时间及是否关键事项等结果）、工序矩阵 T_Activity（工序编号、工序起止事项、最早开始和结束时间、最迟开始和结束时间、总时差及工序标识等）、表示关键线路的事项向量 KeyRoute，以及项目完工时间 ProjectTime。

4. 统筹方法的时间计算示例

【例 4-7】计算【例 4-6】的时间参数，并找出关键路线及相应关键工序。

准备邻接矩阵 $\boldsymbol{A}$，调用函数 ProcessNetworkDiagram_CPM($\boldsymbol{A}$)：

```
A = [0 16 17 25 Inf Inf Inf Inf Inf; Inf 0 0 Inf Inf 22 Inf Inf Inf; Inf Inf 0 19 Inf Inf Inf Inf Inf;…
    Inf Inf Inf 0 0 Inf 0 32 Inf; Inf Inf Inf Inf 0 Inf Inf Inf 22; Inf Inf Inf Inf Inf 0 0 Inf 19;…
    Inf Inf Inf Inf Inf Inf 0 Inf 26; Inf Inf Inf Inf Inf Inf Inf 0 35; Inf Inf Inf Inf Inf Inf Inf Inf 0];
[T_Event, T_Activity, KeyRoute, ProjectTime] = ProcessNetworkDiagram_CPM(A)
```

得到计算结果：

```
T_Event =
   1    0     0    0   1
   2   16    17    1   0
   3   17    17    0   1
   4   36    36    0   1
   5   36    81   45   0
   6   38    77   39   0
   7   38    77   39   0
   8   68    68    0   1
   9  103   103    0   1

T_Activity =
   1   1   2    0    16     1    17     1     0
   2   1   3    0    17     0    17     0     1
   3   1   4    0    25    11    36    11     0
   4   2   3   16    16    17    17     1    -1
   5   2   6   16    38    55    77    39     0
   6   3   4   17    36    17    36     0     1
   7   4   5   36    36    81    81    45    -1
   8   4   7   36    36    77    77    41    -1
   9   4   8   36    68    36    68     0     1
  10   5   9   36    58    81   103    45     0
  11   6   7   38    38    77    77    39    -1
  12   6   9   38    57    84   103    46     0
  13   7   9   38    64    77   103    39     0
  14   8   9   68   103    68   103     0     1

KeyRoute = 1   3   4   8   9
ProjectTime = 103
```

注：在输出中，T_Event 中各列输出分别为事项编号（No）、最早时间（te）、最迟时间（tl）、松弛时间（SE）和关键事项；T_Activity 中各列输出分别为工序编号（No）、工序事项（i、j）、最早开始时间（tes）、最早结束时间（tef）、最迟开始时间（tls）、最迟结束时间（tlf）、工序总时差（R）、工序标识（flag，flag = 1 为关键工序，flag = 0 为非关键工序，flag = −1 为虚工序）。

由输出可知，事项点 1、3、4、8、9 为关键节点，工序 2、6、9、14 为关键工序，项目完成时间为 103；非关键工序 1、3、5、10、12、13 的开始时间或结束时间可以推迟 1、11、39、45、46、39；虚工序为 4、7、8、11。

4.3.3　计划评审技术统筹方法（PERT）

当工程网络工序时间为不确定性参数时，可以用计划评审技术进行处理。计划评审技术（Program Evaluation and Review Technique，PERT）与关键路线方法（CPM）的区别是项目中的工序时间为不确定的随机量，因而项目的总工期也是随机量。当样本信息较充分时，可以得到工序时间的分布及特征值。当缺少信息的积累时，可采用三点估计的方法进行工序时间的估算。计划评审技术的方法步骤：①工序时间的三点估计；②基于平均工序时间的关键路线的处理；③关键路线和项目完工的概率；④计算项目在规定完成概率下的完工时间。

【例4－8】如果【例4－6】中各工序时间为三点估计时间，如表4－4所示，绘制出其统筹方法的网络图如图4－15所示。进行各工序时间及项目完工概率的计算结果如下。

表4－4 新产品研制项目各项工作时间 （单位：天）

工序代号	紧前工序	作业时间(a m b)	工序代号	紧前工序	作业时间(a m b)
A	—	13 15 23	F	D、E	22 25 34
B	—	14 16 24	G	E	27 31 41
C	—	20 24 34	H	D	15 18 27
D	A	18 21 30	I	G	30 34 44
E	A、B	15 18 27	J	C、E	17 21 31

1. 工序时间的三点估计

三点估计法是对工序完成的最乐观时间、最可能时间、最悲观时间进行估计，即工作顺利情况下的工作时间 a，最可能的完成工作时间 m，进展不顺利的工作时间 b。根据经验，可以假定这些时间的概率分布近似服从 β 分布，可用如下公式计算出工序的平均时间以及方差。

平均时间 $$t=(a+4m+b)/6 \tag{4-9}$$

标准方差 $$\sigma=(b-a)/6 \tag{4-10}$$

按上述公式计算各工序的平均时间及标准差的程序为：Mu_Sigma（扫描二维码查看程序11）。计算出表4－4中各工序的结果如下：

工序的平均时间为：16 17 25 22 19 26 32 19 35 22

工序时间标准差为：1.67 1.67 2.33 2.00 2.00 2.00 2.33 2.00 2.33 2.33

2. 基于平均工序时间的关键路线的处理

计算出工序时间的平均时间和标准方差后，就可以首先按平均工序时间进行关键路线的计算，然后再考虑随机因素的影响。

基于平均工序时间的时间参数计算及关键路线的查找与前述确定性的CPM相同，在此不再赘述，见【例4－7】的计算和处理，关键路线为①→③→④→⑧→⑨。

3. 关键路线和项目完工的概率

关键路线所需的平均时间为各关键工序所需平均时间之和，即：

$$T_{key}=T_{13}+T_{34}+T_{48}+T_{89}=17+19+32+35=103$$

由于各关键工作所需时间服从 β 概率分布，从概率论的中心极限定理可知，完成整个项目所需时间近似服从正态分布，这个正态分布的均值 $E(T)$ 即为关键路线上各关键活动之均值（平均需要时间）之和，其方差 σ^2 为其关键路线上各关键工序方差 ${\sigma_i}^2$ 之和，即有

$$\sigma_{key}^2=\sigma_B^2+\sigma_E^2+\sigma_G^2+\sigma_I^2=\sigma_2^2+\sigma_5^2+\sigma_7^2+\sigma_9^2=1.67^2+2^2+2.33^2+2.33^2=17.65$$

$$\sigma_{key}=4.2$$

这样可以计算出此项目在不同完工时间SD的概率：

$$P(T\leqslant \mathrm{SD})=\int_{-\infty}^{\mathrm{SD}}N(T_{key},\sigma_{key})dt=\int_{-\infty}^{\frac{\mathrm{SD}-T_{key}}{\sigma_{key}}}N(0,1)dt=P_{N(0,1)}\left(Z\leqslant x=\frac{\mathrm{SD}-T_{key}}{\sigma_{key}}\right) \tag{4-11}$$

式中，$N(T_{key},\sigma_{key})$ 为正态分布密度函数，$N(0,1)$ 为标准正态分布密度函数。

图 4－16 是以均值为 103，均方差为 4.2 的正态分布图，其中图中的阴影部分是在 108 天内完工的概率。

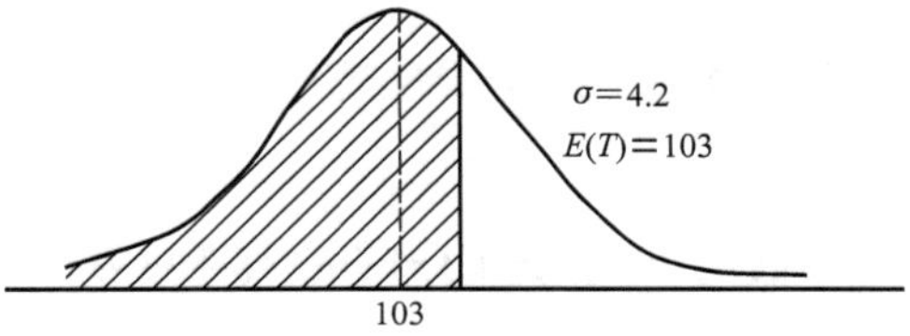

图 4－16　正态分布图

用 MATLAB 函数计算项目在设计完工时间为 SD 的完成概率：

$$P(T \leqslant \mathrm{SD}) = \mathrm{normcdf}(\mathrm{SD}, \mu, \sigma)$$

例如，$P(T \leqslant 103) = \mathrm{normcdf}(103, 103, 4.2) = 0.5$，$P(T \leqslant 108) = \mathrm{normcdf}(108, 103, 4.2) = 0.68$。

4. 计算项目在规定完成概率下的完工时间

利用正态分布函数的反函数，就可以计算项目在规定完成概率 P 下的完工时间 T：

$$T = \mathrm{norminv}(P, \mu, \sigma)$$

例如，$T(P = 0.6) = \mathrm{norminv}(0.6, 103, 4.2) = 104$，$T(P = 0.95) = \mathrm{norminv}(0.95, 103, 4.2) = 110$。

4.3.4 统筹方法的优化模型

绘制网络图、计算网络时间和确定关键路线，得到了一个初始的计划方案，但通常要对初始方案进行调整与完善。根据计划目标，综合地考虑进度、资源和降低成本等，进行网络优化，确定最优的计划方案。

1. 时间—资源优化

在编制网络计划安排工程进度时，要合理地利用现有资源，缩短工程周期。为了使工程进度与资源利用得到合理安排，可以采用以下做法。

①优先安排关键工序所需要的资源。

②利用非关键工序的时差，错开各工序的开始时间，拉平资源需要量的高峰。

③统筹兼顾工程进度的要求和现有资源的限制，往往要经过多次综合平衡，才能得到比较合理的计划方案。

2. 时间—费用优化

在编制网络计划时，要考虑如下时间与费用的问题。

①在既定的时间前工程完工的前提下，使所需要的费用最少。

②在不超过工程预算的条件下，使工程最早完工。

一般来讲，工序的作业时间越短，直接费用越多，间接费用越少，这些就是时间—费用优化要研究和解决的问题。缩短工序的作业时间有一定的限度，这个限度称为工序的最快完成时间。设完成工序 j 的正常所需时间为 T_j，直接费用为 c_j，完成工序 j 的最快完成时间为 T'_j，直接费用为c'_j。利用式(4－12)可以计算出缩短工序 j 的单位时间(如一天)使工程所增加的直接费用，用 k_j表示：

$$k_j = \frac{c'_j - c_j}{T_j - T'_j} \tag{4-12}$$

k_j为直接费用变动率,这是一个平均数。

时间—费用优化问题可以建立以下两个线性规划模型。

(1)模型一

在既定的时间 T 前完工的前提下,求各工序的完成时间为多少(各项活动如何加速)才使因缩短工期而增加的直接费用最少。

设网络图上事项节点 i 发生的时间为 x_i,如在图 4-15 中,点②的发生时间为 16 天,点⑥的发生时间为 68 天,故有 $x_2 = 16$,$x_8 = 68$。对一个工序,既可以用工序的代号(如 $a,b,\cdots$)来表示,也可以用一对事项编号表示这个工序的弧,如$(1,2)(2,3)\cdots(i,j)\cdots$,为了便于建模,工序一般用弧$(i,j)$来表示。

设工序(i,j)的提前完工时间为 y_{ij},用 T_{ij}、T_{ij}'分别表示正常完工时间与最快完工的时间,则有工序(i,j)的实际完工时间为 $T_{ij} - y_{ij}$。用 c_{ij}和 c_{ij}'表示用正常完成时间和最快完成时间完成工序(i,j)所需要的费用,k_{ij}为工序(i,j)的直接费用变动率。可以得到该问题的线形规划模型如下:

$$\begin{aligned}
\min f = & \sum_{(i,j)} (k_{ij} \cdot y_{ij}) \\
\text{s.t.}\quad & x_j - x_i \geqslant T_{ij} - y_{ij}, \quad \text{对一切弧}(i,j) \\
& y_{ij} \leqslant T_{ij} - T'_{ij}, \quad \text{对一切弧}(i,j) \\
& x_n - x_1 \leqslant T, \\
& x_i \geqslant 0, y_{ij} \geqslant 0
\end{aligned} \tag{4-13}$$

在上述模型中,其目标函数取其所有缩短工期各工序增加的直接费用之和的最小值。其约束条件中,第一个约束不等式右侧表示工序(i,j)的实际作业时间,左侧表示弧(i,j)的两个事项点j和i的发生时间之差,这个不等式表示要有足够的时间间隔使工序(i,j)进行实际作业,这个约束不等式要对每个工序都成立。第二个约束不等式的右侧表示工序(i,j)缩短工序时间的最大允许值,左侧表示工序(i,j)的实际缩短时间,这个约束不等式表示工序(i,j)的实际缩短时间不能超过其缩短工期的最大允许值,要求每个工序都满足。第三个约束不等式表示整个工程实际完工时间不能超过给定的工期期限 T。

(2)模型二

直接费用随完成时间的缩短而增加,而间接费用却会随完成的时间的缩短而减少。设单位时间的间接费用为 d,计划期的间接费用与总工期成正比,为 $d(x_n - x_1)$,求使包括间接费用与直接费用在内的总费用最少的整个工程最优完成时间 T 和各个工序最优完成时间的模型如下:

$$\begin{aligned}
\min f = & d(x_n - x_1) + \sum_{(i,j)} k_{ij} \cdot y_{ij} \\
\text{s.t.}\quad & x_j - x_i \geqslant T_{ij} - y_{ij}, \quad \text{对一切弧}(i,j) \\
& y_{ij} \leqslant T_{ij} - T'_{ij}, \quad \text{对一切弧}(i,j) \\
& x_i \geqslant 0, y_{ij} \geqslant 0
\end{aligned} \tag{4-14}$$

复习思考题

1. 讨论图与网络的概念及其矩阵表示。
2. 讨论最短路径的算法及其 MATLAB 计算。
3. 讨论最短路径的应用问题(扫描二维码查看相关问题5)。
4. 讨论关键路线法及其 MATLAB 计算。
5. 讨论计划评审技术及其 MATLAB 计算。
6. 讨论统筹方法的优化模型。
7. 讨论统筹方法的应用问题(扫描二维码查看相关问题6)。
8. 提出工作中的最短路径问题、项目管理问题,讨论问题方案的图形描述,并求解。

第5章 决策分析与评价

5.1 决策分析简介

5.1.1 决策的基本概念

各行各业的管理都离不开决策,管理的过程就是决策的过程。广义的决策是一个提出问题、研究问题、拟订方案、选择方案并实施方案的过程;狭义的决策是选择方案的活动。决策就是为了达到某一目的而在可行方案中进行分析、比较、判断,从中选出好的方案并付诸实施的过程。决策分析是指从若干可能的方案中通过决策分析技术选择其一的决策过程的定性定量分析方法。

1. 决策的要素

决策分析通常由以下要素构成。

(1)决策主体

决策是由人做出的,人是决策的主体。决策主体包括决策的领导者、参谋者及执行者。决策主体可以是个人,也可以是群体。决策主体是决策系统的灵魂及核心,决策能否成功取决于决策主体的特质、个性、背景和经验等。

(2)决策目标

决策的开端是确定目标,决策是围绕目标展开的,决策的终端是实现目标。决策目标既体现了决策主体的主观意志,也反映了客观事实。决策目标是决策的依据。

(3)决策方案

决策至少有两个可供选择的可行方案。方案有两种类型:①明确的方案集 $\boldsymbol{A}=\{a_1, a_2,\cdots,a_m\}$,具有有限个明确的具体方案;②不明确的方案集 $\boldsymbol{A}=\{\boldsymbol{x}\mid \boldsymbol{C}(\boldsymbol{x})\leqslant 0\}$,只说明产生方案的约束条件,方案个数可能是有限个,也可能是无限个。

(4)自然状态

自然状态就是未来实施方案时的环境条件 $\boldsymbol{S}=\{s_1,s_2,\cdots,s_k\}$。决策者在决策之前就已知未来的自然状态只有一个确定的状态时 $k=1$,称为确定型决策;在决策环境不确定的条件下进行决策,决策者对即将发生的各自然状态的概率一无所知,称为严格不确定型决策,简称不确定型决策;决策者对即将发生的各自然状态的概率有估计 $\boldsymbol{P}=\{p(s_1),p(s_2),\cdots, p(s_k)\}$ 时称为风险型决策。

(5)效益

每一个方案在各个自然状态下的价值评估称为效益 $\boldsymbol{V}=(v(a_i,s_j))_{mk}$。可以根据各个方案的效益值大小来评估方案的优劣。

(6)决策的信息结构

决策的信息结构为($\boldsymbol{A},\boldsymbol{S},\boldsymbol{P},\boldsymbol{V}$),决策主体根据决策信息做出决策。

最简单、最常用的描述决策信息结构的形式是决策表和决策树。

2. 决策的原则

①信息和预测原则。信息是决策的基础,预测是决策可靠性的保证。

②系统原则。要用系统论考虑决策所涉及的整个系统和相关系统,以及决策对象和外界的相互联系及相互作用。

③可行性原则。决策的目标、方案及措施都要同主客观条件符合,具有现实可行性。

④优选原则。要从两个或两个以上方案中,对比、分析、选择最佳或满意方案。

⑤效益原则。选出的方案要有明显的经济效益、社会效益、生态效益,即花费代价小,而取得的效果大。

⑥外脑原则。重视利用参谋、顾问、智囊团的作用,发挥集体智慧的优势。

⑦行动原则。决策就是要付诸行动,否则无价值可言。

⑧跟踪原则。对决策实施跟踪反馈,及时进行控制调节,使决策真正落实。

⑨科学原则。自始至终都必须体现决策的科学性,保证决策的正确和目标的实现。

3. 决策的分类

决策分类是指根据决策问题的不同性质,区分决策的不同类型。

①按决策的范围层次划分,可以分为战略决策、策略决策、战术决策。

②按决策的主体划分,可以分为个人决策、集体决策。

③按决策的结构划分,可以分为程序化决策、半程序化决策、非程序化决策。

④按决策的手段划分,可以分为经验决策、科学决策。

⑤按决策目标的数量划分,可以分为单目标决策、多目标决策。

⑥按决策过程的连续性划分,可以分为单级(静态)决策、序贯(动态)决策。

⑦按决策的自然状态划分,可以分为确定型决策、不确定型决策、风险型决策。

4. 决策的步骤

决策分析是一门与经济学、数学、心理学和组织行为学等密切相关的综合性学科。决策分析的研究对象是决策,它的研究目的是帮助人们提高决策质量,减少决策的时间和成本。因此,决策分析是一门创造性的管理技术。决策分析包括发现问题、确定目标、明确评价标准、方案制定、方案选优和方案实施等过程。

决策分析一般分为四个步骤:①形成决策问题,包括提出问题和确定目标;②判断自然状态及其概率;③拟订多个可行方案;④评价方案并做出选择。

确定型决策的决策分析技术包括微分法求极值和数学规划等方法。

5.1.2 不确定型决策

1. 不确定型决策的特征

不确定型决策的特征是面对未来可能的自然状态已知，已提出若干行动方案，已得到各方案在不同自然状态下的效益值，但对未来可能的自然状态发生的概率一无所知。这种情况下的决策主要取决于决策者的态度或价值理念，不同的价值准则影响决策方案的选择。

2. 不确定型决策的准则

决策者的价值理念决定了决策时所遵循的价值准则，决策者从不同的价值准则角度考虑问题，可以得到不同的决策结果。常用的几个决策准则有悲观准则、乐观准则、等可能性准则、折中准则、后悔值准则。

悲观准则反映了比较小心谨慎的悲观决策者的价值理念，即总是依据最坏的结果来考虑合理的决策。决策步骤是先从各方案中选择一个最不利情况的效益值代表方案的效益值，再从中选择出最好效益值（$\max\limits_{a_i \in A} \min\limits_{s_j \in S}(v(a_i, s_j))$）所对应的方案，该方案便是最优方案。

乐观准则反映了比较乐观的决策者的价值理念，即总是愿意通过冒险来争取获得最好结果的机会。决策步骤是先从各方案中选择最有利的效益值代表方案的效益值，再从中选择最好效益值（$\max\limits_{a_i \in A} \max\limits_{s_j \in S}(v(a_i, s_j))$），所对应的方案便是最优方案。

等可能性准则反映了决策者对于各状态一视同仁的价值理念，认为它们出现的可能性相等，这样就可按风险型情况下的方法进行决策$\left(\max\limits_{a_j \in A}\left\{\sum\limits_{j=1}^{k} v(a_i, s_j)/k\right\}\right)$。

折中准则反映了决策者在乐观与悲观之间折中的价值理念，可用折中系数表达决策者偏向乐观或悲观的程度。决策步骤是首先用各方案中乐观效益值和悲观效益值的折中值代表方案的效益值，再从中选择最好效益值（$\max\limits_{a_i \in A}\{\alpha \cdot \max\limits_{s_j \in S}(v(a_i, s_j)) + (1-\alpha)\min\limits_{s_j \in S}(v(a_i, s_j))\}$），$\alpha \in (0,1)$为乐观系数，所对应的方案便是最优方案。

后悔值准则属于悲观准则，步骤是首先将各方案在不同状态的效益值转换成后悔值，再按悲观准则的决策步骤进行决策。后悔值是在某状态下各方案效益值与该状态下的最好效益值的差值（$v'(a_i, s_j) = \max\limits_{s_l \in S}(v(a_i, s_l)) - v(a_i, s_j)$）。按后悔值评价方案，后悔值越小越好。按后悔值及悲观原则选择最好效益值（$\min\limits_{a_j \in A}\max\limits_{s_j \in S}(v'(a_i, s_j))$）所对应的方案便是最优方案。

3. 不确定型决策的示例

【例 5－1】某公司根据市场的需要，需从三种新产品中选择一种进行生产，而市场需求有大、中、小三种可能的状态，但现有资料不足以估计出三种状态发生的概率。经分析计算，三种新产品的方案在三种状态下的效益值如表 5－1 所示。试做出方案选择的决策。

表 5-1　不同方案在不同状态下的效益值

方案 *A*	自然状态 *S*		
	需求量大 s_1	需求量中 s_2	需求量小 s_3
a_1	800	300	-200
a_2	550	100	0
a_3	300	200	100

不同价值理念的决策者会得出不同的决策结果。

(1)悲观准则(小中取大方法)

悲观准则的计算公式为$\max\limits_{a_j \in A} \min\limits_{s_j \in S}(v(a_i, s_j))$,对应的 MATLAB 程序如下。

```
M=[ 800  300  -200;  550  100  0;  300  200  100 ];
[fval,i] = max(min(M'))
```

得到计算结果:fval = 100, $i=3$。决策选择第 3 方案 s_3为最优方案。

(2)乐观准则(大中取大方法)

乐观准则的计算公式为$\max\limits_{a_j \in A} \max\limits_{s_j \in S}(v(a_i, s_j))$,对应的 MATLAB 程序如下。

```
M=[ 800  300  -200;  550  100  0;  300  200  100 ];
[fval,i] = max(max(M'))
```

得到计算结果:fval = 800, $i=1$。决策选择第 1 方案 s_1为最优方案。

(3)等可能性准则

等可能性准则的计算公式为 $\max\limits_{a_j \in A}\left\{\sum\limits_{j=1}^{k} v(a_i, s_j)/k\right\}$, 对应的 MATLAB 程序如下。

```
M=[ 800  300  -200;  550  100  0;  300  200  100 ];
   [fval,i] = max(mean(M'))
```

得到计算结果:fval = 300, $i=1$。决策选择第 1 方案 s_1为最优方案。

(4)折中准则

折中准则的计算公式为$\max\limits_{a_j \in A}\{\alpha \cdot \max\limits_{s_j \in S}(v(a_i, s_j)) + (1-\alpha)\min\limits_{s_j \in S}(v(a_i, s_j))\}$,当 $\alpha=0.36$ 时,对应的 MATLAB 程序如下。

```
M=[ 800  300  -200;  550  100  0;  300  200  100 ];  alfa=0.36;
[fval,i] = max((alfa * max(M') + (1 - alfa) * min(M')))
```

得到计算结果:fval = 198, $i=2$。决策选择第 2 方案 s_2为最优方案。

(5)后悔值准则

后悔值准则的计算公式为$\min\limits_{a_j \in A} \max\limits_{s_j \in S}(v'(a_i, s_j))$, $v'(a_i, s_j) = \max\limits_{s_l \in S}(v(a_i, s_l)) - v(a_i, s_j)$,对应的 MATLAB 程序如下。

```
M = [ 800  300  -200;  550  100  0;  300  200  100 ];  Mr = M;
forj = 1:3   Mr( :,j) = max( M( :,j)) - M( :,j); end
[ fval,i] = min( max( Mr'))
```

得到计算结果:fval = 250,$i=2$。决策选择第2方案 s_2 为最优方案。

5.1.3 风险型决策

1. 风险型决策的特征

风险型决策的特征与不确定型决策的特征的区别是已估计出未来的自然状态发生的概率。如何看待和使用自然状态发生的概率这一关键信息,取决于风险型决策的价值准则。

2. 风险型决策的价值准则

风险型决策的价值准则分为最大可能准则和期望值准则。

最大可能准则认为概率最大的自然状态必将发生,因此可以按照发生概率最大的自然状态进行确定型决策的讨论。决策步骤是首先从各自然状态中选择发生概率最大的自然状态作为决策的唯一状态,再选择该状态下最好效益值$\left(\max\limits_{a_j \in A}\left(v(a_i,s_j) \mid p(s_j) = \max\limits_{s_j \in S}(p(s_j))\right)\right)$,该值所对应的方案便是最优方案。

期望值准则认为非最大发生的概率并非小概率,其对应的自然状态未必不发生,为充分利用已有信息,可以将各状态发生的概率作为权值计算每个方案的期望效益,再从中选择最好的期望效益值$\left(\max\limits_{a_j \in A}\left\{E(a_i) = \sum_{j=1}^{k} p(s_j) \cdot v(a_i,s_j)\right\}\right)$,该值所对应的方案便是最优方案。

3. 风险型决策的示例

【例 5-2】 在【例 5-1】的基础上估算出各状态发生的概率,则属于风险型决策。不同方案在不同状态下的效益值如表 5-2 所示。

表 5-2　不同方案在不同状态下的效益值

方案 A	自然状态 S		
	需求量大 s_1 $p(s_1)=0.2$	需求量中 s_2 $p(s_2)=0.5$	需求量小 s_3 $p(s_3)=0.3$
a_1	800	300	-200
a_2	550	100	0
a_3	300	200	100

(1)最大可能准则

最大可能准则的计算公式为$\max\limits_{i}\left(v(a_i,s_j) \mid p(s_j) = \max\limits_{j}(p(s_j))\right)$,对应的 MATLAB 程序如下。

```
M=[800  300  -200;  550  100  0;  300  200  100];P=[0.2,0.5,0.3];
[maxP,maxJ]=max(P);
[fval,i]=max(M(:,maxJ))
```

得到计算结果:fval=300,$i=1$。决策选择第 1 方案 s_1 为最优方案。

(2)期望值准则

期望值准则的计算公式为 $\max\limits_{a_l\in A}\left\{E(a_i)=\sum\limits_{j=1}^{k}p(s_j)\cdot v(a_i,s_j)\right\}$,对应的 MATLAB 程序如下。

```
M=[800  300  -200;  550  100  0;  300  200  100];  P=[0.2,0.5,0.3];
[fval,i]=max(M*P')
```

得到计算结果:fval=250,$i=1$。决策选择第 1 方案 s_1 为最优方案。

5.2 决策的灵敏度分析

决策的灵敏度分析就是分析模型中的参数变化对决策的影响程度。在上述决策模型中,主要有不确定折中决策模型中的乐观系数和风险期望值决策模型中的状态概率两种参数。

5.2.1 乐观系数灵敏度分析

不确定折中决策模型中的乐观系数取决于决策者的价值理念,这种价值理念随着环境的变化、决策者的成长及认识的变化而变化。乐观系数的变化必然影响方案选择的决策结果。

【例 5-3】对【例 5-1】的折中模型,设乐观系数为 α,则三个方案的折中效益公式为:

$$\begin{aligned}y_1&=800\alpha+(1-\alpha)(-200)=1000\alpha-200\\y_2&=550\alpha\\y_3&=300\alpha+(1-\alpha)(100)=200\alpha+100\end{aligned}\tag{5-1}$$

当 $\alpha=0\sim1$ 时,绘出三个方案的效益曲线,其乐观系数灵敏度分析如图 5-1 所示(扫描二维码查看程序 12)。

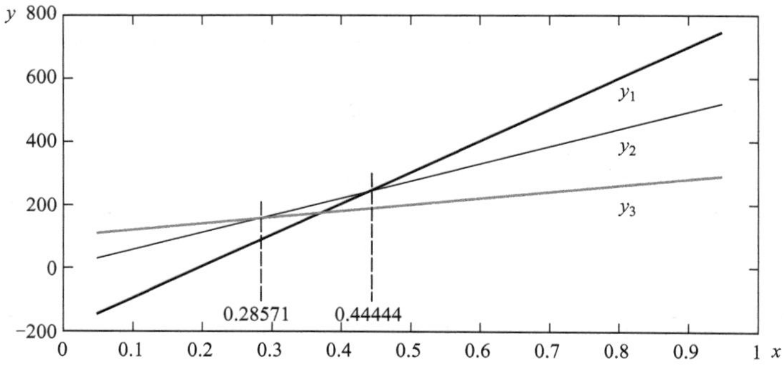

图 5-1　乐观系数灵敏度分析

由结果可知,乐观系数 0.2857、0.4444 为两个关键点。当 $\alpha<0.2857$ 时,方案 3 为最优方案;当 $0.2857<\alpha<0.4444$ 时,方案 2 为最优方案;当 $\alpha>0.4444$ 时,方案 1 为最优方案。所以 0.2857、0.4444 称为系数转折点,乐观系数 α 远离转折点时,最优方案比较稳定。

5.2.2 自然状态的概率灵敏度分析

风险决策模型的状态概率直接影响各方案效益的期望值。当只有两种自然状态时,其概率的灵敏度分析与乐观系数的灵敏度分析类似,读者可自行完成双状态的灵敏度分析。有三个自然状态的灵敏度分析见[例 5-4]。

【例 5-4】 对【例 5-2】的概率估计,设需求量大的概率为 P_1,需求量中的概率为 P_2,需求量小的概率为 P_3,$P_3=1-P_1-P_2$,则三个方案的期望效益公式为:

$$
\begin{aligned}
y_1 &= 800P_1+300P_2-200P_3\\
y_2 &= 550P_1+100P_2\\
y_3 &= 300P_1+200P_2+100P_3\\
P_1&+P_2+P_3=1
\end{aligned}
\tag{5-2}
$$

令 $y_1=y_2$,$y_2=y_3$,则得到如下方程组:

$$
\begin{aligned}
250P_1+200P_2-200P_3&=0\\
250P_1-100P_2-100P_3&=0\\
P_1+P_2+P_3&=1
\end{aligned}
\tag{5-3}
$$

求解方程组,得到:$P_1=0.2857$,$P_2=0.1786$,$P_3=0.5357$。此时,三个方案的期望值相等。进一步可以绘出三个方案随着概率变化的效益曲线,其 P_1、P_2、P_3 参数灵敏度分析(扫描二维码查看程序 13)如图 5-2 所示。

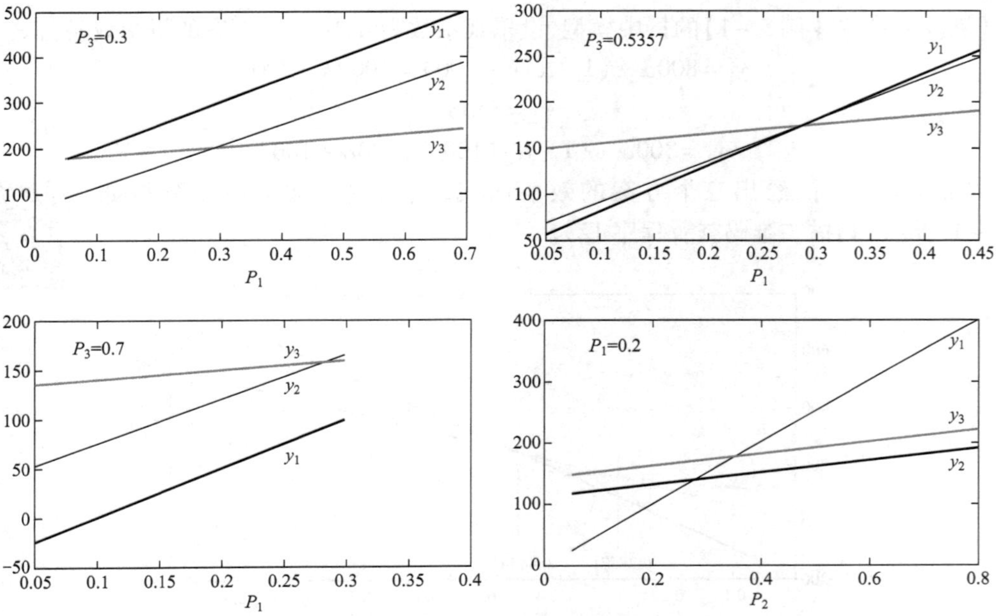

图 5-2 P_1、P_2、P_3 参数灵敏度分析图

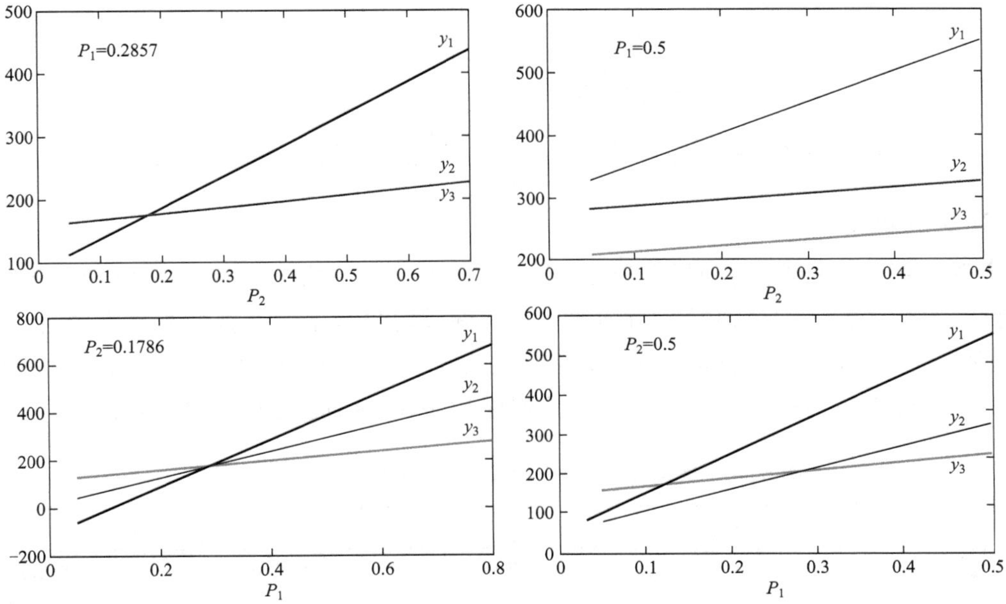

图 5-2　P_1、P_2、P_3 参数灵敏度分析图(续)

由图 5-2 可知,$P = (0.2857, 0.1786, 0.5357)$是灵敏度最高的点,远离该点时,最优方案比较稳定。当 P_1、P_2 大时,方案 1 为最优方案;当 P_3 大时,方案 3 为最优方案。

5.3 贝叶斯决策

5.3.1 贝叶斯决策模型

风险决策中各自然状态发生的概率是由过去的经验或专家的估计获得的,将要发生状态的概率称为先验概率。为了做出更准确、可靠的决策,可进一步收集新的信息,以用于修正先验概率,从而可以得到对自然状态更好的概率估计。通过调查或实验得到的关于自然状态的样本信息称为样本情报。用样本情报来修正先验概率,得到的概率称为后验概率。

贝叶斯决策模型的关键内容是依据情报信息对先验概率进行修正,从而得到后验概率的估计。

1. 后验概率的计算公式

后验概率计算的基本思路是已知先验概率,依据样本情报的条件概率,利用贝叶斯公式计算出各事件的后验概率。

已知未来的自然状态 $S = \{s_1, s_2, \cdots, s_k\}$ 和各自然状态的先验概率 $P = \{p(s_1), p(s_2), \cdots, p(s_k)\}$。要获取的情报可能结果为 $R = \{r_1, r_2, \cdots, r_k\}$($r_i$表示未来的自然状态为 s_i),且知道当自然状态为 $S = \{s_1, s_2, \cdots, s_k\}$ 时,情报为 $R = \{r_1, r_2, \cdots, r_k\}$ 的概率,即 $P(R|S) = \{(p(r_1|s_i), p(r_2|s_i), \cdots, p(r_k|s_i)) | i = 1 \sim k\}$。

可由全概率公式计算情报结果的概率:

$$p(r_i) = \sum_{j=1}^{k} p(r_i \mid s_j) \cdot p(s_j), i = 1,2,\cdots,k \qquad (5-4)$$

可由贝叶斯公式计算自然状态的修正概率：

$$p(s_j \mid r_i) = \frac{p(s_j \cap r_i)}{p(r_i)} = \frac{p(s_j) \cdot p(r_i \mid s_j)}{p(r_i)}, i = 1,2,\cdots,k, j = 1,2,\cdots,k \qquad (5-5)$$

2. 贝叶斯决策示例

【例5－5】 在【例5－2】的基础上，公司为了得到关于新产品需求量自然状态的更多信息，委托一家咨询公司进行市场调查。咨询公司进行市场调查的结果有三种：①市场需求量大 r_1；②市场需求量中 r_2；③市场需求量小 r_3。根据该咨询公司积累的资料统计得知，该咨询公司进行市场调查的准确程度如表5－3所示，其中，咨询费用为30。

表5－3　咨询公司调查的准确程度（条件概率 $p(s_j \mid r_i)$）

咨询结果	自然状态 S		
	需求量大 s_1 $p(s_1)=0.2$	需求量中 s_2 $p(s_2)=0.5$	需求量小 s_3 $p(s_3)=0.3$
市场需求量大 r_1	0.8	0.05	0.05
市场需求量中 r_2	0.12	0.9	0.1
市场需求量小 r_3	0.08	0.05	0.85

下面用决策树法进行该示例的决策分析计算。

(1)绘制决策树

决策树法是一种表示和分析决策问题的方法，它具有形象直观、思路清晰的优点，其原理是使用期望值准则进行决策。决策树法与决策的分析过程一致，用决策树法进行决策的具体步骤为：①从左向右绘制决策树；②从右向左计算各方案的期望值，并将结果标注在相应方案节点的上方；③选择效益期望值最大（损失期望值最小）的方案作为最优方案。

按图论的术语，树就是连通且无回路的有向图，入度为0的点称为树根（决策点），出度为0的点称为树叶（结果点），树叶以外的点称为内点。决策树由树根（决策点）、树叶（结果点）、树枝（方案枝、状态枝）、其他内点（决策点、方案点、状态点）、状态概率值和效益值组成。决策点用符号□表示，其后跟方案分支；方案点用符号○表示，其后跟状态分支；结果点用符号△表示，则其后跟效益值。【例5－5】的决策树如图5－3所示。

(2)决策分析计算

【例5－5】的决策分为两个阶段，第1个阶段的决策是确定是否需要进行市场调查，第2个阶段的决策是选择方案。不需要市场调查的分支与前述单阶段方案选择决策相同；需要市场调查的分支后接三种调查结果分支，之后的决策要根据市场调查结果修正状态概率，然后进行方案的选择与决策。修正状态概率及方案效益计算见程序 Bayesian_decision（扫描二维码查看程序14），结果见图5－3。可知，做市场调查后的期望效益达到316，减信息成本30后的纯期望效益达到286，结果优于不做市场调查。

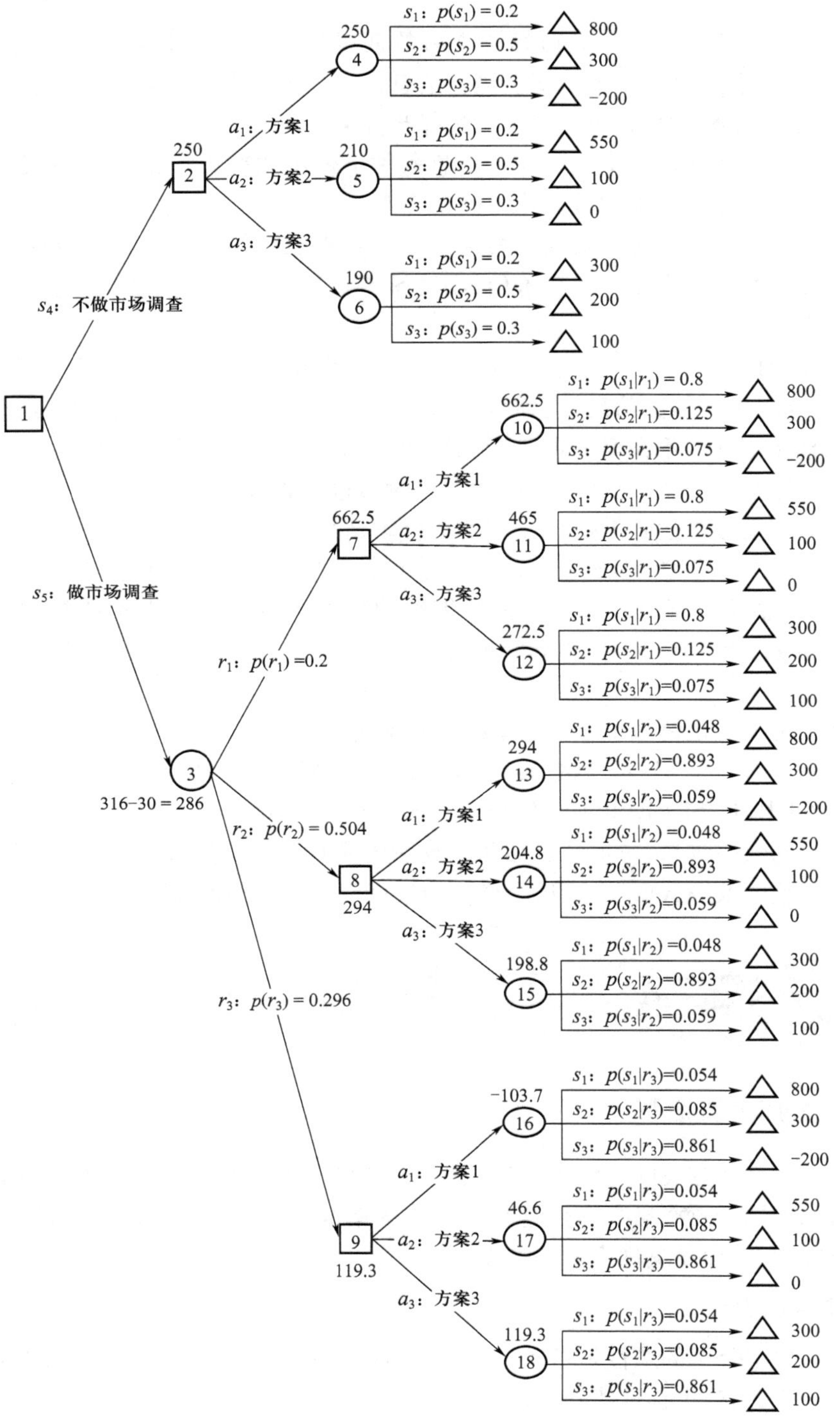
1
s_4：不做市场调查
250
2
a_1：方案1
a_2：方案2
a_3：方案3
250
4
210
5
190
6
s_1：$p(s_1)=0.2$
s_2：$p(s_2)=0.5$
s_3：$p(s_3)=0.3$
800
300
-200
550
100
0
300
200
100
s_5：做市场调查
3
316-30 = 286
r_1：$p(r_1)$ =0.2
r_2：$p(r_2)=0.504$
r_3：$p(r_3)=0.296$
662.5
7
294
8
119.3
9
662.5
10
465
11
272.5
12
s_1：$p(s_1|r_1)=0.8$
s_2：$p(s_2|r_1)$=0.125
s_3：$p(s_3|r_1)$=0.075
294
13
204.8
14
198.8
15
s_1：$p(s_1|r_2)$ =0.048
s_2：$p(s_2|r_2)$=0.893
s_3：$p(s_3|r_2)$=0.059
-103.7
16
46.6
17
119.3
18
s_1：$p(s_1|r_3)$=0.054
s_2：$p(s_2|r_3)$=0.085
s_3：$p(s_3|r_3)$=0.861

图 5－3 决策树

5.3.2 信息在决策中的价值

根据对【例5－5】的分析，做市场调查后的期望效益比不做市场调查的期望效益高出66，这就是新的信息在决策中的价值。当新信息带来的价值大于获得信息的成本时，可以首先获取新的信息情报，然后再进行方案的选择与决策。

获得更多信息后做出的决策与原有信息条件下做出的决策相比，会带来更大的经济效益。由获得更多信息所增加的效益称为信息价值。

信息价值＝用信息情报进行决策的期望收益－不用信息情报进行决策的期望收益(5－6)

如果获得信息的成本小于信息价值，则决策者愿意投资获得信息；反之，决策者不愿意投资获得信息。

信息有完全信息与不完全信息之分。完全信息是指能够帮助人们完全正确估计未来情况，消除风险与不确定性的信息，也称全情报。全情报是自然状态下的确切信息，全情报是一种极限的理想情况。不完全信息是指能够帮助人们正确地估计未来情况，但不能完全消除风险与不确定性的信息，也称样本情报。一般通过调查或实验得到的关于自然状态下的新信息的确切程度很难达到100%，所以称为样本情报。

样本情报的价值记为EVSI，是样本情报所带来的额外收益，如【例5－5】中的EVSI＝66；全情报的价值记为EVPI，即全情报所带来的额外收益。全情报价值是样本情报价值的上确界。例如，【例5－5】中的全情报价值 $EVPI=0.2\times800+0.5\times550+0.3\times300-250=275$。

样本情报价值占全情报价值的比率称为样本情报的效率。

$$样本情报的效率=(EVSI\div EVPI)\times100\% \tag{5-7}$$

【例5－5】中 $(EVSI\div EVPI)\times100\%=(66\div275)\times100\%=24\%$。

样本情报的效率越高，情报就越准确。效率达到100%的样本情报就会变成全情报。如果某个样本情报的效率太低，那么这个样本情报就没有考虑的价值了。

5.4 多准则决策

5.4.1 多准则决策概述

在前述选择最优方案的过程中，仅考虑评价方案优劣的单一指标或属性(如费用最小、利润最大、距离最短、效率最高等)，这种情况称为单准则决策。而实际中，方案优劣的评价要考虑多个准则，这种情况称为多准则决策。

1. 几个术语的含义

①属性。决策分析的属性是指备选方案的特征、品质或性能参数，它反映决策事物或现象的某些特点或效能，也称性能指标。

②目标。决策分析的目标是指决策者对方案实施预期结果的主观愿望或努力的方向。清晰的目标是做出正确决策的标准和依据。目标是决策者对决策事物或现象的某种追求，一个目标通常表明决策者在未来针对某一事物或现象确定的努力方向。

③目的。决策分析的目的是指决策者进行决策的终极愿望,它来自决策主体的需要,并且是行事的动机。

目的和目标虽然词义相近,但是也有区别。目的比较抽象,是某种行为活动的统一性的、终极性的宗旨或期望。目标比较具体,是围绕目的展开的行为活动的特殊性的、个别化的、阶段性的追求成果。目的可以分解成若干个具体目标,或者说目的可以用若干个目标来表达。

④准则。决策分析的准则是指决策者对方案实施预期结果优劣的判断应遵循的标准或度量其价值的原则,它用于衡量目标达到的程度。

准则是决策事物或现象有效性的某种度量,是事物或现象评价的基础。在实际问题中,准则是根据目标而确定的衡量方案优劣的指标或属性。多准则决策依据决策目的的多个目标,全面、系统地提出不同视角的标准来衡量方案满足的程度。多准则用不同视角、不同层次的衡量指标或属性来表达。

2. 多准则决策问题的类型

根据决策方案是有限的还是无限的,多准则决策(Multiple Criteria Decision Making,MCDM)问题可以分为多属性决策(Multiple Attribute Decision Making,MADM)和多目标决策(Multiple Objective Decision Making,MODM)两类。

多属性决策是指在考虑多个属性的情况下,选择最优备选方案或进行方案排序的决策问题,它是现代决策科学的一个重要组成部分。多属性决策和多目标决策对事物好坏的判断准则都不是唯一的,且准则之间也会效益背反。此外,不同的目标或属性通常有不同的量纲,因而是不可比较的,必须经过某种适当的变换之后才具有可比性。多属性决策和多目标决策的主要区别在于:前者的决策空间是离散的,后者是连续的;前者的选择余地是有限的、已知的,后者是无穷的、未知的。

3. 多准则决策的特点

多准则决策的特点是:①由于决策准则(目标、标准、属性)的多样性,因此造成方案比较优劣的工作比较复杂,难以找到最佳的方案;②多准则间的不可公度性及矛盾性,不存在绝对的比较标准,只能以决策者对方案各项标准满意程度的综合效果为标准;③决策过程从淘汰较差的方案开始,在剩下的方案中进行综合满意程度的排序,最后由最终决策者进行方案的选择决策。

4. 多准则决策的原则

在多准则(目标)决策实践中应遵循的原则主要包括:①在满足决策需要的前提下,尽量减少准则个数,剔除从属性准则,合并类似的准则,将次要准则(目标)变为约束条件,用综合指标代替多项指标等;②按照准则(目标)的轻重缓急决定准则(目标)的取舍,将准则(目标)按重要程度给出级别顺序及重要性系数,以便在选优决策时遵循;③对相互矛盾的目标,应以总目标为基准进行协调,力求对各目标进行全面考虑,做到统筹兼顾。

5. 多准则决策的方法

多准则(目标)决策的方法主要有以下几种。①化多为少法:将多准则(目标)问题转化成只有一个或两个准则(目标)的问题,最常用的是线性加权和法。②分层序列法:将所有准则(目标)按其重要性进行大小排序,首先求出第一个最重要的准则(目标)的最优解,然后在保证前一准则(目标)最优解的前提下依次求下一目标的最优解,一直求到最后一个准则(目标)为止。③直接求非劣解法:首先求出一组非劣解,然后按事先确定好的评价标准,从中找出一个满意的解。④目标规划法:对于每一个目标都事先给定一个期望值,然后在满足一定约束的条件下,找出与目标期望值最近的解。⑤多属性效用法:各个目标均用表示效用程度大小的效用函数来表示,通过效用函数构成多目标的综合效用函数,以此来评价各个可行方案的优劣。⑥层次分析法:把目标体系结构展开,求得目标与决策方案的计量关系。⑦重排序法:把原来的不易比较的非劣解,通过其他办法使其排出优劣次序来。⑧多目标群决策法和多目标模糊决策法等。⑨TOPSIS 法等。

5.4.2 多准则(目标)规划模型

多准则(目标)规划有两个或两个以上的目标函数,其数学模型表示为:

$$\begin{aligned} &\max(\min) \quad Z=[z_1,z_2,\cdots,z_r]^{\mathrm{T}}=[f_1(\boldsymbol{x}),f_2(\boldsymbol{x}),\cdots,f_r(\boldsymbol{x})]^{\mathrm{T}} \\ &\text{s. t.} \quad g_i(\boldsymbol{x})\leqslant(=,\geqslant)0,i=1,2,\cdots,m \end{aligned} \tag{5-8}$$

其中,$\boldsymbol{X}=\{\boldsymbol{x}\mid\boldsymbol{x}\in R^n,g_i(\boldsymbol{x})\leqslant 0,i=1,2,\cdots,m\}$称为多目标规划的可行集,$z_j=f_j(\boldsymbol{x})(j=1,2,\cdots,r)$称为目标函数。当 r 个目标函数和 m 个约束条件全为线性函数时,其数学模型为多目标线性规划;当目标函数个数为 1 时,其数学模型为单目标规划。

多目标决策问题的一个可行性方案 x 与其他可行性方案两两比较时,其结果有三种可能:①所有目标都是最优的方案,称为完全最优解,这种情况极少出现;②所有目标都是最劣的方案,称为劣解,可以立即淘汰;③目标有优有劣,既不能肯定为最优方案,也不能立即予以淘汰,这种方案称为非劣解,又称有效解、非优超解或帕雷托最优解。

若 $\boldsymbol{x}'\in\boldsymbol{X}$,则不存在另一个可行点 $\boldsymbol{x}\in\boldsymbol{X}$,使 $f_j(\boldsymbol{x})\geqslant f_j(\boldsymbol{x}'),j=1,2,\cdots,r$ 成立,且其中至少有一个严格不等式成立,则 $\boldsymbol{x}'$ 是多目标规划的一个非劣解。所有非劣解构成的集叫非劣解集。

多准则(目标)规划是最优化理论的重要组成部分,由于多个准则(目标)之间存在矛盾性和不可公度性,因此要求所有目标均达到最优解是很难的,所以多目标规划问题往往首先要对有效解进行规范化处理,然后对有效解进行评价和选择,详见参考文献[12]。本章介绍多目标规划问题有效解的理想点法、线性加权和法、最大最小法和目标规划法。

5.4.3 理想点法

理想点法首先求解出 r 个单目标问题:$\max\limits_{x\in X}(\min)z_j(x),j=1,2,\cdots,r$,设其最优值为 z_j^*,称 $\boldsymbol{Z}^*=(z_1^*,z_2^*,\cdots,z_r^*)^{\mathrm{T}}$ 为值域中的一个理想点,寻求最靠近 $\boldsymbol{Z}^*$ 的 $\boldsymbol{Z}$ 点作为最优值。构造距离评价函数:

$$\varphi(\boldsymbol{Z})=\sqrt{\sum_{j=1}^{r}(z_j-z_j^*)^2} \tag{5-9}$$

将 $\varphi(\boldsymbol{Z}(\boldsymbol{x}))$ 极小化，求解：

$$\min_{x \in X} \varphi(\boldsymbol{Z}(\boldsymbol{x})) = \sqrt{\sum_{j=1}^{r} (z_j - z_j^*)^2} \tag{5-10}$$

将它的最优解 x^* 作为多目标规划的最优解。

当考虑多个目标存在重要性差异时，求点 $\boldsymbol{Z}(\boldsymbol{x})$ 与 $\boldsymbol{Z}^*$ 之间的“加权距离”函数为最小：

$$\min_{x \in X} \varphi(\boldsymbol{Z}(\boldsymbol{x})) = D[\boldsymbol{Z}(\boldsymbol{x}),\boldsymbol{Z}^*] = \sqrt{\sum_{j=1}^{r} \lambda_j (z_j(x) - z_j^*)^2} \tag{5-11}$$

式中，$\lambda_j (j=1,2,\cdots,r)$ 为第 j 个目标的重要性权值。

【例 5-6】 利用理想点法求解

$$\begin{aligned}
&\max f_1(\boldsymbol{x}) = -3x_1 + 2x_2 \\
&\max f_2(\boldsymbol{x}) = 4x_1 + 3x_2 \\
&\text{s. t.} \quad 2x_1 + 3x_2 \leqslant 18 \\
&\qquad 2x_1 + x_2 \leqslant 10 \\
&\qquad x_1, x_2 \geqslant 0
\end{aligned} \tag{5-12}$$

解：①分别对单目标求解：

求解 $f_1(x)$ 最优解的 MATLAB 程序如下。

```
c = [3; -2]; A = [2,3;2,1]; b = [18;10]; lb = [0;0];
[x,fval] = linprog(f,A,b,[],[],lb)
```

输出结果为：

```
x = 0.0000   6.0000
fval = -12.0000
```

即最优解为(0,6)，最优值为 12。

求解 $f_2(x)$ 最优解的 MATLAB 程序如下。

```
c = [-4; -3];   A = [2,3;2,1];   b = [18;10];   lb = [0;0];
[x,fval] = linprog(c,A,b,[],[],lb)
```

输出结果为：

```
x = 3.0000   4.0000
fval = -24.0000
```

即最优解为(3,4)，最优值为 24。得到理想点：(12,24)。

② 设两个目标的重要性一样，求如下模型的最优解：

$$\begin{aligned}
&\min_{x \in D} \varphi[f(\boldsymbol{x})] = \sqrt{[f_1(\boldsymbol{x}) - 12]^2 + [f_2(\boldsymbol{x}) - 24]^2} \\
&\text{s. t.} \quad 2x_1 + 3x_2 \leqslant 18 \\
&\qquad 2x_1 + x_2 \leqslant 10 \\
&\qquad x_1, x_2 \geqslant 0
\end{aligned} \tag{5-13}$$

求解的 MATLAB 程序如下。

```
A = [2,3;2,1]; b = [18;10]; x0 = [1;1]; lb = [0;0];
x = fmincon('((-3*x(1)+2*x(2)-12)^2+(4*x(1)+3*x(2)-24)^2)^(1/2)',x0,A,b,[],[],lb,[])
```

输出结果为：$\boldsymbol{x}=[0.5268\quad 5.6488]$；

则对应的目标值为：$f_1(\boldsymbol{x})=9.7172$，$f_2(\boldsymbol{x})=19.0536$。

5.4.4 线性加权和法

在具有多个指标的问题中，人们总希望对那些相对重要的指标给予较大的权系数，因此可将多目标向量问题转化为所有目标的加权求和的标量问题，构造如下评价函数，即

$$\min_{x\in X}\varphi(\boldsymbol{Z}(\boldsymbol{x})) = \sum_{j=1}^{r} w_j z_j(\boldsymbol{x}) \tag{5-14}$$

$w_j(j=1,2,\cdots,r)$为加权因子，其选取的方法有很多，有专家打分法、容限法和加权因子分解法等。

可将它的最优解 x^* 作为多目标规划在线性加权和意义下的“最优解”。

【例5-7】 对【例5-6】进行线性加权和法求解，权系数分别取 $w_1=0.5$，$w_2=0.5$。

解：构造如下评价函数，即求如下模型的最优解。

$$\begin{aligned} &\min\{0.5(3x_1-2x_2)+0.5(-4x_1-3x_2)\} \\ &\text{s.t.}\quad 2x_1+3x_2\leqslant 18 \\ &\qquad\ \ 2x_1+x_2\leqslant 10 \\ &\qquad\ \ x_1,x_2\geqslant 0 \end{aligned} \tag{5-15}$$

求解的 MATLAB 程序如下。

```
f=[-0.5;-2.5];  A=[2,3;2,1];  b=[18;10];  lb=[0;0];
x=linprog(f,A,b,[],[],lb)
```

输出结果为：$\boldsymbol{x}=0.0\quad 6.0$；

则对应的目标值分别为 $f_1(\boldsymbol{x})=12$，$f_2(\boldsymbol{x})=18$。

5.4.5 最大最小法

最大最小决策方法也叫悲观法，这里“最大”代表最优，“最小”代表最劣。此决策方法的观点为采取保守策略是稳妥的，即在最坏的情况下寻求最好的结果。当目标函数最值越小越好时，可以构造如下评价函数：

$$\varphi(\boldsymbol{Z}(\boldsymbol{x}))=\max_{1\leqslant j\leqslant r}\{z_j(x)\} \tag{5-16}$$

求解：

$$\min_{x\in X}\varphi(\boldsymbol{Z}(\boldsymbol{x}))=\min_{x\in X}\max_{1\leqslant j\leqslant r}\{z_j(x)\} \tag{5-17}$$

将它的最优解 x^* 作为多目标规划在最大最小意义下的“最优解”。

【例5-8】 对【例5-6】进行最大最小法求解。

解：MATLAB 程序如下，首先编写目标函数的 m 文件。

```
function f=myfun5_8(x)
  f(1)=3*x(1)-2*x(2);  f(2)=-4*x(1)-3*x(2);
end
```

求解的 MATLAB 程序如下。

```
x0 = [1;1];   A = [2,3;2,1];   b = [18;10];   lb = zeros(2,1);
[x,fval] = fminimax('myfun5_8',x0,A,b,[],[],lb,[])
```

结果输出为：$\boldsymbol{x} = [0.0000 \quad 6.0000]$

$\text{fval} = -12 \quad -18$

则对应的目标值分别为 $f_1(\boldsymbol{x}) = 12$，$f_2(\boldsymbol{x}) = 18$。

5.4.6　目标规划法

目标规划法就是首先确定多目标的期望达到值 $\underset{x\in X}{\text{appr}}\ Z(\boldsymbol{x}) \to \boldsymbol{Z}^0$，再依据与目标值的差或距离构造目标规划模型。

1. 目标规划的一般数学模型

目标规划的一般数学模型通常根据目标的重要性级别及重要性程度，采用以下规划模型

$$
\begin{aligned}
\min \quad & z = \sum_{l=1}^{L} p_l \left[\sum_{j=k_l}^{r_l} (\omega_{lj}^- d_j^- + \omega_{lj}^+ d_j^+) \right] \\
\text{s.t.} \quad & f_j(\boldsymbol{x}) + d_j^- - d_j^+ = z_j^0, \qquad j = 1,2,\cdots,r \\
& g_i(\boldsymbol{x}) \leqslant 0, \qquad i = 1,2,\cdots,m \\
& x, \boldsymbol{d}^-, \boldsymbol{d}^+ \geqslant 0,
\end{aligned} \tag{5-18}
$$

模型中第二行是 r 个目标约束，第三行是 m 个绝对约束，z_j^0 是目标参数。绝对约束是指必须严格满足的等式或不等式约束，它们是硬约束；目标约束是目标规划所特有的，约束右端项是努力追求的目标值，但允许发生正、负偏差，用在约束中加入正、负偏差变量来表示，称为软约束。对于正偏差变量 $\boldsymbol{d}^+ = (d_1^+, d_2^+, \cdots, d_r^+)$ 和负偏差变量 $\boldsymbol{d}^- = (d_1^-, d_2^-, \cdots, d_r^-)$，有 $\boldsymbol{d}^+ \times (\boldsymbol{d}^-)^{\mathrm{T}} = 0$。目标规划的目标函数是通过目标约束的正、负偏差变量和赋予相应的优先等级因子 $p_l, l = 1,2,\cdots,L$，和权系数 $\omega_{lj}^-, \omega_{lj}^+, j = 1,2,\cdots,r$，来构造的。优先因子 $p_l \gg p_{l+1}$，$l = 1,2,\cdots,L-1$；$k_1 = 1 \leqslant k_l \leqslant r_l \leqslant r_L = r$。

决策要求尽可能从某个方向缩小偏离目标的数值，需按照优先因子进行一系列的单目标处理。低级别的目标优化是在高级别目标优化的基础上进行的。

2. MATLAB 提供的多目标规划模型函数

MATLAB 提供了以下多目标规划模型的计算函数：

$$
\begin{aligned}
\min \quad & z \\
\text{s.t.} \quad & \boldsymbol{F}(\boldsymbol{x}) - \boldsymbol{W}z \leqslant \boldsymbol{Z}^0, \\
& \boldsymbol{A}\boldsymbol{x} \leqslant \boldsymbol{b}, \\
& \boldsymbol{A}^{(\mathrm{eq})}\boldsymbol{x} \leqslant \boldsymbol{b}^{(\mathrm{eq})}, \\
& \boldsymbol{C}(\boldsymbol{x}) \leqslant 0, \\
& \boldsymbol{C}^{(\mathrm{eq})}(\boldsymbol{x}) = 0, \\
& vlb \leqslant \boldsymbol{x} \leqslant vub
\end{aligned} \tag{5-19}
$$

多目标规划模型函数的调用格式如下：

(a) x = fgoalattain('MobjFun',x0,goal,weight);

(b) x = fgoalattain('MobjFun',x0,goal,weight,A,b);

(c)x = fgoalattain('MobjFun',x0,goal,weight,A,b,Aeq,beq);

(d)x = fgoalattain('MobjFun',x0,goal,weight,A,b,Aeq,beq,vlb,vub);

(e)x = fgoalattain('MobjFun',x0,goal,weight,A,b,Aeq,beq,vlb,vub,'nonlcon');

(f)x = fgoalattain('MobjFun',x0,goal,weight,A,b,Aeq,beq,vlb,vub,'nonlcon',options);

(g)x = fgoalattain(problem);

(h)[x,fval] = fgoalattain(…①);

(i)[x,fval,attainfactor] = fgoalattain(…);

(j)[x,fval,attainfactor,exitflag] = fgoalattain(…);

(k)[x,fval,attainfactor,exitflag,output] = fgoalattain(…);

(l)[x,fval,attainfactor,exitflag,output,lamda] = fgoalattain(…)。

其中,'MobjFun' 为多目标函数的 m 文件名;x0 为初值;goal 为目标函数希望达到的目标向量值;weight 为各目标函数间的权重;A,b 为不等式约束的系数;Aeq,beq 为等式约束系数;vlb,vub 为 x 的下限和上限;fval 为求解的 x 所对应的目标函数值;problem 是对问题参数的描述。算法原理为目标达到法。

【例 5-9】 对【例 5-6】进行目标规划法求解。

解:编写目标函数的 m 文件。

```
function f = myfun3(x)
f(1) =3 * x(1) -2 * x(2);
f(2) = -4 * x(1) -3 * x(2);
```

编写求解主程序(脚本文件),或者直接在命令窗口中输入:

```
goal = [18,10];
weight = [18,10];
x0 = [1,1];
A = [2,3;2,1];
b = [18,10];
lb = zeros(2,1);
[x,fval] = fgoalattain('myfun3',x0,goal,weight,A,b,[],[],lb,[])
```

输出结果为:

```
x =    0.0000    6.0000
fval =    -12    -18
```

对应的目标值分别为 $f_1(\boldsymbol{x}) = 12$,$f_2(\boldsymbol{x}) = 18$。

5.5 层次分析法

层次分析法是一种解决多目标、多准则复杂问题的定性与定量相结合的决策评价方法,其方法是将与决策有关的元素分解成目标、准则、方案等层次,决策者分析判断各衡量标准

① …表示不限定参数数量,应用时根据实际情况确定。

或准则的相对重要程度的权重,并合理地估算出在每个标准下各决策方案的相对优劣程度的权重,最后利用权重综合评价出各方案的优劣次序。

5.5.1 层次分析法简介

在解决实际问题中含有大量的主、客观因素。许多要求与期望是模糊的,相互之间还会存在一些矛盾。美国运筹学家 T. L. Saaty 教授在 20 世纪 70 年代提出的层次分析法(Analytic Hierarchy Process,AHP)是处理这类问题有效的方法之一。以 T. L. Saaty 教授为首的研究小组曾成功地把层次分析法应用于电力计划、苏丹运输研究、美国高等教育事业 1985—2000 展望、1985 年世界石油价格预测等重大研究项目上。

运用层次分析法进行决策时主要分为四个步骤:①建立系统的递阶层次结构模型;②构造两两比较的判断矩阵;③针对某一标准(准则),计算被支配因素的权重;④计算当前一层因素关于总目标的排序权重。

层次分析法的主要特征是合理地把定性与定量的决策结合起来,按照思维心理的规律把决策过程层次化、数量化。

层次分析法首先将决策问题按目标层(最高层)、准则层(中间层)和方案层(最底层)的顺序分解为不同的层次结构,然后用求解判断矩阵特征向量的办法,求得每一层次的各因素对上一层次某因素的优先权重,最后再以加权和的方法,递阶归并各备选方案对总目标的最终权重,最终权重最大者即为最优方案。

层次分析法的模型结构如图 5 - 4 所示。目标层是指问题的预定目标;准则层是指影响目标实现的准则,一般考虑社会效益、经济效益、技术效益等方面及其细化指标。准则层可以是一层,也可以是二层或三层;方案层是指促使目标实现的各可行方案、措施或途径。

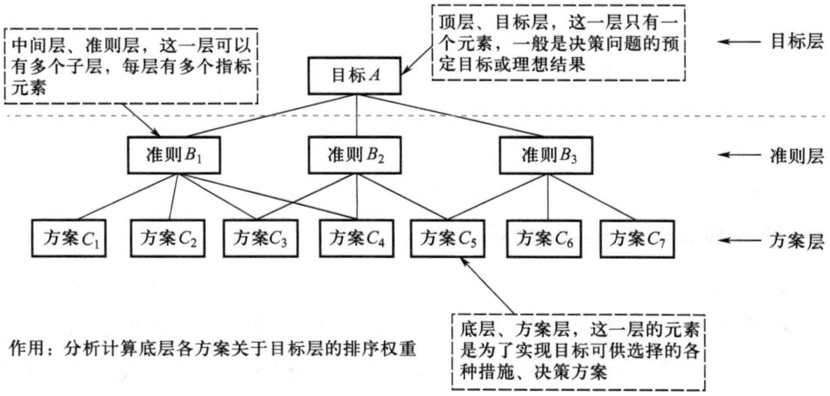

图 5 - 4 层次分析法的模型结构

利用层次分析法分析问题时,首先要将所要分析的问题层次化,然后根据问题的性质和所要达到的总目标,将问题分解为不同的组成因素,并按照这些因素间的相互关联影响及隶属关系将因素按不同层次聚集组合,形成一个多层次分析结构模型,最后将该问题归结为最底层相对最高层(总目标)的比较优劣的排序问题,借助这些排序,最终可以对所分析的问题做出评价或决策。

5.5.2 层次分析法的计算

层次分析法的量化过程是逐层展开的过程。首先进行单因素比较，每一层要素或方案的单因素度量都是依据上一层相关联的单一指标进行本层因素的比较而得到的；得到所有因素的各个指标的单因素度量后，即可进行相关指标的综合度量。

1. 构造两两比较判断矩阵及其标度

两两比较判断矩阵是指用两两重要性程度之比的形式，表示两个因素的相应重要性程度等级。层次分析法采用的标度准则为 T. L Saaty 提出的比例标度表，如表 5 –4 所示。

表 5 –4　层次分析法中两两比较相对重要性的比例标度表

标度 a_{ij}	定　义
1	i 因素与 j 因素相同重要
3	i 因素比 j 因素略重要
5	i 因素比 j 因素较重要
7	i 因素比 j 因素非常重要
9	i 因素比 j 因素绝对重要
2、4、6、8	为以上两个判断之间的中间状态对应的标度值
倒数	若 j 因素与 i 因素比较，得到的判断值为 $a_{ji}=1/a_{ij}$

比例标度表中的两个因素 i 和 j 分别表示两个进行比较的标准或在某一标准下比较的两个方案。由标度 a_{ij}为因素构成的矩阵称为两两比较矩阵。

设某层有 n 个因素 $\boldsymbol{x}=(x_1,x_2,\cdots,x_n)$，要比较它们对上一层目标或某一准则的重要性程度，按照表 5 –4 的标度通过两两比较，得到两两比较矩阵 $\boldsymbol{A}$。

$$\boldsymbol{A} = (a_{ij}) = \begin{bmatrix} a_{11} & a_{12} & \cdots & a_{1n} \\ a_{21} & a_{22} & \cdots & a_{2n} \\ \vdots & \vdots & \ddots & \vdots \\ a_{n1} & a_{n2} & \cdots & a_{nn} \end{bmatrix}$$

其中，$a_{ij}>0, a_{ij}=1/a_{ji}, a_{ii}=1$。因此，$\boldsymbol{A}$ 也称正互反矩阵。

2. 单层单指标的因素或方案权重的计算

为了确定单层因素或方案相对于目标或某一准则的重要性程度，依据两两比较矩阵，可以计算出本层要素或方案的单指标度量权重，计算方法有和法、根法、特征根法等。

① 规范列平均法（和法），是将比较判断矩阵 $\boldsymbol{A}$ 的每一列先归一化，再计算每一行的平均值，得到的近似值作为权重向量。

$$w_i = \frac{1}{n}\sum_{j=1}^{n}\left(a_{ij}\Big/\sum_{k=1}^{n}a_{kj}\right), i = 1,2,\cdots,n \tag{5-20}$$

② 几何平均法（根法），是将比较判断矩阵 $\boldsymbol{A}$ 的每一行进行几何平均，再归一化，得到近似权重向量。

$$w_i = \left(\prod_{j=1}^{n}a_{ij}\right)^{\frac{1}{n}}\Big/\sum_{k=1}^{n}\left(\prod_{j=1}^{n}a_{kj}\right)^{\frac{1}{n}}, i = 1,2,\cdots,n \tag{5-21}$$

③ 特征根法,是将比较判断矩阵 $\boldsymbol{A}$ 最大特征根对应的归一化特征向量作为权重向量。求解

$$\boldsymbol{AW} = \lambda \boldsymbol{W} \tag{5-22}$$

可得到最大特征根 $\boldsymbol{\lambda}_{\max}$ 及相应的特征向量 $\boldsymbol{w}_{\max}$,经归一化后得到权重向量。

$$w_i = \boldsymbol{w}_{\max}(i) \Big/ \sum_{k=1}^{n} \boldsymbol{w}_{\max}(k), i = 1,2,\cdots,n \tag{5-23}$$

3. 两两比较矩阵一致性检验

两两比较矩阵的元素是通过各因素两两比较得到的标度值,而在很多这样的比较中,往往可能得到一些不一致的结论。例如,当因素 i、j、k 的重要性很接近时,在两两比较时,可能得出 i 比 j 重要,j 比 k 重要,而 k 又比 i 重要等矛盾的结论,这在因素数目多的时候更容易发生。为此,引入了检验一致性的指标和检验一致性的方法。

一般 n 阶互反阵 $\boldsymbol{A}$ 的最大特征根 $\boldsymbol{\lambda}_{\max} \geqslant n$,当且仅当 $\boldsymbol{\lambda}_{\max} = n$ 时,$\boldsymbol{A}$ 为一致矩阵。

由于 $\boldsymbol{\lambda}_{\max}$ 连续地依赖 a_{ij},则 $\boldsymbol{\lambda}_{\max}$ 比 n 大得越多,$\boldsymbol{A}$ 的不一致性越严重。用最大特征值对应的特征向量作为被比较因素对上层某因素影响程度的权向量,其不一致程度越大,引起的判断误差越大。因而可以用 $\boldsymbol{\lambda}_{\max} - n$ 的数值的大小来衡量 $\boldsymbol{A}$ 的不一致程度。

定义一致性指标 CI:

$$\mathrm{CI} = (\lambda_{\max} - n)/(n-1) \tag{5-24}$$

计算一致性比率 CR:

$$\mathrm{CR} = \mathrm{CI}/\mathrm{RI} \tag{5-25}$$

其中,RI 是平均随机一致性指标,当比较的因素越多,也就是两两比较矩阵维越大时,判断的一致性就越差,故应放宽对高维两两比较矩阵一致性的要求,于是引进修正值 RI,见表 5-5。

表 5-5 平均随机一致性指标 RI

维数 n	1	2	3	4	5	6	7	8	9	10	11
RI	0	0	0.58	0.96	1.12	1.24	1.32	1.41	1.45	1.49	1.51

当一致性比率 CR<0.1 时,接受一致性检验;否则,认为判断矩阵 $\boldsymbol{A}$ 不满足一致性要求,应考虑修正判断矩阵。

4. 层次总排序及其一致性检验

确定某层所有因素对于总目标相对重要性的排序权值过程,称为层次总排序。

各层因素对目标层的合成权重计算是从最高层到最低层逐层进行的。

设:第 $k-1$ 层 n_{k-1} 个因素对于目标合成权重为

$$\boldsymbol{w}^{(k-1)} = (w_1^{(k-1)}, w_2^{(k-1)}, \cdots, w_{n_{k-1}}^{(k-1)})^{\tau}$$

第 k 层 n_k 个因素对于第 $k-1$ 层第 j 个因素的单一准则排序权重向量为

$$\boldsymbol{u}_j^{(k)} = (u_{1j}^{(k)}, u_{2j}^{(k)}, \cdots, u_{n_k j}^{(k)})^{\tau}, j = 1,2,\cdots,n_{k-1}$$

得到 $n_k \times n_{k-1}$ 矩阵

$$\boldsymbol{U}^{(k)} = \begin{pmatrix} u_{11}^{(k)} & u_{12}^{(k)} & \cdots & u_{1n_{k-1}}^{(k)} \\ u_{21}^{(k)} & u_{22}^{(k)} & \cdots & u_{2n_{k-1}}^{(k)} \\ \vdots & \vdots & \ddots & \vdots \\ u_{n_k 1}^{(k)} & u_{n_k 2}^{(k)} & \cdots & u_{n_k n_{k-1}}^{(k)} \end{pmatrix}$$

最后，计算第 k 层 n_k 个因素对于目标的合成权重为

$$\boldsymbol{w}^{(k)} = \boldsymbol{U}^{(k)}\boldsymbol{w}^{(k-1)} = \boldsymbol{U}^{(k)}\boldsymbol{U}^{(k-1)}\cdots\boldsymbol{U}^{(3)}\boldsymbol{w}^{(2)} \tag{5-26}$$

例如，对于具有目标层 G、准则层 A、方案层 B 的层次分析问题，设：A 层 n 个因素 $\boldsymbol{A}=(A_1,A_2,\cdots,A_n)$ 对于总目标 G 的权重为

$$\boldsymbol{w}^{(A)} = (w_1^{(A)}, w_2^{(A)}, \cdots, w_n^{(A)})^{\tau}$$

B 层 m 个因素 $\boldsymbol{B}=(B_1,B_2,\cdots,B_m)$ 对于 A 层 A_j 因素的单一准则的层次排序权重向量为

$$\boldsymbol{u}_j^{(B)} = (u_{1j}^{(B)}, u_{2j}^{(B)}, \cdots, u_{mj}^{(B)})^{\tau}, j=1,2,\cdots,n$$

得到 B 层次单排序 $m\times n$ 矩阵

$$\boldsymbol{U}^{(B)} = \begin{pmatrix} u_{11}^{(B)} & u_{12}^{(B)} & \cdots & u_{1n}^{(B)} \\ u_{21}^{(B)} & u_{22}^{(B)} & \cdots & u_{2n}^{(B)} \\ \vdots & \vdots & \ddots & \vdots \\ u_{m1}^{(B)} & u_{m2}^{(B)} & \cdots & u_{mn}^{(B)} \end{pmatrix}$$

则 B 层 m 个因素的总排序权重为

$$\boldsymbol{w}^{(B)} = \boldsymbol{U}^{(B)}(\boldsymbol{w}^{(A)}) = \left(\sum_{j=1}^{n} u_{1j}^{(B)} w_j^{(A)}, \sum_{j=1}^{n} u_{2j}^{(B)} w_j^{(A)}, \cdots, \sum_{j=1}^{n} u_{mj}^{(B)} w_j^{(A)}\right)^{\tau} \tag{5-27}$$

层次总排序的一致性检验：设 B 层 $(B_1,B_2,\cdots,B_m)$ 对 A 层的 $A_j(j=1,2,\cdots,n)$ 层次单排序一致性指标为 $\mathrm{CI}_j^{(A)}(j=1,2,\cdots,n)$，随机一致性指标为 $\mathrm{RI}_j^{(A)}(j=1,2,\cdots,n)$，则层次总排序的一致性比率为：

$$\mathrm{CR} = \sum_{j=1}^{n} w_j^{(A)}\mathrm{CI}_j^{(A)} \Big/ \sum_{j=1}^{n} w_j^{(A)}\mathrm{RI}_j^{(A)} \tag{5-28}$$

当一致性比率 $\mathrm{CR}<0.1$ 时，接受层次总排序一致性检验。根据最底层（决策层）的层次总排序权值进行最后决策。一般情况下，单排序满足一致性检验，总排序也会满足一致性检验。

5.5.3 层次分析法的优点和局限性

层次分析法的优点如下：①系统性。层次分析法把研究对象作为一个系统，按照分解、比较判断、综合的思维方式进行决策，成为继机理分析、统计分析之后发展起来的系统分析的重要工具。②实用性。层次分析法把定性和定量方法结合起来，能处理许多用传统的最优化技术无法着手的实际问题，应用范围很广；同时，这种方法使得决策者与决策分析者能够相互沟通，决策者甚至可以直接应用它，这就增加了决策的有效性。③简洁性。具有中等文化程度的人也可以了解层次分析法的基本原理并掌握该法的基本步骤，计算也非常简便，并且所得结果简单明确，容易被决策者了解和掌握。

层次分析法的局限性主要表现如下：①该法中的比较、判断及结果的计算过程都是粗糙的，不适用于精度较高的问题。②从建立层次结构模型到给出两两比较矩阵，人的主观因素对整个过程的影响很大，这就使得结果难以让所有的决策者接受，采取专家群体判断的办法是克服这个缺点的一种途径。

5.5.4 层次分析法的 MATLAB 程序

层次分析法的基本步骤归纳如下：①建立层次结构模型，包括目标层、准则层、方案层。②从第二层开始用 1 ~ 9 标度构造两两比较矩阵。③计算单排序权向量并做一致性检验，对

每个比较矩阵计算最大特征值及其对应的特征向量，利用一致性指标、随机一致性指标和一致性比率做一致性检验。若检验通过，则将特征向量归一化后即为权向量；若不通过，则需要重新构造两两比较矩阵。④计算总排序权向量并做一致性检验。

编写 AHP 单排序权向量计算及一致性检验的 MATLAB 函数（扫描二维码查看程序 15），调用格式如下：

[WeightVector, lamdaMax, CR, CI, RI] = AHPWeightVector(DecMatrix)

函数 AHPWeightVector 根据输入的判断矩阵 DecMatrix 计算输出权向量 WeightVector、最大特征根 lamdaMax、一致性比率 CR、一致性指标 CI、平均随机一致性指标 RI。

编写层次分析法的比较矩阵输入及一致性检验的 MATLAB 函数（扫描二维码查看程序 16），调用格式如下：

AHPCellSolver

5.5.5 层次分析法案例

下面用例子来说明如何用层次分析法解决多目标复杂问题。

1. 问题的提出

假期旅游，是去风光秀丽的苏州，还是去迷人的北戴河，或者是去山水甲天下的桂林，一般会依据景色、费用、食宿条件、旅途等因素选择去哪个地方。

2. 构建层次结构图

旅游地选择的层次分析有三层结构，目标层、标准层、决策方案层，如图 5－5 所示。目标是选择满意的旅游地，标准有景色、费用、居住条件、饮食条件、旅途五个方面的考虑，方案有苏杭、北戴河、桂林。

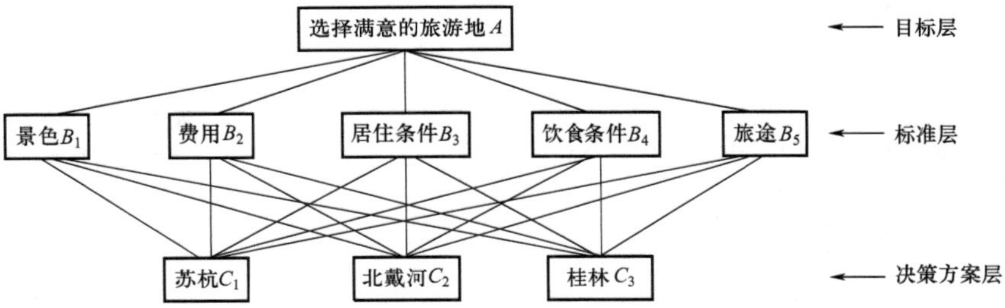

图 5－5　旅游地的选择层次结构图

3. 两两比较矩阵

由旅游者做出比较判断，得到各单层两两比较矩阵如下。

$$
\boldsymbol{A}=\begin{pmatrix}1 & 1/2 & 4 & 3 & 3\\ 2 & 1 & 7 & 5 & 5\\ 1/4 & 1/7 & 1 & 1/2 & 1/3\\ 1/3 & 1/5 & 2 & 1 & 1\\ 1/3 & 1/5 & 3 & 1 & 1\end{pmatrix},\boldsymbol{B}_1=\begin{pmatrix}1 & 2 & 5\\ 1/2 & 1 & 2\\ 1/5 & 1/2 & 1\end{pmatrix},\boldsymbol{B}_2=\begin{pmatrix}1 & 1/3 & 1/8\\ 3 & 1 & 1/3\\ 8 & 3 & 1\end{pmatrix},
$$

$$
\boldsymbol{B}_3=\begin{pmatrix}1 & 1 & 3\\ 1 & 1 & 3\\ 1/3 & 1/3 & 1\end{pmatrix},\boldsymbol{B}_4=\begin{pmatrix}1 & 3 & 4\\ 1/3 & 1 & 1\\ 1/4 & 1 & 1\end{pmatrix},\boldsymbol{B}_5=\begin{pmatrix}1 & 1 & 1/4\\ 1 & 1 & 1/4\\ 4 & 4 & 1\end{pmatrix}
$$

4. 调用函数的计算过程

调用函数 AHPCellSolver 进行计算的过程如下。

```
>> AHPCellSolver                                                    % 调用函数
请输入该 AHP 问题的层数:                                              % 输出的提示信息
3                                                                   % 输入
请输入 AHP 每层元素个数([a,b,c,…]):                                   % 输出的提示信息
[1 5 3]                                                             % 输入

--请输入第 1-2 层的第 1 个判断矩阵--                                   % 输出的提示信息
第 2 层中被第 1 层因素 1 支配的元素序号向量:
[1 2 3 4 5]                                                         % 输入
判断矩阵:                                                            % 输出的提示信息
[1 0.5 4 3 3;2 1 7 5 5;0.25 0.143 1 0.5 0.333;0.333 0.2 2 1 1;0.333 0.2 3 1 1]   % 输入
该判断矩阵的权重向量为:[0.2636;0.4758;0.05382;0.09805;0.1087]           % 输出的结果信息
该判断矩阵的最大特征值为:5.0719
该判断矩阵的一致性比率为:0.016042

第 2 层对目标层的权重及一致性比率:
weightKtoTop =
  0.2636   0.4758   0.0538   0.0981   0.1087

CR =
  0.0160

--请输入第 2-3 层的第 1 个判断矩阵--                                   % 输出的提示信息
第 3 层中被第 2 层因素 1 支配的元素序号向量:
[1 2 3]                                                             % 输入
判断矩阵:
[1 2 5;0.5 1 2;0.2 0.5 1]                                           % 输入
该判断矩阵的权重向量为:[0.5954;0.2764;0.1283]                         % 输出的结果信息
该判断矩阵的最大特征值为:3.0055
该判断矩阵的一致性比率为:0.0047716

--请输入第 2-3 层的第 2 个判断矩阵--                                   % 输出的提示信息
第 3 层中被第 2 层因素 2 支配的元素序号向量:
[1 2 3]                                                             % 输入
判断矩阵:                                                            % 输出的提示信息
[1 0.333 0.125;3 1 0.333;8 3 1]                                     % 输入
该判断矩阵的权重向量为:[0.08192;0.2363;0.6818]                        % 输出的结果信息
该判断矩阵的最大特征值为:3.0009
该判断矩阵的一致性比率为:0.00077637

--请输入第 2-3 层的第 3 个判断矩阵--                                   % 输出的提示信息
第 3 层中被第 2 层因素 3 支配的元素序号向量:
[1 2 3]                                                             % 输入
判断矩阵:                                                            % 输出的提示信息
[1 1 3;1 1 3; 0.333 0.333 1]                                        % 输入
该判断矩阵的权重向量为:[0.4286;0.4286;0.1428]                         % 输出的结果信息
该判断矩阵的最大特征值为:2.9993
```

```
该判断矩阵的一致性比率为：-0.00057484

--请输入第 2-3 层的第 4 个判断矩阵--                    %输出的提示信息
第 3 层中被第 2 层因素 4 支配的元素序号向量：
[1 2 3]                                               %输入
判断矩阵：                                              %输出的提示信息
[1 3 4;0.333 1 1;0.25 1 1]                            %输入
该判断矩阵的权重向量为:[0.6338;0.1919;0.1744]           %输出的结果信息
该判断矩阵的最大特征值为:3.0088
该判断矩阵的一致性比率为:0.0076171

--请输入第 2-3 层的第 5 个判断矩阵--                    %输出的提示信息
第 3 层中被第 2 层因素 5 支配的元素序号向量：
[1 2 3]                                               %输入
判断矩阵：                                              %输出的提示信息
[1 1 0.25;1 1 0.25;4 4 1]                             %输入
该判断矩阵的权重向量为:[0.1667;0.1667;0.6667]           %输出的结果信息
该判断矩阵的最大特征值为:3
该判断矩阵的一致性比率为:0

第 3 层对目标层的权重及一致性比率：
weightKtoTop =
   0.2993   0.2453   0.4555

CR =
   0.0023
>>
```

各个比较矩阵通过了一致性检验，[0.2993　0.2453　0.4555]可作为该旅游者决策的依据，故该旅游者应选择桂林作为最后选择的旅游地点。

5.6 模糊综合评价方法*

5.6.1 模糊决策的概念

决策是人们为了达到一定的目标，从若干个可能的策略（如行动、方案等）中选取最好效果的策略过程。现代管理科学中定义决策是一个提出问题、分析问题、拟订方案、选择方案、实施并修正方案的全过程。西方现代管理学派中以 Herbert A. Simon 和 James G. March 为代表的决策理论学派认为，决策贯穿管理的全过程。诺贝尔奖获得者西蒙有一句名言“管理就是决策”，即管理的核心是决策。总之，决策作为发现问题、研究问题并解决问题的过程，有决策者、决策目标、决策方案和自然状态等构成要素。按决策时所掌握信息的完备程度划分，决策问题包括确定型决策、不确定型决策、风险型决策和模糊决策。模糊决策即将决策者不能精确定义的参数、概念和事件等，都处理成某种适当的模糊集合，它蕴含着一系列具有不同置信水平的可能选择。

众所周知，一种状态发生的可能性大小受多种因素影响，是一个“一果多因”的问题。例如，一种产品的销售状态可能是“畅销”“平销”“滞销”，而产品销售的好坏取决于该产品在顾客心目中受欢迎的程度，这种受欢迎的程度又是由产品的潜在功能因素、售后服务、价格等综合效应来决定的，上述问题具有较强的模糊不确定性。由于许多社会经济及企业经营活动的决策问题不允许反复试验以取得大量客观资料来确定所谓的客观概率，因而只能凭借决策者个人的智慧、经验、灵感和胆识来主观确定。因此，不同的决策者估算的未来状态发生的概率可能存在差异，这样就可能直接影响决策的效果。为了较客观地估算各种自然状态下发生的概率，人们运用模糊数学理论对影响产品销售的诸多因素进行模糊综合定量评估，以此数据作为该产品销路好坏的定量依据，从而确定该产品销售状态的概率，然后按照决策论中的“最优期望益损值决策准则”对可供选择的行动方案做出最优决策，为模糊决策提供一种新的定量分析方法。

5.6.2 自然状态概率的模糊估算模型

决策问题中影响自然状态的诸多因素为 $u_1,u_2,\cdots,u_n$，自然状态概率确定的模糊数学模型（单层次模糊估算模型）分析如下。

设①因素集 $\boldsymbol{U}=\{u_1,u_2,\cdots,u_n\}$；②评语集 $\boldsymbol{V}=\{v_1,v_2,\cdots,v_m\}$；③单因素决断 $f:\boldsymbol{U}\to\boldsymbol{F}(\boldsymbol{V})$，$u_i\mid\to\boldsymbol{f}(u_i)=(r_{i1},r_{i2},\cdots,r_{im})\in\boldsymbol{F}(\boldsymbol{V})$，由 f 可诱导出模糊关系 $\boldsymbol{R}_f\in\boldsymbol{F}(\boldsymbol{U}\times\boldsymbol{V})$，它可用一个模糊关系矩阵：$\boldsymbol{R}=(r_{ij})_{n\times m}=\begin{bmatrix} r_{11} & r_{12} & \cdots & r_{1m} \\ r_{21} & r_{22} & \cdots & r_{2m} \\ \vdots & \vdots & \ddots & \vdots \\ r_{n1} & r_{n2} & \cdots & r_{nm} \end{bmatrix}_{n\times m}$ 来表示。$\boldsymbol{R}$ 又可看作 $\boldsymbol{U}\to\boldsymbol{V}$ 的一个模糊变换。

$(\boldsymbol{U},\boldsymbol{V},\boldsymbol{R})$ 构成一个自然状态概率估算的模糊数学模型。给定实际问题中因素的权重 $\boldsymbol{W}=(w_1,w_2,\cdots,w_n)$ 满足 $\sum\limits_{i=1}^{n}w_i=1$，由 $\boldsymbol{B}=\boldsymbol{WR}$ 得出 $\boldsymbol{V}$ 上模糊子集 $\boldsymbol{B}=\{b_1,b_2,\cdots,b_m\}\in\boldsymbol{F}(\boldsymbol{V})$，再做归一化处理，得出 $\boldsymbol{B}'=(b'_1,b'_2,\cdots,b'_m)$，其中，$b'_i=b_i\Big/\sum\limits_{i=1}^{m}b_i$，$i=1,2,\cdots,m$。以 $b'_1,b'_2,\cdots,b'_m$ 为决策问题 m 种自然状态发生的概率模糊估算值。

对于模糊决策问题，需要考虑很多因素，且这些因素之间还有不同的类别和层次，这时就需要建立多层次模糊估算模型。因为在 Zadeh 的“$\wedge-\vee$”算子下，会出现“泯灭”现象，即分辨率不高，难以得到有意义的结果，为了不让有价值的信息白白丧失，可以采用多层次模糊估算模型。该模型实际上起到了层次的细分代替因素（或权重）细分的作用。

定义：给定集合 $\boldsymbol{U}$，设 P 是将 $\boldsymbol{U}$ 分成 k 个子集的一种方法，且满足：① $\bigcup\limits_{i=1}^{k}\boldsymbol{U}_i=\boldsymbol{U}$；② $\forall i\neq j\in[1,k]$，有 $\boldsymbol{U}_i\cap\boldsymbol{U}_j=\varnothing$，则称 P 是对 $\boldsymbol{U}$ 的一个划分，记为 $\boldsymbol{U}/P=\{\boldsymbol{U}_1,\boldsymbol{U}_2,\cdots,\boldsymbol{U}_k\}$。

多层次模糊估算模型可按下述步骤进行。

①对因素集 $\boldsymbol{U}=\{u_1,u_2,\cdots,u_n\}$ 做划分 P 得 $\boldsymbol{U}/P=\{\boldsymbol{U}_1,\boldsymbol{U}_2,\cdots,\boldsymbol{U}_k\}=\{\boldsymbol{U}_i\mid i=1,2,\cdots,k\}$，其中 $\boldsymbol{U}_i$ 包含 n_i 个因素，记为 $\boldsymbol{U}_i=\{u_{i1},u_{i2},\cdots,u_{in_i}\}$。显然有 $\sum\limits_{i=1}^{k}n_i=n$。

②对每个$\boldsymbol{U}_i$，即每组用单层次模糊估算模型

$$\boldsymbol{B}_i = \boldsymbol{W}_i\boldsymbol{R}_i = [w_{i1}, w_{i2}, \cdots, w_{in_i}][r_{lj}]^{(i)}_{n_i m}, (i = 1, 2, \cdots, k) \tag{5-29}$$

③由$\boldsymbol{B}_i(i = 1, 2, \cdots, k)$建立高一层次的模糊矩阵$\boldsymbol{R}_A = [\boldsymbol{B}_1, \boldsymbol{B}_2, \cdots, \boldsymbol{B}_k]^\tau$。设$\boldsymbol{U}_1, \boldsymbol{U}_2, \cdots, \boldsymbol{U}_k$的权向量为$\boldsymbol{W}_A = [w_1, w_2, \cdots w_k]$，满足$\sum_{i=1}^{k} w_i = 1$，则二层模糊估算模型为

$$\begin{aligned}\boldsymbol{B} &= \boldsymbol{W}_A\boldsymbol{R}_A = \boldsymbol{W}_A[\boldsymbol{W}_1\boldsymbol{R}_1, \boldsymbol{W}_2\boldsymbol{R}_2, \cdots, \boldsymbol{W}_k\boldsymbol{R}_k]^\tau \\ &= [\boldsymbol{w}_1\boldsymbol{W}_1, \boldsymbol{w}_2\boldsymbol{W}_2, \cdots, \boldsymbol{w}_k\boldsymbol{W}_k][\boldsymbol{R}_1, \boldsymbol{R}_2, \cdots, \boldsymbol{R}_k]^\tau = \boldsymbol{W}\cdot\boldsymbol{R}\end{aligned} \tag{5-30}$$

$\boldsymbol{WR} = (b_1, b_2, \cdots, b_m)$，再做归一化处理$b'_i = b_i / \sum_{i=1}^{m} b_i$，得$B' = (b'_1, b'_2, \cdots, b'_m)$，以$b'_1, b'_2, \cdots, b'_m$为决策问题$m$种自然状态发生的概率模糊估算值。

由于$\boldsymbol{B} = \boldsymbol{WR}$中模糊矩阵乘的“$\wedge - \vee$”（取小－取大）算子有一定的局限性，为此将“$\wedge - \vee$”算子推广到更为一般的合成运算。常有四种类型：①$M(\wedge, \vee)$“主因素决定型算子”；②$M(\cdot, \vee)$“主因素突出型算子”；③$M(\wedge, \oplus)$“不均衡平均型算子”，其中$\alpha \oplus \beta = \min(1, \alpha + \beta)$（有界和）；④$M(\cdot, +)$“加权平均型算子”，即普通矩阵乘法意义，该种算子能让每个因素都对综合评判有所贡献。$b_j = \sum_{i=1}^{k} a_i r_{ij}, j = 1, 2, \cdots, m$，其中要求$\sum_{i=1}^{k} a_i = 1$，权重归一化。

总之，在以上算子的应用中，应根据具体问题，选择合适的算子，要能够描述实际问题的本质，才能得到满意的效果。

5.6.3　最优期望益损值决策准则

设某一风险型决策问题有n个决策方案$d_1, d_2, \cdots, d_n$，该决策问题存在m种可能的自然状态$s_1, s_2, \cdots, s_m$，设其自然状态出现概率分别为$p(s_1) = p_1, p(s_2) = p_2, \cdots, p(s_m) = p_m$。由上述自然状态概率的模糊估算模型可得$p_1 = b'_1, p_2 = b'_2, \cdots, p_m = b'_m$。已知$n$个决策方案在$m$种可能的自然状态下的益损值矩阵为$\begin{bmatrix} a_{11} & a_{12} & \cdots & a_{1m} \\ a_{21} & a_{22} & \cdots & a_{2m} \\ \vdots & \vdots & \ddots & \vdots \\ a_{n1} & a_{n2} & \cdots & a_{nm} \end{bmatrix}_{n\times m}$，由此可计算出每一个决策方案的期望益损值如下：

$$E(d_i) = \sum_{j=1}^{m} a_{ij}p_j = \sum_{j=1}^{m} a_{ij}b'_j, (i = 1, 2, \cdots, n) \tag{5-31}$$

其中，a_{ij}为决策方案d_i在自然状态s_j发生情况下的益损值$(i = 1, 2, \cdots, n; j = 1, 2, \cdots, m)$。比较各决策方案的期望益损值$E(d_i), i = 1, 2, \cdots, n$，基于最优期望益损值决策准则，以最大期望收益值或最小期望损失值所对应的决策方案为最优方案，即

$$d^* = \{d \mid \max(E(d_i)), i = 1, 2, \cdots, n\} \text{ 或 } d^* = \{d \mid \min(E(d_i)), i = 1, 2, \cdots, n\} \tag{5-32}$$

5.6.4　模型应用

某服装企业根据市场需求拟开发A、B、C三种款式的服装。当产品畅销(s_1)、平销(s_2)、滞销(s_3)时，其年度收益情况如表 5－6 所示。

表 5-6　服装企业年度收益情况　[效益值 a_{ij}（单位：万元）]

策略 d_i	自然状态 s_j		
	s_1（畅销）	s_2（平销）	s_3（滞销）
d_1（生产 A 产品）	40	26	15
d_2（生产 B 产品）	35	30	20
d_3（生产 C 产品）	30	24	20

消费者对服装的评价（喜欢的程度）受“花色”“式样”“质量”和“价格”等因素影响，且往往又受到人的主观因素影响，即“萝卜白菜，各有所爱”。因此，选取如下的因素集和评判集：

①因素集 $\boldsymbol{U}=\{u_1,u_2,u_3,u_4\}=\{$花色，式样，质量，价格$\}$；

②评判集 $\boldsymbol{V}=\{v_1,v_2,v_3,v_4\}=\{$非常欢迎，较欢迎，不太欢迎，不欢迎$\}$；

③运用单层次模糊估算模型，可以邀请若干专门人员与顾客，对于 A 种服装，单就花色进行评价：假设有 20% 的人非常欢迎，50% 的人较欢迎，20% 的人不太欢迎，10% 的人不欢迎，则 $u_1=(0.2,0.5,0.2,0.1)$。类似地，对 A 种服装的其他因素进行单因素评价，便得到一个从 $\boldsymbol{U}$ 到 $\boldsymbol{V}$ 的模糊映射，即：

$$f:\boldsymbol{U}\rightarrow\boldsymbol{F}(\boldsymbol{V})$$

$$u_1\mapsto(0.2,0.5,0.2,0.1)$$

$$u_2\mapsto(0.7,0.2,0.1,0.0)$$

$$u_3\mapsto(0.0,0.4,0.5,0.1)$$

$$u_4\mapsto(0.2,0.3,0.5,0.0)$$

由上述单因素评价，可推导出模糊关系 $\boldsymbol{R}_f=\boldsymbol{R}$，即得到单层次评价的模糊关系矩阵：

$$\boldsymbol{R}=\begin{cases}0.2 & 0.5 & 0.2 & 0.1 \\ 0.7 & 0.2 & 0.1 & 0 \\ 0 & 0.4 & 0.5 & 0.1 \\ 0.2 & 0.3 & 0.5 & 0\end{cases}\begin{matrix}\text{花色}\\ \text{式样}\\ \text{质量}\\ \text{价格}\end{matrix}$$

不同的顾客由于职业、性别、年龄、爱好、经济状况等因素的不同，他们对服装“花色”“式样”“质量”和“价格”等因素的要求不一，因此所给予的权重也不同。假设有一类顾客给予的权重为 $\boldsymbol{W}=(0.4,0.35,0.15,0.1)$。根据该问题的性质，运用算子 $M(\wedge,\vee)$“主因素决定型算子”计算，可求得这类顾客对服装的综合评价为

$$\boldsymbol{B}_1=\boldsymbol{WR}=[0.4\quad 0.35\quad 0.15\quad 0.1]\begin{bmatrix}0.2 & 0.5 & 0.2 & 0.1 \\ 0.7 & 0.2 & 0.1 & 0 \\ 0 & 0.4 & 0.5 & 0.1 \\ 0.2 & 0.3 & 0.5 & 0\end{bmatrix}$$

$$=[0.35\quad 0.4\quad 0.2\quad 0.1]$$

对其进行归一化，得

$$\boldsymbol{B}_1'=[b_1'\quad b_2'\quad b_3'\quad b_4']=\left[\frac{0.35}{1.05}\quad \frac{0.4}{1.05}\quad \frac{0.2}{1.05}\quad \frac{0.1}{1.05}\right]$$

$$=[0.33\quad 0.38\quad 0.19\quad 0.1]$$

同理,对 B、C 两种款式的服装的综合评价为

$$B_2' = [0.17 \quad 0.25 \quad 0.33 \quad 0.25];B_3' = [0.4 \quad 0.3 \quad 0.2 \quad 0.1]$$

上述结果表明,顾客对 A 种款式的服装受欢迎的比重为 0.71(0.33 +0.38),不太欢迎的比重为 0.19,不欢迎的比重为 0.1;对 B 种款式的服装受欢迎的比重为 0.42(0.17 +0.25),不太欢迎的比重为 0.33,不欢迎的比重为 0.25;对 C 种款式的服装受欢迎的比重为 0.7(0.4 +0.3),不太欢迎的比重为 0.2,不欢迎的比重为 0.1。于是得到对 A 种款式的服装"畅销""平销""滞销"概率的估算值分别为 0.71、0.19 和 0.1;B 种款式的服装"畅销""平销""滞销"概率的估算值分别为 0.42、0.33 和 0.25;C 种款式的服装"畅销""平销""滞销"概率的估算值分别为 0.7、0.2 和 0.1。模糊决策表如表 5 -7 所示。

表 5 -7　模糊决策表　　(单位:万元)

自然状态		产品销路状况			期望益损值 $E(d)$
		畅销(s_1)	平销(s_2)	滞销(s_3)	
各款式受欢迎程度的概率	d_1	0.71	0.19	0.1	
	d_2	0.42	0.33	0.25	
	d_3	0.7	0.2	0.1	
各款式的益损值	d_1	40	26	15	34.84
	d_2	35	30	20	29.6
	d_3	30	24	20	27.8
决策		$d^* = \{d \mid \max(E(d_i)), i = 1,2,\cdots,n\}$			d_1

基于"最优期望益损值决策准则"可知,最优决策方案为 $d^* = d_1$。

5.6.5　模糊综合评价模型计算的 MATLAB 程序

1. 自然状态概率的模糊估算

自然状态概率模糊估算的 MATLAB 程序调用格式如下(扫描二维码查看程序 17)。

fuzzy_NaturalStateProbability

上述例子中,对 A 款服装受欢迎的自然状态概率模糊估算程序的执行过程如下:

```
>> fuzzy_NaturalStateProbability
请输入权重:[0.4  0.35  0.15  0.1]
请输入模糊关系矩阵:[0.2 0.5 0.2 0.1; 0.7 0.2 0.1 0; 0 0.4 0.5 0.1; 0.2 0.3 0.5 0]

综合评价:

C =0.3333   0.3810   0.1905   0.0952
>>
```

2. 最优期望益损值决策

最优期望益损值决策的 MATLAB 程序调用格式如下(扫描二维码查看程序 18)。

fuzzy_ExpectedProfitOrLoss

上述例子,对三种款式服装的最优期望益损值决策程序的执行过程如下:

```
>> fuzzy_ExpectedProfitOrLoss
请输入自然状态概率矩阵:[0.71  0.19  0.1;  0.42  0.33  0.25;  0.7  0.2  0.1]
请输入益损值矩阵:[40  26  15;  35  30  20;  30  24  20]
最大期望收益值输入1,最小期望损失值输入2: 1
最大期望收益值及最优方案:
ans =
    34.8400   1
>>
```

决策问题模糊不确定性的模糊数学模型在一定程度上拓宽了决策科学的研究视角。然而,由于决策问题的复杂性和人们认识能力的有限性,决策问题往往不是一次性完成的过程,而是一个连续的基于原型、非线性、迭代的动态过程。无论是在理论上,还是在方法技术方面仍需要开展系统的研究与探讨,如影响决策因素的选取要具有科学合理性和可操作性,参与评价的人员要具有代表性,且参与评价的人员要具有丰富的专业知识与实践经验。

5.6.6 物流园区层次分析模糊综合评价

随着经济发展和社会进步,物流的专业化、社会化已经成为社会分工的必然趋势,物流园区的产生正是适应了这种社会分工的需求。物流园区是指运输公司、配送中心、货物中转站、仓库、批发中心及流通加工等多个物流企业在空间上集中布局的场所,或者物流企业共同使用的物流空间场所。由于物流园区的建设一般耗资巨大,建设周期长,涉及社会效益、经济效益、技术效益等多方面因素,所以构建一个合理的评价指标体系,并进一步建立物流园区的绩效评价模型,利用科学的评价方法对物流园区的绩效进行评价,对物流园区的快速发展具有重要意义。

本节结合物流园区的基本特征,建立模糊综合评价模型,利用层次分析法确定各种指标权重,对物流园区的绩效进行综合评价。

1. 物流园区评价指标体系

由于物流园区的复杂性,因此必须对其进行多角度、多透视点的评价,因而需要建立分层次的指标体系。考察社会效益、经济效益、技术效益三个方面,选取10个指标,建立2层评价结构,具体指标及层次如表5-8所示。物流园区评价指标体系就是评价物流园区的因素集 $U=\{u_1,u_2,\cdots,u_{10}\}=\{U_1,U_2,U_3\}$, $U_1=\{u_1,u_2,u_3\}$, $U_2=\{u_4,u_5,u_6,u_7\}$, $U_3=\{u_8,u_9,u_{10}\}$。

表5-8 物流园区评价指标及层次

第一层指标(A)	第二层指标(B)
社会效益 U_1	(1)基础设施 u_1 (2)物流发展规划 u_2 (3)环境状况 u_3
经济效益 U_2	(1)规模适应性 u_4 (2)工业适应性 u_5 (3)劳动力成本 u_6 (4)投资收益 u_7
技术效益 U_3	(1)功能完备度 u_8 (2)联运状况 u_9 (3)配送协调性 u_{10}

2. 层次分析法的层次分析

① 建立层次结构。物流园区的综合评价的准则层包括社会效益、经济效益、技术效益三个方面及其细化指标体系。方案层是指促使目标实现的措施或途径。

② 构造判断矩阵并赋值。判断矩阵指的是用两两重要性程度之比的形式表示两个方案的相应重要性程度等级。

本例中的判断矩阵如下：

$$\boldsymbol{A}=\begin{bmatrix}1 & 1/4 & 1/3\\ 4 & 1 & 2\\ 3 & 1/2 & 1\end{bmatrix}$$

$$\boldsymbol{B}_1=\begin{bmatrix}1 & 1/4 & 1/5\\ 4 & 1 & 1/2\\ 5 & 2 & 1\end{bmatrix}\quad \boldsymbol{B}_2=\begin{bmatrix}1 & 2 & 3 & 4\\ 1/2 & 1 & 3 & 4\\ 1/3 & 1/3 & 1 & 2\\ 1/4 & 1/4 & 1/2 & 1\end{bmatrix}\quad \boldsymbol{B}_3=\begin{bmatrix}1 & 1/3 & 1/2\\ 3 & 1 & 2\\ 2 & 1/2 & 1\end{bmatrix}$$

③ 计算判断矩阵。计算判断矩阵的最大特征根$\lambda_{\max}$及其对应的特征向量，此时特征向量就是各评价因素的重要性排序，即权重。

④ 一致性检验。计算一致性指标 $\mathrm{CI}=\frac{\lambda_{\max}-m}{m-1}$和一致性比率 $\mathrm{CR}=\frac{\mathrm{CI}}{\mathrm{RI}}$，检验判断矩阵是否满足一致性。式中，$m$ 为判断矩阵的阶数，RI 是平均随机一致性指标。可查表获得平均随机一致性指标 RI。当一致性比率 $\mathrm{CR}<0.1$ 时，接受一致性检验。

3. 模糊综合评价步骤

在物流园区的评价中，由于考虑的因素多，而且各因素之间有层次之分，因此应采用多层次模糊综合评价方法。其具体步骤如下。

① 确定评价对象因素集 U。本例中 U 就是物流园区评价指标体系，包括 3 个一级评价指标和 10 个二级指标(因素)。

② 确定评语集。对每个因素(底层指标)确定若干个等级。本例中采用五级量表的形式，建立评语集 $\boldsymbol{V}=\{v_1,v_2,v_3,v_4,v_5\}=[$很好，较好，一般，较差，差$]$。

③ 建立评价矩阵。对评价因素集中的第 i 个因素 u_i，分析其对于评价等级 v_j的隶属度 r_{ij}，得出第 i 个因素的单因素评价结果 r_i。对 10 个因素进行单因素评价，将 r_i作为第 i 行，就形成一个综合了 10 个因素 5 个评价等级的模糊矩阵 $\boldsymbol{R}$。

$$\boldsymbol{R}=\begin{bmatrix}\boldsymbol{R}_1\\ \boldsymbol{R}_2\\ \boldsymbol{R}_3\end{bmatrix}=\begin{bmatrix}r_{11} & \cdots & r_{15}\\ \vdots & \ddots & \vdots\\ r_{10,1} & \cdots & r_{10,5}\end{bmatrix}$$

根据专家打分法，本例中的物流园区评价矩阵如表 5-9 所示。

表 5 – 9　物流园区评价矩阵

指标			评价等级				
			很好 v_1	较好 v_2	一般 v_3	较差 v_4	差 v_5
U_1	基础设施	u_1	0.1	0.4	0.3	0.1	0.1
	物流发展规划	u_2	0.2	0.5	0.2	0.1	0
	环境状况	u_3	0.2	0.4	0.3	0.1	0
U_2	规模适应性	u_4	0.1	0.3	0.2	0.1	0.3
	工业适应性	u_5	0.1	0.3	0.3	0.2	0.1
	劳动力成本	u_6	0	0.3	0.4	0.2	0.1
	投资收益	u_7	0.1	0.4	0.2	0.2	0.1
U_3	功能完备度	u_8	0.2	0.4	0.2	0.2	0
	联运状况	u_9	0.1	0.4	0.2	0.2	0.1
	配送协调性	u_{10}	0.1	0.4	0.3	0.1	0.1

本例中的评价矩阵如下：

$$R_1 = \begin{bmatrix} 0.1 & 0.4 & 0.3 & 0.1 & 0.1 \\ 0.2 & 0.5 & 0.2 & 0.1 & 0 \\ 0.2 & 0.4 & 0.3 & 0.1 & 0 \end{bmatrix}$$

$$R = \begin{bmatrix} R_1 \\ R_2 \\ R_3 \end{bmatrix} \qquad R_2 = \begin{bmatrix} 0.1 & 0.3 & 0.2 & 0.1 & 0.3 \\ 0.1 & 0.3 & 0.3 & 0.2 & 0.1 \\ 0 & 0.3 & 0.4 & 0.1 & 0.2 \\ 0.1 & 0.4 & 0.2 & 0.2 & 0.1 \end{bmatrix}$$

$$R_3 = \begin{bmatrix} 0.2 & 0.4 & 0.2 & 0.2 & 0 \\ 0.1 & 0.4 & 0.2 & 0.2 & 0.1 \\ 0.1 & 0.4 & 0.3 & 0.1 & 0.1 \end{bmatrix}$$

④ 确定评价因素的权向量。利用上述的层次分析法确定各指标的权重，全面考虑影响物流园区综合评价的各种因素，将定性和定量的分析有机地结合起来，既能够充分体现评价因素和评价过程的模糊性，又可以尽量减少个人主观臆断所带来的弊端，比一般的评比打分等方法更符合客观实际，因此评价结果更可信、可靠。

⑤ 进行模糊合成。模糊合成是指用权重向量 W 对矩阵 R 进行合成，根据问题的性质，运用 $M(\cdot,+)$"加权平均型算子"得到总体的被评价对象对各评价等级的隶属程度。

$$WR = (w_1, w_2, \cdots, w_{10}) \begin{bmatrix} r_{11} & \cdots & r_{15} \\ \vdots & \ddots & \vdots \\ r_{10,1} & \cdots & r_{10,5} \end{bmatrix} = (b_1, b_2, \cdots, b_5) = B$$

$$b_j = \sum_{i=1}^{10} w_i r_{ij} \quad (j = 1, 2, \cdots, 5)$$

⑥ 做出决策。根据模糊综合评价结果向量 $\boldsymbol{B}=(b_1,b_2,\cdots,b_5)$，其中 b_j 表示被评价对象隶属于评价等级 v_j 的程度，$\boldsymbol{B}$ 中最大的 $\boldsymbol{b}_j$ 表示被评价对象最适合的等级，可作为该等级的评价结果。

4. MATLAB 实现

本案例的评价计算可由以下 MATLAB 程序来完成。

```
% 层次分析模糊综合评价 fuzzy_AHP

RI = [0   0   0.58   0.96   1.12   1.24   1.32   1.41   1.45];
% (1)确定层次分析法判断矩阵的权重
A = [1   0.25   0.333 ;   4   1   2 ; 3   0.5   1] ;        % 一级指标的判断矩阵 A
[V,D] = eig(A);                                            % 计算 A 的特征值与特征向量
V = V(:,1);                                                % 取出对应于最大特征值的特征向量
CRa = (D(1,1) -3)./2./RI(3);
if CRa  > 0.1
  error('判断矩阵 A 不满足一致性要求,需重新判断!')
end
Wa = V'/sum(V)                                             % 归一化得到的权重 Wa
% 运行得到判断矩阵 A 的权重 Wa = [0.1220 0.5584 0.3196]。

B1 = [1   0.25   0.2 ;   4   1   0.5 ; 5   2   1] ;        % 二级指标的判断矩阵 B1
[V,D] = eig(B1);                                           % 计算 B1 的特征值与特征向量
V = V(:,1);                                                % 取出对应于最大特征值的特征向量
CRb1 = (D(1,1) -3)./2./RI(3);                              %  CR =0.0212 <0.1,满足一致性
if CRb1  > 0.1
  error('判断矩阵 B1 不满足一致性要求,需重新判断!')
end
Wb1 = V'/sum(V)                                            % 归一化得到的权重 Wb1
% 运行得到判断矩阵 B1 的权重 Wb1 = [0.0974 0.3331 0.5695]

B2 = [1   2   3   4 ; 0.5   1   3   4 ; 0.333   0.333   1   2; 0.25   0.25   0.5   1];
[V,D] = eig(B2);                                           % 计算 B2 的特征值与特征向量
V = V(:,1);                                                % 取出对应于最大特征值的特征向量
CRb2 = (D(1,1) -4)./3./RI(4);                              %  CR =0.0300 <0.1,满足一致性
if CRb2  > 0.1
  error('判断矩阵 B2 不满足一致性要求,需重新判断!')
end
Wb2 = V'/sum(V)                                            % 归一化得到的权重 Wb2
% 运行得到判断矩阵 B2 的权重 W2 = [0.4547 0.3205 0.1394 0.0855]

B3 = [1   0.333   0.5; 3   1   2; 2   0.5   1] ;
[V,D] = eig(B3);                                           % 计算 B3 的特征值与特征向量
V = V(:,1);                                                % 取出对应于最大特征值的特征向量
CRb3 = (D(1,1) -3)./2./RI(3);                              %  CR =0.0079 <0.1,满足一致性
if CRb3  > 0.1
  error('判断矩阵 B3 不满足一致性要求,需重新判断!')
end
Wb3 = V'/sum(V)                                            % 归一化得到的权重 Wb3
```

```
%(2)模糊合成
R1 = [0.1 0.4 0.3 0.1 0.1 ; 0.2 0.5 0.2 0.1 0 ; 0.2 0.4 0.3 0.1 0] ;        %输入评价矩阵R1
S1 = Wb1 * R1                                                                 %模糊合成

R2 = [0.1 0.3 0.2 0.1 0.3; 0.1 0.3 0.3 0.2 0.1; 0 0.3 0.4 0.1 0.2; 0.1 0.4 0.2 0.2 0.1] ;  %输入评价矩阵R2
S2 = Wb2 * R2                                                                 %模糊合成

R3 = [0.2 0.4 0.2 0.2 0; 0.1 0.4 0.2 0.2 0.1; 0.1 0.4 0.3 0.1 0.1] ;         %输入评价矩阵R3
S3 = Wb3 * R3                                                                 %模糊合成

S = [S1; S2; S3] ;                                                            %由此得到第二层评价矩阵
B = Wa * S                                                                    %模糊合成
```

计算结果如下。

```
>> fuzzy_AHP
Wa =
  0.1219   0.5584   0.3196
Wb1 =
  0.0974   0.3331   0.5695
Wb2 =
  0.4547   0.3205   0.1393   0.0855
Wb3 =
  0.1634   0.5397   0.2970
S1 =
  0.1903   0.4333   0.2667   0.1000   0.0097
S2 =
  0.0861   0.3086   0.2599   0.1406   0.2049
S3 =
  0.1163   0.4000   0.2297   0.1703   0.0837
B =
  0.1084   0.3530   0.2511   0.1451   0.1423
>>
```

按照最大隶属度原则，上述结果表明该物流园区的评价等级为较好。

根据具体的业务和经营管理目标设立相应的指标体系，利用层次分析法得到各指标的权重，将定性和定量方法相结合，使得模型具有一定的灵活性和适应性。

5.7 数据包络分析*

5.7.1 数据包络分析的概念与方法

1. 数据包络分析的概念

数据包络分析（Data Envelopment Analysis, DEA）是著名的运筹学家 A. Charnes 和 W. W. Cooper 等人于 1978 年提出的概念，它是以相对效率概念为基础发展起来的一种效率评价方法。DEA 是研究具有相同类型的部门或单位间的相对有效性的一种十分有效的方法，是处理多目标决策问题的理论和手段，更是经济理论中估计具有多个输入和多个输出的“生产前沿面”的有力工具。DEA 的基本思路是将每个被评价单位作为一个决策单元（Decision Making Unit，DMU），再由众多 DMU 构成被评价群体，通过对投入和产出比率的综合分析，确定有效生产前沿面，并根据各 DMU 与有效生产前沿面的距离，确定各 DMU 是否 DEA 有效。通过对输入数据的综合分析，DEA 可以得出每个 DMU 的综合数量指标，据此将各 DMU 定级排队，确定相对有效的 DMU，并指出其他 DMU 非有效的原因和程度，给决策单元管理者提供管理信息。DEA 还能判断各 DMU 的投入规模是否适当，并给出各 DMU 调整投入规模的正确方向和程度（应扩大还是缩小，改变多少为好）。

DEA 方法是以相对效率概念为基础，以凸分析和线性规划为工具的一种评价方法，该方法应用数学规划模型计算和比较决策单元之间的相对效率，对评价对象做出评价。它能充分考虑对于决策单元本身最优的投入产出方案，因而能够更理想地反映评价对象自身的信息和特点；同时，对于评价复杂系统的多投入、多产出分析具有独到之处。DEA 处理多输入、多输出问题的能力是具有绝对优势的。DEA 不仅可以用线性规划来判断决策单元对应的点是否位于有效生产前沿面上，同时又可获得许多有用的管理信息。

DEA 应用的领域正在不断地扩大，可以用来研究多种方案之间的相对有效性；DEA 可以用来进行政策评价；“窗口分析”方法使 DEA 的应用范围拓广到动态情形。另外，DEA 是纯技术性的，与市场价格无关。由于 DEA 不需要预先估计参数，把单输入、单输出的简单效率概念推广到多输入、多输出的生产有效性分析上，因此极大地丰富了微观经济学中生产函数理论及其应用技术，并在避免主观因素和简化运算、减少误差等方面有着不可低估的优越性。

2. DEA 方法基本原理和模型

设有 n 个决策单元（DMU），每个决策单元都有 m 种“输入”（表示该决策单元对“资源”的耗费），以及 p 种“输出”（表示该决策单元消耗了“资源”之后，表明“成效”的数量），如图 5－6 所示。

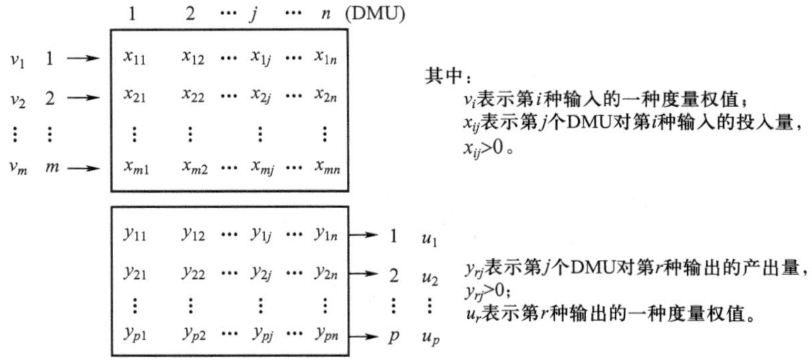

图 5－6　DEA 输入输出数据结构示意图

这里，$\boldsymbol{X}_j=(x_{1j},x_{2j},\cdots,x_{mj})^{\mathrm{T}}$，$\boldsymbol{Y}_j=(y_{1j},y_{2j},\cdots,y_{pj})^{\mathrm{T}}$，$j=1,2,\cdots,n$ 为已知历史资料数据。$\boldsymbol{V}=(v_1,v_2,\cdots,v_m)^{\mathrm{T}}$，$\boldsymbol{U}=(u_1,u_2,\cdots,u_p)^{\mathrm{T}}$ 为输入/输出权重变量，则第 j 个决策单元的效率为

第5章

$$h_j = (\boldsymbol{U}^{\mathrm{T}}\boldsymbol{Y}_j)/(\boldsymbol{V}^{\mathrm{T}}\boldsymbol{X}_j) = \sum_{r=1}^{s} u_r y_{rj} \Big/ \sum_{i=1}^{m} v_i x_{ij} \leqslant 1$$

以 $\boldsymbol{U}$、$\boldsymbol{V}$ 为变量，以 $h_j \leqslant 1, j=1,2,\cdots,n$ 为约束，以追求第 j_0 个决策单元的效率最大为目标，则第 j_0 个决策单元的相对效率优化模型为如下分式规划模型$(\mathrm{C^2R})^{\mathrm{I}}$

$$\begin{aligned} &\max \quad h_{j_0} = (\boldsymbol{U}^{\mathrm{T}}\boldsymbol{Y}_{j_0})/(\boldsymbol{V}^{\mathrm{T}}\boldsymbol{X}_{j_0}) \\ &\text{s. t.} \begin{cases} (\boldsymbol{U}^{\mathrm{T}}\boldsymbol{Y}_j)/(\boldsymbol{V}^{\mathrm{T}}\boldsymbol{X}_j) \leqslant 1, j=1,2,\cdots,n \\ \boldsymbol{U} \geqslant 0, \boldsymbol{V} \geqslant 0 \end{cases} \end{aligned} \tag{5-33}$$

做变换，令 $t = 1/(\boldsymbol{V}^{\mathrm{T}}\boldsymbol{X}_{j_0})$，$\boldsymbol{\mu} = t\boldsymbol{U}$，$\boldsymbol{\omega} = t\boldsymbol{V}$，$\boldsymbol{Y}_0 = \boldsymbol{Y}_{j_0}$，$\boldsymbol{X}_0 = \boldsymbol{X}_{j_0}$，上述模型转化为 $P^I_{\mathrm{C^2R}}$模型

$$P^I_{\mathrm{C^2R}} \begin{cases} \max \quad h_0 = \boldsymbol{\mu}^{\mathrm{T}}\boldsymbol{Y}_0 \\ \text{s. t.} \begin{cases} \boldsymbol{\mu}^{\mathrm{T}}Y_j - \boldsymbol{\omega}^{\mathrm{T}}X_j \leqslant 0, j=1,2,\cdots,n \\ \boldsymbol{\omega}^{\mathrm{T}}\boldsymbol{X}_0 = 1 \\ \boldsymbol{\mu} \geqslant 0, \boldsymbol{\omega} \geqslant 0 \end{cases} \end{cases} \tag{5-34}$$

利用上述线性规划的最优解来定义决策单元 j_0 的有效性，该决策单元 j_0 的有效性是相对其他所有决策单元而言的。线性规划的一个重要的有效理论是对偶理论，通过建立对偶模型更容易从理论和经济意义上做深入分析。

线性规划$(P^I_{\mathrm{C^2R}})$的对偶规划为 D_{C^2R}模型

$$D_{\mathrm{C^2R}} \begin{cases} \min \quad \theta \\ \text{s. t.} \begin{cases} \sum\limits_{j=1}^{n} \boldsymbol{X}_j\lambda_j \leqslant X_0\theta; \\ \sum\limits_{j=1}^{n} \boldsymbol{Y}_j\lambda_j \geqslant Y_0; \\ \boldsymbol{\lambda} = (\lambda_1, \lambda_2, \cdots, \lambda_n) \geqslant 0 \end{cases} \end{cases} \tag{5-35}$$

为了对决策单元进行相关分析及计算需要，引入松弛变量，$\boldsymbol{S}^- = (s_1^-, s_2^-, \cdots, s_m^-)^{\tau}$ 和$\boldsymbol{S}^+ = (s_1^+, s_2^+, \cdots, s_p^+)^{\tau}$，则以上 $\mathrm{C^2R}$ 模型变为：

$$(\overline{D}_{\mathrm{C^2R}}) \begin{cases} \min \quad \theta \\ \text{s. t.} \begin{cases} \sum\limits_{j=1}^{n} X_j\lambda_j + \boldsymbol{S}^- = \theta\boldsymbol{X}_0; \\ \sum\limits_{j=1}^{n} Y_j\lambda_j - \boldsymbol{S}^+ = \boldsymbol{Y}_0; \\ \lambda_j \geqslant 0, j=1,2,\cdots,n; \\ \boldsymbol{S}^- \geqslant 0, \boldsymbol{S}^+ \geqslant 0 \end{cases} \end{cases} \tag{5-36}$$

关于 $\mathrm{C^2R}$ 模型的几个定理和定义如下。

定理 1　线性规划$(P^I_{\mathrm{C^2R}})$和对偶规划$(D_{\mathrm{C^2R}})$均存在可行解，所以都存在最优值。假设它们的最优值分别为 h_0^* 与 θ^*，则有 $h_0^* = \theta^*$。

定义 1　若线性规划$(P^I_{\mathrm{C^2R}})$的最优值 $h_0^* = 1$，则称决策单元 DMU_{j_0} 为弱 DEA 有效。

定义 2　若线性规划$(P^I_{\mathrm{C^2R}})$的解中存在 $\boldsymbol{\omega}^* > 0$，$\boldsymbol{\mu}^* > 0$，并且最优值 $h_0^* = 1$，则称决策单

元 DMU_{j0}为 DEA 有效。

定理 2　DMU_{j0}为弱 DEA 有效的充要条件是线性规划(D_{C^2R})的最优值 $\theta^*=1$;DMU_{j0}为 DEA 有效的充要条件是线性规划($\overline{D}_{C^2R}$)的最优值 $\theta^*=1$,并且对于每个最优解 $\boldsymbol{\lambda}^*$,都有 $\boldsymbol{S}^{+*}=0,\boldsymbol{S}^{-*}=0$。

用 C^2R 模型判定 DEA 是否同时技术有效和规模有效:①$\theta^*=1$,且 $\boldsymbol{S}^{+*}=0,\boldsymbol{S}^{-*}=0$。则决策单元$j_0$为 DEA 有效,决策单元的经济活动同时为技术有效和规模有效。②$\theta^*=1$,但至少某个输入或输出大于 0,则决策单元j_0为弱 DEA 有效,决策单元的经济活动不是同时为技术效率最佳和规模最佳。③$\theta^*<1$,决策单元j_0不是 DEA 有效,经济活动既不是技术效率最佳,也不是规模最佳。

用 C^2R 模型中的 λ_j判断 DMU 的规模收益情况:①如果存在 λ_j^*($j=1,2,\cdots,n$)使得 $\sum\lambda_j^*=1$,则 DMU 为规模收益不变;②如果不存在 λ_j^*($j=1,2,\cdots,n$)使得 $\sum\lambda_j^*=1$,若 $\sum\lambda_j^*<1$,则 DMU 为规模收益递增;③如果不存在 λ_j^*($j=1,2,\cdots,n$)使得 $\sum\lambda_j^*=1$,若 $\sum\lambda_j^*>1$,则 DMU 为规模收益递减。

DEA 利用包络线代替微观经济学中的生产函数,通过数学规划来确定经济上的最优点,以折线将最优点连接起来,形成一条效率前沿的包络线。将所有决策单元的投入产出投射于空间之中,落在边界点上的决策单元被认为最有效率,将其绩效指标定为 1;否则被认为无效率,并算出小于 1 的相对绩效指标。

3. 模型的经济含义

需要根据决策单元生产活动的投入和产出数据($\boldsymbol{X}_j,\boldsymbol{Y}_j$),$j=1,2,\cdots,n$,构造生产可能集 $\boldsymbol{T}$,进而研究决策单元的有效性的经济含义。

设决策单元生产的投入量和产出量分别为$\boldsymbol{X}_j\in\boldsymbol{R}^m$和$\boldsymbol{Y}_j\in\boldsymbol{R}^p$,其中$\boldsymbol{X}_j=(x_{1j},x_{2j},\cdots,x_{mj})^{\mathrm{T}}$和$\boldsymbol{Y}_j=(y_{1j},y_{2j},\cdots,y_{pj})^{\mathrm{T}}$,则由投入量$X_j$和产出量$\boldsymbol{Y}_j$构成的向量对($\boldsymbol{X}_j,\boldsymbol{Y}_j$)组成生产可能集 $\boldsymbol{T}$,即生产可能集 $\boldsymbol{T}=\{(\boldsymbol{X}_j,\boldsymbol{Y}_j)\mid \boldsymbol{X}_j\in\boldsymbol{R}^m,\boldsymbol{Y}_j\in\boldsymbol{R}^p,\boldsymbol{X}_j\geqslant 0,\boldsymbol{Y}_j\geqslant 0\}$。

设生产函数为 $y=f(x)$,$x\in\boldsymbol{R}$,$x\geqslant 0$,表示生产要素的投入量 x 与总产出量(如总产值)y 之间的一种技术关系。这种技术关系的含义是:在当前所具有的生产水平和管理水平下,如果生产处于最好的理想状态时,则投入量为 x 所能达到的最大的产出为 y。这种投入 x 与产出 y 之间的函数关系,可表示为 $y=f(x)$,对应的曲线上的点$(x,f(x))$都处于"技术有效"状态。

为便于讨论,设生产函数 $y=f(x)$为严格增函数,即一阶导数 $y'=f'(x)>0$。由微分学中值定理有$f(x+1)-f(x)=f'(\xi)$,$\xi\in(x,x+1)$,当量纲取得足够小时,$f'(\xi)\approx f'(x)$,则有$f(x+1)-f(x)=f'(x)>0$。这意味着当投入由 x 增加到 $x+1$ 时,产量增加$f'(x)$,在微观经济学中称$f'(x)$为边际产量。

图 5-7 给出一种简化了的生产函数 $y=f(x)$的曲线,其中$f(x)$的二阶导数满足:

$$f''(x)\begin{cases}>0,\text{当 } x\in[0,x^*)\\ <0,\text{当 } x\in(x^*,+\infty)\end{cases}$$

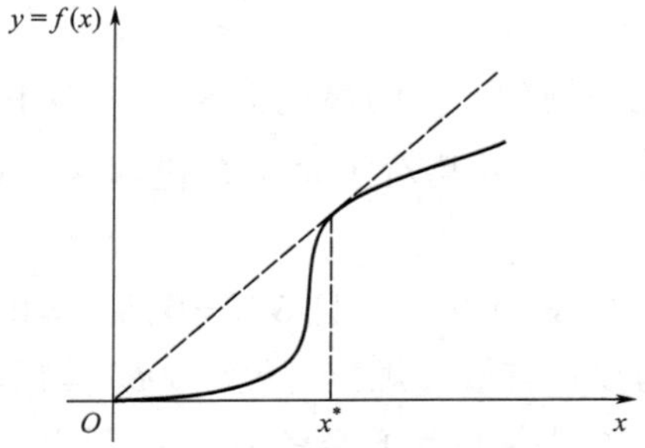

图 5-7　简化的生产函数 $y=f(x)$ 曲线

$f''(x)=(f'(x))'$ 表示边际产量 $f'(x)$ 的变化率。当 $x\in[0,x^*)$ 时，意味着每增加一个单位投入量，不但总产量增加，而且增加的速度也是增加的，这表明生产处于“规模收益递增”状态；当 $x\in(x^*,+\infty)$ 时，$f''(x)<0$ 意味着每增加一个单位投入量，尽管总产量增加，但是增加的速度是下降的，这表明生产处于“规模收益递减”状态；当投入规模为 x^* 时，生产处于最佳的状态，称为“规模有效”。

5.7.2　DEA 模型

除 C^2R 模型外，DEA 的常用模型还有 BC^2 模型、C^2GS^2 模型、C^2W 模型、C^2WH 模型等。从生产函数角度看，C^2R 模型是用来研究具有多个输入、多个输出的“生产部门”同时为“规模有效”与“技术有效”的十分理想且卓有成效的方法。BC^2 模型和 C^2GS^2 模型是用来研究生产部门间的“技术有效”性的。C^2W 模型是用来估计“有效生产前沿面”的。C^2WH 模型用来处理具有过多的输入及输出的情况，可以将 C^2R 模型中确定的 DEA 有效决策单元进行分类或排队等。这些模型及其他一些新的模型正在不断完善和进一步发展的过程中。

1. BC^2 模型（C^2GS^2 模型）

BC^2 模型是 1984 年由 R. D. Banker、A. Charnes 和 W. W. Cooper 给出的 DEA 模型（$P_{BC^2}^I$）。

$$P_{BC^2}^I\begin{cases}\max & h_0=\boldsymbol{\mu}^{\mathrm T}\boldsymbol{Y}_0-\mu_0\\ \text{s. t.} & \begin{cases}\boldsymbol{\mu}^{\mathrm T}\boldsymbol{Y}_j-\boldsymbol{\omega}^{\mathrm T}\boldsymbol{X}_j+\mu_0\leqslant 0,j=1,2,\cdots,n;\\ \boldsymbol{\omega}^{\mathrm T}\boldsymbol{X}_0=1;\\ \boldsymbol{\mu}\geqslant 0,\boldsymbol{\omega}\geqslant 0,\mu_0\in E^1\end{cases}\end{cases}\tag{5-37}$$

线性规划（$P_{BC^2}^I$）的对偶规划为 D_{BC^2} 模型：

$$D_{BC^2}\begin{cases}\min & \sigma\\ \text{s. t.} & \begin{cases}\sum\limits_{j=1}^{n}\boldsymbol{X}_j\lambda_j\leqslant\boldsymbol{X}_0\sigma;\\ \sum\limits_{j=1}^{n}\boldsymbol{Y}_j\lambda_j\geqslant Y_0;\\ \sum\limits_{j=1}^{n}\lambda_j=1;\\ \boldsymbol{\lambda}=(\lambda_1,\lambda_2,\cdots,\lambda_n)\geqslant 0\end{cases}\end{cases}\tag{5-38}$$

为了对决策单元进行相关分析以及计算需要，引入松弛变量 $\boldsymbol{S}^-=(s_1^-,s_2^-,\cdots,s_m^-)^{\mathrm T}$ 和 $\boldsymbol{S}^+=(s_1^+,s_2^+,\cdots,s_p^+)^{\mathrm T}$，则以上 BC^2 模型变为：

$$\overline{D}_{BC^2}\begin{cases}\min \quad \sigma \\ \text{s. t.} \quad \begin{cases}\sum\limits_{j=1}^{n} \boldsymbol{X}_j\lambda_j + \boldsymbol{S}^- = \boldsymbol{X}_0\sigma; \\ \sum\limits_{j=1}^{n} \boldsymbol{Y}_j\lambda_j - \boldsymbol{S}^+ = Y_0; \\ \sum\limits_{j=1}^{n} \lambda_j = 1; \\ \boldsymbol{\lambda} = (\lambda_1, \lambda_2, \cdots, \lambda_n) \geqslant 0, \boldsymbol{S}^- \geqslant 0, \boldsymbol{S}^+ \geqslant 0\end{cases}\end{cases} \tag{5-39}$$

该模型计算的 DMU 效率是纯技术效率，根据模型的解可得到如下结论：①若 $\sigma^* = 1$，则 DMU_0 为纯技术弱 DEA 有效；②若 $\sigma^* = 1$，且 $\boldsymbol{S}^{-*} = 0$、$\boldsymbol{S}^{+*} = 0$，则 DMU_0 为纯技术 DEA 有效。由 BC^2 模型得到纯技术效率 σ^*，由 C^2R 模型得到总效率 θ^*，则 DMU_0 的纯规模 DEA 有效值为 $\kappa^* = \theta^* / \sigma^*$。

2. 极效率 DEA 模型

DEA 模型可对决策单元的相对效率值进行排序。但当决策单元都为 DEA 有效时，在 C^2R 模型与 BC^2 模型下无法对其进行排序，需要利用极效率 DEA 模型来解决这个问题。在 DEA 模型中，如果被考察的决策单元不在参考集中，则此时的 DEA 模型称为极效率（super-efficiency）DEA 模型，见式（5－40）。

$$(D_s)\begin{cases}\min \quad \theta_0^s \\ \text{s. t.} \quad \begin{cases}\sum\limits_{\substack{j=1 \\ j\neq 0}}^{n} \lambda_j x_{ij} \leqslant \theta_0^s x_{i0}, i = 1,2,\cdots,m; \\ \sum\limits_{\substack{j=1 \\ j\neq 0}}^{n} \lambda_j y_{rj} \geqslant y_{r0}, r = 1,2,\cdots,p; \\ \lambda_j \geqslant 0, j \neq 0\end{cases}\end{cases} \tag{5-40}$$

同样，引入松弛变量 $S^- = (s_1^-, s_2^-, \cdots, s_m^-)^T$ 和 $S^+ = (s_1^+, s_2^+, \cdots, s_p^+)^T$，可得：

$$(\overline{D_s})\begin{cases}\min \quad \theta_0^s \\ \text{s. t.} \quad \begin{cases}\sum\limits_{\substack{j=1 \\ j\neq 0}}^{n} \lambda_j x_{ij} + s_i^- = \theta_0^s x_{i0}, i = 1,2,\cdots,m; \\ \sum\limits_{\substack{j=1 \\ j\neq 0}}^{n} \lambda_j y_{rj} - s_r^+ = y_{r0}, r = 1,2,\cdots,p; \\ \lambda_j \geqslant 0, j \neq 0; \\ s_i^- \geqslant 0, s_r^+ \geqslant 0, i = 1,2,\cdots,m; r = 1,2,\cdots,p\end{cases}\end{cases} \tag{5-41}$$

3. DEA 模型方法的特点

DEA 作为一种新的效率评价方法，与以前的传统方法相比有着很多的优点，主要表现在以下几点。

① DEA 适用于多投入、多产出的复杂系统的有效性综合评价问题。由于它在分析时不必计算综合投入量和综合产出量，因此避免了在使用传统方法时，由于各指标量纲等方面的不一致而寻求相同度量因素时所带来的诸多困难。

② 具有很强的客观性。由于该方法以投入产出指标的权重为变量，从最有利于被评价单元的角度进行评价，因此无须事先确定各指标的权重，从而避免了在权重分配时评价者的主观意愿对评价结果的影响。

③ 投入产出的隐表示使得计算简化。当一个多投入、多产出的复杂系统各种量之间存在着交错复杂的数量关系时，对这些数量关系的具体函数形式的估计就是一个十分复杂而困难的事；而使用 DEA 则可以在不给出这种函数的显性表达式的前提下，仍然能正确测定各种投入产出量的数量关系。

④可用来估计多投入、多产出系统的“生产函数”。对一个多投入、多产出的复杂系统，当每一种投入量影响一种或多种产出时，以各产出量为因变量的向量函数的估计，对传统的方法几乎是不可能的，而 DEA 则利用其自身的优势给出了这种函数的隐表达。

⑤ 应用广泛，实用性强。这种方法不仅可以用来对生产单位的各种效率进行评价，而且对企事业单位、公共服务部门的工作效率也可以进行评价。在应用的深度上，DEA 也表现出很大的潜力，即它在指出某个评价单元处于非有效状态（无论是规模非有效，还是技术非有效）时都指明了非有效的原因，并给出了具体的改善方法。

⑥ 计算方便。DEA 将各比较单元的评价问题转换成一系列线性规划模型的求解问题，而线性规划模型的求解已经得到许多软件的支持，为 DEA 的应用带来了方便。

5.7.3 带有偏好约束锥的 DEA 模型

DEA 自第一个模型出现以来，众多学者就意识到其最大的特点就是在不需要其他假设的条件下，就可以通过自评的方式，确定拟评价 DMU_j 的最有利的权重，对决策单元进行相对效率评价。但这种评价方法也有其不足之处。第一，在应用 C^2R 模型进行评价时，有时会出现某一 DMU 为相对有效，但是某一指标却具有极大权系数，这样就可能将一个具有不现实权系数的 DMU 判断为有效；第二，在运用一般的 C^2R 模型对决策单元综合绩效进行评价时，所有指标项的地位都是平等的，虽然这样可以避免主观性对指标权重的影响，但是也可能无法体现决策单元的某些特点，如决策单元对成本、人员等输入/输出指标的侧重程度可能就是不一样。因此，在选用一般 DEA 模型对决策单元进行综合绩效评价的基础上，可进一步根据决策者偏好引进表明不同的输入和输出指标重要性程度的偏好约束锥，对决策单元综合绩效进行评价。

1. 群组偏好信息集结

① 偏好信息一致化。设参与竞争的决策单元共有 n 个，其评价指标中有 m 个输入和 p 个输出指标，分别记为 $\mathbf{IN}=(\mathrm{in}_1,\mathrm{in}_2,\cdots,\mathrm{in}_m)$ 和 $\mathbf{OUT}=(\mathrm{out}_1,\mathrm{out}_2,\cdots,\mathrm{out}_p)$。针对

决策单元 $DMU_j(j=1,2,\cdots,n)$，决策者对各指标的偏好信息可采用多种形式表示，以输入指标为例，分别如下。

偏好次序：决策者按各指标的重视程度进行排序 $\boldsymbol{O}^{(k)}=(O_1^{(k)},O_2^{(k)},\cdots,O_m^{(k)})$，其中 $O_i^{(k)}$ 表示决策者 $d_k(k=1,2,\cdots,N)$ 认为的指标 in_i 的重要地位次序。

互反判断矩阵：决策者对各指标进行两两比较，$a_{ij}^{(k)}$ 表示决策者 d_k 认为指标 in_i 对指标 in_j 的相对重要性程度，若用 9 标度法表示，互反判断矩阵 $\boldsymbol{A}^{(k)}=(a_{ij}^{(k)})_{m\times m}$。

互补判断矩阵：决策者对各指标进行两两比较，$b_{ij}^{(k)}$ 表示决策者 d_k 认为指标 in_i 相比 in_j 的重要程度，满足 $0\leqslant b_{ij}^{(k)}\leqslant 1$，$b_{ij}^{(k)}+b_{ji}^{(k)}=1$，$b_{ii}^{(k)}=0.5$，互补判断矩阵 $\boldsymbol{B}^{(k)}=(b_{ij}^{(k)})_{m\times m}$。

考虑基于判断矩阵的排序理论已有丰富的成果，可将其他形式的偏好关系转化为互反判断矩阵。

互补判断矩阵与互反判断矩阵的转换关系为：

$$a_{ij}^{(k)}=9^{2b_{ij}^{(k)}-1}$$

偏好次序与互反判断矩阵的转换关系为：

$$a_{ij}^{(k)}=9\frac{(m+1)O_j^{(k)}-O_i^{(k)}}{(m-1)O_j^{(k)}+O_i^{(k)}}$$

利用上述公式实现决策者 d_k 偏好信息的一致化，构造出 N 个互反判断矩阵 $\boldsymbol{A}^{(k)}=(a_{ij}^{(k)})_{m\times m}$。

② 群组判断矩阵。

为了将 N 个决策者的偏好信息集结，运用群决策几何综合判断矩阵（GMJ）法，将 N 个判断矩阵 $\boldsymbol{A}^{(k)}$ 综合成群判断矩阵 $\overline{\boldsymbol{C}}=(c_{ij})_{m\times m}$，其中，$c_{ij}=\prod\limits_{k=1}^{N}(a_{ij}^{(k)})^{1/N}$。

③ 偏好约束锥的构造。

按上述方法分别针对决策单元的输入、输出指标 I 和 R 构造 DEA 模型偏好约束锥，具体步骤如下。

将 N 个决策者的偏好信息一致化，分别针对输入、输出指标建立 $2N$ 个判断矩阵 $\boldsymbol{A}^{(k)}$ 和 $\boldsymbol{D}^{(k)}(k=1,2,\cdots,N)$。

将 $\boldsymbol{A}^{(k)}$ 和 $\boldsymbol{D}^{(k)}$ 分别集结成群组判断矩阵 $\overline{\boldsymbol{C}}=(c_{ij})_{m\times m}$ 和 $\overline{\boldsymbol{B}}=(b_{ij})_{p\times p}$，满足 $c_{ij}=1/c_{ji}$，$c_{ij}>0$，$c_{ii}=1$，以及 $b_{ij}=1/b_{ji}$，$b_{ij}>0$，$b_{ii}=1$。

根据层次分析法对判断矩阵 $\overline{\boldsymbol{C}}$ 和 $\overline{\boldsymbol{B}}$ 进行一致性检验，一般认为 CR < 0.1 时，判断矩阵的一致性可以接受。设 λ_c 和 λ_b 分别为矩阵 $\overline{\boldsymbol{C}}$ 和 $\overline{\boldsymbol{B}}$ 的最大特征值，令：$\boldsymbol{C}=\overline{\boldsymbol{C}}-\lambda_c\boldsymbol{E}_m$，$\boldsymbol{B}=\overline{\boldsymbol{B}}-\lambda_b\boldsymbol{E}_p$，其中 $\boldsymbol{E}_m$ 和 $\boldsymbol{E}_p$ 分别为 m 阶和 p 阶单位矩阵。进一步构成多面闭凸锥：$\boldsymbol{CV}\geqslant 0$，$\boldsymbol{V}=(v_1,v_2,\cdots,v_m)^{\mathrm{T}}\geqslant 0$，$\boldsymbol{BU}\geqslant 0$，$\boldsymbol{U}=(u_1,u_2,\cdots,u_p)^{\mathrm{T}}\geqslant 0$，称为偏好约束锥。

2. 带有约束偏好锥的决策单元评价 DEA 模型

对于决策单元 j_0，其 DEA 有效性评价偏好约束锥模型 C^2WH 为：

$$\begin{cases} \max & \dfrac{\boldsymbol{U}^{\mathrm{T}}\boldsymbol{Y}_{j_0}}{\boldsymbol{V}^{\mathrm{T}}\boldsymbol{X}_{j_0}} \\ \text{s. t.} & \begin{cases} \dfrac{\boldsymbol{U}^{\mathrm{T}}\boldsymbol{Y}_j}{\boldsymbol{V}^{\mathrm{T}}\boldsymbol{X}_j} \leqslant 1, j=1,2,\cdots,n \\ \boldsymbol{V}_{\mathrm{AHP}} = \{\boldsymbol{V} \mid \boldsymbol{CV} \geqslant 0, V \geqslant 0\} \\ \boldsymbol{U}_{\mathrm{AHP}} = \{\boldsymbol{U} \mid \boldsymbol{BU} \geqslant 0, U \geqslant 0\} \\ \boldsymbol{V} \in \boldsymbol{V}_{\mathrm{AHP}}, \boldsymbol{U} \in \boldsymbol{U}_{\mathrm{AHP}} \\ \mathrm{int}\boldsymbol{V}_{\mathrm{AHP}} \neq \varnothing, \mathrm{int}\boldsymbol{U}_{\mathrm{AHP}} \neq \varnothing \end{cases} \end{cases} \tag{5-42}$$

对上式分式规划模型进行 Charnes - Cooper 变换，令 $t=1/(\boldsymbol{V}^{\mathrm{T}}\boldsymbol{X}_{j_0})$，$\boldsymbol{u}=t\boldsymbol{U}$，$\boldsymbol{w}=t\boldsymbol{V}$，代入式(5-42)，得到$(P)_{\mathrm{C^2WH}}$模型：

$$(P)_{\mathrm{C^2WH}} \begin{cases} \max & \boldsymbol{u}^{\mathrm{T}}\boldsymbol{Y}_{j_0} \\ \text{s. t.} & \begin{cases} \boldsymbol{w}^{\mathrm{T}}\boldsymbol{X}_j - \boldsymbol{u}^{\mathrm{T}}\boldsymbol{Y}_j \geqslant 0, j=1,2,\cdots,n \\ \boldsymbol{w}^{\mathrm{T}}\boldsymbol{X}_{j_0} = 1 \\ \boldsymbol{w} = (w_1, w_2, \cdots, w_m)^{\mathrm{T}} \geqslant 0, \\ \boldsymbol{u} = (u_1, u_2, \cdots, u_s)^{\mathrm{T}} \geqslant 0, \\ \boldsymbol{w} \in \boldsymbol{V}_{\mathrm{AHP}} = \{\boldsymbol{w} \mid \boldsymbol{Cw} \geqslant 0, \boldsymbol{w} \geqslant 0\}, \\ \boldsymbol{u} \in \boldsymbol{U}_{\mathrm{AHP}} = \{\boldsymbol{u} \mid \boldsymbol{Bu} \geqslant 0, \boldsymbol{u} \geqslant 0\} \end{cases} \end{cases} \tag{5-43}$$

3. 决策单元 DEA 有效性分析及模型讨论

定义 1 若模型$(P)_{\mathrm{C^2WH}}$存在最优解 $\boldsymbol{w}^*$，$\boldsymbol{u}^*$ 满足$(\boldsymbol{u}^*)^{\mathrm{T}}\boldsymbol{Y}_{j_0}=1$，则称决策单元 j_0 是弱 DEA 有效的；若最优解满足$(\boldsymbol{u}^*)^{\mathrm{T}}\boldsymbol{Y}_{j_0}=1$，且 $\boldsymbol{w}^* \in \mathrm{int}\boldsymbol{V}_{\mathrm{AHP}}$，$\boldsymbol{u}^* \in \mathrm{int}\boldsymbol{U}_{\mathrm{AHP}}$，则称决策单元 j_0 是 DEA 有效的。

可以证明，当 AHP 判断矩阵 $\overline{\boldsymbol{C}}$ 和 $\overline{\boldsymbol{B}}$ 满足完全一致性条件时，则由$(P)_{\mathrm{C^2WH}}$评价模型所得的各个决策单元的相对效率 $p_{j_0}^* = (\boldsymbol{U}^*)^{\mathrm{T}}\boldsymbol{Y}_{j_0}$，与 AHP 得到的各决策单元加权平均投入产出比值相同。但在实际中判断矩阵 $\overline{\boldsymbol{C}}$ 和 $\overline{\boldsymbol{B}}$ 往往是不完全一致的，此时 $\boldsymbol{CV} \geqslant 0$，$\boldsymbol{BU} \geqslant 0$ 解域包含 $\boldsymbol{CV}>0$，$\boldsymbol{BU}>0$ 的解域。CR 越小时，$\overline{\boldsymbol{C}}$ 和 $\overline{\boldsymbol{B}}$ 越接近于完全一致性，模型的解域就越小，对输入、输出指标的权重的限定范围也就越小，在此限制范围内利用 DEA 求出最有利于被评价决策单元 j_0 的权值 $\boldsymbol{w}^*$ 和 $\boldsymbol{u}^*$，使评价结果更能反映决策者的主观偏好；反之，CR 越大时，评价结果更侧重于客观数据的特点。因此，通过适当地调控一致性检验指标 CR 的接受范围，可以实现决策单元评价结果中主观和客观因素重要性的调节与平衡。

4. 基于相对效率指数的决策单元排序 DEA 模型

根据$(P)_{\mathrm{C^2WH}}$模型的结果，可以将非 DEA 有效和弱 DEA 有效的决策单元的次序排出来，当出现多个 DEA 有效的决策单元时，有必要进一步比较其相对效率以实现决策单元的优选。本节将通过引入理想决策单元求出一组比较公平、合理的公共权重，并构造相对效率指数完成对 DEA 有效决策单元的排序与优选。

① 理想决策单元 DMU_I

理想决策单元 DMU_I 由所有 DEA 有效决策单元各项输入指标的最小值 $\boldsymbol{X}_{\min}$ 和各项输出指标的最大值 $\boldsymbol{Y}_{\max}$ 组成。以理想决策单元 DMU_I 作为参照，求出对所有 DEA 有效决策单元 DMU_j 都公平合理的公共权重。

② DEA 有效决策单元相对效率排序模型

定义 2　$h' = (\boldsymbol{U}^{\mathrm{T}}\boldsymbol{Y}_{\max})/(\boldsymbol{V}^{\mathrm{T}}\boldsymbol{X}_{\min})$ 为理想决策单元 DMU_I 的效率指数。

以其效率最大为目标构造模型 $\mathrm{C^2WH}$：

$$(P)_{\mathrm{C^2WH}}\begin{cases}\max \quad h' = (\boldsymbol{U}^{\mathrm{T}}\boldsymbol{Y}_{\max})/(\boldsymbol{V}^{\mathrm{T}}\boldsymbol{X}_{\min}) \\ \text{s. t.} \quad \begin{cases}(\boldsymbol{U}^{\mathrm{T}}\boldsymbol{Y}_j)/(\boldsymbol{V}^{\mathrm{T}}\boldsymbol{X}_j) \leqslant 1, j = 1,2,\cdots,n \\ (\boldsymbol{U}^{\mathrm{T}}\boldsymbol{Y}_{\max})/(\boldsymbol{V}^{\mathrm{T}}\boldsymbol{X}_{\min}) \leqslant 1, \\ \boldsymbol{U}_{\mathrm{AHP}} = \{\boldsymbol{U} \mid \boldsymbol{BU} \geqslant 0, U \geqslant 0\}, \\ \boldsymbol{V}_{\mathrm{AHP}} = \{\boldsymbol{V} \mid \boldsymbol{CV} \geqslant 0, V \geqslant 0\}, \\ \boldsymbol{U} \in \boldsymbol{U}_{\mathrm{AHP}}, \boldsymbol{V} \in \boldsymbol{V}_{\mathrm{AHP}}\end{cases}\end{cases} \tag{5-44}$$

其中，$\boldsymbol{U} = (u_1, u_2, \cdots, u_s)^{\mathrm{T}}$，$\boldsymbol{V} = (v_1, v_2, \cdots, v_m)^{\mathrm{T}}$。该模型中的最优解为 $\boldsymbol{U}^*$ 和 $\boldsymbol{V}^*$，将 $\boldsymbol{U}^*$ 和 $\boldsymbol{V}^*$ 作为计算所有 DEA 有效决策单元的相对效率的公共权重。

定义 3　$h_j^* = \dfrac{(\boldsymbol{U}^*)^{\mathrm{T}}\boldsymbol{Y}_j}{(\boldsymbol{V}^*)^{\mathrm{T}}\boldsymbol{X}_j}$，$(j = 1,2,\cdots,n)$ 称为第 j 决策单元的相对效率指数。

计算所有 DEA 有效决策单元的相对效率指数并将其排序，完成决策单元的评价。

5.7.4　基于 DEA 模型综合绩效评价程序

上述 DEA 模型是线性规划，可调用 MATLAB 线性规划函数进行求解。

下面给出模型 (P) 和 (D) 的 MATLAB 程序。

求解模型 (P) 的 MATLAB 函数调用格式如下（扫描二维码查看程序 19）。

[E,omega,mu] = DEA_Model_P(X,Y)

函数 DEA_Model_P 的输入参数：① n 个决策单元 m 个指标的输入矩阵 $\boldsymbol{X}(m,n)$；② n 个决策单元 p 个指标的输出矩阵 $\boldsymbol{Y}(p,n)$。函数的输出参数：①相对效率值 E；②投入权向量 omega；③产出权向量 mu。

求解模型 (D) 的 MATLAB 函数调用格式如下（扫描二维码查看程序 20）。

[lambda,s_minus,s_plus,theta] = DEA_Model_D(X,Y)

函数 DEA_Model_P 的输入参数：① n 个决策单元 m 个指标的输入矩阵 $\boldsymbol{X}(m,n)$；② n 个决策单元 p 个指标的输出矩阵 $\boldsymbol{Y}(p,n)$。函数的输出参数：①对偶决策变量 lambda；②松弛变量减 s_minus；③松弛变量加 s_plus；④目标函数值 theta。

用户调用函数时，只需准备好矩阵 $\boldsymbol{X}$ 和 $\boldsymbol{Y}$，即可得到所需的结果。

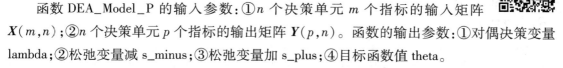

5.7.5 基于DEA模型综合绩效评价的案例计算

1. 类似部门的绩效比较

设有某大学的同类型的五个系 DMU_i($i=1\sim5$)在一学年内的投入和产出的数据如表5-10所示。

表5-10 某大学的五个系 DMU_i($i=1\sim5$)的投入和产出数据

		DMU_1	DMU_2	DMU_3	DMU_4	DMU_5
投入	教职工(人)	60	70	85	106	35
	教职工工资(万元)	156	200	157	263	105
	(运转经费)(万元)	50	180	100	86	30
产出	毕业的本科生(人)	80	60	90	96	30
	毕业的研究生(人)	12	13	20	17	8
	发表的论文(篇)	27	25	15	28	3
	完成的科研项目(项)	4	2	5	5	1

其中,运转经费指一学年内维持该系正常运转的各种费用,如行政办公费、图书资料费、差旅费等。

采用模型(P)进行绩效评价的MATLAB程序如下。

```
Clear
X=[60 70 85 106 35; 156 200 157 263 105; 50 180 100 86 30];    %用户输入多指标输入矩阵X
Y=[80 60 90 96 30; 12 13 20 17 8; 27 25 15 28 3; 4 2 5 5 1];   %用户输入多指标输出矩阵Y
[E,omega,mu]=DEA_Model_P(X,Y)                                  %调用函数DEA_Model_P
```

计算输出,得到各系的相对效率值,以及各项投入和产出的权向量:

```
E=1.0000   0.8982   1.0000   0.8206   1.0000

omega =
   0.0003   0.0143   0.0001   0.0000   0.0019
   0.0002   0.0000   0.0063   0.0014   0.0015
   0.0191   0.0000   0.0001   0.0073   0.0257

mu =
   0.0027   0.0000   0.0007   0.0000   0.0012
   0.0116   0.0554   0.0203   0.0442   0.1177
   0.0155   0.0071   0.0079   0.0000   0.0011
   0.0563   0.0000   0.0819   0.0138   0.0186
```

由定义可知,DMU_1、DMU_3和DMU_5至少是弱有效的;DMU_2和DMU_4是非弱有效的。为了确认DMU_1、DMU_3和DMU_5的有效性并分析DMU_2和DMU_4非有效的原因,须利用模型(D)进行计算如下。

```
X=[60 70 85 106 35; 156 200 157 263 105; 50 180 100 86 30];    %用户输入多指标输入矩阵X
Y=[80 60 90 96 30; 12 13 20 17 8; 27 25 15 28 3; 4 2 5 5 1];   %用户输入多指标输出矩阵Y
[lambda,s_minus,s_plus,theta]=DEA_Model_D(X,Y)                  %调用函数DEA_Model_D
```

计算得到的解如下：

```
lambda =
  1.0000   0.8472   0.0000   1.0964   0.0000
  0.0000   0.0000   0.0000   0.0000   0.0000
  0.0000   0.1417   1.0000   0.0536   0.0000
  0.0000   0.0000   0.0000   0.0000   0.0000
  0.0000   0.0000   0.0000   0.3464   1.0000

s_minus =
  0.0000   0.0000   0.0000   4.5215   0.0000
  0.0000 25.2345   0.0000   0.0000   0.0000
  0.0000   105.1508   0.0000   0.0000   0.0000

s_plus =
  0.0000   20.5278   0.0000   6.9272   0.0000
  0.0000 0.0000   0.0000   0.0000   0.0000
  0.0000 0.0000   0.0000   3.4454   0.0000
  0.0000 2.0972   0.0000   0.0000   0.0000
theta = 1.0000   0.8982   1.0000   0.8206   1.0000
```

由以上解可看出：DMU_1、DMU_3和 DMU_5的解中 $\lambda=1$ 且松弛变量 $s^-=0, s^+=0$，故由定理知，这几个系是相对有效的。DMU_2和 DMU_4的非有效性也可以在以上解中看得一清二楚。以 DMU_2 为例，根据有效性的经济意义，在不减少各项输出的前提下，构造一个新的 DMU_2：

$$DMU_2=0.8472\times DMU_1+0.1417\times DMU_3$$
$$=[\underbrace{62.8750,\ 154.4083,\ 56.5278}_{\text{投入}},\ \underbrace{80.5278,\ 13.0000,\ 25.0000,\ 4.0972}_{\text{产出}}]^T$$

可使 DMU_2的投入按比例减少到原投入的 0.8982(θ)倍，并且(由非零的松弛变量可知)还可以进一步减少教职工工资 25.2345 万元，减少运转费用 105.1508 万元，多培养本科生 20 人，多完成 2 项科研项目。对 DMU_4的非有效性可做类似的经济解释。

2. 基于偏好约束锥的 DEA 综合评价

(1)偏好约束锥的构造

本例以建筑供应链的评价为背景，其投入产出的指标如表 5－11 所示。

表 5－11　建筑供应链整体评价指标

评价角度	评价指标	
投入	成本	成本(in_1)＝物资采购成本＋施工建造成本＋MRO 成本
	人力	人员数(in_2)＝物资采购人员数＋施工建造人员数＋移交服务人员数
产出	财务状况	净利润(out_3)
		投资报酬率(out_5)
	服务水平	准时交货率(out_1)
		业主满意度(out_2)
		售后服务质量(out_4)

在咨询专家并集结对各评价指标的偏好信息后，分别针对输入、输出指标构造群组判断矩阵 $\overline{C}_2$ 和 $\overline{B}_5$。其中

$$\overline{C}_2 = \begin{pmatrix} 1 & 3 \\ 1/3 & 1 \end{pmatrix}, \quad \overline{B}_5 = \begin{pmatrix} 1 & 1/3 & 1/7 & 1/5 & 1/6 \\ 3 & 1 & 1/4 & 1/2 & 1/2 \\ 7 & 4 & 1 & 7 & 5 \\ 5 & 2 & 1/7 & 1 & 1/5 \\ 6 & 2 & 1/5 & 5 & 1 \end{pmatrix}$$

对上述两个判断矩阵进行一致性检验。矩阵 $\overline{C}_2$ 的最大特征值 $\lambda_{\max}=2$，对应的标准化的特征向量为 $X_c=(0.9487,0.3162)^{\mathrm{T}}$，CR = 0 < 0.1；矩阵 $\overline{B}_5$ 的最大特征值 $\lambda_{\max}=5.439$，对应的标准化的特征向量为 $Y_c=(0.04,0.09,0.53,0.11,0.23)^{\mathrm{T}}$，CR = 0.098 < 0.1，判断矩阵认为在可以接受的水平上，两个判断矩阵均可以接受。令：$C=\overline{C}_2-\lambda_c E_2$，$B=\overline{B}_5-\lambda_s E_5$，由 $Cw\geqslant 0$，$B\mu\geqslant 0$，构造偏好约束锥。

(2) 基于偏好约束锥的供应链 DEA 综合评价结果

12 条供应链的输入/输出指标及采用模型 $(P)_{C^2WH}$ 解出的 DEA 综合评价结果如表 5-12 所示。

表 5-12　带偏好 DEA 评价供应链综合绩效结果

DMU	in_1	in_2	out_1	out_2	out_3	out_4	out_5	整体值	排序
A	3193	325	92.6	93.7	145	45.6	9.6	0.2571	10
B	2613	255	92.6	95.6	78	39.6	9.5	0.1956	12
C	1709	375	98.0	98.9	350	56.6	9.9	1.0000	1
D	3706	321	91.0	92.0	158	40.3	9.5	0.2369	11
E	2569	400	89.0	99.0	302	53.0	9.9	0.5925	3
F	2807	366	95.3	94.6	145	43.6	9.6	0.2897	7
G	1964	293	98.0	97.0	78	39.8	9.5	0.2575	9
H	2308	332	94.0	96.0	214	45.6	9.7	0.5091	5
I	2244	311	97.0	97.8	326	49.7	9.8	0.7296	2
J	1929	414	93.8	88.0	201	39.0	9.4	0.5334	4
K	3489	308	94.2	90.0	170	43.2	9.4	0.2678	8
L	2203	296	92.8	91.7	126	39.8	9.3	0.3265	6

根据 $(P)_{C^2WH}$ 模型的结果，可以将非 DEA 有效和弱 DEA 有效的供应链的次序排出来，因为没有出现多个带偏好约束锥的 DEA 有效的供应链，所以没有必要进一步比较其相对效率来实现供应链的优选。对于用带偏好的 DEA 模型对核心子过程的整体评价，由于原理和方法基本相同，在此不逐一列明。

(3) 计算结果比较

以下采用普通 DEA 模型和带偏好的 DEA 模型对供应链的运作效率进行评价，并得出相关的排序。从方法上而言，带偏好约束锥的 DEA 模型得出的评价结果具有更符合现实的经济意义，但由于偏好确定的主观性较强，受到人们的质疑，所以有必要对两种方法所得到

的评价结果进行比较，结果如表 5 - 13 所示。

表 5 - 13 一般 DEA 模型和带偏好的 DEA 模型评价结果对比

决策单元	A	B	C	D	E	F	G	H	I	J	K	L
一般 DEA	0. 886	1. 000	1. 000	0. 843	0. 843	0. 794	1. 000	0. 919	1. 000	0. 857	0. 895	0. 950
偏好 DEA	0. 257	0. 196	1. 000	0. 237	0. 593	0. 290	0. 258	0. 509	0. 730	0. 533	0. 268	0. 327

从表 5 - 13 中可以看出，在评价结果中，带偏好约束锥的 DEA 模型比传统 DEA 模型的有效决策单元少，B、G、H 三条供应链在传统 DEA 模型评价中是有效的决策单元，而在带偏好锥的 DEA 模型中则作为伪有效单元予以剔除，带偏好锥的 DEA 模型相比普通 DEA 模型在评价结果上剔除了伪有效的决策单元，反映了评价主体一定程度的主观偏好，评价结果更符合现实意义，是对传统 DEA 模型的一种改进。

复习思考题

1. 讨论决策的类型及决策要素的表示。
2. 讨论决策准则对决策的影响。
3. 讨论不确定决策问题（扫描二维码查看相关问题 7）。
4. 讨论贝叶斯决策及信息在决策中的价值。
5. 讨论多准则决策和模型方法内涵。
6. 讨论多准则决策问题（扫描二维码查看相关问题 8）。
7. 讨论层次分析方法的逻辑结构和内涵。
8. 讨论模糊综合评价方法。
9. 讨论数据包络分析方法。
10. 提出工作中的若干决策问题，进行决策的讨论分析。

第6章

预测计算

当应用运筹学的思想方法解决实际问题，制定发展战略和政策，以及进行重大问题的决策时，都必须对未来进行科学的预测。预测是指根据客观事物的过去和现在的表现，借助科学的方法对其未来的发展趋势和状况进行描述和分析，并形成科学的假设和判断。

预测方法包括定性预测方法与定量预测方法。定性预测方法主要包括德尔菲法、主观概率法、市场调查法、部门负责人评判法、销售人员估计法及历史类比法等。定量预测方法主要包括时间序列预测法、回归分析预测方法、非线性预测模型、趋势外推预测方法、马尔可夫预测方法、序列算子与灰色序列生成、灰色系统模型和灰色系统预测方法等。

6.1 时间序列分析

时间序列是指在一些连续的时间点或时间区间上测量的一系列数据，是同一种现象在不同时间上的相继观察值排列而成的一组数字序列。而时间序列预测法就是指利用这些历史数据来预测未来的数据值。时间序列预测方法的基本思想是：在预测一个现象的未来变化时，用该现象的过去行为预测未来，即通过时间序列的历史数据揭示现象随时间变化的规律，将这种规律延伸到未来，从而对该现象的未来做出预测。

时间序列分析是采用参数模型对观测到的有序随机数据进行分析的一种处理方法，通过时间序列可以对系统的动态特性进行分析、对系统的状态进行预测，从而为系统的状态监控和故障诊断提供依据。MATLAB 工具箱中包含了许多函数，借助这些函数可以方便地实现系统的时间序列分析。

6.1.1 时间序列分析的相关理论

1. 时间序列的概念

时间序列通常是指按时间序列排列的一系列被观测数据信息，其观测值按固定的时间间隔采样，即时间序列是指被观察到的依时间为序排列的数据序列。

时间序列的特点如下：①观测数据是现实的、真实的观察数据，而不是实验得到的数据。它是反映某一现象的真实统计指标，因此，时间序列背后是某一现象的变化规律。②观测数据是动态数据。时间序列分析是一种根据动态数据揭示系统动态结构和规律的统计方法。其基本思想是根据系统的有限长度的运行记录（观测数据），建立能够比较精确地反映序列中所包含的动态依存关系的数学模型，并借以对系统的未来进行预报。

时间序列根据所研究的依据不同，可有不同的分类。①按所研究的对象的多少分，分为一元时间序列和多元时间序列。②按时间的连续性可将时间序列分为离散时间序列和连续时间序列。③按序列的统计特性分，分为平稳时间序列和非平稳时间序列。

2. 时间序列组成成分

时间序列是将某种统计指标的数值，按时间先后顺序排列所形成的数列。一般认为时间序列数据值由长期趋势、季节变动、循环变动和不规则变动四个因素决定。

长期趋势：受某种基本因素的影响，数据依时间变化时表现为一种确定倾向，包括按某种规则稳步地增长、下降或停留在某一水平上的倾向，它反映了客观事物的主要变化趋势。使用的分析方法有移动平均法、指数平滑法、模型拟合法等。

季节变动：受季节更替等因素影响，序列依某一固定周期呈规则性的变化，又称季节性商业循环。采用季节指数的方法进行分析。

循环变动：通常是指周期为一年以上，由非季节因素引起的、周期不固定的、涨落起伏波形相似的波动变化。

不规则变动：通常分为突然变动和随机变动。

针对由不确定因素引起的序列变化，所使用的分析方法就是时间序列分析。确定性变化分析包括趋势变化分析、周期变化分析、循环变化分析，随机性变化分析有 AR、MA、ARMA 模型。

3. 时间序列预测法的步骤

时间序列预测法就是通过编制和分析时间序列，根据时间序列所反映出来的发展过程、方向和趋势，进行类推或延伸，借以预测下一段时间或以后若干年内可能达到的水平。其步骤包括：收集与整理某种社会现象的历史资料，对这些资料进行检查鉴别，排成数列；分析时间数列；寻找该社会现象随时间变化而变化的规律，得出一定的模式；以此模式预测该社会现象将来的情况。

第一步：收集历史资料，整理成时间序列，根据时间序列绘制统计图。时间序列分析是指把可能发生作用的因素进行分类，传统的分类方法是按各种因素的特点或影响效果分为四大类：①长期趋势；②季节变动；③循环变动；④不规则变动。

第二步：分析时间序列。时间序列中的每一时期的数值都是由许许多多不同的因素同时发生作用后的综合结果。

第三步：求时间序列的长期趋势（T）、季节变动（S）和不规则变动（I）的值，并选择近似的数学模式来代表它们。对于数学模式中的未知参数，使用合适的技术方法求出其值。

第四步：利用时间序列资料求出长期趋势、季节变动和不规则变动的数学模型后，就可以利用该模型来预测未来的长期趋势值 T 和季节变动值 S，并在可能的情况下预测不规则变动值 I。用以下模式计算未来的时间序列的预测值 Y：

$$加法模式：\quad T+S+I=Y$$

$$乘法模式：\quad T\times S\times I=Y$$

混合模式： $T \times S + I = Y$

如果不规则变动的预测值难以求得，就只求长期趋势和季节变动的预测值，以二者相乘之积或相加之和作为时间序列的预测值。如果经济现象本身没有季节变动或无须预测分季分月的资料，则长期趋势的预测值就是时间序列的预测值，即 $T = Y$。但要注意这个预测值只反映现象未来的发展趋势，即使很准确的趋势线在按时间顺序的观察方面所起的作用，本质上也只是一个平均数的作用，实际值将围绕着它上下波动。

4. 时间序列（随机序列）的特征描述

随机过程被定义为一组随机变量，即$\{z_t, t \in \boldsymbol{T}\}$，其中，$\boldsymbol{T}$ 表示时间 t 的变动范围，对每个固定的时刻 t 而言，z_t是一随机变量，这些随机变量的全体就构成一个随机过程。当时刻 t 只取整数时，随机过程称为随机序列，也称时间序列。

对于时间序列的一个样本： $\{z_t, t \in \boldsymbol{T} = [1, n]\}$

① 样本均值：

$$\bar{z} = \frac{1}{n}\sum_{t=1}^{n} z_t = c \tag{6-1}$$

平稳时间序列任意时刻所对应的随机变量的均值相等。

② 样本自协方差函数：

$$r_k = \frac{1}{n}\sum_{t=1}^{n-k}(z_t - \bar{z})(z_{t+k} - \bar{z}) \quad \text{或}$$
$$r_k = \frac{1}{n-k}\sum_{t=1}^{n-k}(z_t - \bar{z})(z_{t+k} - \bar{z}) \tag{6-2}$$

$$r_0 = \frac{1}{n}\sum_{t=1}^{n}(z_t - \bar{z})^2 \tag{6-3}$$

$$r_k = E[(z_t - Ez_t)(z_{t+k} - Ez_{t+k})]$$
$$r_k = \iint [(z_t - Ez_t)(z_{t+k} - Ez_{t+k})]\, p(z_t, z_{t+k})\,\mathrm{d}z_t \mathrm{d}z_{t+k} \tag{6-4}$$

平稳时间序列的自协方差函数只与时间间隔 k 有关，而与时间起点无关。

③ 样本自相关函数：

$$\rho_k = \frac{r_k}{r_0} \tag{6-5}$$

④ 样本偏自相关函数：

$$\varphi_{11} = \rho_1 \tag{6-6}$$

$$\varphi_{k+1,k+1} = \left(\rho_{k+1} - \sum_{j=1}^{k}\rho_{k+1-j}\varphi_{kj}\right)\left(1 - \sum_{j=1}^{k}\rho_j\varphi_{kj}\right)^{-1} \tag{6-7}$$

$$\varphi_{k+1,j} = \varphi_{kj} - \varphi_{k+1,k+1}\varphi_{k,k+1-j,j} = 1,2,\cdots,k \tag{6-8}$$

【例 6-1】 有一时间序列动态数据[16,12,15,10,9,17,11,16,10,14]，求样本均值、样本自相关函数值和偏自相关函数值。编写计算程序如下：

```
clc; clear;
z = [16,12,15,10,9,17,11,16,10,14];                     % 时间序列数据
n = length(z);                                          % 时间序列长度
zbar = mean(z);                                         % 计算均值
K = 3;
zp = cell(n,1);   zb = zp;
for k = 1:K + 1
  zp{k} = z(1 : n - k + 1);   zb{k} = z(k : n);
  r(k) = sum((zp{k} - zbar). * (zb{k} - zbar))/(n - k);    % 自协方差计算
end
for k = 1:K
  ro(k) = r(k + 1)/r(1);                                % 自相关计算
end

fai = zeros(K);
fai(1,1) = ro(1);
for k = 1:K - 1
  fai(k + 1,k + 1) = (ro(k + 1) - sum(ro(k: - 1:1). * fai(k,1:k)))/(1 - sum(ro(1:k). * fai(k,1:k)));
  for j = 1: k
    fai(k + 1,j) = fai(k,j) - fai(k + 1,k + 1). * fai(k,k + 1 - j); % 偏自相关计算
  end
end

zbar,  ro,  fai                                         % 显示 zbar,  ro,  fai 计算结果
```

得到计算结果：

```
zbar  = 13
ro    = -0.5256    0.2308    -0.2179
fai   = -0.5256
        -0.5587   -0.0629
        -0.5694   -0.1575    -0.1694
```

6.1.2　时间序列移动平均法

移动平均法是根据时间序列资料逐渐推移，依次计算包含一定项数的时序平均数，以反映长期趋势的方法。当时间序列的数值由于受周期变动和不规则变动的影响，起伏较大，不易显示出发展趋势时，则可使用移动平均法，消除这些因素的影响，分析、预测序列的长期趋势。

1. 简单移动平均法

设观测序列为 $y_1,\cdots,y_T$，取移动平均的项数 $N<T$。一次简单移动平均值计算公式为：

$$M_t^{(1)}=\frac{1}{N}(y_t+y_{t-1}+\cdots+y_{t-N+1})=M_{t-1}^{(1)}+\frac{1}{N}(y_t-y_{t-N}) \tag{6-9}$$

当预测目标的基本趋势在某一水平上下波动时，可进行一次简单移动平均法建立预测模型：

$$\hat{y}_{t+1}=M_t^{(1)}=\frac{1}{N}(y_t+y_{t-1}+\cdots+y_{t-N+1})=M_{t-1}^{(1)}+\frac{1}{N}(y_t-y_{t-N}) \tag{6-10}$$

其预测标准误差为：

$$S=\sqrt{\frac{\sum_{t=N+1}^{T}(\hat{y}_t-y_t)^2}{T-N}} \tag{6-11}$$

将最近 N 期序列值的平均值作为未来各期的预测结果。一般 N 的取值范围为 $5 \leqslant N \leqslant 200$。当历史序列的基本趋势变化不大且序列中随机变动成分较多时，N 的取值应大一些，否则 N 的取值应小一些。在有确定的季节变动周期的资料中，移动平均的项数应取周期长度。选择最佳 N 值的一个有效方法是，比较若干模型的预测误差，预测标准误差最小者为好。

【例 6-2】 某企业 1 月至 11 月的销售收入如表 6-1 所示。进行一次简单移动平均法预测 12 月的销售收入。

表 6-1　企业销售收入

月份 t	1	2	3	4	5	6
销售收入 y	533.8	574.6	606.9	649.8	705.1	772.0
月份 t	7	8	9	10	11	
销售收入 y	816.4	892.7	963.9	1015.1	1102.7	

编写计算的 MATLAB 程序如下：

```
y = [533.8  574.6  606.9  649.8  705.1  772.0  816.4  892.7  963.9  1015.1  1102.7];
m = length(y);
n = [4,5];                                  % n 为移动平均的项数
for i = 1:length(n)                         % 由于 n 的取值不同,yhat 的长度不一致,下面使用了元胞数组
  for j = 1:m - n(i) + 1
    yhat{i}(j) = sum(y(j:j + n(i) - 1))/n(i);               % 移动平均值
  end
  y12(i) = yhat{i}(end);                                     % 最后移动平均值
  s(i) = sqrt(mean((y(n(i) + 1:m) - yhat{i}(1:end - 1)).^2));   % 均方差
end
y12,s                                                        % 显示 y12,s
```

得到计算结果：

```
y12  = 993.6   958.2
s    = 150.5   182.4
```

当 $N=4$ 时，预测值为 993.6，预测的标准误差为 150.5。

当 $N=5$ 时，预测值为 958.2，预测的标准误差为 182.4。

计算结果表明，$N=4$ 时，预测的标准误差较小，销售收入为 993.6。

简单移动平均法只适合做近期预测，而且是预测目标的发展趋势变化不大的情况。如果目标的发展趋势存在其他的变化，则采用简单移动平均法就会产生较大的预测偏差和滞后。

2. 加权移动平均法

在简单移动平均公式中，每期数据在求平均时的作用是等同的。但是，每期数据所包含的信息量不一样，近期数据包含了更多关于未来情况的信息。因此，把各期数据等同看待是不尽合理的，应考虑各期数据的重要性，对近期数据给予较大的权重，这就是加权移动平均法的基本思想。加权移动平均公式为：

$$M_{tw} = \frac{w_1 y_t + w_2 y_{t-1} + \cdots + w_N y_{t-N+1}}{w_1 + w_2 + \cdots + w_N}, t \geqslant N \tag{6-12}$$

式中，M_{tw} 为 t 期加权移动平均数；w_i 为 y_{t-i+1} 的权重，它体现了相应的 y_t 在加权平均数中的重要性。利用加权移动平均数来做预测，其预测模型为：$\hat{y}_{t+1} = M_{tw}$，即以第 t 期加权移动平均数作为第 $t+1$ 期的预测值。

【例 6-3】 我国 1979—1988 年原煤产量及预测如表 6-2 所示，试用加权移动平均法预测 1989 年的产量。

表 6-2　我国 1979～1988 年原煤产量及预测　（单位：亿吨）

年份	1979	1980	1981	1982	1983	1984	1985	1986	1987	1988
原煤产量	6.35	6.20	6.22	6.66	7.15	7.89	8.72	8.94	9.28	9.8
预测值				6.23	6.44	6.83	7.44	8.18	8.69	9.07

取 $w_1 = 3, w_2 = 2, w_3 = 1$，MATLAB 计算程序如下：

```
y = [6.35  6.20  6.22  6.66  7.15  7.89  8.72  8.94  9.28  9.8];
w = [1/6; 2/6; 3/6];
m = length(y);  n = 3;
for i = 1:m - n + 1
   yhat(i) = y(i:i + n - 1) * w;
end
yhat
err = abs(y(n + 1:m) - yhat(1:end - 1))./y(n + 1:m)
T_err = 1 - sum(yhat(1:end - 1))/sum(y(n + 1:m))
```

计算结果为：

```
yhat   = 6.2350   6.4367   6.8317   7.4383   8.1817   8.6917   9.0733   9.4833
err    = 0.0638   0.0998   0.1341   0.1470   0.0848   0.0634   0.0741
T_err  = 0.0950
```

计算三年加权移动平均预测值结果列于表 6-2 中，1989 年的预测值为 9.48(亿吨)。

在加权移动平均法中，w_t 的选择同样具有一定的经验性。一般的原则是：近期数据的权重大，远期数据的权重小，需要按照预测者对序列的了解和分析来确定。

3. 指数平滑法

指数平滑法根据历史资料的上期实际数和预测值，用指数加权的办法进行预测。此方法实质是由加权移动平均法演变而来的一种方法，优点是只要有上期实际数和上期预测值，就可以计算下期的预测值，从而节省很多数据，以及处理数据的时间，减少了数据的存储量，且方法简便。指数平滑法是国外广泛使用的一种短期预测方法。

用时间序列的实际值 $\{y_t | t = 1,2,\cdots,n\}$ 和指数平滑预测值 $\{F_t | t = 1,2,\cdots,n\}$ 加权平均进行预测。基本模型如下：

$$F_{t+1} = \alpha y_t + (1-\alpha)F_t = F_t + \alpha(y_t - F_t) \tag{6-13}$$

其中，α 为平滑系数($0 \leqslant \alpha \leqslant 1$)，$F_1 = y_1$。

【例 6-4】 某粮油食品公司最近 10 周的大米销售数量为 $\boldsymbol{y}$ = [62,51,72,64,50,48,67,54,63,73]，预测第 11 周的大米销售数量。计算程序如下，预测结果见表 6-3。

```
y = [62,51,72,64,50,48,67,54,63,73];   F = y;   m = length(y);   alfa = 0.3;
for t = 2:m
  F(t) = y(t-1). * alfa + (1 - alfa). * F(t-1);
  errs(t,1) = F(t) - y(t);
  errs(t,2) = errs(t,1).^2;
end
F,errs,   T_err = sum(errs(:,2))
```

表 6-3 指数平滑预测(α=0.3 时)

周数	时间序列值	指数平滑法预测值	预测偏差	偏差平方值
1	62			
2	51	62	11.0	121.0
3	72	58.7	-13.3	176.89
4	64	62.69	-1.31	1.72
5	50	63.08	13.08	171.16
6	48	59.16	11.16	124.5
7	67	55.81	-11.19	125.2
8	54	59.17	5.17	26.7
9	63	57.62	-5.38	28.97
10	73	59.23	-13.77	189.56
			合计	965.71

对时间序列的实际值$\{y_t \mid t=1,2,\cdots,n\}$可以进行一次指数平滑预测、二次指数平滑预测。模型如下：

$$F_{t+1}^{(1)} = \alpha y_t + (1-\alpha)F_t^{(1)} \tag{6-14}$$

$$F_{t+1}^{(2)} = \alpha F_{t+1}^{(1)} + (1-\alpha)F_t^{(2)} \tag{6-15}$$

平滑系数α可根据误差平方和最小确定。对于超前m期进行预测，采用以下公式：

$$F_{t+m} = T_t + b_t m \tag{6-16}$$

式中，$T_t = 2F_t^{(1)} - F_t^{(2)}, b_t = \frac{\alpha}{(1-\alpha)}(F_t^{(1)} - F_t^{(2)})$。

上述例子的计算程序如下：

```
y = [62,51,72,64,50,48,67,54,63,73];   F = [y',y'];
n = length(y);   alfa = 0.3;
for t = 2:n
  F(t,1) = y(t-1). * alfa + (1 - alfa). * F(t-1,1);          %一次指数平滑
  F(t,2) = F(t,1). * alfa + (1 - alfa). * F(t-1,2);          %二次指数平滑
  errs(t,1,1) = F(t,1) - y(t);                                %一次指数平滑误差
  errs(t,2,1) = errs(t,1,1).^2;                               %一次指数平滑误差平方
  errs(t,1,2) = F(t,2) - y(t);                                %二次指数平滑误差
  errs(t,2,2) = errs(t,1,2).^2;                               %二次指数平滑误差平方
end
m = 2;
F12 = 2 * F(n,1) - F(n,2) + alfa./(1 - alfa). * (F(n,1) - F(n,2)) * m    %计算超前2期的预测值,并显示
```

得到预测结果：

```
F12 =    59.68
```

6.1.3　时间序列趋势和季节因素的预测

考虑时间序列趋势和季节因素的预测模型为：

$$Y_t = T_t \times S_t \times I_t \tag{6-17}$$

Y_t为时间序列第 t 时期的数据，T_t为第 t 时期的趋势因素，S_t为第 t 时期的季节因素，I_t为第 t 时期的不规则因素。

体现时间序列趋势和季节因素的预测方法的步骤为：①求出这个具有趋势的时间序列的趋势预测；②把具有趋势和季节因素的时间序列中的季节的成分从序列中分离出来；③用季节指数修正趋势预测，使预测体现出趋势因素和季节因素。

【例 6－5】 某运动鞋厂，其近四年销售的运动鞋数量按季节统计的数据如表 6－4 所示。

表 6－4　某厂运动鞋最近四年按季节统计的销售数量　（单位：万双）

年·季度	销量	年·季度	销量	年·季度	销量	年·季度	销量
1·1	12.2	2·1	16.0	3·1	16.8	4·1	18.0
1·2	18.1	2·2	21.4	3·2	23.8	4·2	24.1
1·3	20.3	2·3	23.1	3·3	24.2	4·3	26.0
1·4	13.8	2·4	17.7	3·4	18.3	4·4	19.2

1. 用移动平均法来消除季节因素和不规则因素的影响

① 取 $n=4$。

② 把四个季度的平均值作为消除季节和不规则因素影响后受趋势因素影响的数值。

③ 计算"中间季度"的趋势值，中间季度的含义是一个季度的下半部分和次季度的上半部分合成一个新的"季度"。如第一个中心移动平均值为(16.1 + 17.05)/2 = 16.575，表 6－5 显示了计算结果。

表 6－5　某厂运动鞋销售数量移动平均计算结果　（单位：万双）

年	季度	销量	四个季度移动平均值	中心移动平均值	季节波动指数
1	1	12.2			
	2	18.1	16.100		
	3	20.3	17.050	16.575	1.225
	4	13.8	17.875	17.463	0.790
2	1	16.0	18.575	18.225	0.878
	2	21.4	19.550	19.063	1.123
	3	23.1	19.750	19.650	1.176
	4	17.7	20.350	20.050	0.883

续表

年	季度	销量	四个季度移动平均值	中心移动平均值	季节波动指数
3	1	16.8	20.625	20.488	0.820
	2	23.8	20.775	20.700	1.150
	3	24.2	21.075	20.925	1.157
	4	18.3	21.150	21.113	0.867
4	1	18.0	21.60	21.375	0.842
	2	24.1	21.825	21.713	1.110
	3	26.0			
	4	19.2			

④ 计算季节波动指数：

$$季节波动指数 = 季度销量 \div 中心移动平均值 \tag{6-18}$$

⑤ 计算季节指数：

$$季节指数 = 所有季节波动指数之和 \div 该季节参与计算的数量 \tag{6-19}$$

如第三季度的季节指数 = (1.225 + 1.176 + 1.157)/3 = 1.19。如表 6-6 所示显示了计算结果。

表 6-6 某厂运动鞋销售量季节指数计算结果

季节	季节波动指数	季节指数	调整后的季节指数
1	0.878;0.820;0.842	0.85	0.85
2	1.123;1.150;1.110	1.13	1.12
3	1.225;1.176;1.157	1.19	1.18
4	0.790;0.883;0.867	0.85	0.85

⑥ 调整季节指数：保证四个季节指数的和等于 4。

2. 消除时间序列中的季节因素

用原来式(6-14)的时间序列的每一个数据值除相应的季节指数，变成

$$Y_t \div S_t = T_t \times I_t \tag{6-20}$$

消除了季节因素后的时间序列如表 6-7 所示。

表 6-7 销售数量消除季节因素的销量计算结果 （单位：万双）

年	季度	销量 Y	季节指数 S	消除季节因素后的销量 Y/S
1	1	12.2	0.85	14.35
	2	18.1	1.12	16.16
	3	20.3	1.18	17.20
	4	13.8	0.85	16.24
2	1	16.0	0.85	18.82
	2	21.4	1.12	19.11
	3	23.1	1.18	19.58
	4	17.7	0.85	20.82

续表

年	季度	销量 Y	季节指数 S	消除季节因素后的销量 Y/S
3	1	16.8	0.85	19.76
	2	23.8	1.12	21.25
	3	24.2	1.18	20.51
	4	18.3	0.85	21.53
4	1	18.0	0.85	21.18
	2	24.1	1.12	21.52
	3	26.0	1.18	21.03
	4	19.2	0.85	22.59

3. 确定消除季节因素后的时间序列的趋势

求消除季节因素后的时间序列的趋势回归直线方程。设直线方程为：

$$T_tI_t = b_0 + b_1 t \tag{6-21}$$

T_tI_t为在第 t 时期的趋势销售量，b_0为趋势直线在纵轴上的截距，b_1为趋势直线的斜率。根据下一节线性回归系数的计算公式，可求得 b_0、b_1参数值。

趋势预测计算的 MATLAB 程序如下。

```
y = [14.35,16.16,17.2,16.24,18.82,19.11,19.58,20.82,19.76,21.25,20.51,21.53,21.18,21.52,21.03,22.59];
n = length(y);
t = 1:n;
b1 = (sum(t.*y) - sum(t).*sum(y)/n)/(sum(t.^2) - sum(t).^2/n),
b0 = mean(y) - b1.*mean(t),
TI = b0 + b1*t,
plot(t,y,'-^',t,TI)
```

计算得到：$b_0 = 15.618$，$b_1 = 0.454$，$T_{11} = 20.6$，$T_{17} = 23.338$，如图 6-1 所示。

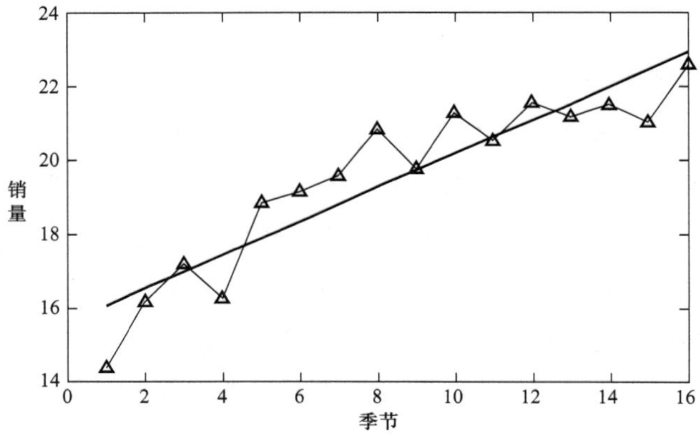

图 6-1　消除季节因素后的销量及趋势预测

4. 进行季节调整

以第 17 个季度（第 5 年的第 1 个季度）为例，第一季度的季节指数为 0.85，得到第 17 个季度的销量预测值为 23.336 ×(0.85)= 19.838(万双)。表 6 - 8 显示了调整后的销量预测值。

表 6 - 8　销售数量消除季节因素的销量计算结果

年	季度	趋势预测值	季节指数	季度预测值
5	1	23.338	0.85	19.838
	2	23.792	1.12	26.648
	3	24.247	1.18	28.611
	4	24.701	0.85	20.996

如果销量的数据按月提供,则先取 $m = 12$,计算这 12 个月的季节指数,其余的步骤与前面介绍的相同。

6.2 回归预测模型

时间序列分析是对预测对象自身的历史数据进行分析和预测的方法。回归分析则是考察与预测对象相关因素的联系,并依据相关因素的变化预测研究对象的变化。

回归分析是一种重要的预测方法。回归分析预测法是分析现象自变量和因变量之间的相关关系,建立变量之间的回归方程,根据自变量在预测期的数量变化来预测因变量的变化。因此,当我们在对市场现象未来发展状况和水平进行预测时,如果能将影响市场预测对象的主要因素找到,并且能够取得其数量资料,就可以采用回归分析预测法进行预测。

回归分析模型包括线性回归模型和非线性回归模型、单元回归模型和多元回归模型。

6.2.1　线性回归

1. 线性回归模型的概念

对于预测对象与其他因素的关系,可以通过相关知识和观察建立函数关系。除已知的符合科学规律的关系外,社会经济中还存在比较复杂的各种关系。为了得到研究对象与主要影响因素之间的关系,需要进行调查观测,获取一组相关样本数据:(x_i, y_i), $i = 1, 2, \cdots, n$;然后,画出样本散点图,观察变量间的关系是线性关系,还是非线性关系等;假设对应的模型,用样本估计模型参数,进行模型检验,最后是模型应用。

对样本数据:(x_i, y_i), $i = 1, 2, \cdots, n$,假设因变量 y 与自变量 x 存在线性关系,则一元线性回归模型如下:

$$\begin{gathered} y = \beta_0 + \beta_1 x + \varepsilon \\ E(\varepsilon) = 0, D(\varepsilon) = \sigma^2 \end{gathered} \tag{6-22}$$

式中,β_0、β_1 称为回归系数,ε 是均值为 0、方差为 σ^2 的随机干扰项或误差项,称 $\hat{y} = \beta_0 +$

$\beta_1 x$ 为 y 对 x 的回归直线方程，$\hat{y}$ 是 y 的均值估计。

一般，考虑研究对象多个影响因素的线性关系时，就是多元线性回归。对样本数据：$(\boldsymbol{x}_i, y_i)$，$\boldsymbol{x}_i=(x_{i1}, x_{i2}, \cdots, x_{im})$，$i=1,2,\cdots,n$，设因变量 y 与一组自变量 $\boldsymbol{x}=(x_1, x_2, \cdots, x_m)^{\tau}$ 存在线性关系，则多元线性回归模型如下：

$$
\begin{aligned}
&y=\beta_0+\boldsymbol{\beta x}+\varepsilon \\
&E(\varepsilon)=0, D(\varepsilon)=\sigma^2
\end{aligned}
\tag{6-23}
$$

式中，$(\beta_0, \boldsymbol{\beta})=(\beta_0, \beta_1, \cdots, \beta_m)$ 称为回归系数向量，ε 是均值为 0、方差为 σ^2 的随机干扰项或误差项，称 $\hat{y}=\beta_0+\boldsymbol{\beta x}$ 为 y 对 $\boldsymbol{x}$ 的回归平面方程，$\hat{y}$ 是 y 的均值估计。

线性回归的任务就是：①依据样本数据，对 $\beta_0, \beta_1, \cdots, \beta_m$ 和 σ^2 进行点估计；②对回归系数 $\beta_0, \beta_1, \cdots, \beta_m$ 进行假设检验；③在 $x=x_0$处预测 y，对 y 进行区间估计。

2. 模型参数估计

设 $y_i=\beta_0+\boldsymbol{\beta x}_i+\varepsilon_i=\hat{y}+\varepsilon_i$，$i=1,2,\cdots,n$，则希望 y 的估计值 $\hat{y}$ 与样本的误差平方和 Q 最小，即

$$
\sum_{i=1}^{n}(y_i-\hat{y}_i)^2=\sum_{i=1}^{n}\varepsilon_i^2=\sum_{i=1}^{n}(y_i-\beta_0-\boldsymbol{\beta x}_i)^2=Q \to \min
$$

以估计误差平方和 Q 最小的系数 $\beta_0, \beta_1, \cdots, \beta_m$ 作为模型参数的估计。

设样本数据 $\boldsymbol{X}, \boldsymbol{Y}$ 存在线性关系 $\boldsymbol{Y}=\boldsymbol{X}\hat{\boldsymbol{\beta}}^{\mathrm{T}}$，则可得到线性回归系数的解：

$$
\hat{\boldsymbol{\beta}}^{\mathrm{T}}=(\hat{\beta}_0, \hat{\beta}_1, \cdots, \hat{\beta}_m)^{\mathrm{T}}=(\boldsymbol{X}^{\mathrm{T}}\boldsymbol{X})^{-1}(\boldsymbol{X}^{\mathrm{T}}\boldsymbol{Y}) \tag{6-24}
$$

式中，$\boldsymbol{X}, \boldsymbol{Y}$ 为样本数据矩阵：

$$
\boldsymbol{Y}=\begin{pmatrix} y_1 \\ y_2 \\ \vdots \\ y_n \end{pmatrix}, \boldsymbol{X}=\begin{pmatrix} 1 & x_{11} & x_{12} & \cdots & x_{1m} \\ 1 & x_{21} & x_{22} & \cdots & x_{2m} \\ \cdots & \cdots & \cdots & \cdots & \cdots \\ 1 & x_{n1} & x_{n2} & \cdots & x_{nm} \end{pmatrix}
$$

当 $m \geqslant 2$ 时，得多元线性回归方程为：

$$
\hat{y}=(1, x_1, \cdots, x_m)\hat{\boldsymbol{\beta}}^{\mathrm{T}}=\hat{\beta}_0+\hat{\beta}_1 x_1+\cdots+\hat{\beta}_m x_m \tag{6-25}
$$

当 $m=1$ 时，得到一元线性回归系数：

$$
\hat{\beta}_0=\bar{y}-\hat{\beta}_1\bar{x}, \quad \hat{\beta}_1=\frac{\sum_{i=1}^{n}(x_i-\bar{x})(y_i-\bar{y})}{\sum_{i=1}^{n}(x_i-\bar{x})^2} \tag{6-26}
$$

式中，$\bar{x}=\sum_{i=1}^{n} x_i/n$，$\bar{y}=\sum_{i=1}^{n} y_i/n$。

得一元线性回归直线方程为：

$$
\hat{y}=\hat{\beta}_0+\hat{\beta}_1 x=\bar{y}+\hat{\beta}_1(x-\bar{x}) \tag{6-27}
$$

3. 回归方程的效果检验

线性回归误差 σ^2 的无偏估计为：

$$\hat{\sigma}^2 = Q(\hat{\boldsymbol{\beta}})/(n-m-1) = \sum_{i=1}^{n}(y_i-\hat{y}_i)^2/(n-m-1) \qquad (6-28)$$

称 $\hat{\sigma}^2$ 为剩余方差，$\hat{\sigma}$ 为剩余标准差。$\hat{\sigma}$ 越小的回归效果越好，一般要求$\dfrac{\hat{\sigma}}{\bar{y}}<0.1\sim0.15$。

当 $m=1$ 时，得到一元线性回归 σ^2 的无偏估计为：

$$\hat{\sigma}^2 = Q(\hat{\beta}_0,\hat{\beta}_1)/(n-2) = \sum_{i=1}^{n}(y_i-\hat{y}_i)^2/(n-2) \qquad (6-29)$$

回归方程 $\hat{y}=\beta_0+\boldsymbol{\beta x}$ 的统计量有总离差平方和：$S=\sum_{i=1}^{n}(y_i-\bar{y})^2$；回归平方和：$U=\sum_{i=1}^{n}(\hat{y}_i-\bar{y})^2$；回归均方：$\overline{U}=U/m=\sum_{i=1}^{n}(\hat{y}_i-\bar{y})^2/m$；剩余平方和：$Q=\sum_{i=1}^{n}(y_i-\hat{y}_i)^2=S-U$；剩余均方：$\overline{Q}=Q/(n-m-1)$；剩余标准差：$\hat{\sigma}=\sqrt{\overline{Q}}$。

对回归方程 $\hat{y}=\beta_0+\boldsymbol{\beta}x$ 的显著性检验，归结为假设 $H_0:\boldsymbol{\beta}=0$；$H_1:\boldsymbol{\beta}\neq0$。

假设 $H_0:\boldsymbol{\beta}=0$ 被拒绝，则回归显著，认为 y 与 x 存在线性关系，所求的线性回归方程有意义；否则回归不显著，y 与 x 的关系不能用线性回归模型来描述，所得的回归方程也无意义。

① F 检验。

当 $H_0:\boldsymbol{\beta}=0$ 成立时，$F=\overline{U}/\hat{\sigma}^2\sim F(m,n-m-1)$分布。故当 $F>F_{1-\alpha}(m,n-m-1)$时，拒绝 H_0；否则就接受 H_0。

② r 检验。

y 与 $\boldsymbol{x}$ 的相关系数 r：

$$r=\frac{\sum_{i=1}^{n}(x_i-\bar{x})(y_i-\bar{y})}{\sqrt{\sum_{i=1}^{n}(x_i-\bar{x})^2\sum_{i=1}^{n}(y_i-\bar{y})^2}}=\sqrt{\frac{U}{S}}=\sqrt{\frac{U}{Q+U}}$$

当 $r>r_{1-\alpha}$时，拒绝 H_0；否则就接受 H_0。r 检验与 F 检验是等效的。因为

$$F=\frac{r^2/m}{(1-r^2)/(n-m-1)},r=\sqrt{\frac{1}{1+(n-m-1)/(mF(m,n-m-1))}}。$$

③ t 检验。

F 检验或 r 检验是为了判断自变量的整体作用与因变量之间是否存在显著的线性相关关系，若要检验每个自变量与因变量之间是否存在显著的线性相关关系，则需要进行 t 检验。

当 $H_0:\beta_j=0,j=1,2,\cdots,m$ 成立时，$t_j=\dfrac{\beta_j}{\sqrt{c_{jj}}\hat{\sigma}}\sim t(n-m-1)$分布，$c_{jj}$是$(X^{\mathrm{T}}X)^{-1}$矩阵中的主对角线元素。故当$|t|>t_{1-\alpha/2}(n-m-1)$时，拒绝 H_0；否则就接受 H_0。

4. 回归系数的置信区间

β_0 和 β_1 置信水平为$(1-\alpha)$的置信区间分别为

$$\left[\hat{\beta}_0 - t_{1-\frac{\alpha}{2}}(n-2)\hat{\sigma}\sqrt{\frac{1}{n}+\frac{\bar{x}^2}{\sum\limits_{i=1}^{n}(x_i-\bar{x})^2}}, \hat{\beta}_0 + t_{1-\frac{\alpha}{2}}(n-2)\hat{\sigma}\sqrt{\frac{1}{n}+\frac{\bar{x}^2}{\sum\limits_{i=1}^{n}(x_i-\bar{x})^2}}\right]$$

和 $$\left[\hat{\beta}_1 - t_{1-\frac{\alpha}{2}}(n-2)\hat{\sigma}\sqrt{\sum_{i=1}^{n}(x_i-\bar{x})^2}, \hat{\beta}_1 + t_{1-\frac{\alpha}{2}}(n-2)\hat{\sigma}\sqrt{\sum_{i=1}^{n}(x_i-\bar{x})^2}\right]$$

σ^2 的置信水平为$(1-\alpha)$的置信区间为$\left[\frac{Q}{\chi^2_{1-\alpha/2}(n-2)}, \frac{Q}{\chi^2_{\alpha/2}(n-2)}\right]$。

5. 模型应用——预测与控制

用回归值 $\hat{y}_0 = \beta_0 + \boldsymbol{\beta} x_0$ 作为 y_0 的预测值。置信水平为 $1-\alpha$ 的对 y_0 预测区间为：

$[\hat{y}_0 - \delta(x_0), \hat{y}_0 + \delta(x_0)]$，其中$\delta(x_0) = t_{1-\frac{\alpha}{2}}(n-k-1)\hat{\sigma}\sqrt{1+\frac{1}{n}+(x_0-\bar{x})\Big/\sum\limits_{i=1}^{n}(x_i-\bar{x})^2}$。

反之，如果希望 $y = \beta_0 + \beta_1 x + \varepsilon$ 的值以 $1-\alpha$ 的概率落在区间$[y_1, y_2]$中，则只要控制 x 满足：$\hat{y} - \delta(x) \geqslant y_1, \hat{y} + \delta(x) \leqslant y_2$。所以，只要存在 $\hat{y} - \delta(x) = y_1, \hat{y} + \delta(x) = y_2$ 的解 x_1、x_2，区间$[x_1, x_2]$就是对 x 的控制区间。

6. 线性回归的计算

① 确定回归系数的点估计值的 MATLAB 函数为：

```
b = regress(Y,X)
```

MATLAB 提供回归系数点估计函数为 regress；输出回归系数向量，$\boldsymbol{b} = (\hat{\beta}_0, \hat{\beta}_1, \cdots, \hat{\beta}_m)^{\mathrm{T}}$；输入样本数据矩阵 $\boldsymbol{Y}, \boldsymbol{X}$：

$$\boldsymbol{Y} = \begin{pmatrix} y_1 \\ y_2 \\ \cdots \\ y_n \end{pmatrix}, \boldsymbol{X} = \begin{pmatrix} 1 & x_{11} & x_{12} & \cdots & x_{1m} \\ 1 & x_{21} & x_{22} & \cdots & x_{2m} \\ \cdots & \cdots & \cdots & \cdots & \cdots \\ 1 & x_{n1} & x_{n2} & \cdots & x_{nm} \end{pmatrix}。$$

② 求回归系数的点估计和区间估计，并检验回归模型的 MATLAB 函数为：

```
[b,bint,res,rint,stats] = regress(Y,X,alpha)
```

其中，$\boldsymbol{b}$：回归系数，$\boldsymbol{b} = (\hat{\beta}_0, \hat{\beta}_1, \cdots, \hat{\beta}_m)^{\mathrm{T}}$；bint：回归系数的置信区间；res：残差$(y_i - \hat{y}_i)$；rint：残差置信区间；stats：用于检验回归模型的统计量，有三个数值，相关系数 r^2、F 值、与 F 对应的概率 p；alpha：显著性水平 α（默认为 0.05）。

相关系数 r^2越接近 1，说明回归方程越显著；$F > F_{1-\alpha}(\mathrm{m}, \mathrm{n}-\mathrm{m}-1)$时拒绝 H_0，F 越大，说明回归方程越显著；与 F 对应的概率 $p < \alpha$ 时拒绝 H_0，回归模型成立。

③ 画出残差及其置信区间的 MATLAB 函数为：

```
rcoplot(res,rint)
```

7. 线性回归的算例

一家百货公司在 10 个地区设有经销分公司。公司认为商品销售额与该地区的人口数和年人均收入有关，并希望建立它们之间的数量关系式，以预测销售额。有关数据如表6-9所示。试确定销售额对人口数和年人均收入的线性回归方程，并分析回归方程的拟合程度，对线性关系和回归系数进行显著性检验（$\alpha=0.05$）。

拟构建线性函数：　　$y=\beta_0+\beta_1x_1+\beta_2x_2$

表6-9　地区销售额、人口数及人均收入统计样本

地区编号	销售额 y（万元）	人口 x_1（万人）	人均年收入 x_2（元）
1	33.3	32.4	1250
2	35.5	29.1	1650
3	27.6	26.3	1450
4	30.4	31.2	1310
5	31.9	29.2	1310
6	53.1	40.7	1580
7	35.6	29.8	1490
8	29.0	23.0	1520
9	35.1	28.2	1620
10	34.5	26.9	1570

① 计算程序如下：

```
y = [33.3,35.5,27.6,30.4,31.9,53.1,35.6,29.0,35.1,34.5];      % 样本 y
x1 = [32.4,29.1,26.3,31.2,29.2,40.7,29.8,23.0,28.2,26.9];     % 样本 x1
x2 = [1250,1650,1450,1310,1310,1580,1490,1520,1620,1570];     % 样本 x2
X = [ones(10,1) x1' x2'];
y = y';
[b,bint,res,rint,stats] = regress(y,X);                       % 调用回归函数
rcoplot(res,rint);                                            % 画出残差及其置信区间
b,stats
z = [1,25,1300]';                                             % 预测的自变量值
yhat = b' * z                                                 % 因变量预测值
```

② 计算结果如下：

```
b = ( -38.8252,1.3407,0.0228)'
stats = (0.9373   52.3498   0.0001   4.0403)
```

即：

```
y = -38.8252 + 1.3407x1 + 0.0228x2 ;
R2 = 0.9373 ;   F = 52.3498 ;   P = 0.0001;
```

残差及其置信区间如图6-2所示。预测 $x_1=25, x_2=1300$ 时的 y 值。

yhat = 24.3352

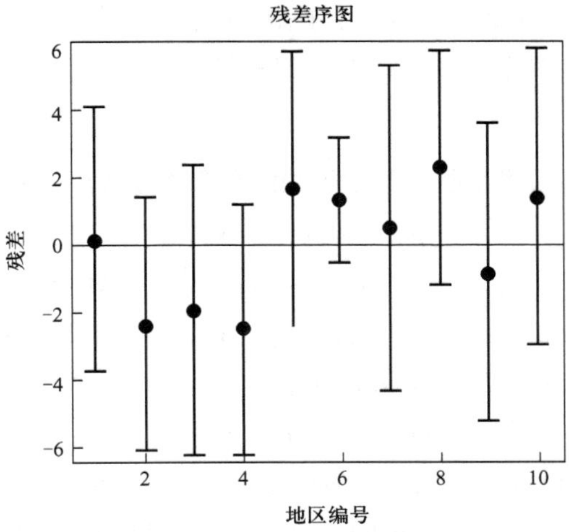

图 6－2 残差及其置信区间

6.2.2 可线性化的曲线回归

线性相关比较简单，非线性关系比较复杂，而实际生产、营销的经济系统中存在的大量关系是非线性的。

1. 曲线回归的方法

曲线回归的一般方法是，首先对两个变量 x 和 y 进行 n 次试验，观察得(x_i,y_i)，$i=1,2,\cdots,n$，画出散点图，根据散点图确定匹配曲线的类型。然后由 n 对试验数据确定每一类曲线的未知参数 a 和 b。采用的方法是通过变量代换把非线性回归化成线性回归，即采用非线性回归线性化的方法。通常选择的九类曲线及变换方式如表 6－10 所示。

表 6－10 常用非线性回归选择的曲线函数

函数名	函数表达式	变换方式
双曲线	$\frac{1}{y}=a+\frac{b}{x}$	$y'=a+bx'$, $y'=\frac{1}{y}$, $x'=\frac{1}{x}$
幂函数曲线	$y=ax^b$, x>0, a>0	$y'=a'+bx'$, $y'=\lg(y)$, $a'=\lg(a)$, $x'=\lg(x)$
指数曲线 1	$y=ae^{bx}$, a>0	$y'=a'+bx$, $y'=\lg(y)$, $a'=\lg(a)$
指数曲线 2	$y=ab^x$, a>0	$y'=a'+b'x$, $y'=\lg(y)$, $a'=\lg(a)$, $b'=\lg(b)$
倒指数曲线	$y=ae^{b/x}$, a>0	$y'=a'+bx'$, $y'=\lg(y)$, $a'=\lg(a)$, $x'=1/x$
对数曲线	$y=a+b\log(x)$, a>0	$y=a+bx'$, $x'=\log(x)$
S 型曲线	$y=\frac{1}{a+be^{-x}}$	$y'=a+bx'$, $y'=\frac{1}{y}$, $x'=e^{-x}$
抛物线函数	$y=ax+bx^2$, a>0	$y'=a+bx$, $y'=y/x$
多项式函数	$y=b_0+b_1x+\cdots+b_mx^m$	$y=b_0+b_1x_1+\cdots+b_mx_m$, $x_i=x^i$, $i=1,2,\cdots,m$

由表6－10可见，通过变量或参数的变换将曲线变成了直线，就可以用线性回归的方法得到回归参数。除多项式转变为多元线性回归外，其他八类均转变为一元线性回归。

2. 一元多项式回归的计算

MATLAB计算一元多项式系数、预测误差的计算函数调用格式如下：

$$[p,S] = polyfit(x,y,m)$$

其中，输入样本数据 $x=(x_1,x_2,\cdots,x_n)$，$y=(y_1,y_2,\cdots,y_n)$；输出 $p=(a_1,a_2,\cdots,a_{m+1})$ 是多项式 $y=a_1x^m+a_2x^{m-1}+\cdots+a_mx+a_{m+1}$ 的系数向量；$\boldsymbol{S}$ 是一个矩阵，用来估计预测误差。

预测和预测误差的计算函数调用格式如下：

$$[y,delta] = polyconf(p,x,S,alpha)$$

函数polyconf求polyfit所得的回归多项式在 x 处的预测值 y 及预测值的显著性为(1－alpha)的置信区间[y－delta，y＋delta]；alpha是显著性水平，默认值为0.05。

3. 多元二项式回归的计算

MATLAB关于多元二项式回归计算交互函数调用格式如下：

$$rstool(x,y,'model',alpha)$$

其中，输入样本数据 $\boldsymbol{x}$ 是 $n\times m$ 矩阵，$\boldsymbol{y}$ 是 $n\times 1$ 矩阵，表示 m 个自变量、n 组数据的样本；'model' 为二项式模式，其取 'linear' 为线性模式仅包含常数项和一次项，'purequadratic' 为纯二次模式包括常数项、一次项和平方项，'interaction' 为二次交叉模式包括常数项、一次项和交叉乘积项，'quadratic' 为包括常数项、一次项和各种二次项；alpha是显著性水平，默认值为0.05。

4. 非线性曲线回归的计算

MATLAB计算非线性回归系数、残差及Jacobian矩阵的计算函数调用格式如下：

$$[beta,r,J] = nlinfit(x,y,'model',beta0)$$

其中，输入数据 $\boldsymbol{x}$，$\boldsymbol{y}$ 分别为 $n\times m$ 矩阵和 n 维列向量，对一元非线性回归，$\boldsymbol{x}$ 为 n 维列向量。model是事先用 .m 文件定义的非线性函数名，beta0是回归系数的初值；输出量beta是计算出的回归系数，r 是残差，$\boldsymbol{J}$ 是Jacobian矩阵，它们是估计预测误差需要的数据。

预测和预测误差的计算函数调用格式如下：

$$[ypred,delta] = nlpredci('model',x,beta,r,J)$$

输出预测值均值ypred和误差值delta，预测区间为[ypred－delta，ypred＋delta]。

【例6－6】 已知某公司某商品21期的销售资料 y＝[50.87，52.03，53.33，53.35，55.09，56.76，58.42，59.61，60.58，61.15，61.57，62.17，62.55，62.85，63.10，63.52，64.25，65.32，66.26，66.87，67.16]，试预测该公司第22期的销售量。

① 首先编写my_sales.m。

```
function y = my_sales(beta,t)
y = beta(1)./(1 + beta(2).*exp(-beta(3).*t));
```

② 编写主程序脚本文件 main_for_nlpredci.m。

```
    y=[50.87,52.03,53.33,53.35,55.09,56.76,58.42,59.61,…
60.58,61.15,61.57,62.17,62.55,62.85,63.10,63.52,64.25,…
65.32,66.26,66.87,67.16]';
    t=[1:21]';
    beta0=[70,1,-1];
%回归计算
    [beta,r,J]=nlinfit(t,y,@my_sales,beta0);
%预测计算
    [ypred,delta]=nlpredci('my_sales',t,beta,r,J);
    beta
    plot(t,y,'O')
    hold on
    plot(t,ypred,'*')
```

得到回归参数及曲线点图，如图 6-3 所示。

$$beta=[78.8572\quad 0.8735\quad -0.9940]$$

回归曲线为：

$$\hat{y}_t=\frac{78.8572}{1+0.8735e^{-0.994t}}$$

图 6-3 中，○为样本点，*为回归拟合点。

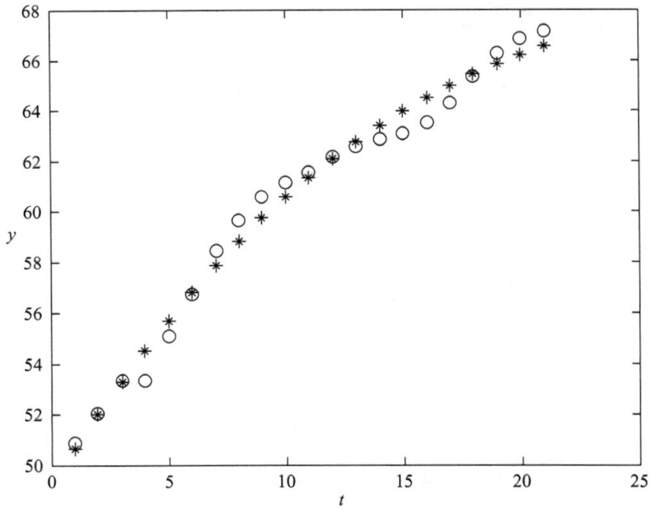

图 6-3　曲线回归示例

6.2.3　回归案例

1. 提出问题

某火力发电厂负责一城市生产与生活用电的供应，发电机以柴油为能源，根据用电需求决定发电量。正常情况下,柴油可以在市场上随时买到并运到电厂,但柴油价格随市场是经常波动的。要求:发电厂必须有满足正常用电需求的燃油至少15天的储备量,以应付用电需求的波动性和不能按时购油的偶然因素影响。

截至上年年底,该电厂前48个月的每月耗油量(吨)是 oil = [1120,1180,1320,1290,1210,1350,1480,1480,1360,1190,1040,1180,1150,1260,1410,1350,1250,1490,1700,1700,1580,1330,1140,1400,1450,1500,1780,1630,1720,1780,1990,1990,1840,1620,1460,1660,1710,1800,1930,1810,1830,2180,2300,2420,2090,1910,1720,1940]。

需要解决的问题:预测新一年每个月的耗油量。

2. 绘制散点图

首先绘制48个月的耗油量散点连线图如图6-4所示,观察发现月耗油量总体趋势增长,4年的月耗油量波动相似。故重新绘制4年各个月的耗油量散点连线图如图6-5所示。

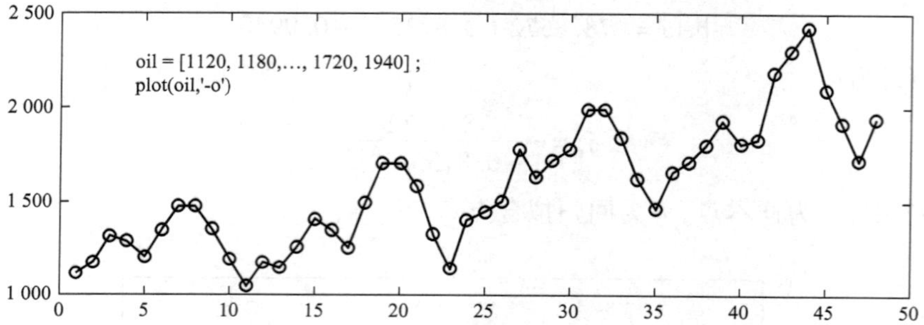

图6-4 48个月的耗油量散点连线图

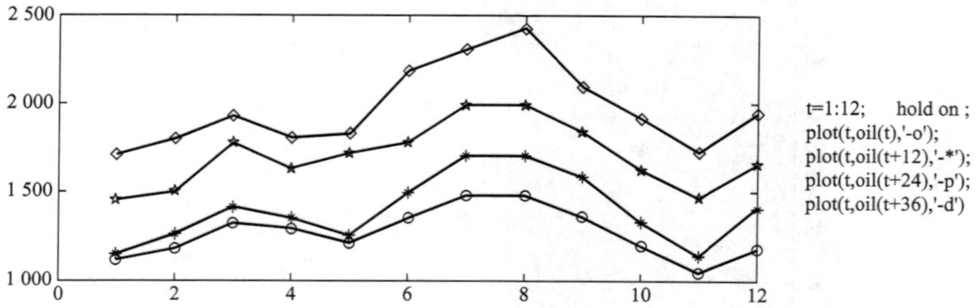

图6-5 4年各月的耗油量散点连线图

由图6-5能够更清晰地看出每年12个月的耗油量变化规律,进行非线性曲线回归分析。

3. 建立模型

采用多项式回归方程:

$$y_i = a_{i0} + a_{i1}x + a_{i2}x^2 + \cdots + a_{in}x^n \quad i = 1,2,3,4 \tag{6-30}$$

编写 MATLAB 程序如下:

```
oil = [1120,1180,1320,1290,1210,1350,1480,1480,1360,1190,1040,1180,1150,1260,1410,1350,1250,1490,
1700,1700,1580,1330,1140,1400,1450,1500,1780,1630,1720,1780,1990,1990,1840,1620,1460,1660,1710,1800,
1930,1810,1830,2180,2300,2420,2090,1910,1720,1940];
t = 1:12;
tt = 1:0.1:12;

[p1,S] = polyfit(t,oil(t),8);                 %8 次多项式回归参数计算(第 1 年)
[ypred,delta] = polyconf(p1,t,S);             %多项式回归预测
p1t = poly2sym(p1,'t');                       %多项式回归表达式
y1t = subs(p1t,'t',tt);                       %多项式回归计算
plot(t,oil(t),'o',tt,y1t)                     %多项式回归及样板点绘图
grid on

[p2,S] = polyfit(t,oil(t+12),8);              %8 次多项式回归参数计算(第 2 年)
p2t = poly2sym(p2,'t');
y2t = subs(p2t,'t',tt);
plot(t,oil(t+12),'*',tt,y2t)
[p3,S] = polyfit(t,oil(t+24),8);              %8 次多项式回归参数计算(第 3 年)
p3t = poly2sym(p3,'t');
y3t = subs(p3t,'t',tt);
plot(t,oil(t+24),'p',tt,y3t)

[p4,S] = polyfit(t,oil(t+36),8);              %8 次多项式回归参数计算(第 4 年)
p4t = poly2sym(p4,'t');
y4t = subs(p4t,'t',tt);
plot(t,oil(t+36),'d',tt,y4t)
```

经计算,一元八次多项式回归的误差最小,因此得到第 1 年各月耗油量的回归方程:

$$y_1 = 4360 - 7479.18x + 6348.65x^2 - 2646.12x^3 + 614.292x^4 - 83.3484x^5 + 6.58062x^6 - 0.280708x^7 + 0.00501253x^8 \tag{6-31}$$

回归拟合效果如图 6-6 所示。

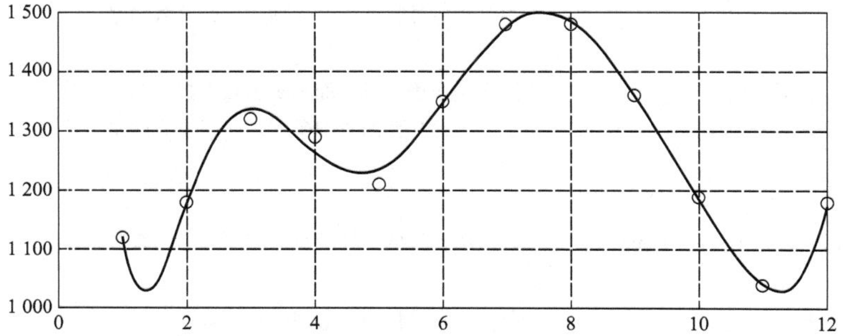

图 6-6　第 1 年各月耗油量拟合曲线

同样可得到第 2~4 年的各月耗油量回归方程:

$$y_2 = 5323.18 - 9801.57x + 8493.57x^2 - 3607.14x^3 + 850.715x^4 - 116.965x^5 + 9.34229x^6 - 0.402755x^7 + 0.00726425x^8 \quad (6-32)$$

$$y_3 = 6074.09 - 10616.6x + 8959.47x^2 - 3722.56x^3 + 865.48x^4 - 117.834x^5 + 9.34865x^6 - 0.400964x^7 + 0.00719899x^8 \quad (6-33)$$

$$y_4 = 6264.77 - 10827.7x + 9558.62x^2 - 4161.44x^3 + 1006.13x^4 - 141.386x^5 + 11.4943x^6 - 0.502094x^7 + 0.00913416x^8 \quad (6-34)$$

拟合效果如图 6－7 所示。

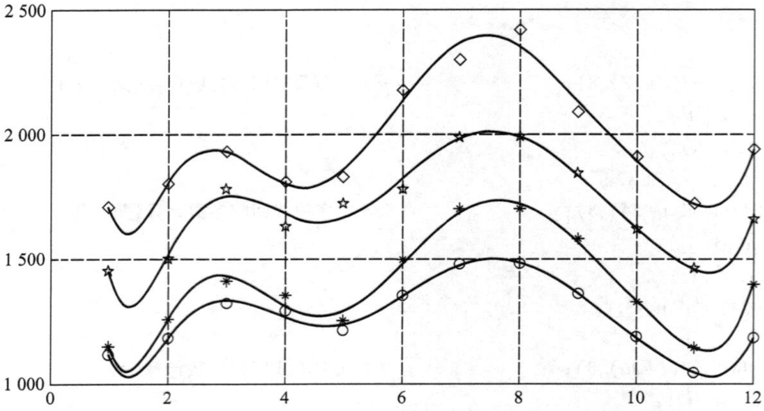

图 6－7　4 年各月的耗油量散点回归曲线

观察图 6－7 不难发现，4 年中各月的耗油量的变化规律曲线非常相似，符合实际一年中各季节因素影响的用电情况。再观察 4 年中耗油量的回归曲线 $x, x^2, \cdots, x^8$ 各项的系数，发现其系数的绝对值都是在呈增加趋势，由于系数变化不是太大，可以使用线性回归拟合对第 5 年多项式回归各系数进行估计。编程解算如下：

```
P = [p1; p2; p3; p4];                   %第 1～4 年各月耗油量的多项式回归系数矩阵
X = [ones(4,1),[1:4]'];                 %自变量为 1～4，对应第 1～4 年
p5 = zeros(1,9);                        %第 5 年各月耗油量的多项式回归系数向量
for j = 1:9
  bj = regress(P(:,j),X);               %解算第 5 年各月耗油量多项式系数的回归计算
  p5(j) = bj(1) + bj(2) * 5;            %第 5 年各月耗油量的多项式回归系数向量
end

for i = 1:9 fprintf('%f \t',p5(i)); end;  %输出第 5 年各月耗油量的多项式回归系数
fprintf('\n')
p5t = poly2sym(p5,'t');                 %第 5 年各月耗油量的回归多项式
y5t = subs(p5t,'t',tt);
plot(tt,y5t)
grid on
y5t = subs(p5t,'t',t)                   %第 5 年各月耗油量的预测计算
```

计算得到第 5 年每个月耗油量的回归方程和预测变化曲线及预测值，如图 6－8 和表 6－11所示。

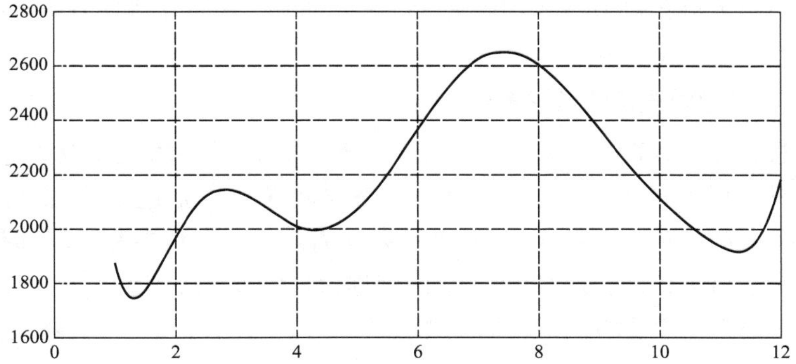

图 6－8 第 5 年的每月耗油量曲线

$$y_5 = 7121.8 - 12396x + 10864x^2 - 4700.7x^3 + 1131.7x^4 - 158.6x^5 + 12.878x^6 - 0.562x^7 + 0.010227x^8 \tag{6-35}$$

表 6－11 第 5 年每月的耗油量 （单位：吨）

月份	1	2	3	4	5	6	7	8	9	10	11	12
耗油量	1874	1966	2140	2013	2067	2414	2667	2638	2393	2141	1975	2195

6.3 马尔可夫预测模型

马尔可夫预测是研究随机过程发展变化规律的一种预测技术。它是利用某一变量的现在状态和动向去预测该变量未来的状态和动向的一种分析手段。其显著特点是无后效性，即事物的变化过程仅与近期状态有关，而与事物过去的状态无关。因此，马尔可夫预测模型可以避免由于数据的非实时性而对预测准确程度产生的影响。

6.3.1 理论基础

1. 基本概念

① 状态：用于描述研究对象的某种属性和活动的瞬时表现称为对象的状态。

② 状态转移：随着时间的推移，所研究对象的状态会发生变化，称为状态转移。

③ 状态转移概率：受到各种随机因素影响，所研究对象的状态转移具有随机性，从一种状态变为另一种状态的概率称为状态转移概率。

④ 马尔可夫过程：随机过程中，有一类随机过程具有“无后效性”，即当随机过程在某一时刻 t 所处的状态已知，过程在时刻 $t+\Delta t$ 时所处的状态只与 t 时的状态有关，而与以前的状态无关，这种随机过程称为马尔可夫过程。

⑤ 马尔可夫链：时间和状态都是离散的马尔可夫过程称为马尔可夫链。

马尔可夫链是一类时间参数离散、状态空间离散的特殊随机过程，即时间参数为 $\boldsymbol{T}=\{0,1,2,\cdots\}=\boldsymbol{N}^{+}$，状态空间为可列集合 $\boldsymbol{S}=\{s_1,s_2,\cdots\}$ 或有限集合 $\boldsymbol{S}=\{s_1,s_2,\cdots,s_n\}$ 的随机过程。马尔可夫链在自然科学、工程技术、生命科学及管理科学等诸多领域中都有广泛的应用。

2. 有限状态马尔可夫链的数学描述

马尔可夫过程 $\{s_t,t\in\boldsymbol{T}\}$ 所描述对象的某种属性或活动的瞬时表现取值称为状态，其取值的全体构成马尔可夫过程的状态空间 $\boldsymbol{S}$。状态空间 $\boldsymbol{S}$ 可以是连续的，也可以是离散的。马尔可夫过程的时间参数可以是连续的，也可以是离散的。将状态和时间都是离散的马尔可夫过程称为马尔可夫链，而时间参数连续的则称为马尔可夫过程。

设 $\{s_t,t\in\boldsymbol{N}^{+}\}$ 为一个随机序列，时间参数集 $\boldsymbol{N}^{+}=\{0,1,2,\cdots\}$，其状态空间 $\boldsymbol{S}=\boldsymbol{I}=\{a_1,a_2,\cdots,a_n\}$ 或等价表示为 $\{1,2,\cdots,n\}$，若对所有的 $t\in N^{+}$，有状态转移概率

$$P(s_{t+1}=a_{i_{t+1}}\mid s_t=a_{i_t},s_{t-1}=a_{i_{t-1}},\cdots,s_1=a_{i_1})=P(s_{t+1}=a_{i_{t+1}}\mid s_t=a_{i_t})\qquad(6-36)$$

则称 $\{s_t,t\in\boldsymbol{N}^{+}\}$ 为马尔可夫链。

上式的直观意义是，假设系统在现在时刻 t 处于状态 a_{i_t}，那么将来时刻 $t+1$ 系统所处的状态 $a_{i_{t+1}}$ 与过去的时刻 $t-1,t-2,\cdots,1$ 的状态 $a_{i_{t-1}},a_{i_{t-2}},\cdots,a_{i_1}$ 无关，仅与现在时刻 t 的状态 a_{i_t} 有关。这种特性称为马尔可夫性，也叫无后效性，这种性质有着很广泛的应用。

3. 马尔可夫链状态转移概率矩阵

条件概率 $\boldsymbol{P}\{s_{t+1}=j\mid s_t=i\}$ 的直观含义为系统在时刻 t 处于状态 i 的条件下，在时刻 $t+1$ 系统处于状态 j 的概率。它相当于随机游动的质点在时刻 t 处于状态 i 的条件下，下一步转移到状态 j 的概率。记此条件概率为 $p_{ij}(t)$，其严格的定义如下。

设 $\{s_t,t\in\boldsymbol{T}\}$ 是马尔可夫链，记

$$p_{ij}(t)=\boldsymbol{P}\{s_{t+1}=j\mid s_t=i\},\text{其中 } i,j\in\boldsymbol{I}\qquad(6-37)$$

称 $p_{ij}(t)$ 为马尔可夫链 $\{s_t,t\in\boldsymbol{T}\}$ 在时刻 t 时的一步转移概率，简称转移概率。

一般转移概率 $p_{ij}(t)$ 不仅与状态 i、j 有关，而且与时刻 t 有关。当 $p_{ij}(t)$ 不依赖时刻 t 时，表示马尔可夫链具有平稳转移概率。若对任意的 $i,j\in\boldsymbol{I}$，马尔可夫链 $\{s_t,t\in\boldsymbol{T}\}$ 的转移概率 $p_{ij}(t)$ 与 t 无关，称马尔可夫链是齐次的，并记 $p_{ij}(t)$ 为 p_{ij}。下面只讨论齐次的马尔可夫链，通常将“齐次”两字省略。

设 $\boldsymbol{P}$ 表示一步转移概率 p_{ij} 所组成的矩阵，且状态空间 $\boldsymbol{I}=\{1,2,\cdots,n\}$，则

$$\boldsymbol{P}=\begin{pmatrix}p_{11}&p_{12}&\cdots&p_{1n}\\p_{21}&p_{22}&\cdots&p_{2n}\\\vdots&\vdots&\ddots&\vdots\\p_{n1}&p_{n2}&\cdots&p_{nn}\end{pmatrix}\qquad(6-38)$$

称为系统状态的一步状态转移概率矩阵，它具有性质：

① $p_{ij}\geqslant 0,i,j\in\boldsymbol{I}$； ② $\sum\limits_{j\in I}p_{ij}=1,i\in\boldsymbol{I}$。

性质②说明一步转移概率矩阵中任意一行元素之和为1。

4. 齐次马尔可夫链有限状态的概率预测

下面通过对顾客市场占有率的分析,来说明应用马尔可夫链的具体过程。顾客市场分析和预测不仅对企业投资具有直接的参考价值,并且对企业经营发展战略也具有重要的意义。现在假设有甲和乙两家超市,注意某一顾客的采购次序,并假设该顾客每星期只到甲或乙超市采购一次,不会同时光顾两家超市。每次该顾客都有两种购物选择,由于该问题满足马尔可夫链的性质,即无后效性和平稳性,所以可以建立马尔可夫链预测模型来对此问题进行预测。

(1)构造系统状态,确定转移概率

依据本问题的以上假设,可以认为该系统中有两种状态 x_1 和 x_2。状态 x_1 是顾客在甲超市购物;状态 x_2 是顾客在乙超市购物。表示为 x_1 = 顾客在甲超市购物;x_2 = 顾客在乙超市购物。状态空间为 $\boldsymbol{I}=\{x_1,x_2\}$。状态概率是在顾客购物过程中每次每个状态出现的可能性大小,用状态向量 $\boldsymbol{\pi}(t)=(p_1,p_2,\cdots,p_n)$ 表示在时刻(阶段)t 每个状态出现的概率,p_j 为状态 x_j 发生的概率,$j=1,2,\cdots,n$。令 $\pi_j(t)$ 表示系统在阶段 t 处于状态 j 的概率,则 $\pi_1(0)$ 和 $\pi_2(0)$ 表示在初始阶段处于状态 1 和状态 2 的概率,第 0 周表示距离开始马尔可夫分析的最近的阶段。假设:顾客第 0 周在甲超市购物为初始状态。

(2)建立转移概率矩阵

经过数据分析发现,在甲超市购物的顾客中,有 90% 的顾客在下周仍然在甲超市中购物,其他的人则去乙超市购物,在乙超市购物的顾客中有 80% 下周仍在乙超市购物,其余的 20% 去甲超市购物。于是,得到一步转移概率矩阵:

$$\boldsymbol{P}=\begin{pmatrix} p_{11} & p_{12} \\ p_{21} & p_{22} \end{pmatrix}=\begin{pmatrix} 0.9 & 0.1 \\ 0.2 & 0.8 \end{pmatrix} \tag{6-39}$$

通过转移概率矩阵,就可以决定某顾客在未来的某阶段内光顾甲超市或乙超市的概率。

(3)根据状态转移概率矩阵计算每个状态矩阵的概率

用 $\boldsymbol{\pi}(t)=(\pi_1(t),\pi_2(t))$ 表示系统在阶段 t 的状态概率向量。只要用转移概率矩阵乘已知阶段 t 的状态概率,就可以得到阶段 $t+1$ 的状态概率:$\boldsymbol{\pi}(t+1)=\boldsymbol{\pi}(t)\boldsymbol{P}$。

阶段 1 的状态概率为:

$$\begin{aligned}(\pi_1(1),\pi_2(1)) &= (\pi_1(0),\pi_2(0))\begin{pmatrix} p_{11} & p_{12} \\ p_{21} & p_{22} \end{pmatrix} \\ &= (1,0)\begin{pmatrix} 0.9 & 0.1 \\ 0.2 & 0.8 \end{pmatrix}=(0.9,0.1)\end{aligned} \tag{6-40}$$

阶段 2 的状态概率为:

$$\begin{aligned}(\pi_1(2),\pi_2(2)) &= (\pi_1(1),\pi_2(1))\begin{pmatrix} p_{11} & p_{12} \\ p_{21} & p_{22} \end{pmatrix} \\ &= (0.9,0.1)\begin{pmatrix} 0.9 & 0.1 \\ 0.2 & 0.8 \end{pmatrix}=(0.83,0.17)\end{aligned} \tag{6-41}$$

按此方式得到后续多个阶段的结果,可以看出,随着 t 的增大,第 t 阶段的状态概率和第 $t+1$ 阶段的状态概率的差距越来越小。为了获得这一结论,可以不用进行大量的计算,而用一种简单的方法就可以计算出稳定的概率。

(4)在稳定的情况下,根据未来阶段的状态概率进行分析和预测

按照马尔可夫链的系统稳定条件:

$$\begin{cases} \boldsymbol{\pi P} = \boldsymbol{\pi} \\ \sum_{j=1}^{n} p_j = 1, \boldsymbol{\pi} = (p_1, p_2, \cdots, p_n) \end{cases} \tag{6-42}$$

在稳定的状态下,$\pi_1(t+1) = \pi_1(t) = \pi_1, \pi_2(t+1) = \pi_2(t) = \pi_2$

$$(\pi_1, \pi_2) = (\pi_1, \pi_2)\begin{pmatrix} p_{11} & p_{12} \\ p_{21} & p_{22} \end{pmatrix} = (\pi_1, \pi_2)\begin{pmatrix} 0.9 & 0.1 \\ 0.2 & 0.8 \end{pmatrix} \tag{6-43}$$

可得: $\begin{cases} \pi_1 = 0.9\pi_1 + 0.2\pi_2 \\ \pi_2 = 0.1\pi_1 + 0.8\pi_2 \end{cases}$,以及 $\pi_1 + \pi_2 = 1$

直接解出稳定状态概率: $\pi_1 = \frac{2}{3}, \pi_2 = \frac{1}{3}$

稳定状态概率可以理解为两家超市的顾客市场占有率。顾客市场占有率信息对于决策的制定非常有价值。例如,假设乙超市正在筹备一场促销活动,以便将更多的甲超市的顾客吸引过来,进一步假设,乙超市相信这一促销可以使顾客从甲超市转向乙超市的概率从 0.1 增加到 0.15,根据上述的方法,可得稳定概率:$\pi_1 = \frac{4}{7}, \pi_2 = \frac{3}{7}$,可见,促销战略可以使乙超市的顾客市场占有率从 0.33 增加到 0.43,假设整个顾客市场每周有6000 名顾客,那么乙超市的顾客人数将从2000 名增加到2580 名。如果超市每周从每名顾客那里平均得到利润 20 元钱,那么这一计划的促销战略将每周可以为乙超市增加 10600 元的利润。如果促销费用每周都少于 10600 元,那么乙超市就可以考虑实施这一战略。

由于马尔可夫链具有无后效性,所以在顾客市场机制起一定支配作用的条件下,进行顾客市场占有率的预测相当有效,通过这个例子,可以看出,只需知道转移概率矩阵,就可以预测和描述系统的未来稳定行为。在每一个影响过渡概率的阶段都可以做决策,并且由此左右系统未来的行为。但是,转移概率矩阵的稳定性建立在外部环境不变的条件下,一旦外部条件发生了变化,转移概率矩阵也会发生相应的转变,经营者应该对顾客市场的变化具有高度的敏感性,并随时根据情况调整转移概率矩阵,才能做到预测的可信度和合理性。

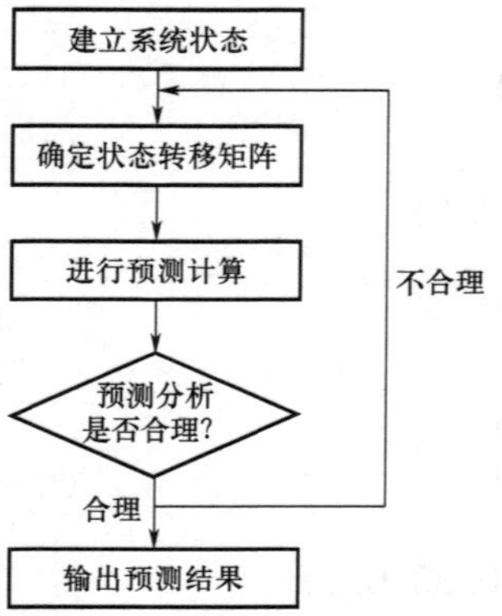

图 6-9 马尔可夫预测模型应用步骤

6.3.2 马尔可夫预测的应用

1. 马尔可夫链在预测应用的步骤

由上述对顾客市场占有率的分析可知,应用马尔可夫链预测模型的应用步骤如图 6-9 所示。

2. 农业收成变化预测

考虑某地区农业收成变化的三个状态,即“丰收”

“平收”和“欠收”。记 E_1 为“丰收”状态，E_2 为“平收”状态，E_3 为“欠收”状态。表 6－12 给出了该地区 1965—2004 年期间农业收成的状态变化情况。试计算该地区农业收成变化的状态转移概率矩阵，并进行预测。

表 6－12　某地区农业收成变化的状态变化情况

年份	1965	1966	1967	1968	1969	1970	1971	1972	1973	1974
序号	1	2	3	4	5	6	7	8	9	10
状态	E_1	E_1	E_2	E_3	E_2	E_1	E_3	E_2	E_1	E_2
年份	1975	1976	1977	1978	1979	1980	1981	1982	1983	1984
序号	11	12	13	14	15	16	17	18	19	20
状态	E_3	E_1	E_2	E_3	E_1	E_2	E_1	E_3	E_3	E_1
年份	1985	1986	1987	1988	1989	1990	1991	1992	1993	1994
序号	21	22	23	24	25	26	27	28	29	30
状态	E_3	E_3	E_2	E_1	E_1	E_3	E_2	E_2	E_1	E_2
年份	1995	1996	1997	1998	1999	2000	2001	2002	2003	2004
序号	31	32	33	34	35	36	37	38	39	40
状态	E_1	E_3	E_2	E_1	E_1	E_2	E_2	E_3	E_1	E_2

从表中可以知道，在 15 个从 E_1 出发（转移出去）的状态中，有 3 个是从 E_1 转移到 E_1 的（1→2，24→25，34→35），有 7 个是从 E_1 转移到 E_2 的（2→3，9→10，12→13，15→16，29→30，35→36，39→40），有 5 个是从 E_1 转移到 E_3 的（6→7，17→18，20→21，25→26，31→32）。

$$p_{11} = \boldsymbol{P}(E_1 \to E_1) = \boldsymbol{P}(E_1 | E_1) = \frac{3}{15} = 0.2000$$

$$p_{12} = \boldsymbol{P}(E_1 \to E_2) = \boldsymbol{P}(E_2 | E_1) = \frac{7}{15} = 0.4667 \tag{6-44}$$

$$p_{13} = \boldsymbol{P}(E_1 \to E_3) = \boldsymbol{P}(E_3 | E_1) = \frac{5}{15} = 0.3333$$

同样，可得到从 E_2、E_3 转移到 E_1、E_2、E_3 的概率，从而得到状态转移概率矩阵 $\boldsymbol{P}$。

$$\boldsymbol{P} = \begin{bmatrix} 0.2000 & 0.4667 & 0.3333 \\ 0.5385 & 0.1538 & 0.3077 \\ 0.3636 & 0.4545 & 0.1818 \end{bmatrix} \tag{6-45}$$

使用 MATLAB 实现预测计算如下：

```
P = [0.2000 0.4667 0.3333;0.5385 0.1538 0.3077;0.3636 0.4545 0.1818];    % 状态转移概率矩阵
x = [0,1,0];                                  % 初始状态概率向量(2004 年的农业收成状态)
for i = 1:11                                  % 预测今后 11 年(2005 - 2015)的农业收成状态
  y = x * P^i;
end
```

运行结果如下：

```
y = 0.5385   0.1538   0.3077          % 预测 2005 年的农业收成状态
y = 0.3024   0.4148   0.2827          % 预测 2006 年的农业收成状态
y = 0.3867   0.3334   0.2798
y = 0.3586   0.3589   0.2823          %   ……
y = 0.3677   0.3509   0.2813
y = 0.3648   0.3534   0.2817
y = 0.3657   0.3526   0.2815
y = 0.3654   0.3529   0.2816
y = 0.3655   0.3528   0.2815
y = 0.3654   0.3528   0.2815
y = 0.3654   0.3528   0.2815          % 预测 2015 年的农业收成状态
```

3. 市场占有率预测

某厂对某产品的市场占有率和销售情况进行了调查：一月份共销售了50万件，其中普通、一级、特级产品分别为35万件、10万件、5万件。二月份中，在一月份买普通产品的顾客25%的顾客转买一级产品，8%的顾客转买特级产品；在一月份买一级品的顾客10%转买特级产品，3%转买普通产品；在一月份买特级产品的顾客2%买普通产品，15%转买一级产品。请预测以后月份各个等级产品的市场占有率。

由资料可知：$\boldsymbol{\pi}_0=\left[\frac{35}{50},\frac{10}{50},\frac{5}{50}\right]=[0.7,0.2,0.1]$　$\boldsymbol{P}=\begin{bmatrix}0.67 & 0.25 & 0.08\\0.03 & 0.87 & 0.10\\0.02 & 0.15 & 0.83\end{bmatrix}$

使用MATLAB实现预测计算如下：

```
P = [0.67 0.25 0.08;0.03 0.87 0.1;0.02 0.15 0.83];     % 状态转移矩阵
x = [0.7 0.2 0.1];                       % 初始状态概率向量(一月份各等级产品的市场占有率)
for i = 1:11                             % 预测今年剩余 11 个月各产品等级的市场占有率
   y = x * P^i
end
```

运行结果如下：

```
y = 0.4770   0.3640   0.1590
y = 0.3337   0.4598   0.2065
y = 0.2415   0.5144   0.2441
y = 0.1821   0.5445   0.2734
y = 0.1438   0.5603   0.2959
y = 0.1191   0.5678   0.3131
y = 0.1031   0.5707   0.3262
y = 0.0927   0.5712   0.3361
y = 0.0860   0.5705   0.3435
y = 0.0816   0.5694   0.3490
y = 0.0787   0.5681   0.3532
```

结论：顾客对普通产品的需求有减少的趋势，对一级产品和特级产品的需求有增加的趋势，因此，可以调整相应等级产品的产量。

经过很长时间后，产品将进入成熟期，市场占有率趋于稳定，即市场占有率的变动趋于动态平衡状态，那么稳定状态下的概率矩阵是多少呢？

$$\begin{cases}(x_1,x_2,x_3)\begin{bmatrix}0.67 & 0.25 & 0.08\\0.03 & 0.87 & 0.10\\0.02 & 0.15 & 0.83\end{bmatrix}=(x_1,x_2,x_3)\\(x_1+x_2+x_3)=1\end{cases} \tag{6-46}$$

用 MATLAB 实现：

```
% function markvo
    P = [0.67 0.25 0.08;0.03 0.87 0.10;0.02 0.15 0.83];
    P = P' - eye(3);                    % 由 x * P = x,得(P' - I)x' = 0
    x = null(P);                        % 求 P 的齐次解
    x = x/(sum(x(:)));                  % 对 x 单位化
    x = x'
```

结果如下：

```
x =
   0.0732   0.5619   0.3649
```

6.3.3 案例分析

以江西省域生态环境质量动态评价与预测进行案例分析。

江西省地处中亚热带，地貌兼山地、丘陵、岗地、阶地、平原和湖泊水系等，全省土地总面积为 16.69 万平方千米。该省生态系统较齐全，生物资源较丰富，全省分布 5000 余种高等植物，有脊椎动物 845 种，昆虫 4500 余种，林地面积 8.898 万平方千米，森林覆盖率 53.7%。江西省总体自然环境状况较好，但仍存在如下生态环境问题：一是生态环境退化，自然灾害加剧；二是生态环境恶化；三是工业“三废”对环境污染较大；四是生活污水对环境污染较大。

1. 建立物元模型动态评价生态环境综合等级

(1)生态环境质量指标

将所评价的省域生态环境质量记作 M，M 的特征记作 $\boldsymbol{C}$，M 关于 $\boldsymbol{C}$ 的量值记作 $\boldsymbol{V}$，则称有序三元组 $\boldsymbol{R}=(M,\boldsymbol{C},\boldsymbol{V})$ 为生态环境质量物元。若 M 有多个特征，并以 n 个特征 c_1，c_2，…，c_n和相应的量值 $\boldsymbol{R}$ 称为 n 维生态环境质量物元：

$$\boldsymbol{R}=\begin{bmatrix}M & c_1 & \cdots & v_1\\ & c_2 & \cdots & v_2\\ \cdots & \cdots & \cdots & \cdots\\ & c_n & \cdots & v_n\end{bmatrix}=\begin{bmatrix}M(x) & c_1 & <a_1(x) & b_1(x)>\\ & c_2 & <a_2(x) & b_2(x)>\\ \cdots & \cdots & \cdots & \cdots\\ & c_n & <a_n(x) & b_n(x)>\end{bmatrix} \tag{6-47}$$

式中，关于特征 c_i量值的范围为 $v_i=<a_i(x),b_i(x)>$，x 为 c_i特征指标。为简便地描述生态环境质量物元，这里依据生态环境概念和内涵，根据系统分解协调原理，从水、土、大气、生物、资源与能源 5 方面对生态环境质量特征 c_i进行刻画与细化，同时考虑生态环境众特征对整个系统的正负功效的差异，借鉴中国科学院可持续发展研究组的研究成果，将生态环境综合质量划分为状态、压力和保护 3 个子集。为简单起见，分别选取：第一生态环境状态，由资源条件（包括人均水资源拥有量 Y_1、人均耕地面积 Y_2、单位面积粮食产量 Y_3）和生态条件（包括人均公共绿地面积 Y_4、建成区绿化覆盖率 Y_5）构成；第二生态环境压力，由排放强度来表示（包括单位面积工业废水排放量 Y_6、单位面积工业废气排放量 Y_7、单位面积工业固体废物产生量 Y_8）；第三生态环境保护，由环境治理（包括工业废水排放达标率 Y_9、工业固体废物综合利用率 Y_{10}）、环保投入（含万元工业产值能耗量 Y_{11}、万元工业废水排放量 Y_{12}、万元工业废气排放量 Y_{13}、万元工业固体废物产生量 Y_{14}）构成。通过合成，生态环境质量物元就可以由这 14 个特征指标集来衡量。

（2）确定生态环境质量经典域与节域

由生态环境质量的特征及其标准量值范围组成的物元矩阵称为生态环境质量经典域，记为 $\boldsymbol{R}_0$。由经典物元，以及可以转化为经典物元的生态环境质量特征和此特征相应拓广后的量值范围组成的物元矩阵，称为生态环境质量节域 $\boldsymbol{R}c$。运用可拓集合概念，将生态环境质量物元{良好→较好→一般→差}中的渐变分类关系由定性描述扩展为定量描述，从而辨识该经典域的层次关系。首先，将问题概述为：设特征状态 $\boldsymbol{N}$ = {良好→较好→一般→差}，$\boldsymbol{N}_{01}$ = {良好}，$\boldsymbol{N}_{02}$ = {较好}，$\boldsymbol{N}_{03}$ = {一般}，$\boldsymbol{N}_{04}$ = {差}，则 $\boldsymbol{N}_{01}$、$\boldsymbol{N}_{02}$、$\boldsymbol{N}_{03}$、$\boldsymbol{N}_{04} \in \boldsymbol{R}_P$，对任何 $\boldsymbol{R}_i < \boldsymbol{R}_c$，判断 $\boldsymbol{R}_i$属于 $\boldsymbol{N}_{01}$ 或 $\boldsymbol{N}_{02}$、$\boldsymbol{N}_{03}$、$\boldsymbol{N}_{04}$，并计算隶属程度。对生态环境质量等级标准的确定，应根据国家、行业及国际相关标准、省域生态环境背景值、类比标准及生态效应程度等因素进行确定；社会经济方面的等级标准参照全国平均水平、全省平均水平、发达地区水平、国际通行标准等因素。根据以上因素可建立生态环境质量评价的经典域物元的分级标准（见表 6－13）。

表 6－13　生态环境质量经典物元分级标准

项目 Item	Y_1	Y_2	Y_3	Y_4	Y_5	Y_6	Y_7	Y_8	Y_9	Y_{10}	Y_{11}	Y_{12}	Y_{13}	Y_{14}
良好 N_{01}	10000	1.20	10000	10	60	1000	10	20	90	90	0.5	10	1	1
较好 N_{02}	5000	0.08	8000	6	45	2500	100	100	80	80	1.0	30	2	2
一般 N_{03}	3500	0.05	4500	4	30	5000	500	500	60	60	3.0	50	3	5
差 N_{04}	1000	0.03	3000	2	15	15000	1000	1000	50	50	8.0	100	5	20

（3）计算矩与关联函数

若矩 $\rho(x_j, X_{ij})$ 和 $\rho(x_j, X_{pj})$ 分别指实数轴上点 x_j 与区间 $X_{ij} = [a_{ij}, b_{ij}]$ 和 $X_{pj} = [a_{pj}, b_{pj}]$ 之间的距离，则其计算公式可表达为：

$$\begin{cases} \rho(x_j, X_{ij}) = \left| x_j - \dfrac{1}{2}(a_{ij} + b_{ij}) \right| - \dfrac{1}{2}(b_{ij} - a_{ij}) \\ \rho(x_j, X_{pj}) = \left| x_j - \dfrac{1}{2}(a_{pj} + b_{pj}) \right| - \dfrac{1}{2}(b_{pj} - a_{pj}) \end{cases} \tag{6-48}$$

式中，$\rho(x_j, X_{ij})$ 和 $\rho(x_j, X_{pj})$ 分别为距离；a_{ij} 和 b_{ij} 为区间 X_{ij} 的上下限数值；a_{pj} 和 b_{pj} 为区间 X_{pj} 的上下限数值。

关联函数 $k(x)$ 表示被评价单元与某标准的隶属程度的函数，关联函数的数值代表关联度。关联函数的选取应当根据生态环境的特征，由可拓集合的方法确定，关联度可用关联函数 $k_{\mathrm{i}}(x_{\mathrm{j}})$ 表示：

$$k_i(x_j) = \begin{cases} \dfrac{-\rho(x_j, X_{ij})}{|X_{ij}|} & (x_j \in X_{ij}) \\ \dfrac{\rho(x_j, X_{ij})}{\rho(x_j, X_{pi}) - \rho(x_j, X_{ij})} & (x_j \notin X_{ij}) \end{cases} \tag{6-49}$$

(4)计算权系数

在生态环境质量物元评价中，考虑各特征指标对整体物元的贡献程度不同，应根据其作用大小分别赋予不同的权值。权值的计算方法可根据实际情况选取，不同的评价目的及评价因子按不同的公式进行计算。为计算简便，这里采用门限法进行计算。如果对于评价等级 $N_j(j=1,2,\cdots,m)$ 的门限值为 $X_{ij}(i=1,2,\cdots,n)$，则权系数 w_{ij} 可采用下式计算：

$$w_{ij} = x_{ij} \Big/ \sum_{i=1}^{n} x_{ij} \quad (i = 1,2,\cdots,n; j = 1,2,\cdots,m) \tag{6-50}$$

由于各评价指标的量化值所在的区间不完全相同，有的评价指标是以数值越小级别越高，而有的则相反，故对各评价指标和评价标准分别按照下式进行归一化处理：

$$\begin{cases} d_i = x_i / \max(x_i) & \text{对于越大越优型} \\ d_i = \min(x_i) / x_i & \text{对于越小越优型} \end{cases} \tag{6-51}$$

式中，d_i、x_i、$\max(x_i)$、$\min(x_i)$ 分别为归一化后的标准值、未归一化的标准值、各分级的最大门限值和最小门限值。根据上式得到江西省生态环境质量特征指标的各个权重（见表 6-14）。

表 6-14　生态环境质量物元特征指标的权重

项目 Item	Y_1	Y_2	Y_3	Y_4	Y_5	Y_6	Y_7	Y_8	Y_9	Y_{10}	Y_{11}	Y_{12}	Y_{13}	Y_{14}
良好 N_{01}	0.0714	0.0714	0.0714	0.0714	0.0714	0.0714	0.0714	0.0714	0.0714	0.0714	0.0714	0.0714	0.0714	0.0714
较好 N_{02}	0.0711	0.0095	0.1138	0.0854	0.1067	0.0569	0.0142	0.0285	0.1265	0.1265	0.0711	0.0474	0.0711	0.0711
一般 N_{03}	0.0826	0.0098	0.1063	0.0945	0.1181	0.0472	0.0047	0.0094	0.1574	0.1574	0.0394	0.0472	0.0787	0.0472
差 N_{04}	0.0401	0.0100	0.1202	0.0802	0.1002	0.0267	0.0040	0.0080	0.2226	0.2226	0.0250	0.0401	0.0802	0.0200

(5)计算综合关联度及质量评价等级评定

综合关联度 $K_j(p)$ 是关联度与权系数的乘积，即：

$$K_j(p) = \sum_{i=1}^{n} w_i k_i(x_j) \tag{6-52}$$

式中，$K_j(p)$ 为待评价单元 p 关于 j 等级的综合关联度。综合关联度以等级来充分考虑隶属关系，以及某因子对整个生态环境质量物元评价时的影响程度，因此其评价更客观、准确。若 $k_j =$

$\max[k_j(p)]$，则待评价单元 p 属于等级 j，即可确定被评价对象的生态环境质量物元的最终等级。

收集2000—2005年江西省11个地区的上述14个特征指标数据，利用建立的生态环境质量物元评价模型，分别计算近6年来各地区的生态环境质量物元的综合关联度得分并进行等级划分，可知动态变化（见表6－15）。由表6－15可知，各地区生态环境综合质量演化状况存在持续好转、保持不变和呈波动态势3种情况：生态环境趋向更好的地区有南昌、景德镇和抚州，这3个地区临近鄱阳湖，其生态环境本底条件较好，再加上环境投入力度较大，其生态环境质量由“较好”变为“良好”；基本保持不变的地区有萍乡、九江、赣州、宜春和上饶，尽管这些地区生态环境本底条件不够理想，但在经济发展中注意了环境保护与技术进步，故生态环境状况无太大改变；生态环境综合质量呈现波动的地区有新余和吉安，新余由于钢铁工业的迅速发展，其生态环境质量呈现出由“一般”→“较好”→“一般”的变化态势，而吉安由于资源型产业和医药工业快速发展，其生态环境质量在“较好”和“良好”之间波动；生态环境综合质量持续改善的是鹰潭市，该市在推行生态建市的战略作用下，其生态环境综合质量得分持续上升，等级也不断跃进。

表6－15　2000～2005年江西省生态环境质量动态变化

地区 District	2000年		2001年		2002年		2003年		2004年		2005年	
	关联度 $K_j(p)$	等级 Grade	关联度 $K_j(p)$	等级 Grade	关联度 $K_j(p)$	等级 Grade	关联度 $K_j(p)$	等级 Grade	关联度 $K_j(p)$	等级 Grade	关联度 $K_j(p)$	等级 Grade
南昌市 Nanchang	-0.0017	较好 N_{02}	-0.1186	较好 N_{02}	-0.0911	较好 N_{02}	-0.1983	良好 N_{01}	-0.1878	良好 N_{01}	-0.1904	良好 N_{01}
景德镇市 Jingdezhen	-0.0299	较好 N_{02}	-0.1238	较好 N_{02}	-0.0468	较好 N_{02}	-0.3833	良好 N_{01}	-0.3924	良好 N_{01}	-0.3833	良好 N_{01}
萍乡市 Pingxiang	-0.1005	较好 N_{02}	-0.1535	较好 N_{02}	-0.0192	较好 N_{02}	-0.1014	较好 N_{02}	-0.0842	较好 N_{02}	-0.3331	良好 N_{01}
九江市 Jiujiang	0.0614	较好 N_{02}	-0.0435	较好 N_{02}	-0.0410	较好 N_{02}	-0.0530	较好 N_{02}	-0.1727	较好 N_{02}	-0.2780	较好 N_{02}
新余 Xinyu	-0.2477	一般 N_{03}	-0.1352	较好 N_{02}	-0.1262	较好 N_{02}	-0.1663	较好 N_{02}	-0.3660	较好 N_{02}	-0.3142	一般 N_{03}
鹰潭市 Yingtan	-0.2452	差 N_{04}	-0.2396	差 N_{04}	-0.2386	差 N_{04}	-0.1819	一般 N_{03}	-0.1257	一般 N_{03}	-0.3110	较好 N_{02}
赣州市 Ganzhou	-0.1015	良好 N_{01}	-0.1664	良好 N_{01}	-0.1651	较好 N_{02}	-0.1656	良好 N_{01}	-0.0767	良好 N_{01}	-0.0943	良好 N_{01}
吉安市 Ji'an	-0.1538	良好 N_{01}	-0.0985	较好 N_{02}	-0.2288	良好 N_{01}	-0.0895	较好 N_{02}	-0.0866	较好 N_{02}	-0.0819	较好 N_{02}
宜春市 Yichun	-0.0669	较好 N_{02}	-0.0723	较好 N_{02}	-0.0203	较好 N_{02}	-0.2077	较好 N_{02}	-0.2156	较好 N_{02}	-0.2148	较好 N_{02}
抚州市 Fuzhou	-0.0406	较好 N_{02}	-0.1524	良好 N_{01}	-0.1450	良好 N_{01}	-0.1855	较好 N_{02}	-0.1522	良好 N_{01}	-0.1314	良好 N_{01}
上饶市 Shangrao	-0.2056	较好 N_{02}	-0.2759	较好 N_{02}	-0.1714	较好 N_{02}	-0.2527	较好 N_{02}	-0.3390	较好 N_{02}	-0.3837	良好 N_{01}

2. 建立马尔可夫链预测生态环境质量演化趋势

(1)状态划分

在马尔可夫预测中,“状态”是指某一事件在某个时刻(或时期)出现的某种结果。一般而言,随着研究事件及其预测目标的不同,状态有不同的划分方式。本案例直接利用可拓物元法对生态环境质量分级的结果,将生态环境质量状态划分为“良好”“较好”“一般”和“差”4 种类型,记为 $\boldsymbol{N}=[N_{01},N_{02},N_{03},N_{04}]$,并对江西省各个地区的生态环境质量状态的数据进行统计(见表 6-16)。从表 6-16 可以看出,2000—2005 年江西省生态环境质量整体上转好,具体体现在“良好”地区的土地面积比重总体上有所增加,由 2000 年的 39% 增长到 2005 年的 58%;“较好”和“一般”地区的土地面积比重总体呈下降态势;而“差”地区的土地面积比重则呈稳定态势。

表 6-16　2000—2005 年江西省各地区生态环境质量类型数据统计

项目 Item	2000 年		2001 年		2002 年		2003 年		2004 年		2005 年	
	面积 Area (hm^2)	比重 Percentage (%)	面积 Area (hm^2)	比重 Percentage (%)	面积 Area (hm^2)	比重 Percentage (%)	面积 Area (hm^2)	比重 Percentage (%)	面积 Area (hm^2)	比重 Percentage (%)	面积 Area (hm^2)	比重 Percentage (%)
良好 N_{01}	64 650.71	0.39	58 196.56	0.35	44 087 .99	0.26	52 029.90	0.31	70 846.82	0.42	97 464.79	0.58
较好 N_{02}	95 577.92	0.57	105 195.74	0.63	119 304.37	0.71	111 362.40	0.67	92 545.48	0.42	66 318.09	0.40
一般 N_{03}	3 163.67	0.02	0.00	0.00	0.00	0.00	0.00	0.00	0.00	0.00	0.00	0.00
差 N_{04}	3 554.25	0.02	3 554. 25	0.02	3 554.25	0.02	3 554. 25	0.02	3 554. 25	0.02	3 163. 67	0.02

(2)建立状态转移概率矩阵

在马尔可夫链中,设生态环境质量物元由状态 N_i 经过一个时期以后,转移到状态 N_j 的概率为 $p_{ij}(0\leqslant p_{ij}\leqslant 1,\sum_{j=1}^{n}p_{ij}=1)$,则其全部一步转移概率的集合可组成一个矩阵,该矩阵叫作一步转移概率矩阵 $\boldsymbol{P}$。

根据生态环境质量状态变化情况,分别得到 2000—2001 年、2001—2002 年、2002—2003 年、2003—2004 年、2004—2005 年的状态转移数,进而求得 5 个年段的状态转移概率矩阵。经过观察,这 5 个年段的状态转移概率矩阵近似相等,因此,可将江西省各个地区生态环境质量状态变化看作一个平稳的马尔可夫过程。同时,为减少随机误差,增加一步转移矩阵计算的可信度和准确性,将这 5 个年段的状态转移概率矩阵求平均,得到状态转移概率矩阵:

$$\boldsymbol{P}=\begin{pmatrix} 0.6 & 0.4 & 0 & 0 \\ 0.224 & 0.743 & 0.033 & 0 \\ 0 & 0.4 & 0.6 & 0 \\ 0 & 0 & 0.2 & 0.8 \end{pmatrix} \tag{6-53}$$

(3)进行马尔可夫预测

利用初始状态概率矩阵和初始稳定时期的各种生态环境质量类型所占面积比重 $\lambda_0=(\lambda_{0_1},\lambda_{0_2},\lambda_{0_3},\lambda_{0_4})=(0.387,0.568,0.003,0.021)$(2000—2005 年平均的各种生态环境质量类型所占面积比重),可预测第 k 年各种生态环境质量类型所占面积比重的状态为 $\lambda_k=$

$(\lambda_{k_1},\lambda_{k_2},\lambda_{k_3},\lambda_{k_4})=\lambda_0 P^k$。

在 MATLAB 软件支持下，模拟 5 年和 10 年后江西省各种生态环境质量类型所占面积比重分别是 $\lambda_5=(0.3322,0.59,0.05,0.0069)$ 和 $\lambda_{10}=(0.332,0.5941,0.0507,0.0023)$。可见，按目前变化，江西省 5 年后各种生态质量类型所占面积比重的状态为 0.3322 ∶ 0.59 ∶ 0.05 ∶ 0.0069，而 10 年后为 0.332 ∶ 0.5941 ∶ 0.0507 ∶ 0.0023。可以推测，江西省经过 5 ~ 10 年的发展，其大多数地区的生态环境质量将从“良好”“差”两个等级向“较好”“一般”转移，特别是生态环境质量“较好”的地区所占面积的增长比重较大。

可见，按现有的治理模式，江西省生态环境综合质量整体上向“较好”方向演进。

3. 结论与讨论

马尔可夫预测表明，江西省经过 5 ~ 10 年的发展，其大多数地区的生态环境质量将从“良好”“差”两个等级向“较好”和“一般”两个等级转移，特别是生态环境质量“较好”的地区所占面积比重的增长较快。可见，江西省生态环境质量在整体上向“较好”方向演进。

马尔可夫预测方法可一定程度上对省域生态环境质量进行动态评价和趋势预测。但由于模型本身的限制，还存在以下两方面问题，需要进一步研究改进：一是对生态环境域的确定缺乏统一标准，这将影响该方法的普遍推广应用；二是利用马尔可夫链预测省域生态环境质量演变趋势时，其转移概率计算是马尔可夫过程的“无后效性”和“平稳性”的假设，这是模型应用的基础。由于生态环境系统本身的复杂性和动态性，实际的省域生态环境质量的演变会受到多因素的作用，“无后效性”和“平稳性”的假设只是相对而言的，具体应用还有待识别。

6.4 灰色预测模型*

灰色系统（Grey System）理论是我国著名学者邓聚龙教授于 20 世纪 80 年代初创立的一种兼备软硬科学特性的新理论。该理论将信息完全明确的系统定义为白色系统，将信息完全不明确的系统定义为黑色系统，将信息部分明确、部分不明确的系统定义为灰色系统。由于客观世界中，诸如工程技术、社会、经济、农业、环境、军事等许多领域，大量存在着信息不完全的情况，要么系统因素或参数不完全明确，因素关系不完全清楚；要么系统结构不完全知道，系统的作用原理不完全明了等，从而使客观实际问题需要用灰色系统理论来解决。

灰色系统的定义。灰色系统是黑箱概念的一种推广。我们把既含有已知信息又含有未知信息的系统称为灰色系统。作为两个极端，我们将信息完全未确定的系统称为黑色系统；将信息完全确定的系统称为白色系统。区别白色系统与黑色系统的重要标志是系统各因素之间是否具有确定的关系。

灰色系统的特点：①用灰色数学理论处理不确定量，使之量化；②充分利用已知信息寻求系统的运动规律；③灰色系统理论能处理贫信息系统。

常用的灰色预测有四种类型：①数列预测，即用观察到的反映预测对象特征的时间序列来构造灰色预测模型，以预测未来某时刻的特征量，或达到某一特征量的时间；②灾变与异常值预测，即通过灰色模型预测异常值出现的时刻，预测异常值什么时候出现在特定时区内；③拓扑预测，将原始数据做成曲线，在曲线上按定值寻找该定值发生的所有时点，并以该定值为框架构成时点数列，然后建立模型以预测该定值所发生的时点；④系统预测，对系统行为特征指标建立一组相互关联的灰色预测模型，以预测系统中众多变量间的相互协调关系的变化。

6.4.1　传统灰色预测模型

灰色预测模型是通过少量的、不完全的信息，建立数学模型并做出预测的一种预测方法。灰色系统理论是研究解决灰色系统分析、建模、预测、决策和控制的理论。灰色预测是对灰色系统所做的预测。目前常用的一些预测方法（如回归分析等），需要较大的样本。若样本较小，则常造成较大误差，使预测目标失效。灰色预测模型所需建模信息少，运算方便，建模精度高，在各种预测领域都有着广泛的应用，是处理小样本预测问题的有效工具。

灰色预测是应用灰色模型 GM(1,1) 对灰色系统进行分析、建模、求解、预测的过程。由于灰色建模理论应用数据生成手段，弱化了系统的随机性，使紊乱的原始序列呈现某种规律，使数据表面变化规律不明显的变得较为明显，建模后还能进行残差辨识，即使较少的历史数据，任意随机分布，也能得到较高的预测精度。因此，灰色预测在社会经济、管理决策、农业规划、气象生态等各个部门和行业都得到了广泛的应用。

1. GM(1,1)模型建立

（1）数据的处理

设有原始非负样本数据序列：

$$x^{(0)}=\{x^{(0)}(1),x^{(0)}(2),\cdots,x^{(0)}(N)\}=\{x^{(0)}(i)\mid i=1,2,\cdots,N\}$$

为揭示系统的客观规律，灰色系统理论采用了独特的数据预处理方式，对序列 $x^{(0)}$ 进行一次累加生成。

$$x^{(1)}(i)=\sum_{j=1}^{i}x^{(0)}(j),i=1,2,\cdots,N \tag{6-54}$$

由此得生成数列：$x^{(1)}=\{x^{(1)}(i)\mid i=1,2,\cdots,N\}$

显然有 $x^{(1)}(1)=x^{(0)}(1)$，一次累减生成 $\Delta x^{(1)}(i)=x^{(1)}(i)-x^{(1)}(i-1)=x^{(0)}(i),i=1,2,\cdots,N,x^{(1)}(0)=0$。

（2）建模原理

给定观测数据序列：$x^{(0)}=\{x^{(0)}(1),x^{(0)}(2),\cdots,x^{(0)}(N)\}$，

经一次累加到数列：$x^{(1)}=\{x^{(1)}(i)=\sum_{j=1}^{i}x^{(0)}(j)\mid i=1,2,\cdots,N\}$，

设 $x^{(1)}$ 满足一阶常微分方程：

$$\frac{\mathrm{d}x^{(1)}}{\mathrm{d}t}+ax^{(1)}=u \tag{6-55}$$

其中，a 是常数，称为发展灰数；称 u 为内生控制灰数，是对系统的常定输入。此方程满足初始条件，当 $t=t_0$ 时，$x^{(1)}=x^{(1)}(t_0)$，得

$$x^{(1)}(t)=\left[x^{(1)}(t_0)-\frac{u}{a}\right]e^{-a(t-t_0)}+\frac{u}{a} \tag{6-56}$$

对等间隔取样的离散值（注意 $t_0=1$）则为：

$$x^{(1)}(k+1)=\left[x^{(1)}(1)-\frac{u}{a}\right]e^{-ak}+\frac{u}{a} \tag{6-57}$$

灰色建模的途径是将一次累加序列 $x^{(1)}$ 代入式(6-55)，通过误差平方和最小的二乘法来估计常数 a 与 u。

因 $x^{(1)}(1)$ 留作初值，故将 $x^{(1)}(2),x^{(1)}(3),\cdots,x^{(1)}(N)$ 代入方程。用差分代替微分，又因等间隔取样，$\Delta t=(t+1)-t=1$，故得 $\frac{\Delta x^{(1)}(2)}{\Delta t}=\Delta x^{(1)}(2)=x^{(1)}(2)-x^{(1)}(1)=x^{(0)}(2)$，类似地有 $\frac{\Delta x^{(1)}(3)}{\Delta t}=\Delta x^{(1)}(3)=x^{(1)}(3)-x^{(1)}(2)=x^{(0)}(3),\cdots,\frac{\Delta x^{(1)}(N)}{\Delta t}=x^{(0)}(N)$。于是有

$$\begin{array}{l} x^{(0)}(2)+ax^{(1)}(2)=u \\ x^{(0)}(3)+ax^{(1)}(3)=u \\ \cdots\cdots \\ x^{(0)}(N)+ax^{(1)}(N)=u \end{array} \Longrightarrow \begin{array}{l} x^{(0)}(2)=-ax^{(1)}(2)+u \\ x^{(0)}(3)=-ax^{(1)}(3)+u \\ \cdots\cdots \\ x^{(0)}(N)=-ax^{(1)}(N)+u \end{array}$$

由于 $\Delta x^{(1)}$ 涉及数据累加序列 $x^{(1)}$ 的两个时刻，因此，$x^{(1)}(i)$ 取前后两个时刻数据的平均值更为合理，即将 $x^{(1)}(i)$ 替换为

$$\frac{1}{2}[x^{(1)}(i)+x^{(1)}(i-1)],(i=2,3,\cdots,N)$$

得到矩阵表达式

$$\begin{bmatrix} -(x^{(1)}(2)+x^{(1)}(1))/2 & 1 \\ -(x^{(1)}(3)+x^{(1)}(2))/2 & 1 \\ \vdots & \vdots \\ -(x^{(1)}(N)+x^{(1)}(N-1))/2 & 1 \end{bmatrix}\begin{bmatrix} a \\ u \end{bmatrix}=\begin{bmatrix} x^{(0)}(2) \\ x^{(0)}(3) \\ \vdots \\ x^{(0)}(N) \end{bmatrix} \tag{6-58}$$

令

$$\boldsymbol{B}=\begin{bmatrix} -(x^{(1)}(2)+x^{(1)}(1))/2 & 1 \\ -(x^{(1)}(3)+x^{(1)}(2))/2 & 1 \\ \vdots & \vdots \\ -(x^{(1)}(N)+x^{(1)}(N-1))/2 & 1 \end{bmatrix},\boldsymbol{U}=\begin{bmatrix} a \\ u \end{bmatrix},y=\begin{bmatrix} x^{(0)}(2) \\ x^{(0)}(3) \\ \vdots \\ x^{(0)}(N) \end{bmatrix}$$

则

$$\boldsymbol{BU}=y \tag{6-59}$$

U 的最小二乘估计为

$$\hat{U}=\begin{bmatrix} \hat{a} \\ \hat{u} \end{bmatrix}=(\boldsymbol{B}^{\mathrm{T}}\boldsymbol{B})^{-1}\boldsymbol{B}^{\mathrm{T}}y \tag{6-60}$$

代入上面离散差分方程的解，得到时间响应方程：

$$\hat{x}^{(1)}(k+1)=[x^{(1)}(1)-\frac{\hat{u}}{\hat{a}}]e^{-\hat{a}k}+\frac{\hat{u}}{\hat{a}} \tag{6-61}$$

当 $k=1,2,\cdots,(N-1)$ 时，得到的 $\hat{x}^{(1)}(k+1)$ 是相对于一次累加序列 $x^{(1)}$ 的拟合值；当 $k\geqslant N$ 时，得到的 $\hat{x}^{(1)}(k+1)$ 是预测值。用减运算还原，当 $k=1,2,\cdots,(N-1)$ 时，可得到原始序列 $x^{(0)}$ 的拟合值 $\hat{x}^{(0)}(k+1)$；当 $k\geqslant N$ 时，得到原始序列 $x^{(0)}$ 的预测值。也可由下式直接计算 $x^{(0)}$ 的拟合值 $\hat{x}^{(0)}(k+1)$：

$$\hat{x}^{(0)}(k+1)=[x^{(0)}(1)-\frac{\hat{u}}{\hat{a}}]e^{-\hat{a}k}(1-e^{\hat{a}}) \tag{6-62}$$

由于模型是基于一阶常微分方程(6-55)建立的，故称为一阶一元灰色模型，记为GM(1,1)。需要指出的是，建模时先要做一次累加，因此要求原始数据均为非负数，否则，累加时会正负抵消，达不到使数据序列随时间递增的目的。如果实际问题的原始数据序列出现负数，则可对原始数据序列进行“数据整体提升”处理。

2. 有关建模的数据问题

① 原始序列中的数据不一定要全部用来建模，对原始数据的取舍不同，可求得的模型不同，即 a 和 b 不同。

② 建模的数据取舍应保证建模序列等时距、相连，不得出现跳跃。

③ 一般建模数据序列应当由最新的数据及其相邻数据构成，当再出现新数据时，可采用两种方法处理：一种方法是将新信息加入原始序列中，重估参数；另一种方法是去掉原始序列中最老的一个数据，再加上最新的数据，若所形成的序列和原序列维数相等，则再重估参数。

④ 数据的检验。为保证 GM(1,1) 建模的可行，需要对已知数据进行必要的检验和处理。

对于原始数据序列：$x^{(0)}=\{x^{(0)}(1),x^{(0)}(2),\cdots,x^{(0)}(N)\}$，称

$$\sigma(k)=\frac{x^{(0)}(k)}{x^{(0)}(k+1)},\quad k=1,2,\cdots,N-1 \tag{6-63}$$

为 $x^{(0)}(k)$ 的级比。当 $\sigma(k)\in(e^{-\frac{2}{N+1}},e^{\frac{2}{N+1}})$，$k=1,2,\cdots,N-1$ 时，序列 $x^{(0)}(k)$ 可做 GM(1,1) 建模。

3. 模型精度检验

为确保所建立的 GM(1,1) 模型有较高的预测精度，还需要进行以下检验。

(1) *残差检验*

残差检验需分别计算残差和相对残差。

残差：$q(k)=x^{(0)}(k)-\hat{x}^{(0)}(k),k=2,3,\cdots,N$；

相对残差：$e(k)=[x^{(0)}(k)-\hat{x}^{(0)}(k)]/x^{(0)}(k),k=2,3,\cdots,N$。

(2) *后残差检验*

后残差检验需分别计算以下内容。

$x^{(0)}$ 的均值：$\bar{x}=\frac{1}{N}\sum_{k=1}^{N}x^{(0)}(k)$；

$x^{(0)}$ 的方差：$s_1=\sqrt{\frac{1}{N}\sum_{k=1}^{N}[x^{(0)}(k)-\bar{x}]^2}$；

残差的均值：$\bar{q} = \dfrac{1}{N-1}\sum_{k=2}^{N} q(k)$；

残差的方差：$s_2 = \sqrt{\dfrac{1}{N-1}\sum_{k=2}^{N}[q(k)-\bar{q}]^2}$；

后验差比值：$C = s_2/s_1$，小误差概率：$P = P\{|q(k)-\bar{q}| < 0.6745 s_1\}$。

(3)预测精度等级

预测精度等级如表6－17所示。

表6－17 预测精度等级

预测精度等级	P	C
好	>0.95	<0.35
合格	>0.80	<0.45
勉强	>0.70	<0.50
不合格	≤0.70	≥0.65

若相对残差、关联度、后验差检验在允许的范围内，则可以用所建的模型进行预测，否则应进行残差模型修正。

4. 灰色预测模型分析程序

建立灰色预测模型的一般步骤如下。

①级比检验，进行建模可行性分析。

②数据变换处理。

③做GM(1,1)建模。

④模型检验。

实现上述灰色预测模型分析的程序见GreyForecast(扫描二维码查看程序21)。

6.4.2 灰色预测模型应用案例

1. 城市供电量的灰色预测实例

选用两组数据，一组为低增长率的上海市实际年供电量，平均的增长率为6.7%；另一组为高增长率的福州市实际年供电量，平均增长率是11.2%。上海市和福州市的实际年供电量和建模结果分别如表6－18和表6－19所示。

表6－18 上海市的实际年供电量

年份	1992	1993	1994	1995	1996	1997	1998
原始数据	31.74	34.43	37.73	40.33	43.04	45.42	48.29

表6－19 福州市的实际年供电量

年份	1992	1993	1994	1995	1996	1997	1998	1999
原始数据	24.8	27.3	30.2	32.1	35.4	38.6	42.3	46.1

调用灰色预测模型程序的过程如下：

```
>> GreenForecast
请输入序列矩阵  [31.74  34.43  37.73  40.33  43.04  45.42  48.29]
序列可以进行灰色预测
请输入需要预测个数:1
请输入允许的平均相对误差:0.01
百分平均相对误差为:0.88107%
拟合值为: 31.74  35.0751  37.4334  39.9503  42.6364  45.5031  48.5626  51.8278
U' = -0.0651  31.8809

>> GreenForecast
请输入序列矩阵[24.8  27.3  30.2  32.1  35.4  38.6  42.3  46.1]
序列可以进行灰色预测
请输入需要预测个数:1
请输入允许的平均相对误差:0.01
百分平均相对误差为:0.48549%
拟合值为: 24.8  27.2834  29.7654  32.4731  35.4272  38.65  42.166  46.0019  50.1867
U' = -0.0870672  23.9536
```

输出结果如表 6－20 和表 6－21 所示。

表 6－20　上海市实际供电量的拟合值

年份	1992	1993	1994	1995	1996	1997	1998	1999
GM(1,1)预测	31.74	35.0751	37.4334	39.9503	42.6364	45.5031	48.5626	51.8278

表 6－21　福州市实际供电量的拟合值

年份	1992	1993	1994	1995	1996	1997	1998	1999	2000
GM(1,1)预测	24.8	27.2834	29.7654	32.4731	35.4272	38.65	42.166	46.0019	50.1867

2. 传染病问题

据统计，高校传染病发病率情况如表 6－22 所示，试建立 GM(1,1)预测模型。

表 6－22　高校传染病发病率情况

年份	1994	1995	1996	1997	1998	1999	2000	2001	2002
发病率	100.23	85.62	64.53	86.63	105.89	83.55	316.47	135.93	56.56
痢疾率	19.46	44.19	30.98	45.86	55.47	60.34	271.9	94.93	38.28

进行 G(1,1)模型计算，但计算判定为无法进行灰色预测，计算过程如下所示。

```
>> GreenForecast
请输入序列矩阵  [100.23,85.62,64.53,86.63,105.89,83.55,316.47,135.93,56.56]
序列无法进行灰色预测——Sigma 太大

>> GreenForecast
请输入序列矩阵[19.46  44.19  30.98  45.86  55.47  60.34  271.9  94.93  38.28]
序列无法进行灰色预测——Sigma 太大
```

6.4.3 无偏灰色预测模型及应用

灰色预测模型有时可得到好的预测结果，而有时则因误差较大，甚至无法使用。经研究已知，应用灰色预测模型进行预测的前提是原始数据序列必须满足指数规律，且数据序列变化速度不能很快。研究表明，灰色预测模型是一种有偏差的指数模型，在此模型基础上，可导出无偏灰色预测模型。

1. 无偏 GM(1,1)灰色预测模型

无偏 GM(1,1)灰色预测模型的建立步骤如下。

假设有 n 个原始非负样本序列$x^{(0)}=\{x^0(1),x^0(2),\cdots,x^0(N)\}$，并且样本数据序列为严格的指数序列，即$x^{(0)}=\{x^0(k)=Ae^{a(k-1)}\mid k=1,2,\cdots,N\}$，进行一阶累加生成，即 AGO 生成

$$x^{(1)}(k)=\sum_{i=1}^{k}x^0(i)=\frac{A(1-e^{ak})}{1-e^a},k=1,2,\cdots,N。\tag{6-64}$$

与式(6-59)、(6-60)比较可得

$$\boldsymbol{B}=\begin{bmatrix}A(e^a+e^{2a}-2)/(2(1-e^a)) & 1\\ A(e^{2a}+e^{3a}-2)/(2(1-e^a)) & 1\\ \vdots & \vdots\\ A(e^{(N-1)a}+e^{Na}-2)/(2(1-e^a)) & 1\end{bmatrix},\boldsymbol{U}=\begin{bmatrix}a\\ u\end{bmatrix},y=\begin{bmatrix}Ae^a\\ Ae^{2a}\\ \vdots\\ Ae^{(N-1)a}\end{bmatrix}$$

$$\hat{\boldsymbol{U}}=\begin{bmatrix}\hat{a}\\ \hat{u}\end{bmatrix}=(\boldsymbol{B}^{\mathrm{T}}\boldsymbol{B})^{-1}\boldsymbol{B}^{\mathrm{T}}y=\begin{bmatrix}\dfrac{2(1-e^a)}{(1+e^a)}\\ \dfrac{2A}{(1+e^a)}\end{bmatrix}\tag{6-65}$$

无偏 GM(1,1)灰色预测模型的参数估计：

$$\begin{bmatrix}a\\ A\end{bmatrix}=\begin{bmatrix}\ln\left(\dfrac{2-\hat{a}}{2+\hat{a}}\right)\\ \dfrac{2\hat{u}}{2+\hat{a}}\end{bmatrix}\tag{6-66}$$

则建立无偏 GM(1,1)灰色预测模型的原始数据序列模型

$$\hat{x}^{(0)}(1)=x^0(1)$$
$$\hat{x}^{(0)}(k)=Ae^{a(k-1)}\quad k=2,3,\cdots\tag{6-67}$$

与传统的灰色预测模型相比，无偏 GM(1,1)灰色预测模型本身不存在固有偏差，因而也就消除了传统 GM(1,1)灰色预测模型对原始数据序列增长速度不能过快，预测长度不能过长的限制，其应用范围较传统 GM(1,1)灰色预测模型有了很大扩展。

2. 无偏 GM(1,1)灰色预测模型计算程序

无偏 GM(1,1)灰色预测模型计算程序见 GreyUnbiasedForecast（扫描二维码查看程序 22）。

3. 无偏 GM(1,1)灰色预测模型预测供电量

对于前述城市供电量的预测，重新用无偏 GM(1,1)灰色预测模型进行预测。利用表

6－18和表6－19的数据进行无偏 GM(1,1)灰色预测的过程如下：

```
请输入序列矩阵  [31.74  34.43  37.73  40.33  43.04  45.42  48.29]
序列可以进行灰色预测
请输入需要预测个数:1
拟合值为:35.1695  37.535  40.0596  42.7541  45.6298  48.6989  51.9744
AU' =0.0650954  32.953

请输入序列矩阵  [24.8  27.3  30.2  32.1  35.4  38.6  42.3  46.1]
序列可以进行灰色预测
请输入需要预测个数:1
拟合值为: 27.3236  29.8109  32.5246  35.4853  38.7155  42.2398  46.0849  50.28
AU' =0.0871223  25.0439
```

输出结果如表6－23和表6－24所示。

表6－23　上海市实际供电量的无偏拟合值

年份	1992	1993	1994	1995	1996	1997	1998	1999
无偏 GM(1,1)预测		35.1695	37.535	40.0596	42.7541	45.6298	48.6989	51.9744

表6－24　福州市实际供电量的无偏拟合值

年份	1992	1993	1994	1995	1996	1997	1998	1999	2000
无偏 GM(1,1)		27.3236	29.8109	32.5246	35.4853	38.7155	42.2398	46.0849	50.28

复习思考题

1. 讨论预测方法的类型及适用的情境。
2. 讨论时间序列的预测分析。
3. 讨论回归的预测分析。
4. 讨论马尔可夫的预测分析。
5. 讨论灰色预测模型的预测分析。
6. 提出工作的若干预测问题，讨论适合的预测方法。

第7章

智能优化计算*

随着计算机技术的飞速发展,智能优化计算方法的应用也越来越广泛。

智能优化计算又称“软计算”,主要是受生物界自然规律的启迪,根据其原理,模仿其求解问题的优化算法。智能优化计算的思想是利用仿生学和仿生原理进行算法设计,包括模拟退火算法、遗传算法、蚁群算法和粒子群算法等群集智能技术。

7.1 模拟退火算法

7.1.1 模拟退火的原理

1. 物理退火

物理退火指将固体加热到足够高的温度,使分子呈随机状态排列,然后逐步降温,使之冷却,最后分子以低能状态排列,固体达到某种稳定状态。物理退火包括加温过程、等温过程和冷却过程三个阶段。加温过程是增强粒子的热运动,使其中的粒子可以自由运动,消除系统原先可能存在的非均匀态;等温过程是环境换热而温度不变的封闭系统,系统状态的自发变化总是朝自由能减少的方向进行,当自由能达到最小时,系统达到平衡态,形成该温度下的最低能态的基态;冷却过程是使粒子热运动减弱并渐趋有序,系统能量逐渐下降,粒子也逐渐形成低能态的晶格,从而得到低能的晶体结构。

2. 模拟退火算法与物理退火的相似性

模拟退火算法(Simulated Annealing,SA)来源于物理退火原理,最早由 Kirkpatrick 等应用于组合优化领域。组合优化问题解空间中的每一点都代表一个具有不同目标函数值的解。所谓优化,就是在解空间中寻找目标函数最小解的过程。若把目标函数看作能量函数,某一控制参数视为温度 T,解空间当作状态空间,那么寻找基态的过程也就是求目标函数极小值的优化过程。算法从某一较高的初始温度出发,伴随温度参数的不断下降,根据 Metropolis 准则,讨论以一定概率接受新状态的问题,即在温度 T,设当前状态 i,新状态 j,E 为某状态下的内能,b 为 Boltzmann 常数,若 $E_j < E_i$,则接受状态 j 为当前状态;否则,若概率 $p = \exp[-(E_j - E_i)/(\mathrm{b}T)]$ 大于 $[0,1)$ 区间的随机数,则仍接受状态 j 为当前状态,否则保留状态 i 为当前状态。结合概率突跳特性在解空间中随机寻找目标函数的全局最优解,即在局部最优解能概率性地跳出并最终趋于全局最优。

应用模拟退火算法求解问题的最优解与物理退火有很大的相似性,二者之间具体元素的对比如表 7-1 所示。

表 7-1　模拟退火算法与物理退火的对比

组合优化问题	金属物体
解	粒子状态
最优解	能量最低的状态
设定初温 T	熔解过程
Metropolis 抽样过程	等温过程
控制参数 T 的下降	冷却
目标函数	能量

7.1.2　模拟退火算法简介

通过对固体退火过程的研究可知，高温状态下的物质降温时其内能随之下降，如果降温过程充分缓慢，则在降温过程中物质体系始终处于平衡状态，从而降到某一低温时其内能可达最小，这种降温过程称为退火过程。模拟退火过程的寻优方法称为模拟退火算法。

模拟退火算法主要用于解决组合优化问题，它是模拟物理中晶体物质的退火过程而开发的一种优化算法。首先给定以粒子相对位置表征的初始状态 i，作为固体的当前状态，该状态的能量为 E_i。然后用摄动装置使随机选取的某个粒子的位移产生一个微小变化，得到一个新状态 j，新状态的能量为 E_j。如果 $E_j < E_i$，则用新状态 j 取代旧状态 i 以作为当前状态；如果 $E_j > E_i$，则考虑热运动的影响，是否用新状态取代旧状态需要根据固体处于该状态的概率来判断。设固体处于状态 i 与状态 j 的概率比值为 r，r 是一个小于 1 的数，用随机数产生器产生一个在[0,1]区间的随机数 ζ。若 $r > \zeta$，则新状态 j 作为当前状态，否则保持原状态 i。重复以上新状态的产生过程，固体状态在经过大量变换（也称迁移）后，系统趋于能量较低的平衡状态。

上述接受新状态的准则称为 Metropolis 准则，相应的算法称为 Metropolis 算法。

1. 模拟退火算法（SA）

设 $\boldsymbol{S} = \{s_1, s_2, \cdots, s_K\}$ 为所有的组合状态，$C: \boldsymbol{S} \to R$ 为非负目标函数，即 $C(s_i) > 0$，反映了取状态 s_i 为解的代价，则组合优化问题可以形式地描述为寻找 $s^* \in S$，使

$$C(s^*) = \min_{s_i \in S}\{C(s_i)\} \tag{7-1}$$

将状态 s_i 看作某一物质体系的微观状态，而将 $C(s_i)$ 看作该物质体系在状态 s_i 下的能量，并用控制参数 T 表示为让温度 T 从一个足够高的值慢慢下降，对每一 T 用 Metropolis 采样法模拟该体系在此 T 下的热平衡状态，即对当前状态 s 做随机扰动以产生一个新的状态 s'，计算增量：$\Delta C = C(s') - C(s^*)$，并以概率

$$p = \min\left\{1, \exp\left\{\frac{-\Delta C}{\mathrm{b}T}\right\}\right\} \tag{7-2}$$

接受 s' 作为新的状态，当这样的随机扰动重复的次数足够多后，系统将达到该温度下的平衡状态，且服从 Boltzmann 分布。这里 b 即为 Boltzmann 常数。

2. 退火过程算法实现（AP）

上述 Metropolis 采样过程与退火过程可通过下列步骤来实现。

① 任选某一初始状态 s_0 作为初始解 $s(0) = s_0$，并设初始温度为 T_0，令 $i = 0$。

② 令 $T=T_i$,以 T 和 s_i 调用 Metropolis 采样算法,然后返回到当前解 $s_i=s$。

③ 按一定的方式将 T 降温,即令 $T=T_{i+1}, T_{i+1}<T_i, i=i+1$。

④ 检查退火过程是否结束,结束则转到步骤⑤,否则转到步骤②。

⑤ 以当前解 s_i 作为最优解输出。

3. Metropolis 采样算法(M 法)

用 AP 算法调用当前解 s 的过程如下。

① 令 $k=0$ 时的当前解为 s,而在温度 T 下进行以下采样计算步骤。

② 按某一规定方式根据当前解 $s(k)$ 所处的状态 s,产生一个邻近子集 $\boldsymbol{N}(s(k))$,由 $\boldsymbol{N}(s(k))$ 随机产生一个新的状态 s',以作为一个当前解的候选解,并计算

$$\Delta C=C(s')-C(s(k)) \tag{7-3}$$

③ 若 $\Delta C<0$,则接受 s' 作为下一个当前解;若 $\Delta C>0$,则按概率 $\exp\left\{\frac{-\Delta C}{\mathrm{b}T}\right\}$ 接受 s' 作为下一个当前解。

④ 若 s' 被接受,则令 $s(k+1)=s'$,否则令 $s(k+1)=s(k)$。

⑤ 令 $k=k+1$,判断是否满足收敛准则,满足则转至步骤⑥,否则返回步骤②。

⑥ 将当前解 $s(k)$ 返回调用它的 AP 算法。

模拟退火算法依据 Metropolis 准则接受新解,因此除接受优化解外,还在一个限定范围内接受劣解,这正是模拟退火算法与局部搜索算法的本质区别。T_i 较大,可能接受一些较差的劣解。随着 T_i 的减小,只能接受较好的可行解。最后在 T_i 趋于 0 时,只接受较优的可行解,这就使模拟退火算法有可能从局部最优的"陷阱"中跳出来,从而求得整体最优解。研究表明,对大多数组合优化问题而言,模拟退火算法要优于局部搜索算法。下面对几个典型问题给出一个用模拟退火迭代方法实现的算法描述,以揭示其建立数学模型和新解产生的基本求解方法。

7.1.3 求解旅行商问题(TSP)

所谓 TSP(Traveling Salesman Problem)问题是一个有名的求解优化问题:在 n 个城市的集合中,找出一条经过每个城市各一次,最终回到起点的最短路径。

问题描述:如果已知城市 A、B、C、D、…之间的距离为 $d(\mathrm{A,B})$、$d(\mathrm{B,C})$、$d(\mathrm{C,D})$、…,那么总的距离 $d=d(\mathrm{A,B})+d(\mathrm{B,C})+d(\mathrm{C,D})+\cdots$,求其 $\min(d)$ 的解。

对于 n 个城市的全排列共有 $n!$ 种,而 TSP 并没有限定路径的方向,即为全组合,所以在确定的城市数 n 的条件下,其路径总数为 $R_n=n!/(2n)\ (n\geqslant 4)$。在 n 个城市基础上,每添加一个城市,则路径总数要添加 n 倍。TSP 问题的求解是一个 NP-hard 问题。

TSP 的解是若干城市的有序排列,任何一个城市在最终路径上的位置可用一个 n 维的 0、1 矢量表示,对于所有 n 个城市,则需要一个 $n\times n$ 维矩阵。

设有 n 个城市及其距离从至矩阵 $\boldsymbol{D}=(d_{ij})$,其中 d_{ij} 表示从城市 i 到城市 j 的距离,则旅行商问题用于要找出遍访每个城市恰好一次的一条回路,且其路径长度为最短。

用模拟退火算法求解旅行商问题的过程和算例如下。

1. 解空间

旅行商问题的解空间 $\boldsymbol{S}$ 可表现为 $\{1,2,\cdots,n\}$ 的所有循环排列的集合,即

$$S = \{\text{Path}_i \mid \text{Path}_i(k_1, k_2, \cdots, k_n)\text{为}(1, 2, \cdots, n)\text{的循环排列}\} \tag{7-4}$$

其中,每一个循环排列表示遍访 n 个城市的一条回路,初始解可选为 $s_0 = \{1, 2, \cdots, n\}$。

2. 目标函数

旅行商问题的目标函数是访问所有城市的路径长度或代价函数,最优为极小值,即

$$\min_{\text{Path}_i} f(\text{Path}_i) = \min f(k_1, \cdots, k_n) = \min \sum_{i=1}^{n} d_{k_i k_{i+1}} \tag{7-5}$$

其中 $k_{n+1} = k_1$,而一次迭代步骤由新解的产生、代价函数差及接受准则构成。

3. 新解

设当前解为 $\text{Path}_i = (k_1, \cdots, k_n)$,新解可通过分别或交替使用以下三种方法来产生。

(1)两点交换法

随机选出当前解序号 u 和 v(设 $u < v$),交换 u 与 v 之间的访问序号,得到新解路径为:

$$\text{Path}_{i+1} = (k_1, \cdots, k_{u-1}, k_v, k_{u+1}, \cdots, k_{v-1}, k_u, k_{v+1}, \cdots, k_n) \tag{7-6}$$

(2)2 变换法

随机选出当前解序号 u 和 v(设 $u < v$),交换 u 与 v 之间的访问顺序,得到新解路径为:

$$\text{Path}_{i+1} = (k_1, \cdots, k_{u-1}, k_v, k_{v-1}, \cdots, k_{u+1}, k_u, k_{v+1}, \cdots, k_n) \tag{7-7}$$

(3)3 变换法

任选序号 u、v 和 w(设 $u \leqslant v < w$),将 u 和 v 之间的路径插入 w 之后访问,新路径为:

$$\text{Path}_{i+1} = (k_1, \cdots, k_{u-1}, k_{v+1}, \cdots, k_w, k_u, \cdots, k_v, k_{w+1}, \cdots, k_n) \tag{7-8}$$

在实际中经常将上述方法综合交替使用。

4. 目标函数差

相应于新解,目标函数差为:

$$\Delta f = f(\text{Path}_{i+1}) - f(\text{Path}_i) \tag{7-9}$$

5. 接受准则

由于目标函数越小越好,所以接受新解的准则为:

$$p = \begin{cases} 1, & \Delta f < 0 \\ \exp(-\Delta f / T) & \text{其他} \end{cases} \tag{7-10}$$

6. 模拟退火算法程序

根据上述分析,编写模拟退火算法求解 TSP 问题的函数(扫描二维码查看程序 23),调用格式如下:

[BestPath, totalLength] = Fun_SAA_TSP(CitySite, DisMat)

函数 Fun_SAA_TSP 的输入参数为:①表示 n 个城市地点坐标的 $n \times 2$ 矩阵 CitySite;②表示 n 个城市地点间实际距离的 $n \times n$ 矩阵 DisMat。函数的输出参数为:①最优路径 BestPath;②最优路径的总长度 totalLength。

当调用函数 Fun_SAA_TSP 的输入参数仅为城市的地点坐标矩阵 CitySite 时,则依据 CitySite 计算出各城市之间的直线距离矩阵 DisMat。

【例 7-1】采用模拟退火算法计算 31 个城市之间的 TSP 问题,需要提供的信息是 31 个城市的位置坐标,其 MATLAB 代码如下:

```
% 开始模块:准备输入数据,调用模拟退火算法函数,输出结果。
% 31 个城市位置对应的(x,y)坐标组成 31 行 2 列矩阵 CitySite
CitySite = [1304 2312; 3639 1315; 4177 2244; 3712 1399; 3488 1535; 3326 1556; 3238 1229; 4196 1044;…
         4312  790;  4386  570;  3007 1970; 2562 1756; 2788 1491; 2381 1676; 1332  695;  3715 1678;…
         3918 2179; 4061 2370; 3780 2212; 3676 2578; 4029 2838; 4263 2931; 3429 1908; 3507 2376;…
         3394 2643; 3439 3201; 2935 3240; 3140 3550; 2545 2357; 2778 2826; 2370 2975];
[BestPath,totalLength] = Fun_SAA_TSP(CitySite);            % 调用模拟退火算法求解 TSP 的函数
```

经过几次运行,得到最短路径如下:

```
Elapsed time is 103.663556 seconds.
BestPath = [1,15,14,12,13,11,23,…
           5,6,7,10,9,8,2,4,16,…
           19,17,3,18,22,21,20,…
           24,25,26,28,27,30,31,29]
totalLength =
        1.5387e+04
```

最优路径如图 7-1 所示。

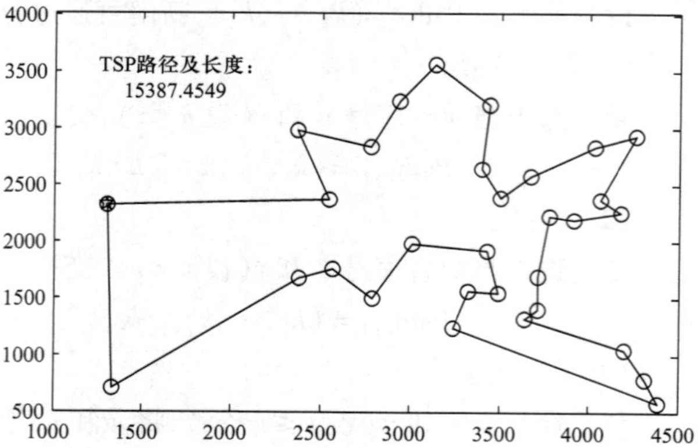

图 7-1　31 个城市 TSP 问题的解

7.1.4　求解最大截问题(MCP)

最大截问题(MCP,Max Cut Problem)是指给定赋权图 $\boldsymbol{G}=(\boldsymbol{V},\boldsymbol{E})$,权矩阵为 $\boldsymbol{W}=(\boldsymbol{w}_{ij})$,要将 $\boldsymbol{V}$ 划分为子集 $\boldsymbol{V}_0$ 和 $\boldsymbol{V}_1$,使 $\boldsymbol{V}$ 中所有顶点分属 $\boldsymbol{V}_0$ 和 $\boldsymbol{V}_1$ 的边的权之和最大。

用模拟退火算法求解最大截问题的过程和算例如下。

1. 解空间

最大截问题解空间可表示为集 $\boldsymbol{V}$ 的所有分为两个子集 $\boldsymbol{V}_0$ 和 $\boldsymbol{V}_1$ 的划分 δ 的集合,即

$$\boldsymbol{S}=\{\delta \mid \delta \text{ 是把 } \boldsymbol{V} \text{ 分成 } \boldsymbol{V}_0 \text{ 和 } \boldsymbol{V}_1 \text{ 的划分}\} \tag{7-11}$$

其中,划分 $\delta(i)=b\,(\mathrm{i}=1,2,\cdots,n;\ b=0,1)$,表示顶点 $v_i \in V_b$。初始解选为 $\delta(i)=0, i=1,2,\cdots,n$。

2. 目标函数

直接取划分所得到的截量 $f(\delta)=\sum w_{ij}$,其中 $\delta(i)\neq\delta(j)$,求使 $f(\delta)$ 最大的划分 δ。

3. 新解

任选某一顶点 $v\in \boldsymbol{V}$,将其从目前子集移到另一子集中去,即 $\delta(v)=1-\delta(v)$。

4. 目标函数差

根据目标函数与产生新解的方法可知,相应于新解的目标函数差为

$$\Delta f=\sum_{\delta(v)=1-b} w_{ij}-\sum_{\delta(v)=b} w_{ij} \tag{7-12}$$

5. 接受准则

由于 MCP 为最大优化问题，所以接受准则为：

$$P=\begin{cases}1, & \Delta f>0\\ \exp(\Delta f/T), & \text{其他}\end{cases} \tag{7-13}$$

6. 模拟退火算法程序

根据上述分析，编写模拟退火算法求解最大截 MCP 问题的函数（扫描二维码查看程序 24），调用格式如下：

[BestS, maxCapacity] = Fun_SAA_MCP(Capacity)

函数 Fun_SAA_MCP 的输入参数为：点间权矩阵 Capacity。函数的输出参数为：①最优划分 BestS；②划分的最大截量 maxCapacity。

【例 7-2】 采用模拟退火算法计算 9 个点的最大截 MCP 问题，需要输入 9 个点之间的点间权矩阵，算例 MATLAB 代码如下：

```
% 开始模块：准备输入数据，调用模拟退火算法函数，输出结果。
% 9 个点之间的权矩阵 Capacity
Capacity = [9   19   0   0   8   0   5   0   0
            0   0   10   9   0   0   16   5   10
            10  7   0   1   0   0   0   0   6
            5   0   3   0   0   3   0   0   0
            1   4   14  18  10  11  4   13  0
            6   14  4   1   0   3   0   10  0
            0   0   0   0   0   0   9   0   9
            9   0   0   7   0   0   1   5   0
            0   0   0   13  0   0   0   13  1];
[BestS, maxCapacity] = Fun_SAA_MCP(Capacity);          % 调用模拟退火算法求解 MCP 问题的函数

% 输出结果
fprintf('Best S: %d\n', BestS);
fprintf('Total Capacity: %d\n', maxCapacity);
```

经过计算，得到最大截问题的点集划分如下：

```
Elapsed time is 0.465370 seconds.
Best S:  1  0  1  1  0  0  1  1  0
Total Capacity:  137
```

7.1.5 求解 0/1 背包问题（ZKP）

0/1 背包问题是指给定一个可装质量 M 的背包及 n 件物品，物品 i 的质量和价值分别为 w_i 和 c_i，要选取若干件物品装入背包，使其价值之和最大。

0/1 背包问题模拟退火算法及算例如下。

1. 解空间

0/1 背包问题是一个有约束的优化问题，因此，限定解空间为所有可行解的集合，即

$$\boldsymbol{S}=\{(x_1,x_2,\cdots,x_n)\mid w_1x_1+\cdots+w_nx_n\leqslant M, x_i\in\{0,1\}\} \tag{7-14}$$

2. 目标函数及约束条件

$$\max f(x_1,x_2,\cdots,x_n)=c_1x_1+c_2x_2+\cdots+c_nx_n$$

$$\text{s. t.} \qquad w_1x_1 + \cdots + w_nx_n \leqslant M, x_i \in \{0,1\} \tag{7-15}$$

3. 新解的产生

随机选取物品 i，若 i 不在背包中，则将其直接装入背包，或者同时从背包中随机取出另一件物品 j；若 i 已在背包中，则将其取出，并同时随机装入另一物品 j，即 $x_i = 1 - x_i$，且(或) $x_j = 1 - x_j$。

4. 背包价值差与质量差

根据目标函数与产生新解的方法可知，相应于新解的目标函数差为

价值差：

$$\Delta f = \begin{cases} c_i & \text{装入物品 } i \\ c_i - c_j & \text{装入物品 } i\text{，取出物品 } j \\ c_j - c_i & \text{装入物品 } j\text{，取出物品 } i \end{cases} \tag{7-16}$$

质量差：

$$\Delta m = \begin{cases} w_i & \text{装入物品 } i \\ w_i - w_j & \text{装入物品 } i\text{，取出物品 } j \\ w_j - w_i & \text{装入物品 } j\text{，取出物品 } i \end{cases} \tag{7-17}$$

5. 接受准则

$$P = \begin{cases} 0, & & m + \Delta m > M \\ 1, & \Delta f > 0, & m + \Delta m \leqslant M \\ \exp\left\{\dfrac{\Delta f}{T}\right\}, & & \text{其他} \end{cases} \tag{7-18}$$

6. 算法程序

0/1 背包问题存在一个直观的启发式算法——贪婪算法，即按物品单位质量价值的高低顺序装入物品。用贪婪算法构建初始方案，然后用模拟退火算法进行调整。

编写求解 0/1 背包问题的函数(扫描二维码查看程序 25)，调用格式如下：

[BestS, maxValue, SW] = Fun_SAA_ZKP(OBJ, M)

函数 Fun_SAA_ZKP 的输入参数为：①物品的属性结构，OBJ. C 是物品价值矩阵，OBJ. W 是物品质量矩阵，OBJ. Density 是物品单位质量价值(密度)矩阵；②背包装载的最大质量 M。函数的输出参数为：①最优装包物品选择 BestS；②装包物品的最大总价值 maxValue；③装包物品的总质量 SW。

【例 7－3】 11 件物品的 0/1 背包问题的算例如下。

```
%开始模块:准备输入数据,调用模拟退火算法函数,输出结果。
OBJ.C=[9  19  8  5  10  16  7  1  6 15 3];          % 11 件物品的价值属性
OBJ.W=[3  19  18  10  11  4  13  6  9 13 1];        % 11 件物品的质量属性
OBJ.Density=OBJ.C./OBJ.W;
M=66;

[BestS,maxValue,SW]=Fun_SAA_ZKP(OBJ,M);             % 调用模拟退火算法求解 ZKP 问题的主函数
%输出结果
disp('装包物品选择 BestS:');
disp(BestS);
fprintf('装包物品总价值 maxValue: %d\n',maxValue);
fprintf('装包物品总质量 SW:  %d\n',SW);
```

经计算,得到最优装包物品如下:

```
Elapsed time is 14.045609 seconds.
装包物品选择 BestS:
    1  1  0  0  1  1  0  1  1  1  1
装包物品总价值 maxValue: 79
装包物品总质量 SW:  66
```

7.2 遗传算法

遗传算法是模拟在自然环境中生物界自然选择的遗传机制和进化过程而形成的一种自适应全局优化的随机搜索算法。它最早由美国密歇根大学的 Holland 教授提出,起源于 20 世纪 60 年代对自然和人工自适应系统的研究。20 世纪 70 年代,De. Jong 基于遗传算法的思想,在计算机上进行了大量的纯数值函数优化计算实验。在一系列研究工作的基础上,20 世纪 80 年代由 Goldberg 进行总结,形成了遗传算法的基本框架。其主要特点是群体搜索策略和群体中个体之间的信息交换,搜索不依赖梯度信息;在实现机制上,遗传算法是一种离散动力学系统,在给定初始群体和遗传操作的前提下,通过迭代实现群体的进化。所以它的应用范围非常广泛,尤其适合于处理传统搜索方法难以解决的复杂和非线性问题,可广泛用于组合优化、机器学习、自适应控制、规划设计和人工生命等领域,从而确立了它在 21 世纪的智能计算技术中的关键地位。

7.2.1 遗传算法的基本概念

遗传算法是在研究复杂系统中产生的:一方面,遗传算法抽取和解释了自然系统的自适应过程;另一方面,遗传算法为人工系统的设计提供了自然系统机理依据。遗传算法借用"染色体"来表示解决问题的可行方案或问题模型的解,借用"基因"表示可行方案或解的组成要素。

生物进化的思想给解决计算问题带来了启示。进化是在大量的可能选择中寻找解决方案的一种方法,在生物学中"大量的可能选择"是指可能的基因序列的集合,而解决方案是指具有高度适应性的有机体,即能够在环境中很好地生存和繁衍的有机体。进化的过程是在不断变化的可能性中寻找答案。

生物的有性生殖遗传方式是两个同源染色体之间通过交叉而重组,即在两个染色体的某一位置的 DNA 被切断,其前后两串分别交叉组合而形成新的染色体。在进行细胞复制时,有可能产生某些复制差错,从而使 DNA 发生某种变异,产生新的染色体。这些新的染色体表现出新的性状。每一个生物个体对其生存环境都有不同的适应能力,这种适应能力称为个体的适应度。对环境适应性好的基因或染色体经常比适应性差的基因或染色体有更多的机会遗传到下一代。生物进化是一种大规模的并行作用,不是一次作用于一个物种,而是同时作用于多个物种。进化的"规则"(过程)是相当简单的,物种在自然选择(通过交叉、变异和其他方式)的作用下不断进化,适应性越强的物种越容易生存和繁衍,并将适应环境的基因物质复制给后代。

遗传算法是一种由一组“染色体种群”通过“自然选择”的机制转化成另一组“染色体种群”的方法。“染色体”是由“基因”组成的,“基因”表示一个遗传因子。“自然选择”是由遗传学中“复制”“交叉”和“变异”几种作用共同完成的。复制是从染色群体中选出可以繁殖后代的染色体,适应性强的染色体比适应性弱的染色体产生出更多的后代。交叉是指用于交换两个染色体的组成部分,这种方法模仿两个单倍体(只有一个染色体的有机物)的再结合。变异是指染色体上某遗传因子的值随机地突然改变。

生物遗传概念在遗传算法中的作用如表 7 - 2 所示。

表 7 - 2 生物遗传概念在遗传算法中的作用

生物遗传概念	遗传算法中的作用
适者生存	在算法停止时,有最大目标值的解有最大的可能被留住
个体(individual)	解
染色体(chromosome)	解的编码
基因(gene)	解中每一分量的特征
适应性(fitness)	适应函数值
群体或种群(population)	选取的一组解
复制(reproduction)	根据适应函数值选取的一组解
交叉(crossover)	通过交叉原则产生一组新解
变异(mutation)	编码的某一个分量发生变化

7.2.2 遗传算法的基本原理

每一个染色体都是搜索空间中的一个点,代表了一个候选解。为检验染色体的优劣(或候选解的好坏),需要一个适应度函数来检查每一个染色体(候选解)的适应性,即该染色体(候选解)对于所给定问题的有效性的度量。

遗传算法是指对染色体种群不断进行进化处理,不断地用一个新的染色体种群替换原来的染色体种群,即不断地尝试新的候选解,在每一次替换(进化)中,适应性高的染色体被保留或遗传的概率大,适应性低的染色体被保留或遗传的概率小,染色体种群(候选解)得到不断的进化(优化)。

在遗传算法中,染色体用数据或数组表示。标准遗传算法一般用串结构数据来表现,串上的各个位置对应上述的基因,而各个位置上所取的值对应上述的等位基因。

遗传算法处理的是染色体(或称基因型个体),一定数量的个体组成了群体,也称种群。群体中个体的数目称为群体的大小,也称群体规模。个体对环境的适应程度称为适应度。

遗传算法的执行包含两个必须的数据转换操作:一个是表型到基因型的转换,把搜索空间中的参数或解转换成遗传空间中的染色体或个体,此过程又称编码操作;另一个是基因型到表型的转换,是编码操作的相反操作,称为译码操作。

掌握遗传算法就是要理解和掌握以下五个基本要素。

1. 问题编码

将问题的解空间进行编码,把搜索空间中的解映射成遗传空间中的染色体或个体,以便利用遗传算法进行处理。编码方法有二进制编码、格雷码编码、多参数编码、实数编码、符号编码、可变长编码、Gray 编码、动态编码等方法。

二进制编码是由 0 和 1 所组成的二值串。二值编码的方法是根据解空间的精度要求，确定二进制编码参数的串长，最后还要将二值串结果解码成实数。二进制编码、解码简单易行，便于实现交叉、变异等遗传操作。但对于一些连续函数的优化问题，二进制编码局部搜索能力较差，而格雷码能有效地防止这类现象。格雷码是一种二进制编码方法的变形，其连续两个整数所对应的编码值之间只有一个码位是不同的。在优化问题求解中常会遇见多参数优化问题，可将每一个参数进行二值编码以得到子串，每个子串对应各自的编码参数，然后将子串构成一个完整的染色体串。

实数编码是指个体的每个基因值用某一范围内的一个实数来表示，遗传算法操作必须保证其产生的新个体的基因值在这个区间限制范围内。实数编码适于表示范围较大的数和精度要求较高的情景，便于较大空间的搜索，改善了遗传算法的计算复杂性，提高了运算效率，便于使用混合优化方法、描述各种问题和处理复杂的约束条件。

符号编码法是指个体染色体编码串中的基因值取自一个无数值含义，而只有代码含义的符号集，如{A，B，C…}。符号编码便于在遗传算法中利用所求解问题的专门知识，但需要认真设计交叉、变异等遗传运算的操作方法，以满足问题的各种约束要求，从而提高搜索性能。

2. 初始群体生成

初始群体中的每一个个体都是通过随机方法产生的，称为进化的初始代或第一代。

3. 适应度函数的构建

在遗传算法的搜索过程中，需要依据问题求解的目标构建评估个体或解的优劣程度的函数，并作为遗传操作的依据，评估函数值又称适应度。不同问题的适应性函数的定义方式不同。依据达尔文的自然选择原则，个体适应度越高，其被选择的概率就越大。

对适应度函数的要求是，针对输入可计算出能加以比较的非负结果。遗传算法仅以适应度函数为依据，不受连续可微的约束，且定义域可以为任意组合，这一特点使得遗传算法应用广泛。适应度函数是复制操作的依据，适应度函数的设计直接影响遗传算法的性能。

适应度函数由目标函数转换而来，其特点是为单值、非负和越大越好。许多实际问题的目标函数是求费用函数 $g(x)$ 最小或求利润函数 $g(x)$ 最大，需要将其转化为适应度最大化问题。一般将目标函数转化为适应度函数有以下几种基本方法。

① 对于目标函数为最大化问题，可将适应度函数 $fit(x)$ 等于目标函数 $g(x)$：

$$fit(x)=g(x) \tag{7-19}$$

② 对于目标函数为最小化问题，可进行如下转换：

$$fit(x)=-g(x) \tag{7-20}$$

③ 当不能保证非负时，进行如下转换：

$$fit(x)=\begin{cases} C_{max}-g(x), & \text{当 } C_{max}>g(x) \\ 0 & \text{其他情况} \end{cases} \tag{7-21}$$

其中，C_{max}是 $g(x)$ 的最大值估计。

④ 当求解问题的目标函数采用利润时，为了保证其非负性，可用如下变换式：

$$fit(x)=\begin{cases} g(x)-C_{\min}, & \text{当 } g(x)-C_{\min}>0 \\ 0 & \text{其他情况} \end{cases} \tag{7-22}$$

式中 $C_{\min}$ 是 $g(x)$ 的最小估值。

第③、④方法是对第①、②方法的改进，也有下面两种改进的方法。

⑤ 若目标函数为最小化问题，则：

$$fit(g(x))=\frac{1}{1+c+g(x)},\quad c\geqslant 0, c+g(x)\geqslant 0 \tag{7-23}$$

⑥ 若目标函数为最大化问题，则：

$$fit(g(x))=\frac{1}{1+c-g(x)},\quad c\geqslant 0, c-g(x)\geqslant 0 \tag{7-24}$$

式(7-23)、(7-24)中的 c 为目标函数界限的保守估计值。将目标函数转化为合理适应度函数的目的是适合算法要求和提高搜索效率。

4. 控制参数的设定

遗传算法的控制参数主要包括群体的大小 NPol、终止代数 NGen、使用遗传操作的交叉概率 P_c 和变异概率 P_m。

5. 遗传操作算法的设计

遗传操作算法的设计是遗传算法应用的关键，详见 7.2.3 节。

以上五个基本要素构成遗传算法的核心内容。

7.2.3 遗传算法的实现

遗传算法是一种以群体中的所有个体为对象的群体型操作。最简单的遗传算法的处理流程如图 7-2 所示，主要包括以下三种遗传操作。

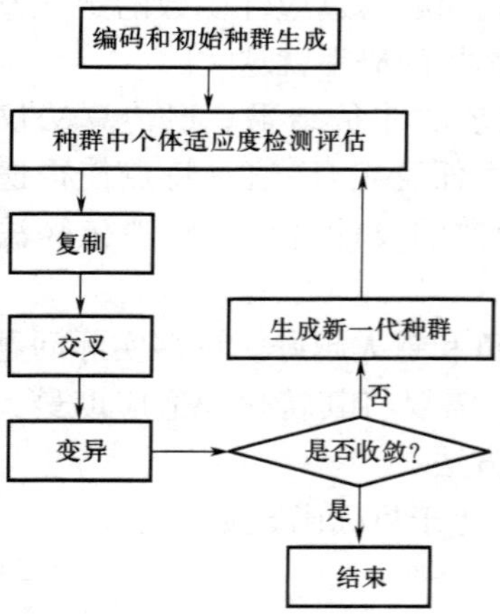

图 7-2 遗传算法的基本流程

1. 复制操作

从染色体种群中复制某些染色体用于繁殖后代，生成新的候选解，染色体的适应度越高，它被复制的概率就越大。例如，适应度值比例法(又称赌轮或蒙特卡罗选择)，设群体的大小为 n，其中个体 i 的适应度为 f_i，则被复制的概率为 p_i

$$p_i=\frac{f_i}{\sum_{i=1}^{n} f_i} \tag{7-25}$$

生存下来的染色体组成种群，形成一个可以繁衍下一代的群体。

2. 交叉操作

随机选取一个基因位，将两个染色体在该基因位上交叉互换，或者将该基因位前后的两个个体的部分结构进行互换，生成两个新的个体后代。新一代的产生是一个生殖过程，它产生了新解。

3. 变异操作

随机改变染色体中某一基因位上的遗传因子的值将生成新的个体后代(新解)。新解产生的过程之一是发生基因变异(突变),变异使某些解的编码发生变化,使解有更大的遍历性。

4. 遗传算法的 MATLAB 程序

编写基本的遗传算法函数(扫描二维码查看程序 26),调研格式如下:

[x_max,fval_max] = Fun_BasicGeneticArithmetic(fitness,LB,UB,NPol,NGen,Pc,Pm,discrete)

函数 Fun_BasicGeneticArithmetic 的输入参数为:①待优化的适应度(目标)函数 fitness;②自变量下界 LB;③自变量上界 UB;④种群大小 NPol;⑤最大进化代数 NGen;⑥交叉概率 Pc;⑦变异概率 Pm;⑧自变量离散精度 discrete。函数的输出参数为:①适应度(目标)函数取最大值时的解 x_max;②适应度(目标)函数的最大值 fval_max。

5. 遗传算法的算例

【例 7-4】用遗传算法求函数 $f(x)=x^2, x\in[0,31]$ 的最大值。

调用遗传算法函数进行问题求解的 MATLAB 主程序如下:

```
% Basic_GA_main,开始模块:准备输入数据,调用遗传算法函数,输出结果
% 31 的二进制表示是 11111,可用 5 位二进制编码表示 x

LB       =0;              %x 取值下限
UB       =31;             %x 取值上限
NPol     =20;             %染色体种群的大小
NGen     =10;             %计算的代数
Pc       =0.66;           %交叉概率
Pm       =0.001;          %变异概率
discrete =1;              %自变量离散精度

[x_max,fval_max] = Fun_BasicGeneticArithmetic('fitness',LB,UB,NPol,NGen,Pc,Pm,discrete);

fprintf('x_max:  %d\n',x_max);       %输出结果
fprintf('fval_max: %d\n',fval_max);  %输出结果
```

目标函数 fitness 的 MATLAB 程序如下:

```
function FitnessValue = fitness(x)
    FitnessValue = x.^2;          %f(x) = x^2,x∈[0,31]
end
```

经计算,得到最优结果如下:

```
x_max:31
fval_max:961
```

7.2.4 基于改进遗传算法求解 TSP 问题

TSP 问题同 7.1.3 节,解空间和目标函数都是一样的,遗传算法的染色体对应 TSP 的路

径方案。需要注意的是，遗传交叉操作和变异操作应保证新的个体处于可行的解空间，即染色体编码中不允许有重复的路径符号，所以需要对原遗传算法的交叉和变异算子的细节进行改进。

1. 改进遗传算法的详细设计

（1）编码

编码使用路径表示法，这是TSP问题的最自然的表示方式，按访问城市编号的顺序排列编码 $x=(v_1,v_2,\cdots,v_n)$。例如，路径8－1－7－5－9－4－6－3－2可表示为（8 1 7 5 9 4 6 3 2）。

（2）初始种群的设计

采用随机方式对种群进行初始化操作。在MATLAB中，系统内建函数randperm(n)可以随机产生一个由自然数1到 n 组成的全排列，调用该函数可非常方便地产生初始种群。但随机生成的初始个体适应度较低，影响算法的收敛性。所以，可采用贪心选择策略来初始化种群，这样可以使得初始种群中包含大量的最优子路径，以提高种群的适应度。

采用贪心选择策略进行初始化种群的算法如下。

第一步，随机生成一个城市编号 v_i，再选择离城市 v_i 最近的城市 v_j 构成一条通路 $\{v_i,v_j\}$，并对 v_i、v_j 城市做已选择标记。

第二步，分别找出离已选通路开始和结束城市 v_i、v_j 最近的未被选择的城市 v_m、v_n，若 $d(v_i,v_m)<d(v_j,v_n)$，则选择 v_m 构成路径 $\{v_m,v_i,v_j\}$，否则选择 v_n 构成路径 $\{v_i,v_j,v_n\}$。

第三步，重复第二步，直到所有城市都加入通路中，则构成一个初始染色体。

第四步，重复以上步骤，直到生成的染色体达到种群规模。该双向贪心选择初始化个体的方法会加快算法的收敛性。

（3）适应度函数

适应度函数直接采用目标函数TSP巡回的总距离：

$$fit(x)=\sum_{i=1}^{n-1}d(v_i,v_{i+1})+d(v_n,v_1) \tag{7-26}$$

式中 $x=(v_1,v_2,\cdots,v_n)$ 为方案编码的染色体；v_i 是染色体的第 i 个基因，表示TSP路径中第 i 个到达的城市编号；$d(v_i,v_j)$ 是由城市 v_i 到城市 v_j 的距离。

（4）交叉算子设计

为保证生成的个体处于可行空间，交叉算子通过选择父个体1的一部分城市代码，并结合其他城市代码在父个体2中按相对顺序形成的另一部分，生成新的个体。为避免破坏最优子路径和避免产生不可行的个体，采用贪婪交叉算子将两个父个体parent1和parent2产生两个子个体offspring1和offspring2。改进的贪婪交叉算子过程如下。

第一步，随机选择一个城市 v_i 作为交叉的起点，初始化子个体offspring1和offspring2的代码串，这时个体中只包含一个城市 v_i。

第二步，依据offspring1的右端点 v_i（或offspring2的左端点 v_i），分别从parent1和parent2中找出 v_i 右（左）边的城市right1和right2（left1和left2），计算 v_i 到right1、right2（left1、left2）的距离d1和d2。

第三步，如果d1 ≤ d2，则将right1（left1）加入offspring1（offspring2）中，并将parent1和

parent2 中的城市 right1(left1)删除;如果 d1 > d2,则将 right2(left2)城市加入 offspring1(offspring2)中,并将 parent1 和 parent2 中的 right2(left2)删除。

第四步,重复以上第二步和第三步,直到生成新的染色体 offspring1(offspring2)。

(5)变异算子设计

变异算子采用贪心变异算子,其基本算法为:首先随机选择一个基因城市 city,然后在 city、city 左邻、city 右邻以外的其他城市中选择距离 city 最近的城市 city',再对 city 右邻到 city' 之间的城市编码实行倒序操作。例如,从父个体(6 2 5 3 1 8 4 7)中随机选择一个城市 3,假设离城市 3 最近的有城市 6 和城市 8。如果选城市 6 作为第 2 点,则倒序后产生新个体为(2 5 3 6 7 4 8 1);若选城市 8 作为第 2 点,则产生新个体为(6 2 5 3 8 1 4 7)。

(6)复制算子

复制算子一般基于适应度比例进行设计,但存在容易因过早收敛而得不到最优解的问题。以下是采用基于适应度值大小的顺序进行复制的算子。

第一步,从上一代群体中按等概率选取 k 个个体。

第二步,从选取的 k 个个体中选择最好的个体作为下一代群体中的个体。

第三步,重复第一步和第二步,直到新一代群体达到设定的规模。这种复制算子在一定程度上避免了经过复制后染色体过于集中的情况。

2. 改进遗传算法的 MATLAB 程序

求解 TSP 问题的改进遗传算法函数(扫描二维码查看程序 27),调用格式如下:

[BestPath, totalLength] = Fun_GA_TSP(NPol, NGen, Pc, Pm, Site, DM)

函数 Fun_GA_TSP 的输入参数:①种群大小 NPol;②最大进化代数 NGen;③交叉概率 Pc;④变异概率 Pm;⑤n 个城市地点坐标的 $n\times2$ 矩阵 Site;⑥n 个城市间实际距离 $n\times n$ 矩阵 DM。函数的输出参数:①最优路径 BestPath;②路径的总长度 totalLength。

3. 算例

【例 7-5】 Oliver TSP 问题是 GA 的经典测试问题,其 30 个城市的坐标如表 7-3 所示。

表 7-3　30 个城市坐标

City	x	y	City	x	y	City	x	y
1	87	7	11	58	69	21	4	50
2	91	38	12	54	62	22	13	40
3	83	46	13	51	67	23	18	40
4	71	44	14	37	84	24	24	42
5	64	60	15	41	94	25	25	38
6	68	58	16	2	99	26	41	26
7	83	69	17	7	64	27	45	21
8	87	76	18	22	60	28	44	35
9	74	78	19	25	62	29	58	35
10	71	71	20	18	54	30	62	32

根据上述信息，构建求解 Oliver TSP 问题的 MATLAB 主程序如下：

```
% Oliver TSP 问题 30 个城市位置对应的(x,y)坐标组成 30 行 2 列矩阵 CitySite
CitySite = [87 7; 91 38; 83 46; 71 44; 64 60; 68 58; 83 69; 87 76; 74 78; 71 71;…
          58 69; 54 62; 51 67; 37 84; 41 94; 2 99; 7 64; 22 60; 25 62; 18 54;…
          4 50; 13 40; 18 40; 24 42; 25 38; 41 26; 45 21; 44 35; 58 35; 62 32];
NPol = 99;   NGen = 66;   Pc = 0.5;   Pm = 0.3;
[BestPath, totalLength] = Fun_GA_TSP(NPol, NGen, Pc, Pm, CitySite)
```

经多次运算，得到以下优化结果，如图 7－3 所示。

```
Elapsed time is 4.113385 seconds.
Best Path = [11,12,13,14,15,16,17,19,18,20,21,22,23,24,25,28,26,27,29,30,1,2,3,4,6,5,7,8,9,10]
Total Length = 424.8693
```

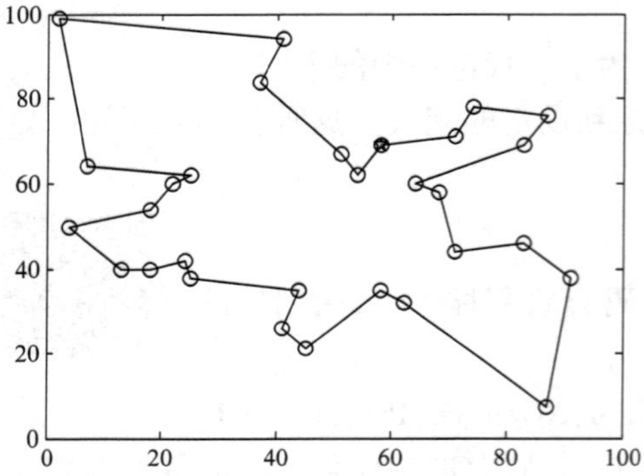

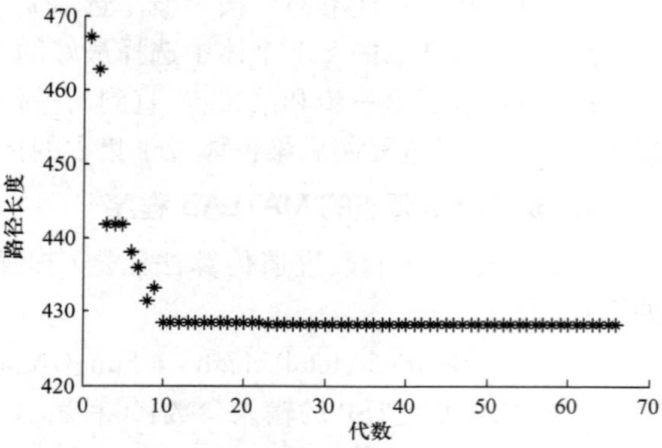

图 7－3　Oliver TSP 问题的最优路径

重新计算 7.1.3 节旅行商问题的 MATLAB 主程序如下：

```
% 31 个城市位置对应的(x,y)坐标组成 31 行 2 列矩阵 CitySite
CitySite = [1304 2312;3639 1315;4177 2244;3712 1399;3488 1535;3326 1556;…
          3238 1229;4196 1044;4312  790;4386  570;3007 1970;2562 1756;…
          2788 1491;2381 1676;1332  695;3715 1678;3918 2179;4061 2370;…
          3780 2212;3676 2578;4029 2838;4263 2931;3429 1908;3507 2376;…
          3394 2643;3439 3201;2935 3240;3140 3550;2545 2357;2778 2826;…
          2370 2975];
NPol = 99;   NGen = 66;   Pc = 0.5;   Pm = 0.3;
[BestPath, totalLength] = Fun_GA_TSP(CitySite, NPol, NGen, Pc, Pm)
```

优化结果如下，如图 7－4 所示。

```
Elapsed time is 10.758635 seconds.
Best Path = [11,6,5,16,4,2,8,9,10,7,13,12,14,15,1,29,31,30,27,28,26,25,24,20,21,22,18,3,17,19,23]
Total Length = 1.5383e+04
```

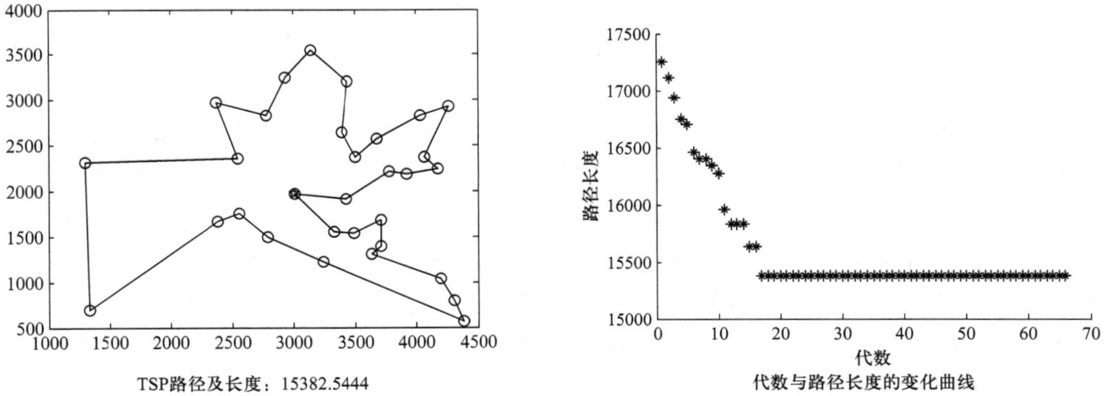

图 7-4 31 个城市 TSP 问题的最优路径

7.3 蚁群算法及其应用

蚁群算法（Ant Colony Algorithm）是一种新型的模拟进化算法，通过模拟蚁群觅食的行为，采用正反馈结构、分布式计算与某种启发式算子相结合的方法，能够快速寻得较好的结果。

7.3.1 引言

蚁群算法是 1991 年由意大利学者 M. Dorigo、V. Manierio、A. Collomi 等人提出的一种新型的模拟进化算法，他们受到人们对自然界中真实蚁群集体行为研究成果的启发，考虑蚁群搜索食物的过程与旅行商问题的相似性，利用蚁群算法求解旅行商问题（Traveling Salesman Problem）、指派问题（Assignment Problem）、资源二次分配问题（Quadratic Assignment Problem）和调度问题（Scheduling Problem），取得了一些比较满意的实验结果。

蚁群算法不仅能够智能搜索、全局优化，而且具有稳健性（鲁棒性）、适应性好、正反馈、分布式计算、易与其他算法结合等特点。利用正反馈原理，可以加快进化过程；分布式计算使该算法易于并行实现，个体之间不断进行信息交流和传递，有利于找到较好的解，不容易陷入局部最优；该算法易与多种启发式算法结合，可改善算法的性能；由于该算法鲁棒性强，故在基本蚁群算法模型的基础上进行修改，便可用于其他问题。因此，蚁群算法的问世为诸多领域解决复杂优化问题提供了有力的工具。

7.3.2 蚁群算法的基本原理

蚁群算法是对自然界蚂蚁的寻径方式进行模拟而得出的一种仿生算法。蚂蚁能够在它所经过的路径上留下一种称为外激素（pheromone）的物质以进行信息传递，且蚂蚁在运动过程中能够感知这种物质，并以此指导自己的运动方向，因此蚁群集体行为便表现出一种信息正反馈现象：某一路径上走过的蚂蚁越多，则后来者选择该路径的概率就越大。

在蚁群寻找食物时,它们总能找到一条从食物到巢穴之间的最优路径。因为蚂蚁在寻找路径时会在路径上释放出一种特殊的信息素。当它们碰到一个还没有走过的路口时,就随机地挑选一条路径前行。蚂蚁在走过的路径上会留下信息素,而后来的蚂蚁出发时会根据环境中存在的信息素来决定行走的方向。信息素浓度高的路径上会吸引更多的蚂蚁。信息素是一种挥发性的化学物质,随着时间的推移会逐渐地消逝。假定每只蚂蚁在单位距离上留下的信息素相同,则对于较短路径来说,其上残留的信息素浓度较高,这样就会引导其他蚂蚁以较大的概率选择较短的路径,从而导致这条路径上走过的蚂蚁增多;而经过的蚂蚁越多,这条路径上残留的信息素就越多,反过来又会促使更多的蚂蚁选择这条路径。这样就构成了一个正反馈的过程。经过一段时间后,蚁群中的全部蚂蚁都会集中到一条路径上,这条路径就是从蚁穴到食物源的最短路径。

蚂蚁的觅食过程如图 7 -5 所示。

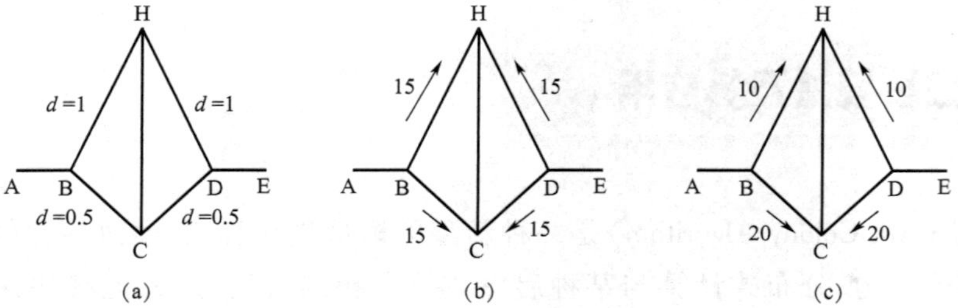

图 7 -5　蚁群的觅食过程

在图 7 -5 中,设 A 是蚁巢,E 是食物源,H、C 为障碍物,距离为 d。由于障碍物的存在,由 A 外出觅食或由 E 返回巢穴的蚂蚁只能经由 H 或 C 到达目的地。假设蚂蚁以“1 单位长度/单位时间”的速度往返于 A 和 E,每经过一个单位时间各有 30 只蚂蚁离开 A 和 E 到达 B 和 D[见图 7 -5(a)]。初始时,各有 30 只蚂蚁在 B 和 D 点遇到障碍物,开始选择路径。由于此时路径上无信息素,蚂蚁便以相同的概率随机地走两条路中的任意一条,因而 15 蚂蚁只选往 C,15 只蚂蚁选往 H[(见图 7 -5(b)]。经过一个单位时间以后,路径 BCD 被 30 只蚂蚁爬过,而路径 BHD 上则只被 15 只蚂蚁爬过(因 BCD 距离为 1 而 BHD 距离为 2),BCD 上的信息量是 BHD 上信息量的两倍。此时,又有 30 只蚂蚁离开 B 和 D,于是 20 只蚂蚁选择往 C 方向,而另外 10 只蚂蚁则选择往 H 方向[(见图 7 -5(c)]。这样,更多的信息素量被留在更短的路径 BCD 上。随着时间的推移和上述过程的重复,短路径上的信息量便以更快的速度增长,于是会有越来越多的蚂蚁选择这条短路径,从而最终完全选择这条短路径。

蚁群算法的基本原理:①蚂蚁在路径上释放信息素;②碰到还没走过的路口,就随机挑选一条路走,同时释放与路径长度有关的信息素;③信息素浓度与路径长度成反比,后来的蚂蚁再次碰到该路口时,就选择信息素浓度较高的路径;④最优路径上的信息素浓度越来越大;⑤最终蚁群找到最优寻食路径。

7.3.3　基于蚁群算法求解 TSP 问题

蚁群觅食的过程与旅行商问题具有相似性。利用蚁群系统原理求解 n 个城市的旅行商问题,首先应建立人工蚁群系统的数学模型。在人工蚁群系统中,蚂蚁具有下面几个特征:①以概率大小选择转移路线,概率则是城市之间距离和路径上残留信息量的函数;②有记忆功能,在每一次循环中,每只蚂蚁的转移路径只能是它没有走过的;③完成一次循环后,在其走过的路径上留下一定量的信息物质;④蚂蚁留在路径上的信息量随时间逐渐衰减。

1. TSP 问题的描述

TSP 问题已在前面介绍过:有 n 个城市,一个旅行商从其中一个城市出发,在访问完其余城市各一次且仅有一次后回到起点城市,要求找到一条最短的巡回路径。

2. TSP 问题数学模型

$\boldsymbol{G}=(\boldsymbol{V},\boldsymbol{A})$ 为 n 个城市的有向图,其中 $\boldsymbol{V}=\{1,2,\cdots,n\}$,$\boldsymbol{A}=\{(i,j)\mid i,j\in\boldsymbol{V}\}$;城市之间的距离从至矩阵为 $(d_{ij})_{n\times n}$; 目标函数为: $\min\left\{f(w)=\sum_{l=1}^{n}d_{i_l i_{l+1}}\right\}$,其中 $\boldsymbol{w}=(i_1,i_2,\cdots,i_n)$ 为城市 $1,2,\cdots,n$ 的一个排列,$i_{n+1}=i_1$。

3. 蚁群算法模拟分析

TSP 问题的人工蚁群算法中,假设 m 只蚂蚁在图的相邻节点间移动,从而协作异步地得到问题的解。每只蚂蚁的一步转移概率由图中的每条边上的两类参数决定:①信息素值,也称信息素痕迹 τ;②可见度,即先验启发式信息 η。

蚂蚁向下一个目标的运动是通过一个随机原则实现的,也就是运用当前所在节点存储的信息,计算出下一步可达节点的概率,并按此概率实现一步移动,逐此往复,越来越接近最优解。蚂蚁在寻找过程中,或者找到一个解后,会评估该解或解的一部分的优化程度,并把评价信息保存在相关连接的信息素中。

假设 m 是蚁群中蚂蚁的数量,$b_i(t)$ 表示在时刻 t 位于城市 i 的蚂蚁数量,则 $m=\sum_{i=1}^{n}b_i(t)$; $\eta_{ij}(t)$ 表示在时刻 t 所能提供的某种启发式信息,表示由城市 i 转移到城市 j 的期望程度。在 TSP 问题中,一般取先验启发式信息 $\eta(i,j)=1/d(i,j)$。$\tau_{ij}(t)$ 表示在时刻 t 蚁群在城市 i 和城市 j 连线上放置的信息素含量,以此来模拟实际蚂蚁分泌的信息素。初始时假设各种路径上的信息素恒等($\tau_{ij}(0)=C$ 为一预设常数);$P_{ij}^{(k)}(t)$ 表示在时刻 t 蚂蚁 k 由城市 i 转移到城市 j 的状态转移概率,则:

$$P^{(k)}(i,j)=\begin{cases}\dfrac{[\tau(i,j)]^{\alpha}[\eta(i,j)]^{\beta}}{\sum_{s\in J_k}[\tau(i,s)]^{\alpha}[\eta(i,s)]^{\beta}}, & j\in\boldsymbol{J}\\ 0, & j\in\boldsymbol{I}\end{cases}\tag{7-27}$$

其中,α 为信息启发式因子,表示信息素的相对重要性,反映了蚂蚁在运动过程中所积累的信息在蚂蚁运动时所起的作用。α 值越大,则该蚂蚁越倾向于选择其他蚂蚁所经过的路径,蚂蚁之间的协作性越强;β 为期望启发式因子,表示可见度的相对重要性,反映了蚂蚁在运动过程中启发信息在蚂蚁选择路径中受重视程度。β 值越大,则该状态转移概率越接近于贪心规则;$\boldsymbol{V}=\boldsymbol{I}\cup\boldsymbol{J}$,$\boldsymbol{I}$ 为已访问的点集,$\boldsymbol{J}$ 为未访问的点集。

信息素的更新方式有两种,一种是挥发,也就是所有路径上的信息素以一定的比率进行减少,模拟自然蚁群的信息素随时间挥发的过程;另一种是增强,给评价值“好”(有蚂蚁走

过)的边增加信息素。当所有蚂蚁完成周游后,按以下公式进行信息素更新:

$$\tau_{ij}(t+1)=(1-\rho)\tau_{ij}(t)+\Delta\tau_{ij} \tag{7-28}$$

其中,ρ 为小于 1 的信息素挥发系数;$\Delta\tau_{ij}$表示本次周游中路径(i,j)上的信息素增量。

$$\Delta\tau_{ij}=\sum_{k=1}^{m}\Delta\tau_{ij}^{(k)} \tag{7-29}$$

$\Delta\tau_{ij}^{(k)}$表示第 k 只蚂蚁在本次周游中留在路径(i,j)上的信息量。

$$\Delta\tau_{ij}^{(k)}=\begin{cases}\dfrac{Q}{L_k} & ij\in l_k\\ 0 & ij\notin l_k\end{cases} \tag{7-30}$$

其中,Q 为常数,表示一只蚂蚁所携带的信息素强度;l_k表示第 k 只蚂蚁在本次迭代中走过的路径;L_k为路径长度。

初始的蚁群算法是基于图的蚁群算法(Graph-Based Ant System,GBAS),算法步骤如下。

步骤 0:初始化,给 TSP 图中的每一条弧(i,j)赋信息素初值 $\tau_{ij}(0)=\dfrac{1}{|A|}$,假设 m 只蚂蚁都从同一城市 i_0出发。初始解是 $\boldsymbol{w}=(1,2,\cdots,[n])$,$t=1$。

步骤 1:(外循环)如果满足算法的停止规则,则停止计算并输出计算得到的最好解。否则使蚂蚁 k 从起点 i_0出发,用 $\boldsymbol{S}_k$ 表示蚂蚁 k 行走的城市集合,初始 $\boldsymbol{S}_k$ 为空集,$1\leqslant k\leqslant m$。

步骤 2:(内循环)按蚂蚁 $k\in[1,m]$的顺序分别计算。当蚂蚁 k 在城市 i,若

$$\boldsymbol{S}_k\neq\boldsymbol{V}\text{ 且 }\boldsymbol{T}=\{j|(i,j)\in\boldsymbol{A},j\notin\boldsymbol{S}_k\}-\{i_0\}\neq\boldsymbol{\Phi}$$

则以式(7-27)计算的概率到达 j,$\boldsymbol{S}_k=\boldsymbol{S}_k\cup\{j\}$,$i:=j$;若

$$\boldsymbol{S}_k=\boldsymbol{V}\text{ 或 }\boldsymbol{T}=\{j|(i,j)\in\boldsymbol{A},j\notin\boldsymbol{S}_k\}-\{i_0\}=\boldsymbol{\Phi}$$

则到达 i_0,$\boldsymbol{S}_k=\boldsymbol{S}_k\cup\{i_0\}$,$i:=i_0$,$k:=k+1$,完成第 k 只蚂蚁的计算。重复步骤 2,直到完成 m 只蚂蚁的路径搜索。

步骤 3:对 $k\in[1,m]$,若 $\boldsymbol{S}_k=\boldsymbol{V}$,则按 $\boldsymbol{S}_k$ 中城市的顺序计算路径长度;若 $\boldsymbol{S}_k\neq\boldsymbol{V}$,则路径长度置为一个无穷大值(不可达)。比较 m 只蚂蚁中的路径长度,记路径为最短的蚂蚁为 ant。若 $f(\boldsymbol{S}_k)<f(ant)$,则 $ant=\boldsymbol{S}_k$。用如下公式对 ant 路径上的信息素痕迹加强,对其他路径上的信息素进行挥发。

$$\tau_{ij}(t)=\begin{cases}(1-\rho_{t-1})\tau_{ij}(t-1)+\dfrac{\rho_{t-1}}{|w|} & (i,j)\text{为 }ant\text{ 上的一条弧}\\ (1-\rho_{t-1})\tau_{ij}(t-1) & (i,j)\text{不是 }ant\text{ 上的一条弧}\end{cases} \tag{7-31}$$

式中,挥发因子 ρ_t 满足 $\rho_t\leqslant 1-\dfrac{\ln(t)}{\ln(t+1)}$,并且 $\sum\limits_{t=1}^{\infty}\rho_t=\infty$。由式(7-31)得到新的$\tau_{ij}(t)$,$t:=t+1$。重复步骤 1。经过多次挥发,非最优路径的信息素逐渐减少至消失。

在步骤 3 中,蚁群永远记忆到目前为止的最优解。

在蚂蚁的搜寻过程中,算法以信息素的概率分布来决定从城市 i 到 j 的转移。算法中包括信息素更新的过程:①信息素挥发,信息素痕迹的挥发过程是每个连接上的信息素痕迹的浓度自动逐渐减弱的过程,由$(1-\rho_t)\tau_{ij}(t)$表示,这个挥发过程主要用于避免算法过快地向局部最优区域集中,有助于搜索区域的扩展;②信息素增强,信息素增强过程是蚁群优化算

法中可选的部分，称为离线更新方式(还有在线更新方式)，这种方式可以实现由单个蚂蚁无法实现的集中行动，即增强过程体现在观察蚁群(m 只蚂蚁)中每只蚂蚁所找到的路径，并选择其中最优路径上的弧进行信息素的增强，挥发过程在所有弧都进行，不和蚂蚁数量相关。这种增强过程中进行的信息素更新称为离线的信息素更新。

4. TSP 问题蚁群算法 MATLAB 程序

根据上述分析，构建求解 TSP 问题的蚁群算法函数(扫描二维码查看程序 28)，调用格式如下：

[BestPath，BestL，aveL，Best_Path，Best_L] = Fun_ACOA_TSP(m，Alpha，Beta，Rho，Q，iterations，Site，DisMat)

函数 Fun_ACOA_TSP 的输入参数：①蚂蚁个数 m；②表征信息素相对重要性系数 Alpha；③表征可见度启发式因子相对重要性系数 Beta；④信息素挥发系数 Rho；⑤蚂蚁信息素强度系数 Q；⑥迭代次数 iterations；⑦n 个地址坐标的 $n\times2$ 矩阵 Site；⑧n 个地址间的的 $n\times n$ 距离矩阵 DisMat。函数的输出参数：①各代最优路径 BestPath；②各代最优路径的总长度 BestL；③各代路的平均长度 aveL；④最优路径 Best_Path；⑤最优路径的总长度 Best_L。

5. 蚁群算法算例

【例 7-6】 用蚁群算法求解 TSP 问题，其中城市数为 30 个，数据如表 7-4 所示。

表 7-4　30 个城市数据

城市编号		1	2	3	4	5	6	7	8	9	10	11	12	13	14	15
坐标	x	54	54	37	41	2	7	25	22	18	4	13	18	24	25	44
	y	67	62	84	94	99	64	62	60	54	50	40	40	42	38	35
城市编号		**16**	**17**	**18**	**19**	**20**	**21**	**22**	**23**	**24**	**25**	**26**	**27**	**28**	**29**	**30**
坐标	x	41	45	58	62	82	91	83	71	64	68	83	87	74	71	58
	y	26	21	35	32	7	38	46	44	60	58	69	76	78	71	69

根据以上 TSP 30 个城市问题数据，编写 MATLAB 主程序如下：

```
% 求解 TSP 问题的蚁群算法主程序：ACOA_main1
clc, clear
% 设定算法控制参数
Iterance = 100;
Alpha = 1;
Beta = 5;
Rho = 0.5;
Q = 1000;
m = 62;
% 30 个城市位置，每个城市对应的(x,y)坐标
CitySite = [54 54 37 41 2 7 25 22 18 4 13 18 24 25 44 41 45 58 62 82 91 83 71 64 68 83 87 74 71 58; 67 62 84 94 99 64
        62 60 54 50 40 40 42 38 35 26 21 35 32 7 38 46 44 60 58 69 76 78 71 69]';
[BestPath, BestLength, aveLength, Best_Path, Best_Length] = ...
    Fun_ACOA_TSP(m, Alpha, Beta, Rho, Q, Iterance, CitySite);   % 调用蚁群算法子程序
```

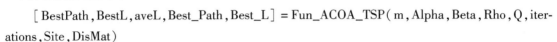

仿真计算的结果如下,如图 7 - 6 所示。

```
最优环游路径为:[11 10 9 8 7 6 5 4 3 2 1 30 29 28 27 26 24 25 23 22 21 20 19 18 17 16 15 14 13 12]
最优环游路径的距离值为:423. 911688
```

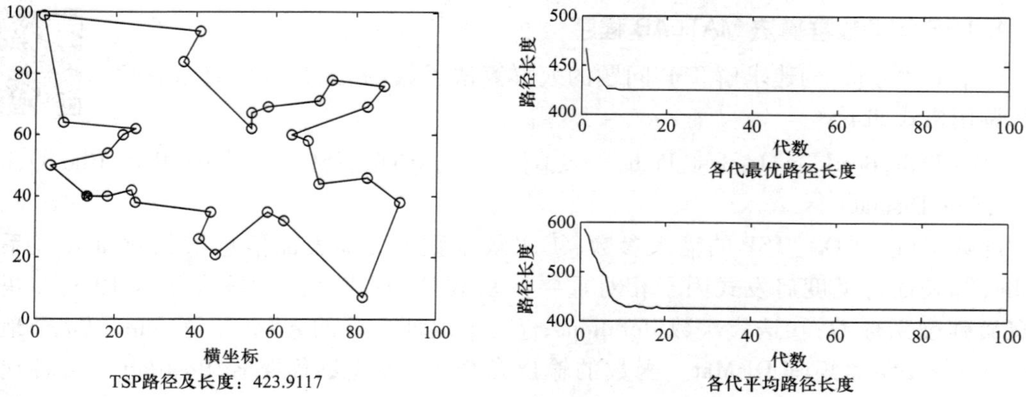

图 7 - 6　蚁群算法示例结果图

根据程序计算的输出结果,得到最短路径长度为 423. 9117,仿真最优路径为 11→10→9→8→7→6→5→4→3→2→1→30→29→28→27→26→24→25→23→22→21→20→19→18→17→16→15→14→13→12。

7. 3. 4　一般蚁群算法的框架

一般蚁群算法的框架与上述 GBAS 的框架基本相同,有三个组成部分:①蚁群的活动;②信息素的挥发;③信息素的增强。主要体现为前面的算法中步骤 2 和步骤 3 中的转移概率公式和信息素更新公式。蚁群优化算法的技术关键有四点:①解的表达形式与算法的实现;②需要记忆的信息和系数的确定;③蚁群的规模和停止规则;④蚁群算法信息素的更新。

1. 解的表达形式与算法的实现

解的表达形式是算法编码的基础。解决 TSP 问题的蚁群优化算法,其解的形式是所有城市的一个排列(闭圈,这种情况下谁在第一并不重要),信息素痕迹按每个弧记录。而对于一般以顺序作为解的优化问题,谁在第一是很重要的。蚁群算法在解决这类问题时,只需要建立一个虚拟的始终点,因此可以推广 TSP 问题的解法,用于诸多的优化问题。

例如,车间作业及下料等问题,它们的共同特点是以一个顺序表示解。TSP 问题寻找的是最短回路,而一般优化问题中,步骤 3 中的判断条件 $\boldsymbol{S}_k \neq \boldsymbol{V}$ 需要根据实际问题进行修改。

以 0 - 1 背包问题解的顺序表达形式与算法实现为例。设有一个容积为 W 的背包,n 个尺寸分别为 $\boldsymbol{w} = (w_1, w_2, \cdots, w_n)$,价值分别为 $\boldsymbol{c} = (c_1, c_2, \cdots, c_n)$ 的物品,则其数学模型为:

$$
\begin{aligned}
\max \quad & f(\boldsymbol{x}) = c_1x_1 + c_2x_2 + \cdots + c_nx_n \\
\text{s. t.} \quad & w_1x_1 + w_2x_2 + \cdots + w_nx_n \leqslant W \\
& x_i \in \{0,1\}, i = 1,2,\cdots,n
\end{aligned}
\tag{7-32}
$$

假设其解的顺序表达形式为$(0, i_1, i_2, \cdots, i_n)$,其中$(i_1, i_2, \cdots, i_n)$为$(1,2,3,\cdots,n)$的一个

排列。

算法的实现：建立有向图 $\boldsymbol{G}=(\boldsymbol{V},\boldsymbol{A})$，其中 $\boldsymbol{V}=\{0,1,2,\cdots,n\}$，$\boldsymbol{A}=\{(i,j)\mid\forall i,j\in\boldsymbol{V}\}$，$\boldsymbol{A}$ 中共有 $n(n+1)$ 条弧。初始信息素痕迹定义为 $\tau_{ij}=1/(n(n+1))$。设第 k 只蚂蚁第 t 步所走的路线为 $\boldsymbol{S}_k(t)=(0,i_1,i_2,\cdots,i_t)$，表示蚂蚁从 0 点出发，顺序到达 $(i_1,i_2,\cdots,i_t)$。第 $t+1$ 步按 TSP 算法的转移概率公式选择行走 i_{t+1}。若 $w_1+w_2+\cdots+w_t+w_{t+1}\leqslant W$，则 $\boldsymbol{S}_k(t+1)=(0,i_1,i_2,\cdots,i_{t+1})$，否则此蚂蚁不再继续行走。

对蚁群重复以上过程，比较 m 只蚂蚁的装包值 $\sum\limits_{i\in S_k}c_i,k=1,2,\cdots,m$，并记忆具有最大装包值的蚂蚁为 ant。若 $f(S_k)<f(ant)$，则 $ant=S_k$。对 ant 上的弧进行信息素的加强，其他弧进行信息素的挥发。

算法中记录了三个信息：信息素痕迹 τ_{ij}；行走路线 $\boldsymbol{S}_k(t+1)=(0,i_1,i_2,\cdots,i_{t+1})$；问题的约束条件 $w_1+w_2+\cdots+w_t+w_{t+1}\leqslant W$，以确定是否将 i_{t+1} 加入。

2. 需要记忆的信息和系数的确定

算法中需要记忆的信息有三部分。第一部分需要记忆的信息是存在每个节点的路由表数据结构

$$\boldsymbol{A}_i=\{a_{ij}\mid(i,j)\in\boldsymbol{A}\} \tag{7-33}$$

由此决定的转移概率为

$$P_{ij}=\begin{cases}\dfrac{a_{ij}(t-1)}{\sum\limits_{l\in T}a_{il}(t-1)}, & j\in\boldsymbol{T}\\ 0, & j\notin\boldsymbol{T}\end{cases} \tag{7-34}$$

其中，T 可以看作节点 i 的邻域。

$$T=A_i(t-1)=\{a_{ij}(t-1)\mid(i,j)\in A\} \tag{7-35}$$

$$a_{ij}(t-1)=\begin{cases}\dfrac{[\tau_{ij}(t-1)]^{\alpha}[\eta_{ij}(t-1)]^{\beta}}{\sum\limits_{l\in T}[\tau_{il}(t-1)]^{\alpha}[\eta_{il}(t-1)]^{\beta}}, & j\in\boldsymbol{T}\\ 0, & j\notin\boldsymbol{T}\end{cases} \tag{7-36}$$

第二部分需要记忆的信息是每只蚂蚁的记忆表中存储着的自身的历史信息，这一部分主要由算法中的 S_k 记忆，表示蚂蚁已经行走过的节点。

第三部分需要记忆的信息为问题的约束条件。在 GBAS 中，$\boldsymbol{T}$ 集合表示满足约束条件的候选集，在背包问题的蚁群算法中由判别条件

$$w_1+w_2+\cdots+w_t+w_{t+1}\leqslant W,S_k(t+1)=(0,i_1,i_2,\cdots,i_{t+1})$$

来实现记忆功能。

残留信息的相对重要程度 α 和预见值的相对重要程度 β 体现了相关信息痕迹和预见度对蚂蚁决策的相对影响。在求解 TSP 问题时，推荐参数的最佳设置为：$\alpha=1$、$\beta=5$、$\rho=0.5$。

3. 蚁群的规模和停止规则

一般情况下，蚁群中蚂蚁的个数不超过 TSP 图中节点的个数。蚁群算法终止的条件主要考虑如下因素：①给定一个外循环的最大数目，表明已经有足够的蚂蚁在工作；②当前最优解连续 K 次相同而停止，其中 K 是一个给定的整数，表示算法已经收敛，不需要再继续；③目标值控制规则，给定优化问题（目标最小化）的一个下界和一个误差值，当算法得到的目标值同下界之差小于给定的误差值时，算法终止。

4. 蚁群算法信息素的更新

蚁群算法信息素的更新分为离线和在线两种方式。信息素的离线方式也称同步更新方式，其主要思想是在 m 只蚂蚁完成 n 个城市的访问后，统一对残留信息进行更新处理。信息素的在线更新方式也称异步更新方式，即蚂蚁每行走一步，立即回溯并且更新行走路径上的信息素。

离线方式的信息素更新可以进一步分为单蚂蚁离线更新和蚁群离线更新。蚁群离线更新方式是在蚁群中的 m 只蚂蚁全部完成 n 城市的访问（第 t 次蚁群循环）后，统一对残留信息进行更新处理：$\tau_{ij}(t+1)=\tau_{ij}(t)+\Delta\tau_{ij}(t)$，其中，$\tau_{ij}(t+1)$ 为第 t 次循环后的信息素的痕迹值。单蚂蚁离线更新是在第 k 只蚂蚁完成对所有 n 个城市的访问后，进行路径回溯，更新行走路径上的信息素：$\tau_{ij}(k+1)=\tau_{ij}(k)+\Delta\tau_{ij}(k)$。第 $k+1$ 只蚂蚁根据 $\tau_{ij}(k+1)$ 重新计算路由表。

根据信息素痕迹更新方式不同，蚁群优化算法可以分为不同的算法，采用离线方式，并且 $\Delta\tau_{ij}(t-1)$ 或 $\Delta\tau_{ij}(k)$ 为

$$\Delta\tau_{ij}(t)=\begin{cases}\dfrac{Q}{|w|}, & (i,j)\in w\\ 0, & (i,j)\notin w\end{cases} \tag{7-37}$$

时，其中 w 为 t 循环中 m 只蚂蚁所行走的最佳路线或第 t 只蚂蚁所行走的一条路径。Q 为一个常数，该算法名为蚁环算法（ant-cycle algotithm），特点是行走的路径越短其对应保存的信息素的值就越大。

GBAS 算法是典型的离线方式的信息素更新方式。该算法中，蚁群中蚂蚁的先后出行顺序没有相关性，但是每次循环需要记忆 m 只蚂蚁的行走路径，以比较选择最优路径。相对而言，单蚂蚁离线更新方式记忆信息少，只需要记忆第 k 只蚂蚁的路径，并在信息素更新后，释放该蚂蚁的所有记录信息。这种方式等价于蚁群离线方式中只有一只蚂蚁。

与单蚂蚁离线更新方式相比，信息量记忆更小的是信息素在线更新方式，即蚂蚁每走一步，马上回溯并且更新刚刚走过的路径上的信息素，其规则为

$$\tau_{ij}(t+1)=\tau_{ij}(t)+\Delta\tau_{ij}(t) \tag{7-38}$$

其中，t 为蚂蚁行走的第 t 步。

蚁量算法（ant-quantity algorithm）的信息素更新为 $\Delta\tau_{ij}(t)=Q/d_{ij}$，$Q$ 为常量，d_{ij}表示 i 到 j 的距离，这样信息浓度会随城市距离的减小而加大。

蚁密算法（ant-density algorithm）的信息素更新为 $\Delta\tau_{ij}(t)=Q$。

以上三种算法中，蚁环算法效果最好，因为其利用的是全局信息，而其余两种算法利用的是局部信息。蚁环算法方法很好地保证了残留信息不会导致无限积累，非最优路径随时间推移会被逐渐忘记。

7.4 粒子群算法

粒子群优化算法(Particle Swarm Optimization,PSO)又翻译为粒子群算法、微粒群算法或微粒群优化算法等,是通过模拟鸟群或鱼群觅食行为而发展起来的一种基于群体协作的随机搜索算法。通常认为它是群集智能(Swarm intelligence,SI)的一种。它可以被纳入多主体优化系统(Multiagent Optimization System,MAOS)。粒子群优化算法主要包括数据结构设计、参数编码及进化信息跟踪等关键内容。

PSO 算法属于进化算法的一种,和遗传算法相似,也是从随机解出发,通过迭代寻找最优解;PSO 算法也是通过适应度来评价解的品质,但比遗传算法规则更为简单,它没有遗传算法的"交叉"(Crossover)和"变异"(Mutation)操作,它通过追随当前搜索到的最优值来寻找全局最优。这种算法以其实现容易、精度高、收敛快等优点引起了学术界的重视,并且在解决实际问题中展示了其优越性。

7.4.1 粒子群算法原理

与其他智能进化算法相类似,粒子群算法模拟鸟集群飞行觅食的行为,通过鸟之间的集体协作与竞争使群体达到搜索目的。

在 PSO 算法系统中,每个备选解被称为一个"粒子",多个粒子共存、合作寻优。PSO 算法首先生成初始种群,即在可行解空间中随机初始化一群粒子,每个粒子都为优化问题的一个可行解,并由目标函数为之确定一个适应值(fitness value)。

每个粒子将在解空间中运动,并由一个速度决定其方向和距离。通常,粒子将追随当前的最优粒子而动,并经逐代搜索最后得到最优解。在每一代中,粒子将跟踪两个极值,一个极值为粒子本身的最优解 Pbest,另一个极值为全部粒子群中的最优解 Gbest。

粒子群算法的数学描述如下。

设搜索空间的维数为 D,总粒子数为 n,第 i 个粒子的位置用解向量表示为

$$x_i(t)=[x_{i1}(t),x_{i2}(t),\cdots,x_{iD}(t)] \tag{7-39}$$

第 i 个粒子目前搜索到的最优位置为

$$\text{Pbest}_i(t)=[p_{i1}(t),p_{i2}(t),\cdots,p_{iD}(t)] \tag{7-40}$$

整个粒子群迄今为止搜索到的最优位置为

$$\text{Gbest}(t)=[g_1(t),g_2(t),\cdots,g_D(t)] \tag{7-41}$$

第 i 个粒子的位置变化速度向量为

$$v_i(t)=[v_{i1}(t),v_{i2}(t),\cdots,v_{iD}(t)] \tag{7-42}$$

每个粒子根据自己目前的状态(x_i,v_i)、粒子的最优位置 Pbest_i 和系统最优位置 Gbest,进行粒子状态的改善调整,通过下面的迭代公式来更新粒子的速度和位置。

$$\boldsymbol{v}_i(t+1)=w\boldsymbol{v}_i(t)+c_1r_1\cdot(\text{Pbest}_i(t)-x_i(t))+c_2r_2(\text{Gbest}(t)-x_i(t)) \tag{7-43}$$

$$x_i(t+1)=x_i(t)+v_i(t+1) \tag{7-44}$$

其中,w、c_1、c_2为正常数,w 称为惯性因子,c_1、c_2称为学习因子或加速因子。c_1调节粒子飞向自身最好位置方向的步长;c_2调节粒子向全局最好位置飞行的步长。r_1、r_2为$[0,1]$之间

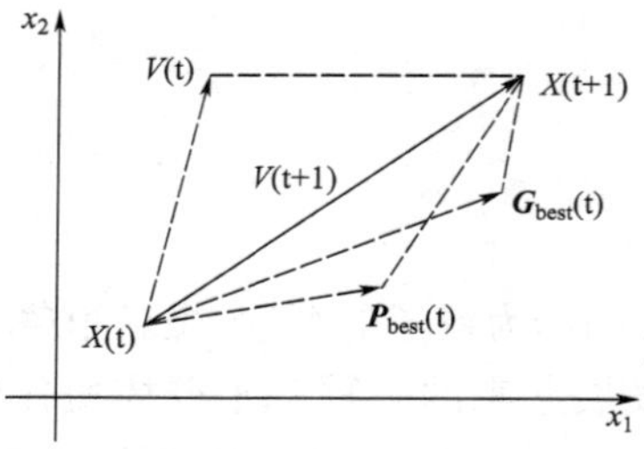

图 7－7　粒子移动

的随机数。粒子状态调整在二维解空间的移动，如图 7－7 所示。

在进化过程中，一般根据问题确定粒子探索空间的范围，表示为第 d 维的位置变化范围限定在 (x_{idmin}, x_{idmax}) 内，速度变化范围限定在 (v_{imin}, v_{imax}) 内，即在迭代中若 x_{id} 和 v_{id} 超出了边界值，则将之设为边界值。

粒子群初始位置和速度随机产生，然后按式(7－43)、(7－44)迭代，直至找到满意解。

7.4.2　粒子群算法流程

由粒子群算法原理可得到粒子群算法流程，如图 7－8 所示。

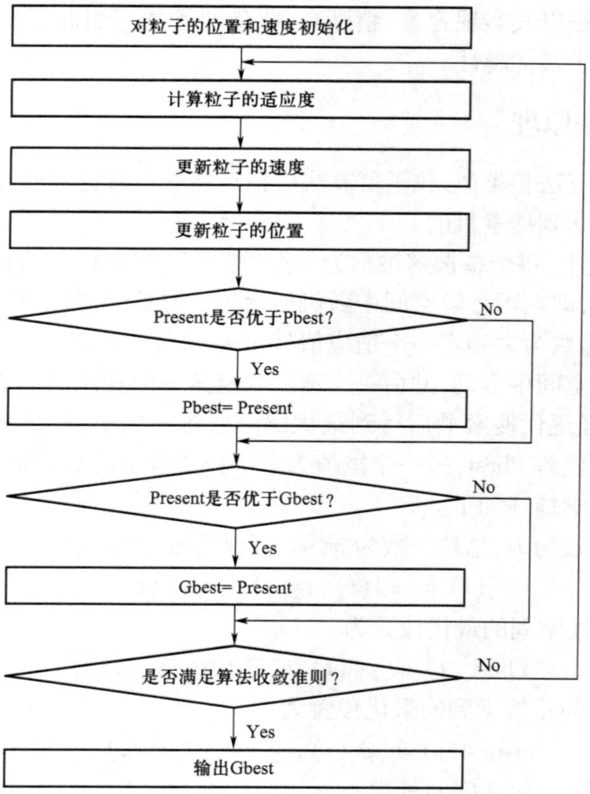

图 7－8　粒子群算法流程图

主要步骤如下。

①初始化：对粒子群的随机位置和速度进行初始化设定。

②计算每个粒子的适应度。

③将每个粒子当前适应度值与所经历的最好位置 $Pbest_i$ 的适应度值进行比较，以保存较好的位置。

④将每个粒子最好位置 $Pbest_i$ 的适应度值与全局所经历的最好位置 Gbest 的适应值进行比较，以保存全局最好位置。

⑤根据式(7－43)和(7－44)对粒子的速度和位置进行改进。

⑥如未达到结束条件(通常为足够好的适应度值或达到一个预设最大代数)，则返回步骤②。否则，结束计算，并输出优化结果。

大多数演化计算技术都是同样的过程。①种群随机初始化；②对种群内的每一个体计算适应度值(fitness value)，适应度值与最优解的距离直接有关；③种群根据适应度值进行复制；如需终止条件满足，则停止，否则转步骤②。

可以看到粒子群算法与遗传算法有很多共同之处。二者都随机初始化种群，都使用适应度值来评价个体，而且都根据适应度值来进行一定的随机搜索。两种算法都不保证一定可以找到最优解，而是以较快的速度找到较优解。

粒子群算法没有交叉(crossover)和变异(mutation)等遗传操作，而是根据系统的状态来决定搜索，并且具有记忆的特点。与遗传算法比较，粒子群算法的信息共享机制是不同的。在遗传算法中，染色体(chromosomes)互相共享信息，所以整个种群的移动方式是比较均匀地向最优区域移动。在粒子群算法中，只有 Gbest 提供给其他粒子信息，是单向的信息流动。整个搜索过程是跟随当前最优解的过程，所以粒子群算法的粒子能更快地收敛于最优解。

7.4.3 粒子群算法的参数分析

1. 粒子群算法参数

粒子群算法的相关参数包括群体规模 PopSize、惯性因子 w、学习因子 c_1 和 c_2、最大速度 V_{max}、最大迭代次数 MaxIter。

群体规模 PopSize 一般取 20～40，对较难或特定类别的问题可以取到 100～200。

最大速度 V_{max} 决定当前位置与最好位置之间的区域的分辨率(或精度)。如果太快，则粒子有可能越过极小点；如果太慢，则粒子不能在局部极小点之外进行足够的探索，会陷入局部极值区域内。这种限制可以达到防止计算溢出、决定问题空间搜索的粒度的目的。

权重因子包括惯性因子 w、学习因子 c_1 和 c_2。w 使粒子保持着运动惯性，使其具有扩展搜索空间的趋势，有能力探索新的区域。c_1 和 c_2 代表将每个粒子推向 Pbest 和 Gbest 位置的统计加速项的权值。较低的值允许粒子在被拉回之前在目标区域外徘徊，较高的值导致粒子突然地冲向或越过目标区域。

2. 粒子群算法参数的设置

如果令 $c_1 = c_2 = 0$，则粒子将一直以当前的速度飞行，直到边界，很难找到最优解。

如果 $w = 0$，则速度只取决于当前位置和历史最好位置，速度本身没有记忆性。假设一个粒子处在全局最好位置，那么它将保持静止，其他粒子则飞向它的最好位置和全局最好位置的加权中心。粒子将收缩到当前全局最好位置。

如果 $w > 0$，则粒子有扩展搜索空间的能力，使得 w 的作用在针对不同的搜索问题时，具有调整算法的全局和局部搜索能力的平衡。w 较大时，具有较强的全局搜索能力；w 较小时，具有较强的局部搜索能力。

通常设 $c_1=c_2=2$,但不一定必须等于2。恰当地选取算法的参数值可以改善算法的性能,这就涉及7.4.4节的内容:粒子群算法的改进。

7.4.4 粒子群算法的改进

1. 线性减少权系数法

式(7-43)中的 w 体现了每个粒子的惯性权重,w 值较大,全局寻优能力加强,局部寻优能力减弱;w 值较小则反之。动态变化 w 能够获得比固定值更好的寻优结果。动态 w 可以在PSO搜索过程中线性变化,也可根据PSO性能的某个测度函数动态改变。

目前,采用较多的是线性递减权值。w 随着迭代次数的增加而线性递减,使算法在初期具有较强的全局寻优能力,而后期具有较强的局部收敛能力,提高了算法的性能。比如:

$$w(t)=w_{\max}-\frac{(w_{\max}-w_{\min})t}{t_{\max}} \tag{7-45}$$

其中,$w_{\max}$ 和 $w_{\min}$ 分别为惯性权重的最大最小值,t 为当前的迭代数,$t_{\max}$ 为最大的迭代数。

2. 自适应权重法

自适应权重法就是采用非线性的动态惯性权重因子,其表达式如下:

$$w(t)=\begin{cases} w_{\min}+\dfrac{(w_{\max}-w_{\min})(f-f_{\min})}{(f_{avg}-f_{\min})}, & f\leqslant f_{avg} \\ w_{\max}, & f>f_{avg} \end{cases} \tag{7-46}$$

优于平均目标值的粒子的惯性权重将变小,以保护在粒子的邻域寻优,而劣于平均目标值的粒子惯性权重为最大,使其向较好的区域靠拢。

3. 随机权重法

随机权重法实际上是设定惯性权重 w 为一个随机分布的随机数,以用于在一定程度上从两方面来克服 w 的线性递减带来的不足。随机权重法既能在粒子运动初期有机会获得较小的 w 值,有利于局部搜索,又能在后期有机会获得较大的 w 值,从而加大搜索力度。w 的产生方式如下:

$$\begin{cases} w=\mu+\sigma N(0,1) \\ \mu=\mu_{\min}+(\mu_{\max}-\mu_{\min})\text{rand}(0,1) \end{cases} \tag{7-47}$$

w 的均值服从均匀分布,方差不变。

4. 压缩因子法

压缩因子有助于确保PSO算法收敛。这种方法对速度更新迭代的公式为

$$v_i(t+1)=\alpha[wv_i(t)+c_1r_1(\text{Pbest}_i(t)-x_i(t))+c_2r_2(\text{Gbest}(t)-x_i(t))] \tag{7-48}$$

其中,$\alpha=2\big/\left|2-\phi-\sqrt{\phi^2-4\phi}\right|$ 为压缩因子,$\phi=c_1+c_2$ 且 $\phi>4$。压缩因子法控制系统行为最终收敛,且可以有效搜索不同的区域,该法能得到高质量的解。

通常取 $\phi=4.1$,则 $\alpha=0.729$。实验表明,使用压缩因子的PSO有更快的收敛速度。

5. 其他参数的改进

除对惯性权重进行修正外，还可以对学习系数进行修正。对学习系数的修正也就是对c_1、c_2进行改进，改进的方法可以有如下两种方法。

① $c_1=c_2$时，

$$c_1(t)=c_2(t)=c_{\max}-\frac{(c_{\max}-c_{\min})t}{t_{\max}} \tag{7-49}$$

② $c_1\neq c_2$时，

$$c_1(t)=c_{1\text{initial}}-\frac{(c_{1\text{initial}}-c_{1\text{final}})t}{t_{\max}}, \tag{7-50}$$

$$c_2(t)=c_{2\text{initial}}+\frac{(c_{2\text{final}}-c_{2\text{initial}})t}{t_{\max}}, \tag{7-51}$$

第一种方法称为同步学习因子，第二种方法称为异步变化的学习因子。第二种方法(因为开始时具有较大的自我学习能力和较小的社会学习能力，因此可以提高全局搜索；而到后期时，具有较大的社会学习能力和较小的自我学习能力)更有利于收敛到最优解。

通常 $c_{1\text{initial}}=2.5$，$c_{1\text{final}}=0.5$，$c_{2\text{initial}}=0.5$，$c_{2\text{final}}=2.5$。

6. 混合粒子群算法

① 基于自然选择的算法：自然选择方法是一种优胜劣汰的方法。其基本思想是，每迭代一步，就对所有的粒子按其适应值进行排序。然后，用最好的一半粒子的位置和速度代替最差的一半粒子的位置和速度，同时保留每个粒子的历史最优值，这就能够大大加强全局的收敛性，得到精度非常高的最优解。

② 基于杂交的粒子群算法：这种方法源于遗传算法，其基本思想是，每迭代一步，就根据杂交概率选取一定量的父代粒子进行两两杂交。用子代粒子代替父代粒子的位置和速度，但保留父代的历史最优位置不变。这使得子代粒子在继承双亲优点的同时，增强了粒子对周围区域的搜索能力，增强了粒子群跳出局部最优区域的能力，从而增强了粒子群的全局搜索能力，具有比传统搜索速度快且比传统遗传算法收敛精度高的优点。其交叉的方法如下：

$$\begin{aligned}&\text{child}(x)=\text{parent}_1(x)p+\text{parent}_2(x)(1-p)\\&\text{child}(v)=\frac{(\text{parent}_1(v)+\text{parent}_2(v))\,|\text{parent}_1(v)|}{|\text{parent}_1(v)+\text{parent}_2(v)|}\end{aligned} \tag{7-52}$$

其中，p 为[0,1]区间的均匀随机数。

7.4.5　粒子群算法的程序及算例

1. 数据结构

粒子群算法中用到的主要数据包括种群大小(PopSize)、空间维数(Ndim)、矢量的空间边界(Bound)、最大迭代次数(MaxIter)、惯性因子(w)、学习因子(c_1和c_2)、粒子当前适应度值(fvalue)、粒子位置(position)、粒子速度(Velocity)、粒子的最优位置(Pbest)、全局最优粒子位置(Gbest)、全局最优粒子序号(index)、更新前各粒子适应度值(fPbest)、得到相近适应

第7章

度值的迭代次数(samecounter)、放大的最优适应度值(recfGbest)。

2. 算法程序

根据上述分析,构建粒子群算法函数(扫描二维码查看程序 29),调用格式如下:

[Best,xGbest,fGbest] = Fun_PSOA(fitnessF,opt,PS,Bound)

函数 Fun_PSOA 的输入参数如下。①目标适应度函数 fitnessF。②目标适应度函数优化方向 opt。③粒子群优化参数 PS,包括 PS. MaxSame,最大无改进迭代次数;PS. MaxIter,最大迭代次数;PS. PopSize,种群大小;PS. c1,学习因子 1;PS. c2,学习因子 2;PS. w,惯性因子。④粒子的空间范围 Ndim×2 矩阵。函数的输出参数:①最优目标值系列 Best;②最优解 xGbest;③最优值 fGbest。

3. 算例问题

【例 7-7】求解六峰驼背函数 $y=f(x)=10+\sin(1/x)/[(x-0.16)2+0.1]$,$x\in(0,1)$ 的最小值;

求解【例 7-7】问题的程序如下。

```
% mainPSOA_1,求解六峰驼背函数 fitnessF=@(x)(10.0+sin(1./x)./((x-0.16).^2+0.1)),x ∈(0,1)
%初始化粒子群优化计算参数
opt='min';
PS.MaxSame=20;                                          %最大无改进迭代次数
PS.MaxIter=100;                                         %最大迭代次数
PS.PopSize=20;                                          %种群大小
PS.c1=.5;                                               %学习因子
PS.c2=.5;                                               %学习因子
PS.w=0.8;                                               %惯性因子
Bound=[0 1];                                            %粒子的坐标范围
%调用粒子群优化算法主函数
[Best,xGbest,fGbest]=Fun_PSOA('fitnessFun1',opt,PS,Bound);
%输出计算结果
figure(1);  hold off
plot(Best,'ro');xlabel('generation');ylabel('f(x)');
text(0.4,0.5,['Best=',num2str(fGbest)],'Units','normalized');  %输出全局最优值
text(0.4,0.4,['x=',num2str(xGbest)],'Units','normalized');     %输出全局最优解
drawnow;

figure(2);  hold off
x=0:0.002:1;  y=fitnessFun1(x);
plot(x,y,'-r');  hold on
scatter(xGbest,fGbest,30);
x=xGbest,  y=fGbest                                     %输出全局最优解和最优值
function fitnessV=fitnessFun1(x)                        %定义六峰驼背函数
 fitnessV=(10.0+sin(1./x)./((x-0.16).^2+0.1));          % x∈(0,1)
end
```

六峰驼背函数最小值的解为 $x=0.2103$、$y=0.2557$，如图 7－9 所示。

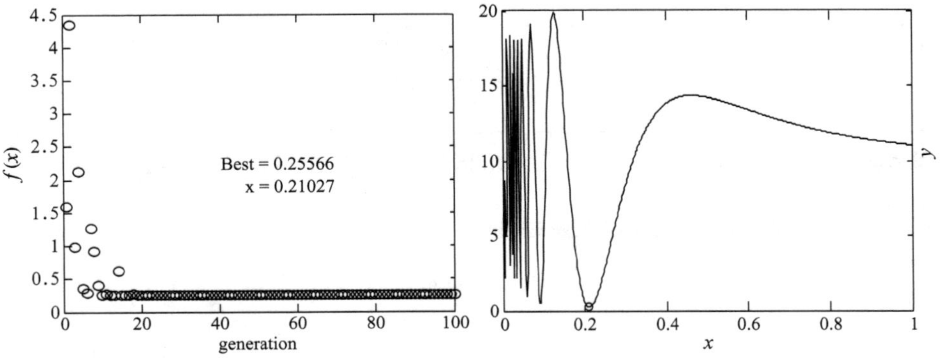

图 7－9　粒子群算法求解【例 7－7】

【例 7－8】 求解函数 $f(\boldsymbol{x}) = \sum_{i=1}^{n}(-x_i)\cdot\sin(\sqrt{|x_i|})$，$x_i \in [-500,500]$ 的最大值。

求解【例 7－8】问题的程序如下。

```
% mainPSOA_2,求解函数
% fitnessFun = @ (x1,x2)( -x1. * sin(sqrt(abs(x1))) - x2. * sin(sqrt(abs(x2)))); % xi ∈( -500,500)
clc,clear,
% 初始化粒子群优化计算参数
opt = 'max';
PS. MaxSame = 20;                                  % 最大无改进迭代次数
PS. MaxIter = 100;                                 % 最大迭代次数
PS. PopSize = 100;                                 % 种群大小
PS. c1 = .5;                                       % 学习因子
PS. c2 = .5;                                       % 学习因子
PS. w = 0.8;                                       % 惯性因子
Bound = [ -500 500; -500 500];                     % 粒子的坐标范围
% 调用粒子群优化算法主函数
[Best,xGbest,fGbest] = Fun_PSOA('fitnessFun2',opt,PS,Bound);
% 输出计算结果
figure(1);   hold off
plot(Best,'ro');xlabel('generation'); ylabel('f(x)');
text(0.35,0.5,['Best = ',num2str(fGbest)],'Units','normalized');     % 输出全局最优值
text(0.3,0.4,['x = ',num2str(xGbest')],'Units','normalized');       % 输出全局最优解
drawnow;

figure(2),   hold off
x = Bound(1,1):Bound(1,2);   y = Bound(2,1):Bound(2,2);
[X,Y] = meshgrid(x,y);
fitnessFun = @ (x1,x2)( -x1. * sin(sqrt(abs(x1))) - x2. * sin(sqrt(abs(x2))));
Z = fitnessFun(X,Y);
mesh(X,Y,Z);
hold on
scatter3(xGbest(1),xGbest(2),fGbest,50);
x = xGbest',   y = fGbest                                       % 输出全局最优解和最优值
```

定义函数 $f(x) = \sum_{i=1}^{2}(-x_i)\sin(\sqrt{|x_i|}), x_i \in [-500,500]$ 的 MATLAB 程序如下。

```
function fitnessV = fitnessFun2(x)                                    %定义函数
 fitnessV = ( - x(1). * sin(sqrt(abs(x(1)))) - x(2). * sin(sqrt(abs(x(2)))));
end
```

计算结果为 $x = [-420.9690 \quad -420.9688]$, $y = 837.9658$，如图 7－10 所示。

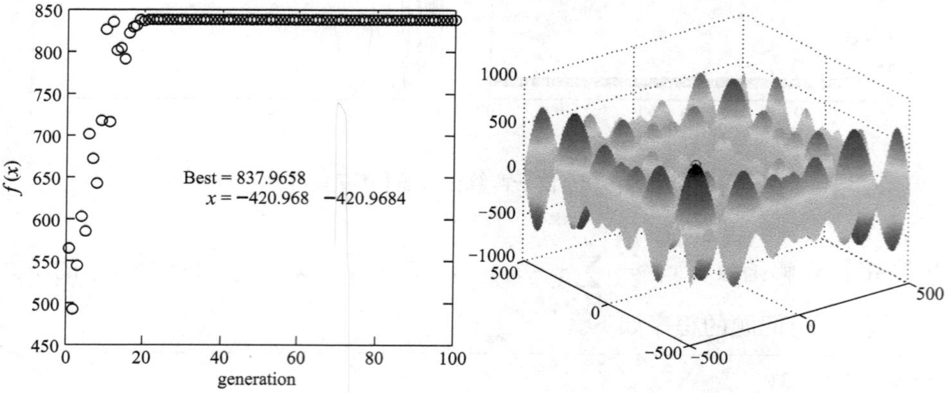

图 7－10 粒子群算法求解【例 7－8】

复习思考题

1. 讨论模拟退火算法及求解函数程序(原理、具体问题的求解算法及程序)。
2. 讨论遗传算法及求解函数程序(原理、具体问题的求解算法及程序)。
3. 讨论蚁群算法及求解函数程序(原理、具体问题的求解算法及程序)。
4. 讨论粒子群算法及求解函数程序(原理、具体问题的求解算法及程序)。
5. 提出工作的若干组合优化问题,讨论适合的智能算法及函数调用。
6. 讨论组合优化问题(扫描二维码查看相关问题 9)。

参 考 文 献

[1] 左秀峰. 管理数学实验 [M]. 北京:电子工业出版社,2015.

[2] 韩伯棠. 管理运筹学(第 4 版)[M]. 北京:高等教育出版社,2015.

[3] 赵静,但琦,严尚安等. 数学建模与数学实验(第 4 版)[M]. 北京:高等教育出版社,2014.

[4] 夏洪胜,张世贤. 管理科学思想与方法[M]. 北京:经济管理出版社,2014.

[5] 焦叔斌. 管理的 12 个问题[M]. 北京:中国人民大学出版社,2013.

[6] 许国志. 系统科学[M]. 上海:上海科技教育出版社,2000.

[7] 吴祈宗. 系统工程 [M]. 北京:北京理工大学出版社,2006.

[8] 高志亮 李忠良. 系统工程方法论[M]. 西安:西北工业大学出版社,2004.

[9] 高隆昌,杨元. 数学建模基础理论[M]. 北京:科学出版社出版,2018.

[10] 余胜威. MATLAB 优化算法案例分析与应用[M]. 北京:清华大学出版社,2014.

[11] 张建林. MATLAB 定量决策五大类问题——50 个运作管理经典案例分析 [M]. 北京:电子工业出版社,2013.

[12]龚纯,王正林. 精通 MATLAB 最优化计算(第 3 版)[M] . 北京:电子工业出版社,2014

[13] 薛定宇,陈阳泉. 高等应用数学问题的 MATLAB 求解(第 3 版)[M]. 北京:清华大学出版社,2013.

[14] 飞思科技产品研发中心. 精通 matlab 最优化计算[M]. 北京:电子工业出版社,2009.

[15] 岳超源. 决策理论与方法[M]. 北京:科学出版社,2004.

[16] 何逢标. 综合评价方法 MATLAB 实现[M]. 北京:中国社会科学出版社,2010.

[17] 韩利,梅强,陆玉梅等. AHP——模糊综合评价方法的分析与研究[J]. 中国安全科学学报,2004(7):86 – 89.

[18] 温东琰,于光. AHP 及模糊综合评价法在电子资源评价中的应用[J]. 现代情报,2006(8):166 – 170.

[19] 魏权龄著. 数据包络分析 [M]. 北京:科学出版社,2004.

[20] 杨茂盛,李涛,白庶. 基于数据包络分析的供应链绩效评价 [J] . 西安工程科技学院学报,2005(19):180 – 182.

[21] 张善文. MATLAB 在时间序列分析中的应用 [M]. 西安:西安电子科技大学出版社,2007.

[22] 罗茹晏,罗景文. 浅谈马尔可夫预测法及其在企业人员规划中的应用 [J] . 科技管理研究,2011(8):102 – 104.

[23] 王亚芬. 市场占有率预测的好方法——马尔可夫预测法的实证分析 [J] . 技术管理与经济研究,2002(5):33 – 34.

[24] 刘耀彬,朱淑芬. 基于可拓物元——马尔科夫模型的省域生态环境质量动态评价与预测——以江西省为例[J]. 中国生态农业学报,2009,17(2):364 – 368.

[25] 吉培荣,黄巍松,胡翔勇. 无偏灰色预测模型 [J] . 系统工程与电子技术,2000,22(6):6.

[26] 吉培荣,黄巍松,胡翔勇. 灰色预测模型特性的研究 [J] . 系统工程理论与实践,2001,9(9):105 – 108.

[27] 曹桂文,张英. 基于蚁群算法的 TSP 求解[J]. 改革与开放月刊,2010(08):110 – 111.

[28] 叶志伟,郑肇葆. 蚁群算法中参数设置的研究——以 TSP 问题为例[J]. 武汉大学学报信息科版. 2004. 07:597 – 602.

[29] 李士勇. 蚁群算法及其运用[M]. 哈尔滨:哈尔滨工业大学出版社,2004(09).

[30] 屈稳太,丁伟. 一种改进的蚁群算法及其在 TSP 中的应用[J]. 系统工程与实践,2006(5):93 – 98.

[31] 马良,项培军. 蚂蚁算法在组合优化中的应用[J]. 管理科学学报,2001,4(2):32 – 36.

[32] 王伟. 混合粒子群算法及其优化效率评价[J]. 中国水运,2007,7(6):100 – 101.